郑重推荐

大学生
GE阅读
（第12辑）

王晓纯　吴晚云 ◆主编

史仲文
七字谈
邓晓芒
忠孝立国是当代中国教育的病根
肖雪慧
民主、宪政的古代起源
雷　颐
商人与政治：清末商人政治态度的变化
傅国涌
"文章报国"：百年回首《大公报》
金　雁
龙熊同窗：俄罗斯为什么"不高兴"
唐仁虎
分治之灾：宗教之过
范　泓
"雷震案"平反运动
秦　晖
我的早稻田大学

General Education

中国传媒大学出版社

通识教育丛书

北方工业大学《大学生GE阅读》编委会

学术顾问：汤一介　江　平　乐黛云　张传玺　欧阳中石
　　　　　杨　辛　王树人　梁小民
主　　编：王晓纯　吴晚云
副 主 编：罗学科　魏常海　史仲文（执行）

（以下按姓氏笔画为序）
特邀编委：王志刚　王　俊　方朝晖　叶培贵　史杰鹏
　　　　　乔继堂　庄永志　李虎群　吴　思　汪民安
　　　　　沈伯俊　张文举　张平仁　邵　建　周　勇
　　　　　庞　毅　赵　强　夏可君　郭洪体　梁满仓
　　　　　鄢晓霞　颜吾芟　檀作文

海外编委：乔治·桑泽　张英进　郭苏建　崔淑琴

编　　委：王文革　王鸿博　王景中　王德岩　田红芳
　　　　　曲　辉　孙德辉　李云驰　李　肖　李　颖
　　　　　吴永林　邹建成　张加才　张　轶　张常年
　　　　　周　洪　屈铁军　赵玉琦　秦志勇　袁本文
　　　　　郭　涛　董树宝

目 录

大学讲堂

马克思、浪漫主义和生态学 ……………………〔英〕大卫·麦克莱伦（3）
毛泽东的影响：东风西进 ……………………〔美〕理查德·沃林（8）
新民：未完成的启蒙
　　——梁启超与《新民说》 ……………………………解玺璋（22）

专题专论

七字谈 ………………………………………………………史仲文（39）
忠孝立国是当代中国教育的病根 …………………………邓晓芒（63）
藏宝不若藏书（外二篇） …………………………………余三定（70）
民主、宪政的古代起源 ……………………………………肖雪慧（75）

商人与政治:清末商人政治态度的变化 …………………… 雷　颐(86)
"文章报国":百年回首《大公报》…………………………… 傅国涌(103)
龙熊同窗:俄罗斯为什么"不高兴"? ……………………… 金　雁(112)
分治之灾:宗教之过 ………………………………………… 唐仁虎(123)
普拉姆迪亚创作的反殖民主义倾向 ……………… 孟昭毅　塔　娜(134)
德勒兹差异哲学范式与跨语境理论增殖 …………………… 麦永雄(142)
小盖茨《意指的猴子》的阐释 ……………………………… 陈　茜(154)
王国维的中国悲剧观之演变 ………………………………… 熊元义(161)
当代汉语文学中的"边疆神话" …………………………… 张　柠(172)
《三国演义》思想内涵新论 ………………………………… 沈伯俊(185)
《红楼梦》研究与文学经验的关系 ………………………… 孙伟科(195)
话说"不足而美" ………………………………… 王文革　刘同军(206)
马年说马:汗血宝马"英雄坐骑"传说与中西文化交流 …… 王　立(212)
政府的生态角色 ……………………………………………… 尉　峰(227)

评书评人评事

马·谭·张·裘·赵
　　——漫谈他们的演唱艺术 ………………………………… 汪曾祺(237)
改革三议 ……………………………………………………… 迁瞻慧雪(245)
"雷震案"平反运动 ………………………………………… 范　泓(256)
Condom 中国传播小史 ……………………………………… 谢　泳(268)
我的早稻田大学 ……………………………………………… 秦　晖(281)
东京之大 ……………………………………………………… 贺卫方(294)
为什么我也复译《奥涅金》 ………………………………… 顾蕴璞(298)
个人与国家
　　——试论《波尔塔瓦》………………………………… 曾思艺(300)

《查泰莱夫人的情人》两种版本的比较 ………………………… 安武林(308)
莎士比亚归而不能隐的晚年生活 …………………………… 张云军(313)
与诗有关的弱冠记事三则 …………………………………… 黑　马(321)
开卷余韵，尽是缘字 …………………………………………… 安　俊(327)
陈可辛：商业与艺术的共赢 ………………………………… 赵晓辉(333)

大学讲堂

马克思、浪漫主义和生态学

毛泽东的影响：东风西进

新民：未完成的启蒙

>>> General Education

马克思、浪漫主义和生态学*

〔英〕大卫·麦克莱伦

在此次演讲中,我想概述马克思思想中两个不同的方面,并探究这两方面对当代问题——特别是生态问题——有何启发。

在这之前,我要强调这并不是一次思想史的练习。我在其他某个地方已经指出,在各种对马克思主义的解读当中,那些强调其黑格尔根基的观点似乎更加强调革命,支持激进分子的政治;而那些忽视黑格尔的观点则倾向于消极,依赖历史的决定论性质来实现社会主义的胜利。类似地,现在我希望提出的是,马克思思想中的不同方面将会产生研究当今问题的两种不同的方法。我将这两种不同的方法称为"启蒙"方法和"浪漫"方法。简单而言,启蒙方法强调理性、科学、决定论和进步。浪漫方法强调的则是人类本性的非物质方面、工业化的有害影响以及我们已经失去的世界的价值。马克思思想中最为有趣的事情之一便是其包括了这两种方法。

首先,我将略微详细地说明一下这两种方法。启蒙的概念——尽管非常复杂,并且在某些方面具有争议——对于我们的目的而言是非常清晰的。启蒙指的是18世纪欧洲的文学和哲学运动,它根植于17世纪科学革命以及康德、洛克和牛顿的思想。其基本信念在于理性作为通往一切知识与人类关怀的向导的优先性,而进步的思想正是由此而来。当然,不同国家对启蒙的理解不尽相同:法国更感兴趣的是唯物主义,苏格兰是政治经济学,德国则强调文化方面。但是对于理性和进步的乐观观点是这些国家所共通的。

---

* 本文系大卫·麦克莱伦教授2013年9月27日做客北方工业大学"人文素质大讲堂"的演讲稿。文章由李健译,宇文利校。演讲现场口译由宇文利担任。

对浪漫主义的概述就没有这么容易了。当马克思开始其思想发展时,浪漫主义在哲学和政治学领域中具有保守、反动、倾向封建主义的内涵。但是,我是在对资本主义社会文化批判的更为广阔的意义上使用浪漫主义的概念,包含着对前资本主义社会的兴趣,甚至是一定程度的热情。虽然浪漫主义(如马克思在《论犹太人问题》中)对《人权宣言》意义上的个人是高度批判的,但是它却包含着对个人的强调。浪漫主义所指的个人是一种全面的个人,其独特和多面的能力仅仅能够在未来社会中得到充分发展,而这一未来社会已经实现了前资本主义社会中的许多价值规范。

初看起来,认为马克思的思想富有强烈浪漫主义色彩的观点是矛盾的,因为马克思同 19 世纪那些杰出的思想家一样,主要地被视为启蒙运动的产物。在《〈政治经济学批判〉序言》中对马克思思想进行的经典概括便是如此。但是,我想要指出的是马克思的思想中同样有着浪漫主义的元素,而这是被恩格斯以及第二国际所阐述的"正统"马克思主义视野所缺失的。或者,我们举一个更近的例子,即汤姆·洛克摩尔的杰出著作。尽管被描述为"在德国唯心主义传统中重置马克思",但是他并没有论及马克思思想的浪漫主义一面。

马克思的学生生涯始于波恩大学。在那一时期,他开始步入浪漫主义思想。在迁到柏林后,他参加了萨维尼的课程,而萨维尼是一位重要的浪漫主义者。马克思很快否定了萨维尼,但是我们经常在我们"从中成长出来的"思想中学习到一些东西。更重要地,无论恩格斯对卡莱尔的赞赏,还是马克思对巴尔扎克的类似态度,在当然否定掉他们保守的政见的同时,都受到了他们对资本主义文化批判的影响。而马克思的社会主义社会概念无疑受到了重要的浪漫主义思想家卢梭的影响。

如果我们转来看一看马克思的《巴黎手稿》的话,他对浪漫主义的继承就更为明显了。他在《巴黎手稿》中说,在过去,文化的发展依赖于私有财产的发展,私有财产引发了所有的畸形。私有财产的超越将会产生人类文化潜力充分与和谐的发展。当生活的真正问题得到了妥当处理,抽象的思想对立——例如唯灵论与唯物论的对立——便会消失。"我们看到,理论的对立本身的解决,只有通过实践方式,只有借助人的实践力量,才是可能的"。

类似这样的段落使人们认为马克思的人类活动的模式是一种具有艺术色彩的模式,而他对人的形象的描绘从浪漫主义那里汲取了资源,特别是从席勒那里。人的异化感受找到适合它们的客体的思想,在自由与审美活动之间建立联系的尝试以及全面的人的形象——所有这些在席勒的《信》中都提到了。下面的段落是席勒所描绘的:

"快乐与劳动相分离,手段与目的相分享,努力与回报相分离。永恒地束缚在整体的一单个小小的碎片里,人将自己也仅仅塑造为一个碎片;只能听到自己所转动的轮盘的单调旋转,他从未呈现出他的存在的充分的和谐……"。"美学所形成的热情建立了……一个愉快的帝国。在这里,人们能够从环境中解脱出来,摆脱各种束缚,得到全身心的放松"。我们也不应当忘记,对于马克思而言,艺术是创造性活动的最高形式,而且马克思在《巴黎手稿》的写作中很有可能受到了黑格尔《美学》的影响。

此外,可能还具有一种性质相同,却更为当代和个人的影响。马克思在巴黎生活过很长一段时间。在那一时期,他常常与海涅和海尔维格在一起,而这两位诗人都致力于表现德国浪漫主义的理想。海涅是马克思被驱逐出巴黎时唯一感到不舍的人,而正是马克思与海尔维格的接近导致了他与卢格的争论。

然而,也许有人会反对说,所有的这些都是来自于早期的,几乎是前马克思主义的马克思。我们知道,马克思思想是否具有连续性富有争议。但是,想一想"经典"马克思主义的杰出例子——《共产党宣言》。这里,马克思描述了"小资产阶级"社会主义,其代表人物是西斯蒙弟。尽管小资产阶级社会主义具有保守和乌托邦的元素,但马克思认为,这一派社会主义非常透彻地分析了现代生产关系中的矛盾。小资产阶级社会主义揭穿了经济学家的虚伪的辩护。它确凿地证明了机器和劳动分工的破坏作用、资本和土地在少数人手中的积累、生产过剩和危机;它指出了小资产阶级和农民的必然没落、无产阶级的贫困、生产的无政府状态、财富分配的极度不均、各民族之间的毁灭性工业战争,以及旧道德纽带、旧家庭关系、旧民族关系的解体。甚至是"封建的"社会主义,马克思也将其描述为"用辛辣、俏皮而尖刻的评论刺中资产阶级的心"。正如保罗·布烈尼斯所言:"在《共产党宣言》中,资本主义工业革命以及其所产生的物化关系的整个世界被把握为同时具备解放性和压迫性的图景。启蒙运动及其实用主义产物强调的是这一图景的前一面;浪漫主义思潮则强调后一面。而马克思独自将这两者融合为统一的批判视野。"

即便在马克思后期的著作中,这种方法也并未消失。马克思后期的著作显示出了他对前资本主义社会构成的明显兴趣。考虑一下恩格斯的《家庭、私有制和国家的起源》一书,或者是甚至令人震惊的马克思给维·查苏利奇的信。该信显示出他与民粹主义者在对待传统俄国农村公社在将来的社会主义作用方面持有共同的信念,并称其为"俄国社会新生的支点"。马克思对民粹主义者一些观点的同情是对民粹主义者的敌人们,比如普列汉诺夫和列宁的诅咒。因此,马克思思想的这一因素实际上便在讨论中消失了。顺便提一下,那些比我熟悉毛泽东思想的人们或许会认为"文化大革命"背后的思想冲动接近于卢梭和雅各宾派的浪漫主义理念。不管怎样,罗伊对马克思在这一问题上的观点作出了非常好的总结:"第一,拒绝了线性而幼稚的(如果不是辩护性的)'进步主义',这一'进步主义'认为资产阶级社会一般地优于先前的社会形式;第二,理解了资产阶级进步的矛盾性;第三,从人类的角度出发,并与过去的社会进行比较,认为工业资本主义文明在某些方面来说是一种退步。"

对马克思思想中在某种程度上被忽视的这一方面的简要概述不再是思想史上的练习。近来的全球金融危机以及更为重要的生态危机已经对启蒙运动胜利前进的假设提出了质疑。社会组织采取另一种形式甚至变得更为具有可能性。的确,马克思对生态问题产生直接影响的著作很少。最近由斯珀泊撰写的许多方面都很精彩的长篇马克思传中也并未提及环境或生态问题。但是,想想青年马克思的这段话:"自然界,就它自身不是人的身体而言,是人的无机的身体。人靠自然界生活。这就是说,自然界是人为了不致死亡而必须与之处于持续不断的交互作用过程的人的身体。所谓人的肉体生活和精神生活同自然界相联系,不外是说自然界同自身相联系,因为人是自然界的一部分"。在马克思随后的著作《资本论》中,他解释了资本主义生产如何通过将人口集中在中心城市"破坏着人和土地之间的物质变换,也就是使人以衣食形式消费掉的土地的组成部分不能回归土地,从而破坏土地持久肥力的永恒的自然条件……资本主义农业的任何进步,都不仅是掠夺劳动者的技巧的进步,而且是掠夺土地的技巧的进步,在一定时期内提高土地肥力的进步,同时也是破坏土地肥力持久源泉的进步"。甚至恩格斯的《自然辩证法》也探讨了对地球的破坏,这与卡普拉和洛夫洛克等"深入的"生态学思想有着相似之处。正如瑟尔鲍姆在其杰出的《当代社会主义思想概论》中所指出的那样:"如果可持续发展的概念能够从社会主义理论中发展出来,而不是成为对资本主义生态问题迟到的限制的话,社会主义将会在21世纪更有意义"。

在这里,核心的问题是如何解释马克思《政治经济学批判》1859年的序言中对历史唯物主义,这一他自己研究"主线"的经典概括。马克思将人类的进步阐述为将历经多个阶段最终走向共产主义,这一阐述仅仅是描述性的(指出事物是怎样的),还是规范性的呢(指出这种——以及未来——的发展是件好事)?《共产党宣言》中将资本主义视为全球化力量的明确赞赏似乎提倡后者,而马克思关于前资本主义社会的著作则提倡前者。

在这里阅读马克思随即会产生的问题是:马克思主义者是否应当支持资产阶级发

展是社会主义的必要前提。我认为,答案是否定的。的确,马克思认为共产主义社会将会是相对富裕的社会。例如,在《德意志意识形态》中他写道,为了成功地建立共产主义,"生产力的这种发展是绝对必需的实际前提,还因为如果没有这种发展,那就只会有贫穷、极端贫困的普遍化;而在极端贫困的情况下,必须重新开始争取必需品的斗争,全部陈腐污浊的东西又要死灰复燃"。随后,在《哥达纲领批判》的一个著名的段落中,他告诉我们"共产主义社会的高级阶段"只有可能"在随着个人的全面发展生产力增长起来,而集体财富的一切源泉都充分涌流之后"才会出现。然而,值得一提的是,这些段落都没有提倡生产力的不间断发展。我们也不必一定要接受柯亨对马克思历史唯物主义那具有影响力的阐释,他提出马克思坚持生产力具有自然增长的趋势,而这显然预示着生产力的不间断发展。

马克思对共产主义社会的阐述支持这一解释。这一社会在自己的旗帜上写着"各尽所能,按需分配"。在这里,需求区别于欲望。如果我需要某件事物,我们总是为了另外一件事物(我需要一个牙刷,是为了刷牙),而欲望除了占有以外没有进一步的目的(我并不想要一个电动牙刷来刷牙,我想要电动牙刷的原因在于它是电动的)。人们的需求显然是有限的。

尽管马克思的阐述有着不同的版本,但劳动的角色是共产主义另一个重要的方面。在《1844年经济学哲学手稿》中,非异化的劳动是共产主义社会的核心;在《哥达纲领批判》中,劳动被描述为"生活的第一需要"。但是在《资本论》中,劳动被限制在必需品的领域内,而"在这个必然王国的彼岸,作为目的本身的人类能力的发挥,真正的自由王国,就开始了……工作日的缩短是根本条件"。然而明确的是,对于马克思而言,环境危机的解决不仅仅包括财富的再分配,而且在于形成一个人们可以满足地、无异化地生活的社会。正是在这里,马克思思想中的浪漫主义因素发挥了作用。马克思对人性的整体观点显示出,我们应当在对政治和经济关注之前,首先关注新社会的社会可能性。这也许也包括技术使用方面的增长,但技术应服务于社会进步,而不是成为人的主人。

(演讲者大卫·麦克莱伦系英国肯特大学教授,著名马克思主义研究专家,《马克思传》的作者,有多部关于马克思和马克思主义的作品行世。译者李健系北京大学马克思主义学院讲师,校者宇文利系北京大学马克思主义学院思想政治教育研究所所长,中国特色社会主义理论体系研究中心研究员)

毛泽东的影响:东风西进*

〔美〕理查德·沃林

真实的毛泽东与其产生世界影响的背景和原因

尽管关于毛泽东的遗产仍有很多模糊的地方,但毋庸置疑的事实是,毛泽东是20世纪伟大的政治人物之一。然而,在毛泽东逝世大约37年后的今天,他的业绩却成了一个真正的历史研究对象。考虑到他的政治思想所经历的诸多转型和变化,学者们常常被引导着去询问这样一个问题:在众多的毛泽东形象中,哪一个才是真正的毛泽东? 是那个在现今已很著名的《1927年湖南农民运动考察报告》中用记录下农民的革命角色的方式来重构马列主义的教义,从而不仅为共产主义在中国的胜利设置舞台,也为二战后伴随反殖民化浪潮而兴起的第三世界革命的扩散设置舞台的年轻共产主义者吗? 是那个美国记者埃德加·斯诺1936年在延安的大山中碰到并留有深刻印象的、在其畅销书《西行漫记》(原名《红星照耀中国》)中将之很同情地定格化并由此使西方人熟悉其政治目标、独特的领导能力和个人习性的瘦弱的、献身革命的领袖吗? 是那个在1940年代的一系列重要演讲和著作,如《在延安文艺座谈会上的讲话》、《中国共产党中央委员会关于领导问题的决议》(指《关于领导方法的若干问题》——译者注)中提出了后来成为毛泽东思想的原则、第一次提出"群众路线"的箴言(据此,如毛泽东所说,"凡属正确的领导,必须是从群众中来,到群众中去")的延安风格的毛泽东吗? 正是通过这一教义,毛泽东睿智地把中国共产党的目标与农村群众的期望成功地结

---

* 本文系理查德·沃林教授2013年12月8日做客北方工业大学"人文素质大讲堂"的演讲稿,宇文利翻译并校对。现场口译由宇文利担任。

合起来,该政策一度被有的人颇具洞察力地描述为"一种在一个动员框架中对群众观点敏感的政治"。① 当然,正是这一强大的联盟推动共产党在1949年获得了一个意想不到的胜利:战胜国民党。如同毛泽东在1940年《新民主主义论》这一重要文章中解释该战略时所说的,出于实用的原因,他要推迟共产主义的终极的、空想性的目标,这是为了集中于普通中国人更直接的政治的和心理的关切。他们的第一要著是生活在一个没有外来统治的中国,对于这样的中国,他们才能够再次为之自豪。此外,他们还要拥有足够的社会安定以便养家和致富。或者,还是在73岁高龄时开始为中国共产主义的遗产和未来担忧、作为"文化大革命"伟大舵手的真实的毛泽东?毛泽东想知道的是,革命后的中国是采取一个保守主义的官僚化转向(就像大张旗鼓地拥抱了西方和平共存事业的尼基塔·赫鲁晓夫治下的苏联一样),还是可能会凭借着由激进青年们的动力和热情所注入的新的革命能量来先发实行一个热月党人式的转向?从历史上看,这个转向似乎是等待着所有试验性的革命转型的命运。在中国的情境中,一个人如何能够防止政党转变并形成一种新的与使它获得政权时的民众相分离的孤立的官僚阶层?② 正如毛泽东早先指示红卫兵们时说过的:"不要害怕制造麻烦,麻烦越多,时间越长越好,混乱和麻烦都是值得的……制造麻烦是革命。"③由此,毛泽东用发动"文化大革命"的方式来回归延安式的共产主义和群众路线,采取群众运动的战略并视之为医治危害共产党和中国政治人物痼疾的最优解决方案。1966年8月5日,在发动"文化大革命"仅几个月后发表的《炮打司令部》大字报中,毛泽东这位党中央的主席尖锐地列数了在全国和地方层次上党的干部们跟不上形势的情况。他宣称:"(有些干部)站在反动的资产阶级立场上,实行资产阶级专政,将无产阶级轰轰烈烈的文化大革命运动打下去,颠倒是非,混淆黑白,围剿革命派,压制不同意见,实行白色恐怖,自以为得意。"④

红卫兵的《圣经》就是《毛主席语录》,这个语录有助于宣传后来大家都熟知的"毛

---

① 参见布兰特利·沃马克:《政党与人民:中国和越南的革命与后革命政治》,载《世界政治》39卷第4期,1987年7月,第479—507页。
② 参见提摩西·齐克在《毛泽东与中国革命》(纽约贝德福德/圣马丁出版社2002年版)中的评论:"毛泽东念念不忘他对革命的失望。他得出结论,认为他被变节者或修正主义者包围了。在他看来,共产党自身就是问题之所在,因为它在推行资本主义。它需要被破坏掉和重新建设。"
③ 参见陈志让编:《毛泽东著作:选集与传记》,牛津大学出版社1970年版,第26—29页。
④ 毛泽东:《炮打司令部》,见提摩西·齐克编:《毛泽东与中国革命》,纽约贝德福德/圣马丁出版社2002年版,第170—172页。

泽东思想"。《毛泽东语录》印刷了上千万册,它也被称为"红宝书",代表了毛泽东理念的一个简化版。这个小册子也成了毛泽东的思想传播到世界其他地方的重要载体,由此也在确定其全球影响方面扮演了一个不可低估的角色。1976年,在其逝世的当年,在考量其一生的成就时,毛泽东提出了他最为自豪的两件大事:一个是1949年战胜了国民党,另一个就是17年后发动了"文化大革命"。但是,他对后继者能否达到他所设定的革命的高标准表示忧虑。我曾经思考"文化大革命"的意义,因为它是凸显毛泽东对革命意愿和阶级斗争原则做出持续贡献的事件,在西方催化了一种对中国共产主义道路的热情狂潮。这种热情在全球范围内向左转的取向上激发了一种重要的地缘政治和意识形态的转移,即从官僚主义的、倒置的共产主义路径(勃列日涅夫治下的苏联青睐这种路径)转向一种与反殖民主义时代相一致的朝向阶级斗争的崭新的、民粹主义的路径。毕竟,在1960年代,反对国际资本主义的力量从第三世界的大城市转移这一事实已经很明显了。在这方面,古巴、拉美和越南发生的游击战争的全球性声誉扮演了一个关键的角色。由于毛泽东在20世纪三四十年代反对日本与国民党的斗争中开创性地使用过游击战争的策略,中国的共产主义运动也就变成新的全世界反抗帝国主义运动中主要的政治和意识形态受益人了。因此,在其关于武装斗争的宣言书——《论游击战争》中,切·格瓦拉明确承认他曾受益于毛泽东及其在中国革命进程中所使用的众将领们的思想。他说:"毛泽东的中国开始于南方工人组织的暴动,它遭到失败,几近被消灭。只有经过了奔向延安的长征后,它才站稳脚跟并开始在农村地区获得了基础,使农业改革成为其基础性的目标。"①

与卡斯特罗和切·格瓦拉领导的发生于加勒比地区的一小片土地、涉及不过700万人口的古巴革命的胜利不同,中国革命发生在一个7亿人口的国度内,这相当于当时世界人口的四分之一。正如法国人当时观察到的,中国代表了"另外的半边天"。鉴于此,我们说,中国太大了,是不能被忽略掉的。或者,引用当时一本法国畅销书的书名——《中国觉醒,全球震撼》②。

除了前面关于毛泽东形象的叙述之外,我还愿意添加一段关于1919年在成为共产主义者之前曾卷入革新中国人精神和政治的五四运动的毛泽东的事情。该运动起于反对在推翻清王朝的共和主义运动影响中得到蔓延的社会淆乱(亦见于埃德加·斯

---

① 切·格瓦拉:《游击战争》,林肯内布拉斯加大学出版社1961年版,第5页。
② 佩尔菲特:《中国觉醒,全球震撼》,巴黎法亚德出版社1971年版。

诺的叙述)。中国城市中的知识分子用五四新文化运动来寻求革新中国的高层文化，目的是从兴起的政治乱潮中挽救中国。由此，作为年轻人，毛泽东沉浸于新文化运动的主要著作中，特别是梁启超的作品中。但是，陈独秀激进的《新青年》杂志似乎也在毛泽东青年世界观的形成中扮演了一个重要的角色。

我们今天所知道的在转变为革命领袖的过程中毛泽东所肩负的各种形象和化身，引发了一个很重要的问题，那就是如何解释它们。从部分上看，它指向了一种结论，该结论近年来在20世纪的中国学者中间变得非常流行。那就是，存在着"多维毛泽东"的观点。该观点与近几十年来影响了人文与历史研究的"反基础主义"的情绪是一致的。用这种思路理解毛泽东遗产的其他方面的证据，可以见之于大卫·阿普特和托尼·萨奇的书——《毛氏共和国中的革命话语》。他们研究中的指导性的线索是关于"硬派毛"和"软派毛"的观点。这样，一方面，毛泽东是列宁主义先锋政党的领袖，当环境需要时，他可以在上升为党中央主席过程中对其政治对手表现得很无情。另一方面，我们也被鼓励来把毛泽东作为准精神型的人物，他拥有一种"近乎有魔力的宗教性的天赋，能够把个人的、国家的损失与救赎编织成一个激动人心的主导性的叙事——该叙事有助于粘合并凝铸延安的共同体，否则，该共同体将会是非常脆弱和断裂的"①。

在1960年代，毛泽东思想成功植入西方世界的条件，是与若干情境和地缘政治因素相关的。这些条件为西方铺平了接受毛泽东观念的道路。对毛泽东思想的接受发生在几个高度具体化的民族国家政治情境中，该情境深深地影响了接受毛泽东思想时的方式。因此，正如毛泽东常常强调要发展出一种"具有中国特点的马克思主义"的重要性一样，在西方情境中，人们若说"具有西方特点的毛泽东思想"也会是有道理的。我在拙著《来自东方的风：法国知识分子、文化大革命与20世纪60年代的遗产》中所提出的，存在争议的是那一个令人着迷的跨文化接受的过程，在此过程中，西方知识分子和政治活动家们接受了一种考虑到中国情境特殊性的对马克思主义的全新理解。他们希望这些观念能够在延伸的政治危机中激活一种西方式的"左翼"来。

促使毛泽东思想在西方被接受的各种环境性的因素中，最突出的有三个：

一是始于1960年代但在接下来的几十年中扩大和加深了的中苏之间在意识形态

---

① 参见杰弗里·威瑟斯特姆(华志建)的讨论：《毛的作用：一个述评》，见《国际中国评论》第3卷第1期，1996年春季刊，第1—21页。也见于大卫·阿普特和托尼·萨奇：《毛泽东共和国的革命话语》，哈佛大学出版社1994年版。

和政治上的分裂。在西方,苏联作为"真实存在的社会主义"的光泽一开始严重玷污了。缘由是它不断尝试在东欧强压持不同政见者的运动。如1953年的柏林起义和(更加严重的)1956年的匈牙利、波兰事件。在很多方面,促成西方对苏联马克思主义幡然觉醒的事件是1961年柏林墙的建立。毕竟,会有哪种社会主义的乌托邦会监闭其公民以防止他们逃跑呢?还有,苏联自己宣称是至高无上的社会主义这一点与其政治现实不可否认的缺憾之间的巨大裂缝已经越来越难于掩盖了。

二是国际上反殖民主义斗争的胜利与所谓"第三世界主义"的兴起。受第二次世界大战的破坏和削弱,西方在结束欧洲从政治上统治印度、法属印尼和非洲(肯尼亚和刚果)之外经历了另外一个严重的挫折。1954年法国在越南奠边府所遭受的灾难性的失败被普遍地看做欧洲衰败的有形证据。1955年的万隆不结盟国家会议,重新确认了非欧国家的自治,他们开始寻求独立于相互竞争的权力集团之外的政策。伴之而来的是,欧洲被"去中心化"了,非西方国家的活力和声望相应地繁盛起来。

三是1960年代的危机与"西方的衰落"。在西方,1960年代突出地显示为一个政治和文化喧嚣的年代。如果回过头来想一想,1950年代是一个政治冷清的年代,1960年代颇具标志性地结束了这种具有欺骗性的"稳定感"。在这一时期内,当1950年代盛行的有偏见的保守主义被具有反叛意味的符号化—表演性的"青年文化"破坏时,西方也经历了自身转型性的"文化革命"。

1960年代也是学生激进主义精神占主要地位的年代,其顶峰是法国在1968年5月爆发的学生运动。全国性的学生抗议活动的高潮是受到1000万市民——几近全国总人口的15%——支持的总罢工,它一度迫使戴高乐总统为确保拥有忠诚的法国军队而逃避到德国的巴登巴登。当然,法国并不是经受如此严重的社会政治动乱的唯一国家。类似的起义也发生在伯克利、纽约、芝加哥、柏林、华沙、布拉格、墨西哥城和其他地方。这些世界范围内的大学生运动的发生,其背景是美国在越南的战争。这样一场战争在很大范围内被视做(正如"大卫对抗歌利亚"的寓言所说的)第三世界英雄主义与西方政治和军事强势的对抗。不过,尽管资源有限,越南人仍设法与地球上最强的军事大国打成了平手。而该国使用了那些公然违背道义的手段,如地毯式轰炸、凝固汽油燃烧弹和所谓"搜索—毁灭使命"来摧垮一个发展中的亚洲国家寻求自决的政治意愿。

一言以蔽之,当1966年毛泽东以高姿态发动无产阶级"文化大革命"时,他在对政治颇为愤懑的西方学生们中找到了特别能够接受其观念的人群(对象)。在西方,学生

激进分子能够很容易地获得他们在诸如中国北京、上海和武汉等中国城市中对等数目的人群的同情。这些人似乎奋力保卫中国共产主义的锐气,以防出现在苏联及其东欧领地内盛行的社会主义官僚—威权主义模式的再生。

我在我自己的著作中提到,当时西方的年轻人很不了解中国。但在一个政治技术统治变得无用而消费享乐主义扩散的年代中,他们却与自己的政治文化远远分离开来,探求新视野并参与试验当中。鉴于西方的现代性是一个"屠宰场"——这可以从过分拥挤的城市、不能呼吸的空气以及大量交通拥堵中得到证明——西方的年轻人就下了赌注,认为在毛泽东的"农民共产主义"中,中国达到现代性的道路可能会修正西方自己的文化超载和文化失利。由此,在很多时候,在激进青年人当中,"文化大革命"的中国就成了一个投射西方自身异常巨大的社会、政治缺陷的屏幕,或者说成了一个"罗夏墨迹测试"。以此方式,中国也就成了针对西方青年人怀有受挫的革命期望的焦点。借此,"革命"后的中国也就变成了"获得光芒四射的虚幻未来"的最后的、最好的希望。这对于西方自身而言,已经明显地陷入永恒的遮蔽中了。

多数西方知识分子对"文化大革命"的中国感到着迷,是与毛泽东本人头上的光环和成就绑定在一起的。毕竟,这个伟大的舵手不仅带领中国共产党取得了抗日战争和解放战争的胜利,由此成就了他作为军事战略家和革命领导人的业绩,他也是在艺术上很卓越的罕见的政治家。毛泽东既写诗也练习书法。作为雄辩家和散文家,其语言和文字被人们广泛地引用。诸如"革命不是请客吃饭"、"枪杆子里面出政权"以及"造反有理"这样的语句似乎完全适合来把握住政治变乱的主导情绪。在这方面,1967年出版的"红宝书"——一个为新生一代准备的革命箴言——似乎代表了一种预先设定的和谐。在西方,它迅速地成为政治武斗时代的《圣经》。

最后,毛泽东也被证实是一个不可轻视的革命理论家。很快,他的重要著作,如《矛盾论》和《实践论》,在一个不顾马克思的预言、工业无产者依旧对似乎来自第三世界革命变革的风未曾觉醒的时代,是对马克思主义的意义进行重新评估时的重要参考点。

同样,我们也很难不得出结论,认为毛泽东在西方1960年代受欢迎达到顶峰是与爱德华·萨义德在《东方主义》一书中所普及的东方主义无关。由此,西方所崇拜的毛泽东,通常与这位伟大舵手的实际成就的特定性质的联系,赶不上与西方自身的特定文化和政治需要的联系。换言之,毛泽东在西方的名人身份在很大程度上是一个"文化建构",它的功能就是一种对西方自身发展挫折和缺陷的反射。通过认同毛泽东的成就,西方知识分子寻求去度过并超越他们自己实际存在的文化不满。在这方面,后革命时代的中国在西方的作用就像是一个安全阀或逃生舱。这里的希望是,在西方失败的地方,中国会取得成功,并由此为西方提供一种替代性的发展路径,借以避免或截断西方自身的错误和失足。值得注意的是,在 1960 年代,这些希望和期待不仅仅是由为保持革命纯粹性之精神的"文化大革命"过程中那些认同毛泽东努力的"左"派人士来分享的,它对于那些有名望的汉学家们也是如此。出于他们自身的原因,这些人下赌注说中国走向现代性的道路将会成功地避免困扰西方的挫折和失败。由此,作为中国研究首席专家的美国哈佛大学的费正清在 1972 年就写道:"中国人似乎很健康,他们衣食充足,宣称自己是毛泽东领导的新中国的公民……在农村所发生的变化是神奇的……毛泽东主义的革命总的来说是几个世纪以来发生在中国人民身上的最好的事件。"[1]即便是在 1972 年访问中国前夕的理查德·尼克松,也驻足下来并用特别肯定的语言赞扬了中国的"文化大革命"。

毛泽东思想在革命时代的影响

尽管毛泽东开创性地再构了马克思主义的教条,把受压迫的农民合并成一支真正的革命力量,但在第三世界的反抗运动中,他的理论只是得到了有限进展。在很多情况下,他的观点被迫与持续从莫斯科得到物质支持的、已确立的共产主义政党进行竞争。由于并不确定从共产党那里能够获得多少帮助(这部分上是由要花心思处理与发动"文化大革命"所造成的政治动荡所致),很多政党在移与北京结盟问题上犹豫了。在这方面,仅有的例外是秘鲁的"光明之路"(极左的游击组织),或者叫"光辉道路"。它的领导人阿维马艾尔·古兹曼在为秘鲁本土人民的斗争中援引过毛泽东的观点。同样地,近年来有研究表明,"光明之路"在实践中借助的是与秘鲁自身的地方文化传统相一致的策略。这也就意味着,在很大程度上,古兹曼对毛泽东思想的敬意大部分是策略性的和口头上的。[2]

另一个吸收了毛泽东思想的西方政治组织是美国的黑豹党。1966 年,修伊·牛顿和巴比·西尔建立了一个非裔美国人的自卫组织——黑豹党。它起初只是在加利福尼亚州奥克兰活动的当地店面(临街铺子),很快就蹿升为一个全国性的组织,有了

---

[1] 费正清:《新中国与美国的联系》,《外交》1972 年 10 月,第 31、第 36 页。
[2] 参见古斯塔夫·格瑞提·艾伦伯根:《光明之路:秘鲁战争史》,北加州大学出版社 1999 年版。

自己的分支和俱乐部(协会)——共有64个俱乐部——几乎遍及美国所有的大城市。对牛顿和西尔有重大影响的一个人是颇有魅力的黑人穆斯林领袖和黑人权利拥护者马尔科姆·艾克斯,他于1965年被一个伊斯兰民族反对派暗杀了。随着非裔美国人获得因民权运动而积蓄的平等权的希望日渐减弱,对由马丁·路德·金所倡导的非暴力战略的信心也在消减,结果,黑豹党在城镇的非裔美国社区中的受欢迎程度飙升猛涨。不过,美国的联邦调查局(FBI)对黑豹党人头衔和档案的审查也在激增。埃德加·胡佛曾颇为显著地把黑豹党人列为"对美国国家安全最令人生畏的威胁"。

从一开始,黑豹党的领导者们就受到第三世界反对帝国主义斗争模式的启发。他们基本上把美国的政治军事权威看做一股"统治的力量",其目标是全面地对非裔美国人社区进行"殖民统治"——如有必要,并且如同事实所见,会采取武力(达到此目的)。由此,黑豹党人也把自己看做革命者。不过在早期,他们意识到他们被断定为激进迫害的政治斗争,实质上超越了正统马克思主义的常规范畴。为给其斗争找到理论基础,黑豹党的领导人,如牛顿和西尔发现与毛泽东主义非常投缘——其中最重要的是,这位伟大舵手的那个理念:在反殖民主义的时代,斗争的重心已经转移到第三世界。按照这个视角,"地球上的悲惨者",不管他们出现在那里,都成为了国际革命斗争的新承担者。以这样的方式,毛泽东的政治道路与法侬的政治道路是吻合的。但在黑豹党人的眼中同样重要的是,毛泽东对全球第三世界革命抱有热情这一事实是隐含于出现一种崭新的反帝联盟中的(一个非白色人种反对其第一世界压迫者的国际联合,这些压迫者们在其位于欧洲和北美大都市的安乐窝中安全地榨取殖民剥削的收益)。

毛泽东在其"三个世界"的观点中发展出这一崭新的革命策略,它表明了一种在冷战鼎盛时国际力量概念化平衡的尝试。根据这个理论,作为领头的帝国主义大国美国和苏联代表了第一世界,欧洲国家代表了第二世界,而那些处在战争中、用牙齿和双手作战以从西方霸权中自我解放出来的亚洲、非洲和拉丁美洲国家,则构成了第三世界。

在黑豹党的理解中,毛泽东所坚持的解放只有通过暴力革命的进程才能实现、得到深刻的回响,因为在当时,鉴于持续的种族歧视和事实上的种族隔离,非裔美国人进入美国政治体系的通道基本上是封闭的。正如一个黑人权力运动的历史学家说的,在20世纪60年代末70年代初,在赫勒姆的每个人都有一本《毛主席语录》,或者最好称之为"红宝书"。① 在其自传《革命的自杀》中,黑豹党的联合创建人修伊·牛顿提到在

---

① 参见罗宾·凯利、贝奇·伊其:《黑人喜欢毛泽东》,《灵魂》1999年秋季刊,第5页。

除去接受了法侬和切·格瓦拉的观点之外,还把阅读毛泽东的著作当做其政治灵感的一个重要来源。正如牛顿提到的:

当我读了四卷本的毛泽东著作,更多地了解了中国革命后,我的转变就完成了……切·格瓦拉和毛泽东是人民战争的"老手",他们找到了解放人民的成功策略。我们读他们的著作,是因为我们把他们看做同胞。那些控制他们的压迫者,也直接和间接地控制着我们。我们相信,要想开始获得我们的自由,有必要知道他们是如何获得他们的自由的。不过,我们并不想只是"进口"观念和战略,我们必须把我们学到的转化成处在困境中的兄弟们能够接受的原则和方法。

毛泽东、法侬和格瓦拉都清楚地看到,人们的生育权和尊严不是被任何哲学或纯粹话语而是被枪支(武力)剥夺的。他们经受了强盗们的抢劫和强奸,对他们来说,赢得自由的唯一途径是用武力对抗武力。最低,这是一种自我防卫……人们尊敬那些拒绝向压迫者的武器低头的人所展现出的力量和尊严。尽管它可能意味着死亡,但这些人会战斗,因为有尊严地死比耻辱地活着更值得追求。①

不大为人所知的事实是,毛泽东曾亲自努力开拓渠道与黑豹党联系和联合,他认为黑豹党在反对西方帝国主义的斗争中是不可离弃的同盟者。早在1959年,毛泽东就邀请杜波依斯在中国庆祝其90岁生日。对于这样一个邀请,这位当时被自己的祖国宣判为公敌的非裔美国领导人,是很乐意接受的。四年后,就在1963年发生具有历史意义的华盛顿大游行之前,毛泽东发表了一个颇为提神的宣言,来捍卫非裔美国人掀起反抗美国政治体系不断发生非正义行为的斗争合法性。正如毛泽东提到的,殖民主义和帝国主义的邪恶制度兴起并繁荣于把黑人当成奴隶和进行奴隶买卖,它必将随着黑人的完全解放而走向灭亡。

1971年,在毛泽东与尼克松举行历史性峰会的前一年,也就在亨利·基辛格探访中国的使命结束稍后,毛泽东邀请了修伊·牛顿和其他黑豹党领导人访问北京——当时,该组织系因政治迫害和由联邦调查局(FBI)实施的扩大的"黑幕交易"而受到破坏。黑豹党的访问发生在10月1日——也就是为了纪念1949年打败国民党和蒋介石的中国国庆日。一个目击者描述当时的场景说:"成千上万的中国人聚焦在天安门

---

① 修伊·牛顿:《革命的自杀》,兰德图书出版社1974年版,第111页。

广场,挥舞着红旗为黑豹党人欢呼。革命戏剧团、民族舞蹈家、体操运动员和革命芭蕾舞在上演着。大幅的红旗上写着'世界人民团结起来,消灭美国侵略者和其走狗'。在官方举行的国宴中,第一夫人江青与黑豹党人坐在一起。"①在《革命的自杀》中,牛顿反思了他1971年的中国之行,回忆说此行产生了一种前所未有的"自由感"——"一种巨大的压力似乎从我的灵魂中抽取出来,我能够成为我自己了,不再需要防范、假装,也没有解释的必要。我平生第一次感到了绝对的自由——完全从我的同类中解放出来。"②

伴随着1960年代的发展,欧洲的左翼人士开始越来越多地接受中国人关于苏联已经放弃了世界革命的目标,转而爱上更保守的"和平共存"战略的观点。结果,他们对毛泽东观点(毛泽东的主要观点似乎很好地适应了全球反帝斗争的主导性心理)的着迷也相应地提升了。同样地,激进左派们也意识到欧洲的政治形势已经与毛泽东在1930年代和1940年代被迫面对的情形大为不同了。因此,从字面上取用毛泽东思想或者囫囵吞枣地取用毛泽东思想,与有选择地将之适用于欧洲的情况相比,已经不再受到欢迎。在这种情况下,说"毛泽东的影响"也就意味着去引发一种政治现象,其后果可能是——也常常是——极其多样化和散乱,这取决于所处情境的具体性质。在很多此类情形中,不是毛泽东的文字而是其革命精神产生了影响。

我们再转过来看一看德国的情况:20世纪60年代末,人们看到了所谓"K-组织"的扩大,其中的"K"代表"共产主义"。很多这样的组织公开宣称是"毛主义的"或者"亲中"的。部分原因是,被毛泽东思想的信条所吸引关系到政治存活的问题,因为《德国应急法案》从1960年代末生效开始,那些亲莫斯科的德国共产党(KPD)就一直被查禁了。德国激进分子涌向"毛主义"的其他原因,与他们对经威权-官僚主义到达共产主义路径的不信任有关。对于德国的左派而言,抛弃苏维埃马克思主义也就意味着毛泽东思想是所剩少数切实可行的激进政治选择之一了。否则,左派们就会冒被历史甩落在后面的危险——或者当时的思想是如此。

同样,德国"K-组织"能够保持的政治吸引力就很小了。他们中的很多组织都是以地区为基础的,常常受到意识形态细节和紧张的政治内斗的困扰。结果,他们似乎

---

① 约书亚·布鲁姆、沃德·马丁:《黑人反对的帝国:黑豹党的历史》,加利福尼亚大学出版社2013年版,第2—3页。
② 修伊·牛顿:《革命的自杀》,兰德图书出版社1974年版,第110页。

更关心解决对手和内部纷争,而不关心与全球帝国主义或者国际资本主义作战的问题了。①

巴迪乌与齐泽克:当今两位深受毛泽东思想影响的西方思想家

似乎令人惊奇的是,尽管有一段长时间的间隔,两位当代西方政治思想家的领袖人物——阿兰·巴迪乌和斯拉沃热·齐泽克——都可被灵活地描述为毛泽东思想的热情拥护者。

在20世纪60年代,巴迪乌还是共产主义哲学家路易·阿尔都塞在巴黎高等师范学院的一个学生。从1966年开始,该地就成了法国学生中"毛主义"派的集中地(在弗朗索瓦·多斯重要的《结构主义历史》这部书中,巴迪乌讲述了他在1960年代早期亲历的阿尔都塞和萨特之间发生的那场令人记忆深刻的争论。根据巴迪乌的看法,阿尔都塞看不起那位法国存在主义创建者萨特的工作)。在那个年代的多数时期,巴迪乌都隶属于一个小的左翼社会主义政党——法国统一社会党。不过,在"五月暴动"的影响下,巴迪乌在政治上转向了那股"来自东方的风"——或者说毛泽东思想了。问题是,巴迪乌与带头的"毛主义"学生组织——无产阶级左派保持了距离。就此而言,在巴迪乌看来,这些左派们(该组织的追随者都被如此称呼)表现的革命热情和义务感都不够充分。当"五月暴动"的余烬不再发光时,前青年共产者联盟的"毛主义"者与3月22日运动的成员(这些人的基地在楠泰尔,"五月暴动"就爆发在这里)实现了力量联合,构成了无产阶级左派。这种合并的结果之一,就是"毛主义"者为保持时代的精神和1960年代"青年文化"的普及,开始对"力比多政治"产生更大的兴趣——女权主义、同性恋权利,以及更为广泛的——用福柯的话来说——一种不同的身体经济与兴趣。这种兴趣比对革命纪律和获取政治权力的兴趣更大。毕竟在巴迪乌的眼中,法国学生左派向自由主义成见的转移,与当时起关键作用的政治任务的严重性并不相容。因此,他开始组织自己的"毛主义"政治小团体(UCF－ML)。在其达到顶峰之时,巴迪乌的组织拥有不超过80个人的信众。

与他同时代的大部分"同行伴侣"不同,巴迪乌与毛泽东思想的联系——特别是与"文化大革命"的联系——一直没有动摇过,尽管这种承诺的价值或许发生了变化。他把"文化大革命"看做一种革命的范例——由此,它与包括雅各宾专政、巴黎公社以及

---

① 关于"K－组织"的更多信息,请参见格德·孔恩:《红色组织》,洪堡罗沃尔特出版社2002年版。

1968年的"五月暴动"等一系列范例性的革命"事件"是一致的。巴迪乌的第一部重要哲学著作《主体理论》(1980年版),就是对"文革"及其成败的详尽分析。他的解释所得出的结论是,从一个反政府主义的线索看,国家和政党总是冒着削弱民众解放热情的危险。在《共产主义猜想》中,巴迪乌在一定程度上赞扬了"文化大革命"——在共产主义历史上,它代表了一种范例性的"第三条道路",或者斯大林主义的贵族式超越与所谓走资产阶级道路者(他们迅速壮大的影响迫使毛泽东发动了"文化大革命")之间的中间道路。

在这方面,巴迪乌仍寻求对作为延安时期共产主义支柱之一的群众路线的观念保持忠诚。群众路线是一种革命群众自身即是政治实体的基石的观念。结果,政党的首要角色必定是一个政治促进者的角色,而不是一个传统意义上的先锋。巴迪乌的观点受到了在"五月暴动"中出现的直接民主精神的影响。由此而来的结果就是,在巴迪乌的眼中,他相信他一直忠诚于由毛泽东在1966年3月所宣称的"文化大革命"的原初精神:"我一直赞成,不管何时中央机关如果做坏事的话,就有必要让地方起来造反,反对中央。"①事实上,巴迪乌相信他比伟大舵手毛泽东本人更忠诚于延安时期共产主义的理想。大约从1968年起,毛泽东作出结论说有必要让人民解放军参与进来,以便恢复秩序,控制红卫兵的过激行为。

遵循同样的精神,巴迪乌在其对于20世纪"普遍主义"遗产的反思——如《本世纪》与《共产主义猜想》中——表达了对"文化大革命"的同情性的辩护。巴迪乌认为,尽管存在各种挫折,共产主义运动仍是上世纪政治的高标。他在《本世纪》中解释说:"20世纪的历史宣称,不会再有失败了,胜利的时代来临了。胜利的主观性放逐了所有明显的失败,因为它不是经验性的,而是建构性的。胜利是决定失败自身的先验性主题……1917年发生的十月革命,随后发生的中国革命和古巴革命,以及阿尔及利亚的胜利和越南人的民族解放战争,它们合起来构成了对该主题的一种经验确证和对失败的击溃……"②

巴迪乌把他对普遍主义的防卫看作是对占统治地位的后现代犬儒主义的西方情绪的政治反击——普遍真理并不存在广为散播的信念;在共产主义之后,仅剩的政治要么是认同性政治,要么是高度具体的地方式的争斗。

---

① 引自施拉姆:《毛泽东的政治思想》,纽约剑桥出版社1989年版,第174页。
② 约翰·格雷:《斯拉沃热·齐泽克的暴力幻想》,《纽约书评》2012年7月12日。

在为共产主义进行的辩护中,巴迪乌和齐泽克保持了同步。在西方的青年人当中,就他们关于共产主义猜想的有力辩护被广泛视作反对新自由主义的全球化灾难的有效屏障而言,他们的思想已经颇有追随者。在这方面,他们受到欢迎的原因似乎是与中国新左派的理由相一致的。作为回应,人们可能会发现他们对共产主义的辩护完全是抽象的,远远离开了现存的政治现实。在19世纪时,马克思构思了共产主义的理念,他的教义具有一个具体的社会—经济基础:作为一个阶级的无产阶级,生活在资本社会主义但并不属于资本主义社会。如他所说:这个阶级失去的只是锁链。当代欧洲社会主义政党承担起了这场斗争,并且努力去争取重大的政治和经济成功。

相反的是,巴迪乌和齐泽克所拥护的观念上的马克思主义,似乎只是姿态性的或者口头上的——只是一个在共产主义方向上的"佯装"。与马克思的诊断和预言不同,他们的共产主义观念缺少了针对阶级的有意义的参照。毕竟,马克思关于无产阶级贫困化的直接预言还没有过时。正如法兰克福学派的哲学卓识所表明的那样,在发达工业社会中,与它们在马克思时代所表现的不一样,统治的源头不再受限于阶级和工厂问题。结果,新形式的斗争和对抗就出现了,这些新形式与性别、种族和文化统治相关。传统形式(传统版)的共产主义猜想不能足够灵活地公正对待社会控制的这些新表现形式。

这样的一些思考提出了"为了谁"的问题。准确地说,巴迪乌和齐泽克所拥护的新毛泽东主义路径是为了取悦谁呢?或者说,难道他们的情况主要是一种理论姿态和知识自我放大的例子吗?由于这两位思想家都坚定地对政治权宜之计感到悲观(比如,那些与欧洲社会民主的传统相一致的政治权宜之计),人们不仅感到好奇,在他们心中,谁的利益居于最前列?是那些抗争的民众和遭社会排斥者,还是他们自己的自我提升?

考虑到巴迪乌作为政治斗士的经历,就他的情况而言,上面所提问题的答案至少是模糊的。作为一个自称的"柏拉图主义者"——确切地说,这是一个对自我描述为马克思主义者的人而言颇为奇怪的公开声明——对抗性的"事实"和难对付的政治情形对他来说并不起什么作用。然而有可能的是,他固执地坚守对新共产主义的信奉,把它看做一类政治性的"真理程序"。

相反,齐泽克作为全球知识分子名人谱中研究意识形态的典型,或许完全是另外一种情形。正如一个批评家满是讥讽地提到:

齐泽克的视野……缺乏确定内容——很适合一种以不断产生新商品和经验为基础的经济,它的每一项都和此前的任何内容有所不同……齐泽克无形的激进主义颇为理想地适合于一种被自身的脆弱景象刺穿了的文化……只有今天存在着的那一种经济才能够产生出像齐泽克一样的思想家。齐泽克所扮演的全球公共知识分子的角色,是伴随着作为资本主义扩张现行模式一部分的媒体工具和名人文化而出现的。

在知识界过量生产出来的巨大业绩中,齐泽克创造了一个对现存秩序的空想式的批判……(该批判)同时复制了他在资本主义运作中觉察到的那种强迫性的、无目的的驱动力。通过无休止地重申一种本质上很空虚的幻象而获得一种欺骗性的内容,齐泽克的作品……最终一文不值。[1]

(演讲者理查德·沃林系美国纽约城市大学研究中心历史与政治科学杰出教授。译者宇文利系北京大学马克思主义学院思想政治教育研究所所长,中国特色社会主义理论体系研究中心研究员)

---

[1] 修伊·牛顿:《革命的自杀》,兰德图书出版社1974年版,第111页。

新民:未完成的启蒙*
——梁启超与《新民说》

解玺璋

今年是梁启超的《新民说》发表110周年。严格说来,这部著作是作者在1902年到1904三年内陆续写成发表的,并不限于1903年。不过,无论如何,这是一部值得纪念的作品。说得夸张一点,百年来中国人能有所进步,首先要拜其所赐。清末输入新思想、新学说,非梁启超一人(严复曾翻译了《天演论》《法意》《原富》《群学肄言》《穆勒名学》),但最有力者,首推梁启超。他创办《清议报》《新民丛报》《新小说》《国风报》等报刊,以平易畅达、条理明晰的文章,传播各种新学说、新思想,进行思想启蒙,他的文字尤具特别的魔力,影响了不止一代人。胡适对梁启超的《新民说》评价甚高,认为"是他一生的最大贡献","最不朽的功绩"。梁启超去世后,他写了一副挽联:"文字收功,神州革命;生平自许,中国新民。"梁启超地下有知,不会不接受胡适给他的这个称号。胡适曾以一种赞赏的口吻讲到《新民说》带给他的感受,他说:

他在这十几篇文字里,抱着满腔的血诚,怀着无限的信心,用他那枝"笔锋常带情感"的健笔,指挥那无数的历史例证,组织成那些能使人鼓舞,使人掉泪,使人感激奋发的文章。其中如《论毅力》等篇,我在二十五年后重读,还感觉到他的魔力,何况在我十几岁最容易受感动的时期呢?

百年之后,龙应台重读梁启超的文章,仍被他的文章所感动。她说:"难道不是因为,尽管时光荏苒,百年浮沉,我所感受的痛苦仍是梁启超的痛苦,我所不得不做的呼

---

* 本文系解玺璋先生2013年10月31日做客北方工业大学"人文素质大讲堂"的演讲稿。

喊仍是梁启超的呼喊?"梁漱溟也曾说过,梁启超一生之成就,"不在学术,不在事功,独在他迎接新世运,开出新潮流,撼动全国人心,达成历史上中国社会应有之一段转变"。这也是胡适的看法,他说:"梁任公为吾国革命第一大功臣,其功在革新吾国之思想界。"

有一个具体的例子。前几天读《洪业传》,洪业曾参与创建燕京大学,与钱穆、顾颉刚、陈寅恪并称民国四大历史学家,在他少年时期,即十岁左右,他的母亲就鼓励他读《新民丛报》,并且说,如果她是个男人,就要投奔梁启超去做他的仆人。洪业也承认,梁启超的《新民丛报》改变了他的人生。

毛泽东对梁启超亦情有独钟,年轻时曾用过"思任"这个笔名,就是仰慕梁任公的意思。他创办新民学社,不仅用了"新民"这个概念,而且,张扬新民的精神,实践新民的主张。这些都是《新民丛报》和《新民说》在当时及后世所产生的影响。

那么,《新民说》究竟是怎样一本书?梁启超又何以要写《新民说》呢?他在《新民议》一文中曾谨慎地表示:"余为《新民说》,欲以探求我国民腐败堕落之根原,而以他国所以发达进步者比较之,使国民知受病所在,以自警厉,自策进。"这正是胡适所以看重《新民说》的地方,他称赞这些文字"篇篇指摘中国文化的缺点,颂扬西洋的美德可给我国人取法的。"意思无非是说,西洋的美德犹如一剂良药,可治中国国民之病。这是梁启超比当时很多人高明的地方。他不仅看到了改造国家、政府的必要性和迫切性,而且看到,改造国民性是比改造国家、政府还要迫切和艰巨的任务,"今日欲改造我国家,终不得不于民智民德民力三者有所培养"。他在《新民说》的"叙论"中开宗明义便强调了民与国相互依存的关系:"国也者,积民而成。国之有民,犹身之有四肢、五脏、筋脉、血轮也。未有四肢已断,五脏已瘵,筋脉已伤,血轮已涸,而身犹能存者。则亦未有其民愚陋、怯弱、涣散、混浊,而国犹能立者,故欲其身之长生久视,则摄生之术不可不明,欲其国之安富尊荣,则新民之道不可不讲。"因此,他把新民看做是新制度、新政府、新国家的必要条件。虽说"公民意识"和"政治参与"是梁启超"新民"的核心内容,他亦强调国民为构成国家的基本要素,但其目的首先不是国民个人的充分发展,而是国家的自立和富强。很显然,这种目的论从一开始就预设了中国现代国家建构过程中"政治控制"压倒"政治参与"和"政治竞争"的伏笔,而百余年来,中国新民之路所以走得步履维艰,磕磕绊绊,其原因或许就在这里。百年之后再看中国,梁启超的新民之梦尚未变成现实,李慎之先生说:"中国要达到这个目标,还有漫长而曲折的路要走。"

《新民说》的内容是非常丰富的,梁启超将其分列为十六个题目,依次是:

一 论公德

二 论国家思想

三 论进取冒险

四 论权利思想

五 论自由

六 论自治

七 论进步(一名论中国群治不进之原因)

八 论自尊

九 论合群

十 论生利分利

十一 论毅力

十二 论义务思想

十三 论尚武

十四 论私德

十五 论民气

十六 论政治能力

无论如何,这里的每个题目,都不是无的放矢、无病呻吟、无中生有的,而是有现实针对性的,无不包含着梁启超对于国民性的观察、思考和期待。试以"论尚武"一节言之,他从斯巴达、德意志、俄罗斯,以及日本如何养成国民尚武之风说起,深入探讨了中国国民之所以病弱的内因和外因。他说:"两千年来,出而与他族相遇,无不挫折败北,受其窘屈,此实中国历史之一大污点,而我国民百世弥天之大辱也。"他历数自周以来,秦汉、魏晋、隋唐、宋明,历朝历代,凡与外敌接触,往往"一动而辄为力屈也",尤其是北宋以来,实行崇文抑武的国策,"武事废堕,民气柔靡,二千年之腐气败习,深入于国民之脑",结果,使得开化最早之中国,竟"以文弱闻于天下,柔懦之病,深入膏肓",以至于像满族这样彪悍的民族,入主中原不过二百余年,"亦且传染此病,筋弛力脆,尽失其强悍之本性"。这种萎靡不振的状况怎不令人感到忧心如焚,更何况"近日迫我之白人,挟文明之利器,受完备之训练,以帝国之主义,为民族之运动,其雄武坚劲,绝非匈奴、突厥、女真、蒙古之比",以中国国民精神之孱弱,如何赢得这一轮世界民族国家的生存

竞争？所以他说："尚武者，国民之元气，国家所恃以成立，而文明所赖以维持者也"。又说："立国者，苟无尚武之国民，铁血之主义，则虽有文明，虽有智识，虽有众民，虽有广土，必无以自立于竞争剧烈之舞台"。他寄希望于"少年"，就是觉得少年尚可造就成一代有胆有识、轻死好胜、勇健奋发、富于进取冒险之精神的新人。

再以曾让胡适感激奋发的"论毅力"为例。在梁启超看来，有毅力是国民的优点，而无毅力则是国民的缺点。有毅力者成，无毅力者败。他所说的毅力是什么呢？借用曾子的说法："士不可以不弘毅。任重而道远，仁以为己任，不亦重乎？死而后已，不亦远乎？"他说，人的一生，犹如逆水行舟，不进则退，理想愈高远，遇到的阻力就愈大，也就愈需要坚定不移的毅力。所以说，"养其希望勿使失者，厥惟毅力。故志不足恃，气不足恃，才不足恃，惟毅力者足恃"。一个人是这样，一个民族、一个国家也是这样，都少不了这点精神。但中国当时的情形，所缺者无非理想和信仰，以及追求理想，坚守信仰的热忱，"一国中，朝野上下，人人皆有假日偷乐之心，有遑恤我后之想，翩翩年少，弱不禁风，蹒跚老成，尸居余气，无三年能持续之国的，无百人能固结之法团"。他为此而深感担忧："吾每一念及，不能不为我国前途疑且惧也。"一个国家和它的国民，如果只有现实的考量，而丧失理想的追求，信仰的引领，那么，和行尸走肉又有什么区别呢？他希望"真有志于天下事者"，"初知责任之日，即此身初嫁与国民之日"，也就是说，国民对国家是负有责任的，对其他国民也是负有责任的，对待自己的责任，就要像出嫁的妇女一样，"终身不二，矢死靡他"。所谓"任重而道远，仁以为己任"，说的就是这个意思。他列举西方的摩西、哥伦布、达尔文、孟德斯鸠、发明蒸汽机的瓦特、铺设海底电缆的维尔德，并征诸我先民如勾践、张骞、玄奘、曾国藩等，"综观此中西十数君子，则我辈所以求自立于天地间者，可以思矣，可以兴矣"，并且说："世无论古今，业无论大小，其卓然能成就以显于世而传于后者，岂有一不自坚忍沉毅而来哉。"

显而易见的是，梁启超对新民的认识和想象，他在《新民说》中所描述的一整套关于新民的人格理想和价值观，是中西两种文化调和的结果。在他看来，保守有保守的片面，进取有进取的片面，只有"善调和者，斯为伟大国民"。他这样描述自己心目中理想的新民："故吾所谓新民者，必非如心醉西风者流，蔑弃吾数千年之道德学术风俗，以求伍于他人；亦非如墨守故纸者流，谓仅抱此数千年之道德学术风俗，遂足以立于大地也。"我们不得不承认，在近代中国，恰恰是梁启超，第一次全面、完整地提出了关于中国现代人格的设想，并努力付诸实践。他对国民性的认识和批判，也是以"新民"为出发点的，也就是说，他的破坏，是立足于建设的，不仅破旧，更要立新。

新民的"新"有两种解释,解作形容词,意思是"新的",新民即新的国民或公民;解作动词,则为"使民新",也就是造就新的国民或公民,使其人格得到改良。这就发生了一个问题,谁是"造就"或"改良"的施行者?当时围绕这个问题曾有过相当激烈的争论,革命党是主张新制度、新政府、新国家在前,而新民在后的,这是一种激进的主张,即通过暴力手段推翻旧政府,颠覆其国家制度,将君主制变为共和制,此种主张隐含有政府应负新民之责的潜台词。政府固然负有新民之责,新政府更可以大规模动员社会力量进行此项事业,1928年以后国民政府搞的新生活运动,1949年以后的历次思想改造运动,恐怕都属此类。政治控制一旦压倒政治参与、政治竞争,那么,造就出来的人绝非能够自由而理性地思考、对国家事务有自己独立见解和判断的公民,并且会给人类社会带来巨大的伤害。

梁启超具有超前的预见性,他宁愿慢一点,先争取一个"开明专制"的历史时期,去做新民的工作。按照他的逻辑,国家是由国民构成的,新国家只能由新民来创造,没有独立自主的新民,也就没有独立自主的新国家。在他看来,新民所以新,首先新在政治自觉,即公民的权利意识和政治能力,也就是参政议政的能力。这是新的国民应该具有的政治品格和政治素养。梁启超关于新民的这种认识,显然是从欧美人民自治这个传统中发现的。他看到,欧美政治天平,其重心早已从君相转向国民,也就是说,"英美各国之民常不待贤君相而足以致治",他们参与国家政治的实践,不仅"有助于国家有效性的加强",而且为公共生活带来了合法性秩序,从而构建起"公民社会"这个现代国家的基础,也为民主政治的核心不是好人政治而是公民政治提供了有力的证明。美国建国之父、第二任总统约翰·亚当斯承认,公民要比制度更重要一些。梁启超是认同这一点的,所以他坚持认为,新民比新制度、新政府、新国家更重要。道理其实很简单,国家既由国民构成,政府官员也同样来自国民,那么,很显然,有什么样的国民,就有什么样的政府。反之亦如是。所以,他对靠政府新民不抱任何希望,认为颠倒了因果关系。他还对中国人常常把自己的身家性命托付给期待中的明君贤相或清官义侠,自己却不负任何责任的恶习提出批评,认为这是典型的奴性人格,并愤然指出:"此责人不责己,望人不望己之恶习,即中国所以不能维新之大原。"他强调:"新民云者,非新者一人,而新之者又一人也。则在吾民之各自新而已。"

于是,我们便不难理解,为什么在《新民说》中梁启超要把"公德"问题放在首位。他这里所谓"公德",不是一般意义上的公共道德,不随地吐痰,不随地大小便,过马路要走人行横道之类,而是作为公民应该具有的政治参与、政治竞争的能力,以及处理群

体中人际关系的素养和道德原则。他认为:"人人独善其身者谓之私德,人人相善其群者谓之公德,二者皆人生所不可缺之具也。无私德则不能立,合无量数卑污、虚伪、残忍、愚懦之人,无以为国也;无公德则不能团,虽有无量数束身自好、廉谨良愿之人,仍无以为国也"。这段话包含几层意思:第一,人无私德不能自立为人,私德是人所以为人的根基;第二,一国国民如果全无私德,国家必不能成立,如前所述,国民是构成国家的基础,国民既不能自立,国又何以立;第三,公德的功能为"团","团"者,聚集、集合之谓也。公德的作用就是把国民"团"在一起,结合成一个强有力的团体。梁启超与严复都十分重视的"群"的研究,"团"即"群"之一理。《新民说》中专辟"论合群"一节,从优胜劣败的角度讲合群的重要性,他认为,人群的优劣,表现不一,"而能群与不能群,实为总原"。能群固然是优胜的,不能群则必然劣败。当时国中稍有知识者,都能讲一套"群"的重要性,但事实上,"非惟国民全体之大群不能,即一部分之小群亦不能;非惟顽固愚陋者不能,即号称贤达有志者亦不能也"。他指出,四种原因造成了中国人的"不群之恶性":一曰公共观念之缺乏,不仅不能牺牲其私益之一部分以拥护公益,反而为私益而牺牲公益,这是不能合群之第一病;二曰对外之界说不分明,意思是敌我不分,内斗内耗,"往往舍公敌大敌于不问,而惟断断焉争小意见于本团。无他,知小我而不知大我,用对外之手段以对内,所以鹬蚌相持,而使渔人窃笑其后也",这是不能合群之第二病;三曰无规则,无法律意识,如果是强权强加给国民的法律,自当别论,如果是国民全体以契约方式形成的法律,则不能不服从,不能不遵守。以一二人之意见强加于国民,或以个人自由为理由,破坏已有之法律和规则,都属于不能合群之第三病;四曰忌嫉,也就是见不得别人好,缺少合作精神,"吾国人此等恶质,积之数千年,受诸种性之遗传,染诸社会之习惯,几深入于人人之脑中而不能自拔,以是而欲求合群,是何异磨砖以作镜,蒸沙以求饭也"。这是不能合群之第四病。以上他从四个方面总结了我国民公德缺失的情形,他认为,如果公德不能在国民中形成共识和自律,那么,即使每个人都有很高尚的私德,国家仍不能成为国家。在这里,显而易见的是,国民政治参与的自觉首先不是国民权利意识的彰显,而是对"有助于国家有效性的加强"的强调。

我们知道,《新民说》是梁启超在1902至1904三年内陆续写成发表的。最初,他对中国"偏于私德,而公德殆阙如"的现状十分担忧,因为,他不仅看到了公德缺失的严重性,而且,他在思考如何新民时发现,公德缺失不过是表面现象,根本原因是道德资源有缺陷,或者说,传统道德资源已不能满足社会发展的需求。中国传统道德学说发轫于周季,至孔子而集大成,梁启超说,《论语》《孟子》这些书,"吾国民之木铎",木铎是什么呢？它是古代宣布政教法令时所用的器物，后来以此比喻宣扬教化的人。《论语》有言："天下之无道也久矣，天将以夫子为木铎。"夫子就是孔子，儒家的代表人物，他是上天派来教化百姓的，中国人所遵循的道德，大部分是经孔子阐释而衍生、发展起来的。但他所宣扬的道德，"私德居十之九，而公德不及其一焉"。这是梁启超在20世纪初的看法，言外之意，如今仍以"夫子为木铎"就显得不合时宜了，因为这个"木铎"有点老了，而且，只讲私德，不讲公德，只讲洁身自好、独善其身，不讲政治参与、政治竞争。黄遵宪敏感地觉察到梁启超对待孔子态度的转变，曾经写信提醒他不要忽略了孔子的复杂性和多样性，特别"请公慎之"。

梁启超并非不知道孔子的重要性，儒家始终以伦理道德为其大宗，并渗透于方方面面，其中"如皋陶谟之九德，洪范之三德，《论语》所谓温良恭俭让，所谓克己复礼，所谓忠信笃敬，所谓寡尤寡悔，所谓刚毅木讷，所谓知命知言，《大学》所谓知止慎独，戒欺求慊，《中庸》所谓好学力行知耻，所谓戒慎恐惧，所谓致曲，《孟子》所谓存心养性，所谓反身强恕"，凡此种种，对于道德可谓发挥得淋漓尽致，几无余蕴了。不过，这些道德资源如果用于"养成私人之资格，庶乎备矣"，怕是没有什么缺憾了，而用于新民，显然就少了很多东西。他将中国传统伦理道德与西方伦理道德做了一番比较，于是发现，中国传统伦理道德所要处理的关系，即儒家所谓三纲五常：前者君为臣纲、父为子纲、夫为妻纲，后者父子有亲、君臣有义、夫妇有别、长幼有序、朋友有信，基本上都在"私"的范畴之内，"所重者，则一私人对于一私人之事也"，而西方伦理道德"所重者，则一私人对于一团体之事也"，也就是说，西方伦理道德习惯从公共的角度处理个人与家族、个人与社会、个人与国家的关系。二者之间的差别就在这里，比如所谓五常（又称五伦），其中父子、兄弟、夫妇，或可归入西方伦理中家庭伦理的范畴，固不待言；而朋友如果归于西方社会伦理的范畴，则显得不伦不类，事实上，"朋友一伦决不足以尽社会伦理"，因为，"凡人对于社会之义务，决不徒在相知之朋友而已，即绝迹不与人交者，仍于社会上有不可不尽之责任"；至于"君臣一伦，尤不足以尽国家伦理"，这是因为，"至国家者，尤非君臣所能专有，若仅言君臣之义，则使以礼，事以忠，全属两个私人感恩效力之事耳，于大体无关也"。在这里，忠也好，义也好，都属于私人之间的感情和道义，绝非个人与国家、个人与社群之间应当具有的伦理关系。于是他说："若中国之五伦，则惟于家族伦理稍为完整，至社会国家伦理，不备滋多，此缺憾之必当补者也。"

这就是说，中国固有的伦理道德，难以处理个人与现代民族国家的关系。这是因为，中国固有的伦理道德，只规定了个人对家庭、家族、朋友，乃至于朝廷和君主应尽的

义务,却没有规定作为国民应有的责任和权利。具体讲到个人与国家的关系,所规定于国民的,也只有服劳役和缴纳赋税这两条,做到了,就是良民,做不到,就是刁民。至于对国家事务发表意见,对不起,那不是小小老百姓该操心的。君主对臣民的要求就是服从,只许老老实实,不许乱说乱动。这样一群没有权利,没有自由,没有尊严的奴才,你如何要求他自治、自尊、进步、合群;如何要求他关心国家的命运,以主人翁的身份参与国家管理;又如何要求他敢于冒险进取,表现出坚忍毅力,发扬尚武精神?所以,要以公德重建个人与国家的关系,就要国民有一种自觉,觉悟到自己是有权利、有尊严、有自由的国家公民,而不是国家或君主的奴才。这是公德最重要的内容,即人的政治觉悟、人的权利意识的觉醒。他说:"有国家思想,能自布政治者,谓之国民。"那么,什么叫做"自布政治"呢?就是要有自己的政治主张,并且能够运用合法的方式和手段,去传播、实践自己的主张。中国的老百姓历来都对政治有一种根深蒂固的恐惧感,害怕谈政治,厌恶政治,自觉地远离政治,大家还记得话剧《茶馆》中那块"莫谈国事"的牌子,有皇帝、官员为你做主,草民自然在政治上没有发言权。一句"我看大清国要完",就有警察出来把你拘到局子里去了。士大夫也以不谈政治为清高,近代以来,得风气之先者往往以"广开言路"为切入点,就是在为士大夫呼吁和争取政治参与的权利,鼓励他们参与不同政治意见之间的讨论乃至争论。有人批评中国民众麻木不仁,其表现主要就在于权利思想薄弱。梁启超认为,中国国民无权利自然是两千年来的专制统治造成的,但他说:"权利之为物,必有甲焉先放弃之,然后有乙焉能侵入之。人人务自强以自保吾权,此实固其群,善其群之不二法门。"意思就是说,每个人都要挺身而出奋起向强权争取自身权利,才能使国民的权利得到维护,真正做到"固其群,善其群"。英国人何以能够建立一个强大的现代国家呢?就是因为英国人"权利思想之丰富,权利情感之敏锐"。然而,"吾中国人惟日望仁政于其君上也。故遇仁焉者,则为之婴儿,遇不仁焉者,则为之鱼肉"。这是中国人常做的三个梦之一,明君梦,希望有个好皇帝;还有两个梦,一个是清官梦,希望有个能为民做主的包龙图;再一个是侠客梦,希望有个正义的侠客,月黑风高取贪官首级。这三个梦让我们看到了我国民不如西方国家国民的地方。

然而,两年后,梁启超又作《论私德》一文,对此前他在《新民说》"论公德"中的观点进行了修正。在这里,他不仅强调私德对于公德的必要性,而且对于现实中私德的沦丧也表现出深深的忧虑,他说:"论德而别举其公焉者,非谓私德之可以已。谓夫私德者,当久已为尽人所能解悟能践履,抑且先圣昔贤,言之既已圆满纤悉,而无待末学小子之哓哓词费也。乃近年以来,举国嚣嚣靡靡,所谓利国建群之事业,一二未睹,而末流所趋,反贻顽钝者以口实,而曰新理想之贼人子而毒天下。"这恐怕是他写作《论私德》时的主要动机。很显然,此时他已经意识到,只讲公德,不讲私德是一种偏颇。他强调:"欲铸国民,必以培养个人之私德为第一义,欲从事于铸国民者,必以自培养其个人之私德为第一义"。他在此讲了两层意思,其一,国民的铸造,也就是新民,必须把培养私德放在首位;其二,从事于铸国民者,也就是有志于"使民新"的人,尤其要把培养私德放在首位。他很看重报纸,也很看重报人,在他看来,报纸既是传播文明的三大利器之一(另外两种为学校和演说),而报人的天职,除了对政府尽监督之责,还有就是"铸国民",或称之为"新民"。这是报人最重要的工作,他把报人与国民的关系比做孝子和两亲的关系,好的报人,应该"不忘几谏,委曲焉,迁就焉,而务所以喻亲于道"。

过去他曾担心,中国人偏于保守,不容易接受新事物,西洋人自治、民权的主张虽好,但闻者骇之,比比然也。故大倡破坏主义,"欲导民以民权也,则不可不骇之革命,当革命论起,则并民权亦不暇骇"。然而,现在看来,那些动辄主张一切破坏的人,"且将有厌其陈腐而一切吐弃之者,吐弃陈腐犹可言也,若并道德而吐弃,则横流之祸,曷其有极?"这恐怕就是俗语所言,泼脏水把孩子泼了。这是非常可惜的。新道德未能确立,旧道德先已溃败。无论三纲五常、忠孝节义、仁义礼智信,还是温良恭俭让,都被冠以"封建道德"四个字而遭到唾弃,甚至连"道德"二字都被那些走极端者视为对人的束缚,认为"破坏则无需道德"。这自然不是他想看到的,他提倡公德,提倡破坏,对私德的局限性有微词,却并不反对私德,甚至认为破坏也需要道德。近几年来,他提倡新道德,其本意"固非尽蔑旧学也,以旧学之简单而不适应于时势也,而思所以补助之。且广陈众议,促思想自由之发达,以求学者之自择。而不意此久经腐败之社会,遂非文明学说所遽能移植。于是,自由之说入,不以之增幸福,而以之破秩序;平等之说入,不以之荷义务,而以之蔑制裁;竞争之说入,不以之敌外界,而以之散内团;权利之说入,不以之图公益,而以之文私见;破坏之说入,不以之箴膏肓,而以之灭国粹"。这里提到的种种现象,大约都在讲一个"南橘北枳"的故事,自由、平等、竞争、权利、破坏等等新的思想,在西方的土壤中生长得如此茂盛,移植到中国来,却因水土不服而出现了异化、变质等问题,就像淮南的橘树,移植到淮北,就变成了枳树。面对这道看上去无解的难题,他感到"无穷之沉痛",他不知道,究竟是让拿来的东西适应新的环境,还是改造环境以接纳新的事物?但有一点他是清楚的,就当下言之,却是私德之堕落阻碍了公德之发扬。

一般说来，公德私德本不该人为设限，德只有一个，二者不是对立的，而是相辅相成的；无论东方西方，只要做有利于公益的事，就是有道德，只要做有损于公益的事，就是不道德。然而他又辩解说："容有私德醇美，而公德尚多未完者，断无私德浊下，而公德可以袭取者"。他引孟子的话又进一步发挥道："古之人所以大过人者无他焉，善推其所为而已矣。公德者，私德之推也。知私德而不知公德，所缺者只在一推；蔑私德而谬托公德，则并所以推之具而不存也。故养成私德，而德育之事思过半焉矣。"这是他对公德与私德相关性的新认识，也是他重新思考破坏与继承所得到的新收获。在这里，他对几年来关于新民的认知做了深刻的检讨：

> 吾畴昔以为中国之旧道德，恐不足以范围今后之人心也，而渴望发明一新道德以补助之。由今以思，此直理想之言，而决非今日可以见诸实际者也。夫言群治者，必曰德曰智曰力，然智与力之成就甚易，惟德最难。今欲以一新道德易国民，必非徒以区区泰西之学说所能为力也，即尽读梭格拉底、柏拉图、康德、黑智儿之书，谓其有"新道德学"也则可，谓其有"新道德"也则不可。何也，道德者行也，而非言也。苟欲言道德也，则其本原出于良心之自由，无古无今，无中无外，无不同一，是无有新旧之可云也。苟欲行道德也，则因于社会性质之不同，而各有所受。其先哲之微言，祖宗之芳躅，随此冥然之躯壳，以遗传于我躬，斯乃一社会之所以为养也。一旦突然欲以他社会之所养者养我，谈何容易耶？窃尝举泰西道德之原质而析分之，则见其得自宗教之制裁者若干焉，得自法律之制裁者若干焉，得自社会名誉之制裁者若干焉。而此三者，在今日之中国，能有之乎？吾有以知其必不能也。不能而犹云欲以新道德易国民，是所谓磨砖为镜，炊沙求饭也。吾固知言德育者，终不可不求泰西新道德以相补助，虽然，此必俟诸国民教育大兴之后，而断非一朝一夕所能获。而在今日青黄不接之倾，则虽日日闻人说食，而已终不能饱也。况今者无所挟持以为过渡，则国民教育一语，亦不过托诸空言，而实行之日，终不可期，是新道德之输入，因此遂绝望也。

就像从共和、革命、破坏后退到开明专制、君主立宪一样，对于新民、新道德，梁启超也表现出一种由理想回归现实的姿态。他认为，既然淮南之橘在淮北有水土不服之忧，又何必非要移植于淮北呢？引进泰西新道德诚可补中国旧道德之不足，但必须是在国民教育大兴之后，如同淮南之橘要在淮北生长，必须双方都要有所改变一样，断非一朝一夕所能实现。那么，现在我们能做些什么呢？他的意见，是先解决"一国最少数之先觉、号称为得风气之先者、后进英豪"即青年革命者的道德问题,这是因为,"中国前途,悬于诸君,故诸君之重视道德与蔑视道德,乃国之存亡所由系也"。有人质问他,今日国中,种种老朽社会,其道德上之黑暗,不可思议,为什么偏偏"责备于新学之青年"呢?他回答,这些老朽已是死亡之中国,"无可望无可责",只有"冀新学之青年",或者可以向死而生。

他列举各国革命先驱,都是道德楷模,如英国的克伦威尔,"实最纯洁之清教徒";美国的华盛顿,他所率领的"皆最质直善良之市民";而"日本的吉田松荫西乡南洲辈,皆朱学王学之大儒"。他接着说:"故非有大不忍人之心者,不可以言破坏,非有高尚纯洁之性者,不可以言破坏。"为什么?"但使其言而见重于社会也",社会认知度高,影响大,说话就要谨慎,负责任,一切破坏的话就要少说,甚至不说,"诚如是也,则吾以为此等利口快心之言,可以已矣"。当年曹操征求"不仁不孝而有治国用兵之术者",其用意也许是要挽救当时混乱的局面,但由于破坏了中国道德伦理的根基,流风所播,廉耻道丧,终于造成了魏晋之后几百年的动乱和分裂,而"黄帝子孙势力之坠地,即自兹始"。这是应该警惕的,处今日之乱世,"恃以维持吾社会于一线者何在乎?亦曰吾祖宗遗传固有之旧道德而已"。然而,一切破坏的主张"势必将并取旧道德而亦摧弃之",最初也许看不出它的危害,但对国民的影响却是深远的,时至今日,我们仍能感受到这种影响的存在。所以他说:"苟所以为提倡者一误其途,吾恐功之万不足以尝其罪也"。梁启超这么说,其实也是在批评自己,"鄙人者,舍自责之外,更何敢觍然与天下之士说道义"?这不是他自谦,的确,前几年,他也曾狂热地鼓吹革命,鼓吹破坏,不满于国人的谨守私德。多年后,康有为还痛责梁启超,要他为搞乱人们的思想负责。

不过他说,当时,新学界中喜欢讲德育的人确实不少,但有一种倾向,一种偏颇,是将德育限制在知识的范畴内,动辄搬出宋元明儒学案,或者高谈英法德伦理学史,但都是空谈,说得很漂亮,做起来就是另外一回事了。他看到时下那些新学青年,共学之时,可以发愿"携手以易天下",而"一旦出而共事,则各人有各人之性质,各人有各人之地位,一到实际交涉,则意见必不能尽同,手段必不能尽同,始而相规,继而相争,继而相怨,终而相仇",至今也还没有学会妥协,学会协商,"此不徒在异党派有然也,即同党派亦然"。其结果必不能"协同运动,组成一分业精密、团结巩固之机体"。他强调革命、破坏也要讲道德,讲秩序,就是看到了新学青年团体中的种种乱象,可能会事与愿违,南辕北辙。他在美国考察期间,曾接到蒋观云写给他的信,其中谈到吴稚晖向江苏候补道俞明震出卖章太炎的传闻,当时他很震惊。起初,他并不相信,后来收到横滨同仁的来信,信中附有章太炎狱中写给其他朋友的信,也认为他的入狱是由于吴稚晖的告密。虽说蔡元培后来曾出面为吴稚晖开脱,说他是冤枉的,但远在美国的梁启超却并不知晓,以他当时的心情,在给蒋观云的复信中乃痛心疾首地表示:"中国之亡,不亡于顽固,而亡于新党。"并且声称:"弟近数月来,惩新党梦乱腐败之状,乃益不敢复倡革义矣。"

这就是"为学日益,为道日损"吧。然而,知易行难,古有明训。其实,真有求道之心,又何须取乎多言?他说:"但使择古人一二语之足以针砭我而夹辅我者,则终身由之不能尽,而安身立命之大原在是矣。黄梨洲(黄宗羲)曰:'学问之道,以各人自用得著者为真。'又曰:'大凡学有宗旨,是其人之得力处,亦是学者之入门处。天下之义理无穷,苟非定以一二字,如何约之使其在我。'此诚示学者以求道不二法门哉"。梁启超的这段话是想告诉我们,读书的目的,首先是求道,而求道必须确定其宗旨,没有宗旨,就会显得盲目而没有目标。所以黄宗羲说:"学有宗旨,是其人之得力处,亦是学者之入门处。"宗旨不是别人强加给你的,是你根据自身条件选择的。

梁启超专门拈出"正本"、"慎独"、"谨小"这六个字与大家共勉。先说"正本"。所谓正本,即正本清源的简化,王阳明又称做"拔本塞源",意思是从根本上解决问题。《传习录》卷中有"答顾东桥书",原书很长,书的最后一部分,具有相对独立的意义,回答和讨论了一些根本问题。王阳明去世后,他的弟子把这段文字独立出来,命名为《拔本塞源论》,遂使得此篇在理学史和思想史上享有了特殊的地位。王阳明所说的拔本塞源,主要是针对着"私己之欲"、"功利之毒"而发的,梁启超引了其中的一段话:

圣人之学日远日晦,而功利之习愈趋愈下。其间虽尝謩惑于佛老,而佛老之说卒亦未能有以胜其功利之心。虽又尝折衷于群儒,而群儒之论终亦未能有以破其功利之见。盖至于今,功利之毒沦浃于人之心髓,而习以成性也几千年矣。(相矜以知,相轧以势,相争以利,相高以技能,相取以声誉。其出而仕也,理钱谷者则欲兼夫兵刑,典礼乐者又欲与于铨轴,处郡县则思藩臬之高,居台谏则望宰执之要。故不能其事,则不得以兼其官;不通其说,则不可以要其誉。)记诵之广,适以长其敖也;智识之多,适以行其恶也;闻见之博,适以肆其辩也;辞章之富,适以饰其伪也。(是以皋、夔、稷、契所不能兼之事,而今之初学小生皆欲通其说,究其术。)其称名借(僭)号,未尝不日吾欲以共成天下之务,而其诚心实意之所在,以为不如是则无以济其私而满其欲也。(呜呼!)以若是之积染,若是之心志,而又讲之以若是之学术,宜其闻吾圣人之教,而(视之)以为赘

疣柄凿,(则其以良知为未足,而谓圣人之学为无所用,亦其势有所必至矣!)

梁启超抄下这段话之后(括弧中是我根据《传习录》补录的)马上感叹:"何其一字一句,皆凛然若为今日吾辈说法耶。"梁启超所以会有这种感叹,就在于功利主义在当时大行其道,让他有一种伤心之痛。他这里所谓功利主义,指的便是为学不在"心髓入微处用力",而以之为猎取声名利禄的工具。这也就是王阳明的"功利与非功利之辨",目的是"拔本塞源",恢复人们的本心。他很看不惯当时的学风和官场上的风气,认为士大夫的学风恶劣,充满了私欲和功利,已成为败坏社会风气的罪魁祸首。梁启超从王阳明这里得到启发,对当时许多爱国志士的行为发表看法,他认为,有所为而为之与无所为而为之,是大不一样的。无所为而为之就是发乎本心,没有假借,爱国就是爱国,是自然而然的事。有所为而为之,就是借爱国之名谋求私利,满足私欲,想着爱国可能得到的好处。这种爱国者其实并不关心国家的命运,更不肯为国家放弃个人的一丝一毫,他们所关心的只是能从爱国中得到什么好处。但他又说,这些人并非本性恶,只是"学有未至",少了些"拔本塞源"的功夫而已。有人质疑他对爱国者的批评,认为对爱国者不必苛求,"今日只当求爱国忘身之英雄,不当求束身寡过之迂士。既为英雄矣,即稍有缺点,吾辈当恕其小节,而敬其热心"。又说,当亡国之惨祸将要发生的时候,我们需要的是"发扬蹈厉,龙拏虎掷之血性男子",不需要"循规蹈矩,粹面盎背"的"腐败迂阔之人格"。梁启超也不喜欢束身寡过之迂士,他在"论公德"一节中对传统士大夫和某些官员中的这种人有过尖锐的批评,但他在耳闻目睹了许多"革命"青年的"鬼蜮手段"之后,对"新党棼乱腐败之状"尤为痛心,担心英雄百不得一,而不拘小节者倒有九十九个。他说,如果不在"心髓入微处用力",那么,"束身寡过之虚伪与爱国忘身之虚伪,循规蹈矩之虚伪与龙拏虎掷之虚伪,正相等耳"。因此他说:"拔本塞源论者,学道之第一著也。苟无此志,苟无此勇,则是自暴自弃,其他更无可复言矣。"

再说"慎独"。王阳明说:"谨独(即慎独)即是致良知。"而"致良知"又是怎样的一种学说呢?王阳明是心学大师,在他看来,心外无物,心外无理,物与理都包容在我的心中。良知就是人所固有的先验的知识,"见父自然知孝,见兄自然知弟,见孺子入井自然知恻隐,此便是良知"。所以,良知不能从外在的客体获得,只能自己在心上体会,即用良知去正心,去掉人欲对良知的遮蔽,恢复良知固有的灵明。这就是所谓"致良知",它凸显了道德生活的主体精神,张扬人的道德自觉。至于良知如何"致",王阳明说:"(尔那)一点良知,是尔自家的准则,尔意志着处,他是便知是,非便知非,更瞒他一

些不得。尔只不要欺他,实实落落依着他做去,善便存,恶便去,何等稳当。"梁启超赞叹道:"此真一针见血之言哉!"实则《大学》所言:"诚其意,毋自欺也。"这就是说,当一个人直面自己内心的时候(返观内照),他不能对其良知视而不见,更不能自欺欺人。在这里,他不仅把王阳明与康德相提并论,甚至注意到西方的景教(基督教)在培育公民道德时发挥的作用,信教者每天都要祈祷,凡此时,"必收视返听,清其心以对越于神明",而且,"必举其本日中所行之事所发之念,而一一绅绎之"(我想起"文革"中的早请示、晚汇报,以及灵魂深处爆发革命和狠斗私字一闪念)。面对全知全能的上帝(相当于王阳明所说的良知),我们是没有办法欺骗他的,"故正直纯洁之思想,不期而自来,于涵养、省察、克治三者之功,皆最有助力,此则普通之慎独法也。日日如是,则个人之德渐进;人人如是,则社会之德渐进。所谓泰西文明之精神者,在是而已"。他进一步指出:"东西之教,宁有异耶?要之,千圣万哲之所以度人者,语上语下,虽有差别,顿法渐法,虽有异同,若夫本原之地,一以贯之,舍慎独外,无他法门矣。"

三曰"谨小"。意思是说,不要因为事小而原谅自己。人有意志力薄弱的特点,"自治力常不足以自卫",很容易被习惯所左右,为自己的错误找出辩护的理由。这就是梁启超所说的:"道心与人心交战之顷,彼人心者,常能自聘请种种之辩护士,设无量巧说以为之辞"。过去有一首诗说得好:"闻道亦不迟,其奈志不立,优柔既养奸,便佞更纵敌。谓兹小节耳,操之何太急?谓是戒将来,今且月攘一。"这里所说,也是在告诫人们,不要因小失大,不要姑息养奸,不要觉得大家都这么做,我做了也没什么,不要被各种褊狭、文饰之辞所迷惑,分不清是非善恶。王阳明的学生钱绪山说:"学者工夫不得伶俐直接,只为一'虞'字作祟。"这个"虞"字,在这里相当于"欺"字,"良知是非从违,何尝不明?但不能一时决断,如自虞度曰:此或无害于理否,(一)或可苟同于俗否,(二)或可欺人于不知否,(三)或可因循一时以图迁改否,(四)只此一'虞'便是致吝之端。"又说:"平时一种姑容因循之念,常自以为不足害道,由今观之,一尘可以瞙目,一指可以蔽天,良可惧也。"梁启超称赞他的这番话,"一字一句,皆为吾徒棒喝也",而且是"一棒一条痕,一掴一掌血",读者"皆宜发深省焉"。深省的结果是使他看到,所谓小过者,其实是有因果的,也就是刘蕺山(宗周)先生所言:"吾辈偶呈一过,人以为无伤,不知从此过而勘之,先尚有几十层,从此过而究之,后尚有几十层,故过而不已必恶,谓其出有源,其流无穷也。"由此,梁启超得出结论:"今吾辈之以不矜细行自恕者,其用心果何居乎?细行之所以屡屡失检,必其习气之甚深者也,必其自治之脆薄而无力者也。其自恕之一念,即不啻曰,吾身不能居仁由义,是并康德所谓良心之自由而放弃之也。必合此数原因,然后以不矜细行自安焉。"

综上所述,梁启超对于"新民"的思考,兼顾了公德、私德两个方面,他固然主张发展他所称的公德,但他也看到私德的缺失会让公德的发展丧失活力和动力;他强调私德的重要性,不过,这种重要性恰恰又表现为私德只有落实在公德上才有意义,才能走出束身寡过、独善其身的个人主义局限。所以,在他对"新民"的想象中,民族主义和国家思想就占有很突出的地位。梁启超所处时代,中国正面临着来自西方国家的严峻挑战,这是中国数千年来从未遇到过的变局,即国家与国家之间的竞争。它所面对的不再是历史上所谓蛮夷,它也不能再以大一统的天下而自居。中国人想象中的以中国为中心的世界秩序,已经被西方国家在亚洲的扩张所摧毁。梁启超看到,西方国家在与中国的竞争中之所以显得十分强大而有力量,很重要的一个原因,是它们都经历了近代民族国家的政治整合,从而完成了从传统国家向新的民族共同体,即民族民主国家的转变。所以,要抵制西方国家的不断扩张,改变中国积贫积弱的现状,免除被列强瓜分的危险,使中国在与西方国家的竞争中变得强大起来,独立于世界民族之林,"惟有我行我民族主义之一策,而欲实行民族主义于中国,舍新民末由"。这是因为,富有侵略性的西方民族主义,是以民众的广泛参与为必要条件的,事实上,"自十六世纪以来,欧洲所以发达,世界所以进步,皆由民族主义 Nationalism 所磅礴冲击而成。民族主义者何?各地同种族、同言语、同宗教、同习俗之人,相视如同胞,务独立自治,组织完备之政府,以谋公益而御他族是也。此主义发达既极,驯至十九世纪之末(近二三十年),乃更进而为民族帝国主义 National Imperialism,民族帝国主义者何?其国民之实力,充于内而不得溢于外,于是,汲汲焉求扩张权力于他地,以为我尾闾。其下手也,或以兵力,或以商务,或以工业,或以教会,而一用政策以指挥调护之是也"。他指出"民族帝国主义者与古代之帝国主义迥异",无论是亚历山大、查理曼、成吉思汗,还是拿破仑,他们都发自"一人之雄心,此则由于民族之涨力;彼则为权威之所役,此则为时势之所趋"。既然如此,"非合吾民族全体之能力,必无从抵制也"。

(演讲者系著名评论家、学者)

专题专论

>>> General Education

七字谈

忠孝立国是当代中国教育的病根

藏宝不若藏书

民主、宪政的古代起源

商人与政治：清末商人政治态度的变化

「文章报国」：百年回首《大公报》

七字谈

史仲文

汉字是中国文化最重要的根脉之一,意蕴深广,魅力无穷。本文系作者有意无意间随机选择的七个汉字,并做了一些个人解读。七个汉字,相对于整个汉字体系而言不过沧海一粟而已,诚所谓弱水三千,姑且取一瓢饮。

"打"——汉语中使用频率最高的谓语之一

汉字和汉语确实非常奇妙,老外学起来不但觉得很难而且觉得很幽默。比如汉语中有"方便"一词,这个词来自印度,出于佛经,本意是说对不同层次的佛教信徒给予不同的传经方法。变成汉语后,内涵放大了,有所谓"与人方便自己方便"之说,在民族戏曲中常常有被压迫者向压迫者提出央告说,请行个方便吧,意为高抬贵手,放其生路。后来不知怎么地,方便成了人类排泄的代名词,简化着说,还分为大便和小便。老外不明白了,比如中国人对他说,请您自便,自便什么意思?一定不会是随地大小便吧?还有方便食品方便面之类。这样奇妙的文字内涵确实充满了太多的辩证法。

这里想说的是另一个字——"打"。打的本意是用力攻击它物,例如打人、打架,再放大一点,打仗,打仗不是一个人的行为了,可能是几百人、几千人甚至几十万人的行为。曾国藩说扎硬寨,打死仗,听起来都有些毛骨悚然。打游击也用这个动词,而且表达得轻松幽默:你打你的,我打我的,打得赢就打,打不赢就走。林彪元帅有极其决绝的表达:枪一响,老子下定决心,今天就死在战场上了。这样的将军才是真的将军,而这样的士兵才可以成为英雄士兵。核心的内容还是一个打字,打击敌人,发展自己。

打在生产活动中应用广泛,例如打麦子、打谷场,猎人出猎称为打猎,渔人出船称为打鱼,河北人管着筑墙叫打墙,北方更通用的说法是干打垒,不过是把打字挪到中间去了,挖井叫打井。转到生活上来,取水就叫打水,买饭称为打饭,买生活用品例如油盐酱醋之类,都用打字开头,打油、打醋,现在网络上还有一个词儿,打酱油的,本人就是个打酱油的,既没什么本事又胆小如鼠,也只配做打酱油的了,来点阿Q精神也觉得很满足,能跟着正义的人打打酱油也不错。

写作也和打有关。例如打腹稿,打草稿。不仅如此,很多中国年轻人早完成了换笔的过程,写字已经变成了打字。旧时候说给远方的亲友写信称之为打一封信过去,不仅是这些了。现在最常用的是打的,有时候事儿急了,坐飞机赶回来,还被戏称为"打飞的"。

"打的"更广泛的用途在于体育游戏一类。体育上的打球,打桥牌,娱乐上的打麻将,下棋虽然不能叫打棋,但专业人士是要背棋谱的,背棋谱怎么说呢?叫做打棋谱。玩游戏叫打游戏,这个说起来也许到了几乎漫无边际的地步。

除此之外,与人交往称为打交道,此处打的意思是交流。别人有争执,自己给竖个梯子,称为打圆场,就是找个台阶请人下来。改善生活叫做打牙祭,白吃人家的叫做打秋风,阴谋伤人称为打黑枪,恶意破坏叫做打横炮。打黑枪不常用了,年轻人也许不熟悉了,但对打黑还是比较熟悉的。薄熙来提倡唱红打黑,一时喧闹半边天,但事实是,提倡打黑的人却要干着黑打的勾当,我将之称为和坏人比坏。北京还有一句土话,给人浇凉水,称为打破头楔,反之,鼓励别人行动称为打气。

"打"在精神情感方面也有表达。旧时候称离婚为打离婚,现在这么说的不多了,称抖擞精神为打起精神,现在还用着。往那边走一步又有打情骂俏,这里有些轻佻的意思了,严肃的表达是打是亲骂是爱,如此等等。打情骂俏的另一个极端就是打光棍了,变成了钻石王老五,人家也不打他,他也不打人家,但那生活好吗?

说到爱这个字不免又多絮叨几句。爱这个词历史古矣。孔夫子都说仁者爱人,但中国人讲爱常常是表现在物品方面,有所谓爱屋及乌,有所谓爱不释手。真正表现在人与人的关系上,在中国古代生活儒家礼制和语言表达层面其实是很少用的,臣子对皇帝不能讲爱,讲的是忠,子女对父母也不讲爱,讲的是孝,夫妻之间讲的是敬,所谓举案齐眉,相敬如宾,妻子对于丈夫,讲的是节,忠孝仁义,遍地皆是。爱在哪儿呢?一时寻它不见。中国人好说打字,不好说爱字,至少在漫长的古代社会是这样的,写到这里,也有些茫然。

更广泛的打还是用在打人方面,而且对打的表达还有各种各样的官方和民间的不同方式。例如,官方刑法中的打耳光,叫做掌嘴,明代皇帝打臣子的屁股叫做廷杖。北京市井间对于打人,还有极其丰富的表述,例如揣,例如扁,例如 cèi(瓻),例如揍,其实都是打的意思,有时还要在前面加上形容词——猛揣,痛扁,暴 cèi(瓻),胖揍,胖揍还像是新发明出来的,但那意思古已有之。我小时候在河北农村,听邻居的一位长者常这样恐吓孩子,说,等着吧,早晚打你一个"接年怕"。接这个字我以为说的是隔,接年怕就是隔年怕,因为乡土口音的问题,说白了,把隔年怕说成接年怕了,把人打到接年怕的程度,只有佛才能理解了。

如此种种,让我想到中国的未来文明,能不能换个更好的字儿来取代这样的谓语呢?但在今天显然是办不到的。因为在很多中国人特别是有权势者心目中,打已经魔法一样在他们内心深处播下了恶种。

"猜"字的美妙与丑陋

汉字中的"猜"非常重要,倒不是它的使用次数多,而是它所包含的中国文化信息实在是太丰富了。

这些年中西文化比较成为一个热题。有一则故事我特别喜欢引用,以致引来引去都忘记了它的原始出处了。

说是美国和日本开始交往的时候,双方常常发生误解。那时候的交往多使用信函,日本人的书写习惯是把最重要的事情放在末尾,前面要有一套大大的客气与谦虚,而美国人的习惯是把最重要的事情放在前面。这两种方式都让对方觉得很不舒服,美国人觉得日本人太过曲折,以至于没有耐心看这种山重水复的信,日本人则觉得美国人没有礼貌,太过傲慢,把要事顶在头上就是对收信人的不尊重。我第一次看这则故事的时候禁不住要笑起来了,我觉得我们中国人和他们大不相同。我们的写信方式可以分为两种,一种是文化低些的,一种是文化高些的,前一种是一定要把要紧的事情放在书信最中间的位置,不前不后,正合中庸之道;后者则干脆把特别要紧的事情放在书信的外面,这就说到"猜"字了。我不直说,文本上没有,但那意思,那倾向,那欲望,那意图是明显的,看你会猜不会猜。不仅凡尘如此,连中国的神仙都喜欢此道,相信但凡看过《西游记》的人都会记得这样一个情节:孙悟空找到自己的师傅菩提老祖,老祖问他想学什么,他不好好回答,说这个也不喜欢,那个也不喜欢,他喜欢的东西远远超过了世俗的需要,于是老师生气了,在他的猴头上打了三下,绷着脸,背着手从后门走了。别的师兄弟都埋怨这个猴子,但他非常高兴,挨了打为什么高兴?因为他会猜啊,而且一猜就猜中了。晚上三更天——这和那挨的那三下打相联系,通过后面的小门——和老师走的路径相一致,找菩提老祖学艺去了。老祖也因此非常高兴,便传授给他诸如七十二变,筋斗云等非凡的本领。

我常常想——可能是因为我没啥出息,所以很小的时候就不喜欢这个故事,常常想如果自己碰到这样的老师怎么办呢?我可能会猜不着,或者挨了打会很憋屈,那不是把美好的机会都给耽误了吗?现在我老了,我坚持认为,让学生和孩子猜测师长的心思是一件很不现代的事情,它带给学习者和青少年心理上的负面作用常常大于它的正面效果,如果它还有正面效果的话。

猜的文化丑陋最重要表现在政治领域。例如"文革"期间,社会上的猜测最多。现在很多人一听到谣言就紧张,有人说谣言止于智者,但我认为,这只是讲的结果,没有讲原因,很多政治方面的问题可以概括为谣言出于专制,其中的一大表现就是"猜"。经过"文革"的人都知道,那个时候社会上的人最关心报纸上登出来的各级领导的名单,谁靠前了,谁靠后了,靠前靠后已经是大问题,但更大的问题是名单中没有了,没有了就预示着出事了,但出什么事不让你知道,你又很想知道,怎么办呢?"猜"。当社会上人人都处于猜的状态时,那就是一个猜忌的时代,也就是一个谣言四起的时代,一个动乱的时代。记得1966年7月的某一天,阴错阳差的原因,我在人民大会堂听过中央领导人的一个报告会,说是报告会,最主要的是刘少奇、邓小平做自我检讨。我所记住的最重要的一句话是刘少奇说的"老革命遇到了新问题"。先是邓小平讲,然后周恩来讲,最后刘少奇讲,他讲完最后一句话时,全场听众正在喊"毛主席万岁",毛主席就从侧幕走了出来。这件事的细节以后再说,但它困扰了那些参加会的人和听传达的人很长一段时间。刘少奇究竟犯了什么错误?他算不算阶级敌人?人们就开始猜了。有人猜他不是敌人,毛主席出席了他检讨的会,就应该算是对他的一种原谅,也有一种相反的猜测,但我敢说,那个时候99%的民间猜测都没有猜对,因为以后就听说毛主席的那一张著名的大字报了,又听说刘少奇和毛主席分庭抗礼了,再听说他在"四清"等一系列问题上和毛主席搞对抗了,终于有一天,这位中华人民共和国主席和中共中央排名第一位的副主席变成大叛徒、大内奸和大工贼了。

猜在文学上也有表现,但那常常是正面的,文学特别是和故事情节有关的文学例如小说、戏剧、电影、曲艺种种,它也会引起人们的猜想。猜可以成为一个重要的艺术分界,一猜就猜中结果的作品常常就是平庸的作品,而猜来猜去猜不着结果的作品往往更具魅力。毛宗岗评点《三国演义》有一个著名的理念:文章之妙,妙在猜不着。这话说得实在是太经典了也太有中国文化和中国艺术的味道了。表述虽然是中国的,那道理绝对通达于世界。岂但文章,好的艺术就是让你猜不着,猜不着才有惊喜,才有震撼,才会产生出其不意的效果,才会出现石破天惊的意外收获。

这样说来,猜既有它的绝妙,也有它的丑陋,主要的丑陋表现在和权力相关的各个层面,因为不透明,所以才引来种种猜测与猜疑。比如拘捕一个人,法律上是有规定的,照法律程序办公开透明,猜测就没了,有法律,不照它办,不能超期拘押就硬超期拘押而且不做出任何说明,不给公众一个合理的交代,于是猜声四起,权力公信力的基础也就动摇了。很多好的主张,我们姑且认为它是好的,如果没有一个时间表,人们就会猜,而猜的结果就消解了这些主张的正面能量。无论任何一种政治决定和政策,它应该铺置于阳光之下,让人们知道它产生的过程,它带来的争论,它有哪些意见分歧,最好是每个公民都能参与到这争论当中,在争论中找到平衡点,其结果自然就不用猜了。我们的现状是,政府有一个决定,告诉你了,你就学习去吧,而且不能有质疑,质疑也找不着对象,所以,猜就无法冻结,而且常常放大。这样的状况往好里说是治理体系不成熟的结果,往坏里说,怎么说呢,还是猜吧!

我的结论是,猜的文学纵然不是特别优等的文学,至少还有魅力,而,猜的政治,必定是可疑的政治。

"累"字 12 解

2013 年,《小康》杂志联合清华大学媒介调查实验室对受访对象做了关于年度感受的一个调查。调查结果是绝大多数人选择了一个"累"字,自我感受选得很对。中国人有哪些累呢?我看可以分为 4 类 12 种。所以本节的题目就叫"累"字 12 解:

人累,
爱累,
亲情累;
房累,
病累,
贫穷累;
霾累,
腐累,
文明累;

体累，

心累，

精神累。

　　这些内容不能一一细说啦，先从人累讲起。这里的人累说的是人际关系累。我们中国人最讲究人际关系，最麻烦的也是人际关系，最痛苦的还是人际关系。《甄嬛传》为什么大行其道，因为它是一面镜子，那里面的人际关系虽然出在古代，照见的常常就是当下的种种怪情怪意怪现状。《甄嬛传》中的微笑很甜蜜，但心理很阴暗，形象很亮丽，但手段很残忍，语言很典雅——至少作者在极力费尽周折地追求典雅，结果弄出了所谓的甄嬛体，那文体的特色是语句半文半白，内容半今半古，强调半说半诵，声音半阴半阳，从字面上看，也可以算是古色古香，但那剧中的情节却充满着尔虞我诈，阴谋诡计。那里面就有中国职场的影子，也有中国官场的影子，还有中国人命场的影子。很不幸，我们就是这么活着的，这么活着能不累吗？

　　所谓爱累就是爱情之累。近些时，电视连续剧《咱们结婚吧》颇受青睐，我看过几集，某一天晚上，又听西洋歌剧卡门的曲子《爱情是一只自由的小鸟》，于是感慨丛生，写了一首诗：

爱情是一只自由的小鸟，

但婚姻不同意它海阔天空。

尖锐的提问在于：

我们要不要坚持做这样的小鸟？

或者要不要去做爱鸟护鸟的人？

要还是不要，

这是一个问题。

眼见一些人在爱的围城外焦躁狂舞，

另一些人在围城内痛苦狰狞，

于是：现实嘲笑我们悖论，

悖论嘲笑我们无能！

　　无能就是无能为力，无能为力的感情表达正像张轶博士告诉我的网络流行语"累觉不爱"。

亲情累并不是说中国人不重视亲情,而是我们中国人的亲情成本实在高昂。从孩子怀孕起,就要付出很高的成本,上幼儿园的成本也不低,入学的成本还要高,应试教育干脆就是金钱比赛,而就业过程差不多约等于"拼爹"过程。这些都不算,你千万不要病,也不要死,病就病不起,死也死不起,因为墓地比房子还贵。有人说,人生就是一个抛物线,这个抛物线对于很多中国人而言差不多就是由一个一个的累字串联而成。

所谓房累,不消细说了。房价已经成为中国人的一个梦魇。白领都买不起房了,何况更穷的人。但房叔房婶一大堆,更显出这个梦魇的噩梦性质。

所谓病累,就是说中国人没权利生病。上一次的医改政府部门罕见地公开承认已经失败,这一次医改确实也没感觉出有什么效果。依然是看病难,依然是看病贵,依然是医患关系紧张。中国大陆现在特别喜欢制作各种各样的排行榜,我觉得缺少一个世界范围的医患关系排行榜,看看我们到底排老几。缺少一个医疗水平排行榜,看看我们到底属于什么水平。缺少一个药价和患者负担排行榜,看看那负担合乎不合乎社会主义本性和第二大经济体身份。因病而返贫绝对不是个别例证,医患矛盾而致人死亡更不是个别现象。有一位外国朋友提建议说,最好的医保设计应该是大病免费,小病适当交费,比例高些也无妨。这思路实在是太棒了,但我相信中国官员听不见这样的思路。有权势者也根本不会向着这个思路去思考。对于医疗,官员看见的只是权,医院看见的只是钱,大夫看见的只是病,患者看见的只是难,家属看见的只是贵。如此等等,就是没人。没有人的理念,没有人的权利,没有人的价值,更没有人的尊严。

所谓贫困累,不是说中国的绝对贫困状况胜于30年前,而是说中国的贫富差距越来越大。北京师范大学8日在京发布年度《中国上市公司高管薪酬指数报告》。报告显示,2012年上市公司高管平均薪酬为63.61万元人民币,与2008年相比上升20%,是同期全国城镇居民可支配收入(2.56万元)的25倍。这样的贫富差距已经令人惊讶,早超过了恩格尔系数的红线,然而这不是问题的全部。很多国企的高管他们是有专车的,没有专车是有交通费的,是有手机费的,是有误餐费的,他们出国的费用是不需要自己负担的,把这些隐性收入加在收入其中,那差距还是25倍吗?中国现在的贫困不是绝对贫困而是巨大的相对贫困,绝对贫困引发的是饥饿和死亡,相对贫困造成的是愤怒和怨恨。而当这些愤怒和怨恨没有出路的时候,它的情感表达就是累。

所谓霾累,这还用说啊?最近一周,有多少中国人——没有统计数字,就天天生活在雾霾之中。这让我联想起前几天美国大使馆公布的空气指数和中国地方政府公布的空气指数之间的巨大差异。我们现在很多官媒天天批判谣言,如果真给谣言一个准确定义的话,很多官方公布的空气指数就是谣言。遗憾的是,直到今天我们也无法弄清这样恶劣的天气究竟给中国人的身体造成了多大的危害,造成了多少人的死亡或者加速了多少人的死亡,它造成了多少疾病,这些疾病又带来怎样的社会成本和情感成本。

还有腐败累。反腐已经弄了很多很多年,现在看,仍然是路漫漫其修远兮,没有尽头。过去说高校属于清白之地,前两天中国人民大学招生办主任因贪污嫌疑成为调查对象,坊间的传言又多了,有说几千万的,也有说几个亿的,我想说的是,这不应该仅仅是中国高校的一个特例,如果说,其他高校都是清白的,只是人大出现了蠹虫,这合乎逻辑吗?如果说这不仅仅是人大的问题,而很可能就是个普遍性问题,那么证据又在哪儿呢?腐败不但使国家遭遇危险,而且使中国民众内心痛苦,情感很累。

还有文明累。文明累的意思是说你不文明会内疚,内疚绝对不是一种很舒适的情感。你文明又可能很麻烦,麻烦自然也不是一种舒适的情感,最典型的例子就是看见老人摔倒了,你敢去扶吗?很多媒体讨论这个问题,得出的结论并不肯定。这两天又有新闻了,不但看见别人倒了你不能轻易去扶,而且就是你被别人撞了,还有可能被谩骂,被广告,被诬陷。例证是某月某日网上出现一则新闻,说一个外国小伙扶中国大妈被讹诈,但事实上,他就是撞人者,还是骂人者,还是无证驾驶者。此情此状,焉得不累?

最后说说体累、心累、精神累。体累不消多说了,凡坐公交车的人都体会过那种挤人和被挤的滋味,开私家车上班的人,也都体会过被堵的滋味。很多上班族也都有过无偿加班的经历,这两年总有人说带薪休假,带薪休假太奢侈了,不搞无偿加班,就应该念阿弥陀佛了。

中国人的心累有种种表现,都可以分成层次的,也可以组成结构的,且层次多种多样,结构各有不同。

一是烦躁,烦躁难免看人不顺眼,人人烦躁就是彼此看着不顺眼。二是焦虑。焦虑怎么形容?古人比喻为热锅上的蚂蚁,现代人说,干脆就是高楼中的烤鸭。三是愤怒。中国人太爱生气了,也因此创造了不少词儿,例如"路怒"几乎成为流行语。四是压抑。感觉很郁闷,郁闷就寻求刺激。玩儿是一种刺激,吃也是一种刺激。中国人口中现在肥胖人口很多,其中一大原因就和这种心理状况有着直接的因果关系。五是恐惧。例如恐婚症,不想结婚,害怕结婚,一听说结婚就出汗,比恐婚症更普遍的是工作恐惧，结果造成了上班综合征。还有人际关系恐惧，所以出现很多情愿和并不情愿的宅男宅女，他们不喜欢面对面的交流，害怕面对面的交流，见到生人就恐惧，甚至见到熟人也恐惧。这样的状况当真值得社会忧思。六是抑郁。到了这个层次，问题就严重了，但中国究竟有多少抑郁症患者和准抑郁症患者，我们真的不知道。我们知道的是，即使是高校，年年都有自杀的学生和教师。

累，对于社会而言，它表达的是一种生存状况；

累，对于管理者而言，它表达的是一种社会警示。

我希望中国高层能够深切体会民众的这种情感反应，我极其不希望的是这些高层人士会说：累点怕什么，我比你们还累呢！

汉字"说"的五种组合形态

"说"这个字，这个词，这件事实在是太重要了，无比重要。《联合国宪章》没有它就不完整，各国宪法——凡可以称为宪法的，没有说的自由就缺少立法的正当性。上到国家，下到家庭，说都是最最不可缺少的内容之一。联合国是干什么的？通俗的表达就是说话。这个代表说，那个代表说，说得到一起就给个决议，说不到一起怎么办呢？接着说。国会是做什么的？也是说话的。自由表达，淋漓尽致，真个是知无不言，言无不尽。孔夫子的理想最低限度应该在这个神圣的政治平台上得以实现。学校是做什么的？学校的核心是教学，拆开来看，一个是教，一个是学，教当然是要说，学其实也得说，因为哑巴英语不算英语，而不发问的学生很难成为优等的学生。不让发问或者反对发问的教育肯定是劣质的教育。就算是一个人，例如一个作家的写作，本质上也就是自言自语，用笔或用键盘说话。说是如此重要，详细或系统地表达它是本文无法达到的目标，这里随机而取，说说"说"字的五种组合。

第一种组合，说与吃。嘴是干什么的？两大功能。一进一出，进就是吃，出就是说，常态下就这两大功能，再有别的功能很可能就是非常态的、负面的。例如吐了，也是出，好受吗？灌辣椒水也是进，更不好受。尖锐的问题是，说和吃哪个更重要？

中国古来的传统显然是认为吃更重要。毛泽东喜欢说，世界上什么问题最大？吃的问题最大。又不止一次地说，手中有粮，心里不慌。不仅毛泽东，中国宗教都有这样的表述，例如北方最著名的道观白云观的厨房的门上就有这样一副楹联，上联是"世间只有修行好"，下联是"天下何如吃饭难"。很多中国人认为少说话，少惹事，所谓病从口入，祸从口出，所谓中国三千年青史，祸从口出的例证数不胜数，不胜枚举。长期被压抑的中国人喜欢这样教育子女,不说话还能把你憋死?不说话确实能把人憋死,因为连猪都会哼哼。只吃不说就等于是猪,连哼哼都不会的只能是更低等的动物,美国最著名的思想家亨利说的"不自由,毋宁死!"那内涵指的并非自由地吃饭,而是自由地表达。中国其实也有这样的传统,所谓不食嗟来之食,说的就是吃饭也要有尊严。孔夫子对于吃饭更有许多礼仪的要求,所以健康的人生、文明的人生显然是说与吃密合度非常高的人生,如果二者必选其一,那么我要说,人之为人,它首先需要说话。

第二种组合,说与听。说与听其实是一个系统,嘴是传播器,耳是接收器,但我们人类太聪明了,常常要把他们分开,区别性能,独立延展其内涵。西方有一句谚语,认为听比说更重要,他们说上帝造人的时候为什么给我们两个耳朵和一个嘴巴?目的就是要让你少说多听。

听确实非常重要,好的男人就是特别善于听女人说话的男人,其实未止于好的男人,凡善于倾听的人,在一般意义上都特别容易相处,容易受到周围朋友的喜欢。诗意地说,听不仅是一种行为,甚至可以称为一种艺术。

说和听不是一个人的事,如果世界上只有一个人,这二者都将失去意义。说和听是两个人或者两个以上人的事,那样才真正体现它的价值。而在现实社会中,它不仅仅是两个人的事,甚至是两类人的事。一类是统治者,一类是被统治者,或者说,一类是管理者,一类是被管理者,又或者说一类是有话语权的人,一类是无话语权的人,那么,问题的关键就在于谁更应该享有说的权力,谁更应该尽听的义务。

专制时代,说的权力只在统治者,皇帝常常下诏,大臣个个健谈,中国的古代官吏不但健谈,还人人都需要学会作诗作赋,以此表示谈得风雅。但没有话语权的人,你就得少说,最好是闭嘴。我们看《红楼梦》,最爱说话,最能说话,最无忌惮说话的只是那些有权有势有身份有地位的人,丫鬟就惨了,仆人也惨,他们最好少说,丫鬟中晴雯说得多,结果被王夫人等一干权势者给弄死了。奴隶无权表达,奴才只能谄媚表达,例如袭人给王夫人打小报告,使读者闻之心里很不平静。

文明的社会应该把这种状况反过来,必须把这种状况反过来。公民有充分的表达权力——看这个社会好不好,文明不文明,最重要的标志就是公民能不能最充分地表达,最尽情地表达,最自由地表达。他可以说对,也可以说错,说错也是他的权力,而管理者他们必须学会听,听是他们的义务,不听选民的声音就是违背民意,结果呢?票就没有了。这一点显然应该成为衡量世界文明的一条最基本的标准,即文明的底线。

第三种组合,说与行的组合。我们中国的圣贤最喜欢讲知行合一,或者辨析知和行谁更重要。照孔夫子的意见,行更重要,他老人家郑重主张,讷于言而敏于行,认为这是君子必备的德行。实际上,历史并非如此,至少并非一贯如此,在一定意义上说,言也就是行。孙中山领导民主革命,他的领导方式很多都是用演说的形式,文章的形式,语言的形式表达出来的,能说这些言论不重要吗?康有为公车上书,也是一种言论,他没有私藏武器,连上街游行都没有,但那言论的影响却带有开天辟地的性质。在很多条件下,说出来就是一种文明,能够自由地说出来更是一种文明。知行需要统一,这标准对于管理者而言,显然更来得重要。执政者有了承诺就需要践行,否则,会被问责,公民不需要负这样的责任,也没有这样的义务。看了一场电影,不欣赏它,说它是狗屎,需要负责任吗?对某种政策非常反感,提出批评,说它是脑残,需要负责任吗?说了就够了。如果说了这件事还没有完,那么剩下的一半就是那些被选举人听还是没有听。对于我们中国人而言,我以为,知行都很重要,但是,先把说的权力充分展示出来也许是更为重要的。

第四种组合,说与话的组合。说和话是一个问题的两个层面,说是动态的,所谓言语,话是静态的,所谓语言。语言非常重要,可以说是人类文明中第一要素。人类历史上经过四次重大的文化革命,第一次就是有了语言,第二次就是有了文字,文字其实就是书面语言,第三次是有了纸张即有了书籍,第四次就是我们今天正在享用的信息革命。

但需要指出的是,我们所谓的说其实是在话语的框架之中,所以有哲学家就分析说,我们常常不是在说话而是在被话所说。我常说的一个观点是,无论古代人还是现代人,我们大约都活在100个重要的文化观念当中,我们离不开这100个观念。我们所做的只是在这些观念当中选择最好的东西,组合成最优质的结构。没有语言,就没有文明,就没有科研,没有文学,没有艺术,也就没有政治,没有交换,也就抽去了人类文明存在的最重要的信息基础。

然而,说并不仅仅是一种被动的存在,它既是动态的,又是创造性的,所以新的语言,新的词句,新的表达方式和新的理念年年月月日日时时都在增加着,丰富着,变异着甚至革命着。

最近的一个例证是网上出现了一些新的用语,如"不明觉厉"、"细思恐极"、"说闹觉余"、"累觉不爱"种种,有人反对,有人喜欢,我这么认为,只要是为某个特定的人群所接受的语言就是可以存在的语言,只要是能丰富原来的表达对象的语言就是有价值的语言。例如中国的方言,颇有一些非常难懂的地方,但它就很有生命力,很有乡土

气,很具亲情魅力和文化价值。我编了一个对联,不知道网友们能否接受。

上联是"细思恐极,性属活思想,其内涵无需问辞海";

下联是"不明觉厉,实则大明白,那意味有点像禅宗"。

相反,语言的僵化折射出的正是思想的僵化,如果一个国家从上到下的管理阶层使用的都是一种很僵化的语言,那么这个国家的政治状况,社会状况,就已经到了危险的状态。如果统治阶层和民众包括知识阶层在内使用的全然是两个语言系统,那危险的系数就更大了。有人研究苏联的解体就和这种两个语言系统分裂存在因果相关,不知别人怎么看,对此我深信不疑。

第五种组合,说与说的组合——后边这一个说字读为"shui",游说的"说"。1989年,我写《中国文化概论》碰到了这个话题。我以为中国文化和西方文化的一个重要区别,在于中国人缺少公共表达。我们中国人也有极高的语言能力,也有极好的表达技巧,也有极丰富的语言词汇,也有极具魅力的语言内涵。但是中国自古以来没有演说的传统。中国人不但没有这种传统,干脆就没有这个内容。人家是演说,我们是游说。

游说和演说有什么区别?有三个区别。第一,游说不是公共性的。第二,游说不是对于民众的。第三,游说不是公开透明的。它所指向的对象,主要是权势者。最好是贤明的权势者。中国确实留下了非常多的很经典的游说记录。例如商鞅游说秦孝公,邓宇游说汉光武,更为著名的几乎人人皆知的则是诸葛亮的《隆中对》。《隆中对》本质上也是一种游说,只不过在形式上有一点变化。诸葛亮所采用的是以守为攻的策略。中国人为什么没有演说?把那么多的才华和智慧都用在了游说上?因为我们没有真正建成过市场经济,没有真正确立必要的公共空间。中国有非常好的甚至非常优美的游说词,但我们确实没有葛底斯堡演说,没有 I have a dream,没有曼德拉1994年就职总统时的演说词,不仅没有演说词,而且没有宣言。中国的很多好的语言表达都是非常抒情的,但那性质也常常是非公共化的。最让苏东坡感动的有三篇文章,所谓"读出师表不下泪者,其人必不忠;读陈情表不下泪者,其人必不孝;读祭十二郎文不下泪者,其人必不友"。这三篇文章当然是极好的文字了,然而都不是公共表达。所以我们有极多的美文,但真的没有如八大宣言那一类影响巨大的公共文化产品。说到演说,最近让我感动和震撼的一件事情,是泰国总理英拉处理反对派集会和冲击总理府与警察总局的表现。她有电视讲话,其实就是公共演说。她以新的姿态和新的公众表达方式面对那些反对她的组织和个人。她期待他们不要干扰自己10岁孩子的正常生活。我认为她的这些演说也会作为经典流传后世,流布四方。以我对泰国的了解和认识,我并不完全认同他信和英拉所实行的一些经济政策和社会政策。但我非常钦佩和尊敬她的这些表现。即使她的这些表现没有取得完全成功,也将会以一个光辉的范例载入文明的史册。英拉的所作所为,内涵丰富魅力巨大,其中最重要的一条是她信任人民,包括信任那规模巨大,情绪激动,有组织有计划,强烈地反对、攻击和仇恨她的人,并以理性和同情的态度向他们示好、示亲、示弱。她的这些表现显然大大超出我们许多中国人的经验范围和理解层次。马克思说批判的武器不能代替武器的批判,物质力量只能以物质力量摧毁。我想说的是武器的批判不能代替心灵沟通,信任人民才能服务人民。

中国人,会说的中国人应该学会演讲。我期待在不远的将来一些伟大的演说词也会出自中国人之口;一些伟大的宣言如《独立宣言》《自由宣言》《共产党宣言》《解放黑奴宣言》也会出自神州大地。

汉字"我"的等级价值与个性表达

汉文化极其丰富和复杂,表现在亲属关系的称谓上就足令西方人瞠目结舌。例如姨妈、姑妈、表兄弟、姨兄弟,种种复杂,不是一个在西方生活惯了的人短时间可以适应的。称谓同样复杂,第一人称,第二人称,第三人称都复杂。单以第一人称论就足够写一篇大文章的。

第一人称现代最惯常的表达就是"我",然而我们翻看古代典籍,"我"这个字并不常见。皇帝不称我,人家称朕,朕是天下一人,从秦始皇开始的,秦始皇以前的诸侯也不称我,齐桓公和管仲谈心,说寡人不幸好财又好色,寡人也是一个专称,秦始皇之前诸侯可以用,秦始皇以后成为皇帝的谦辞了。

第一人称变化无穷,有官职的可以称为本县、本督、本帅,没官职的就称呼本人了。本人就是我,但偏不用我这个字,古人喜欢用愚或者吾,草根阶层干脆用俺或者咱,僧人自称贫僧,道士自称贫道,鲁智深虽然是和尚,却是个花和尚,又是山西人,自称洒家,那意思和上海人自称阿拉有点相似。

但古代直至民国的第一人称最重要的表现或者说最重要的价值承载还是等级制。人分九等,贵贱有别。我们以一个中年男性为例,如果他是一个官僚,那么他对于皇帝要称臣,当然也不是全称臣的。这就联想到了鲁迅先生的一个著名分析,他说,清朝时期的汉族官员对皇帝是称臣的,但满族官员,不论你什么职位,面对皇帝一律自称奴才。臣和奴才比,好像是尊严了许多,其实不是,臣代表你是外人,还够不上奴才,想起来也挺悲哀的。直到今天,在所谓知识精英中,似乎还有那么一些一心想做奴才的人,或者如鲁迅所言,想做奴才而不可得的人。

下级见到上级,要自称下官,小官见到大官,自称卑职,但对着所属人员,就用上那个"本"字了。一个知县张嘴就要说本县,一个知府又要说本府,即使不带官衔,比较谦虚一点的表达,自称老夫,老夫是什么意思?就是一个年岁上有资格的男人——老男人。但就是这个老夫也不是什么人都可以用的。一个平民百姓尽管年纪老了,胡子白了,甚至眉毛都白了,可以称老夫吗?不可以。只能称老汉,一谦虚又有了一个称呼,叫小老儿。这个词组很怪,又小,又老,还有儿。老代表什么,代表年龄,小代表什么,代表身份。秀才可以自称学生,连秀才都不是,只能自称小老儿了。小老儿够谦虚的了,但这个自称面对官员的时候绝对不可以用的。一个平民百姓叩见官员自称小老儿就是不敬,老字得去掉,只能自称小人。

虽然是小人,但对自己的儿子又是大人,父母大人。中国人在这些称呼方面,常常很没有逻辑。一个有点文化的男人和别人说话,呼自己的儿子为犬子,儿子自然是犬子,老子就应该是老犬了,但没有听说谦称为老犬的。反映在家庭关系上,越有身份的家庭越缺少亲情表达。贾宝玉怎么称呼他的父亲和母亲?见到贾政就称老爷,见到王夫人也和别人一样称为太太。想来世界上爸爸妈妈是最亲近的称呼,尤其妈的发音,不但汉语,包括英语等许多语言都是基本相同的,但你翻遍了《红楼梦》,看到过贾宝玉称呼王夫人为妈吗?或者叫贾政为爸吗?一次也没有。

有的时候,那些做官的人还自称老爷,这在古籍上看不到,但在传统戏曲中很常见。京剧中有一出《清官册》,主人公是寇准,一个民间认定的大大的清官,他的唱词中有一句"转身又对家人论,老爷言来你是听"。这里的老爷就是第一人称。曲艺中这类语言很多,什么老爷我告诉你,本大老爷认为等等。

实际上的情况未必是如此,但骨子里人都是分等级的,这种等级无时不在,无处不在,所以我说,在中国传统文化中,是没有平等这个概念的,也没有一般意义上的人。或者是人上人,或者是人下人,核心就是官本位,这种危害直到今天也远远没有消除。

古汉语中"我"字使用不多,"我们"这个词儿就更少见了。说到"我们"的时候,常用我等,说到你们的时候,又常用尔等,但使用这种称谓的人一定是头目。宋江代表梁山,故可以说我等,对于梁山而言,徐宁没这资格,时迁没这资格,段景住更没这个资格了,所以我等是指的等而下之的人,比你差的你才能代表。联想到今天我们最常用的代表这个字,不觉有点忍俊不禁。

"我们"这个词儿不常见,但是有,《红楼梦》第 31 回:《撕扇子作千金一笑 因麒麟伏白首双星》,里面说到晴雯跟贾宝玉怄气,多少有些撒娇使性,袭人过来劝解,对晴雯道:"好妹妹,你出去逛逛,原是我们的不是。"听到"我们"这个词儿,晴雯的火儿更大了,就挖苦说,"正经连个姑娘都没混上呢,哪里就称起'我们'了!"足见,"我们"这个词儿也跟我等这个词儿一样,不是随便可以用的,稍一不慎,用错了地方就会给自己带来大尴尬甚至大罪名。

"我们"这个词儿的普遍使用应该是在民国以后,实在说,这是一个进步。因为有了平等这样的理念,所以"我们"就可以比较宽泛地使用了。

不幸的是,在阶级斗争和计划经济时代,"我们"这个词儿又生出了许多负面的表现。

一个负面表现是"我们"成了一种体现阶级身份和政治身份的表达方式,例如,我们党,我们国家,我们无产阶级,我们造反派等等。成为我们当中的一员,虽然你不见得有自尊,但应该就安全了,而一旦被开除出了我们,那就成敌人了,在那样的年代,非敌即我,非我即敌。早先还承认中间派,后来连这个也不承认了,要不就属于我们,要不就是敌人,所以,在那样的时期,"我们"又成为一种群体暴力的主语表达。

另一个负面表现是"我们"成了集体决定的遮羞布。表面上看,强调集体领导集体决定,集体就是我们了,它的最大弊端是,一旦出了问题,就没人站出来负责。为什么没人负责?因为那不是"我"个人的决定,而是"我们"的集体决定,我负责也只能负百分之一的责或者十分之一的责,这点责和完全不负责任其实是画等号的。尽管地球人都知道,所谓集体决定其实那权力还是掌握在个人手里。有时候集体决定不过是一块遮羞布。

现代文明条件下,"我们"还是要少用或者慎用。首先和主要使用的不是"我们",而是"我"。

一个政治人物,一个现代政治人物,他首先必须学会自我表达,以此来阐明他自己的观点,自己的立场,自己的计划和自己的责任。不要说大的管理者,比如我们选一个组长吧,他如果不向我们表明自己的观点,而且我们能够认同这观点,那么,我们凭什么选他当组长呢?没有表明自己态度、理念和立场的管理者,我们无法推断他是否可以代表我们。因此故,一个现代管理者,他的个人表达——"我"的表达,具有极其重要的、不可或缺的存在价值。这差不多就是一个生存前提,连这前提都不具备的,若不是这文化很不成熟,一定是这体制存在重大的缺陷。

一个学者,更需要表明自己的理论和创见。我回想起自己年轻时候的著作,也用了许多的"我们",每每想到这个地方,就觉得很不开心。学术研究和学术观点只能是个人的,如果两个人不能合着做一个梦,那么就不可能两个人不经商量就产生一模一样的思想和创作,何况当今世界已经是一个非常重视和强调知识产权的时代。知识产权的前提就是个人所有权的确认,这个前提没有,知识产权就成了一篇废话。中国内地论文造假现象曾经泛滥,很多著名学府都存在这样严重的问题,这说明什么?说明中国现行的学术体制还远远没有达到现代水平。因为行政化问题实在是太过严重了。

在文学艺术、科学技术等几乎所有领域,个人创造都是最为美丽的一种事物,所以"我"的表达不仅仅是一种个性表达,甚至是一种审美表达。例如京剧的流派,可以说没有这些流派就没有京剧的繁荣和光彩,这些流派无一例外地都属于那些伟大的艺术家们,例如梅兰芳创作的梅派,麒麟童创造的麒派,裘盛戎创作的裘派,程砚秋创作的程派。歌星也是如此,曲艺明星也是如此。北方人很喜欢听相声,侯宝林、马三立,他们个人的创造都起了极其巨大的作用。不仅如此,就是很多电视节目,没有个人创造也难以取得那样的成就。例如美国电视主持人奥普拉,那就是不可替代的。曼德拉去世,有多少各国政要前去出席他的告别仪式,其中一个显赫的人物就是奥普拉。个人的成就其实也就是人类的成就,但必须清楚的一点是,一旦人类扼杀了个人的充分表达,那么,所谓成就云云,就会陷入巨大的误区。

本文的结论是,现在和未来的中国人,必须学会,必须习惯,必须促成,必须保障每一个"我"字的自由存在与生长,从而让他们献出如彩虹般的富丽与光辉的颜色。

"心"字的 N 种可能性解读

"心"这个字在汉语中占有非常重要的位置。它的价值不仅是语言学上的,也是心理学上的、社会学上的、文化学上的,完全可以称之为一个"心"字,N 种可能。

最常见的使用和学习与工作有关。努力学习称为用心,集中精力钻研称为专心,为朋友认真办事称做上心,做一件事情倾情付出称为走心,生活处于良好状况称之为顺心,遇到种种麻烦称之为糟心,一件事实在接受不下去讨厌至极称为恶心,虽然不是大烦恼,但小烦恼却又纠缠不清、摆脱不掉称为闹心,如此等等。

中国的心是有颜色的,最常见的说法即黑心、红心之说。红心在古时候表示的是赤胆忠心,黑心则是一个很坏的形容词,心都黑了,这个人恐怕是无可救药了。黑心红心之说在所谓阶级斗争年代和计划经济时期用得更为普遍,那个时候的思维非敌即

友,非是即非,中间道路是没有的,妥协就是投降,和解就是出卖。这样的状况下,对于心的理解完全是一种极端状态。彼时的年轻人最常干的一件事就是向党和领袖表红心,而且还要一颗红心,两手准备。今天想来,非常漫画化的。

心还有粗细之别。粗心虽然不算什么大缺点,但确实是一个不小的缺点。马三立相声中有一个马大哈,可以称之为粗心的代表,马先生还因为这段相声被增补为右派,就成为黑色幽默了。细心是中国人很喜欢的一种风格。早几年的一本书风靡华夏,书名是《细节决定成败》,细心未必就能把握细节,但确实和把握细节有着主观性联系。

心还有大小。中国人说心大的时候不多,但常用的一个词儿是小心眼儿,小心眼儿不是大毛病,但可能因此和别人不太好相处,也因此给自己带来不少痛苦。但这些话只适用于我们普通人,统治者绝对不可小心眼。讲个历史故事,英法联军火烧圆明园之前,英国公使巴夏礼等人正在通州和清朝官员谈判,其照会的文件有三条要求:一是扩大经商口岸,二是在北京建立大使馆,三是大使见皇帝使用西方礼节(不用三拜九叩礼)。承德的咸丰皇帝见诏大怒,第一条还可以,第二条就不能允许,皇帝在北京城怎么能给外国人建使馆呢——使馆算什么东西。第三项更不能容忍了。于是派僧格林沁抓捕了出使人员,从而导致了火烧圆明园那样的奇耻大辱。小人物小心眼儿,可能会生出不少文学性幽默,大人物小心眼儿,产生的多半则是社会的悲剧。美国人喜欢讲大心脏,这个词在 NBA 赛场上常见,每每到了关键时刻,还差一秒钟,甚至 0.5 秒钟,就要一球定乾坤了,于是有人站出来,举手就投,皮球应声落网,解说员称赞这样的选手具有一颗大心脏,因为有着大心脏,小小的篮筐在他们眼中宽阔如海。中国人不讲大心脏,有时候会讲这个人心很大,心大在传统文化中意义不很正面,但在今天的文化中我认为是个褒义词。特别是年轻人,心要大。拿破仑都说过,不想当将军的士兵不是好士兵,那心地想来也应该是大的。

汉字"心"的概念中还有深浅之别。有时候评价一个人说他心很浅,心浅是什么意思,就是装不下事儿。心浅的人其实好交往,因为他透明。相反的词儿就是心深了,但我们中国人不用心深这两个字,常用的是心计。一个人很有心计或者说很世故或者说很能算计,算计一件事还可以,用来算计一个人,算计他人,特别是有权力的人算计无权力的人就很可怕。

深浅之外,还包括心的数量,所谓心多心少。民间不这么说,中间加一个字,叫心眼多、心眼少。心眼多是个中性词,但要运用得当,以我的经验和感悟,对亲人和朋友心眼不要那么多,心眼多很累的。想什么就说什么,直观表达,家庭才会成为心灵的避风港湾,朋友之交才更能坦诚相见。心眼少这件事要两说着,往好了说,心眼少不是什么缺点,在很多中国人看来,美国人就心眼少,连他们制定的很多规章、法令都有漏洞,中国人在里面可以用点小心思就谋出不少利来。消极地表达心眼少就是缺心眼,太缺心眼了也不好,特别在当今之世,骗子那么多,还是古人说得好,害人之心不可有,防人之心不可无。

　　心还有动静之分,它可以是动态的,也可以是静态的。动心是一种状况,心动又是一种状况,虽然都属于动态,但性质很有区别。心动常常是被动的,碰到一件事情,例如贾宝玉初见林黛玉,不觉心动——这个妹妹好生面善。动心则是主观的,主观起意,不觉要动动脑筋。动的极端表现叫做心潮澎湃、热血沸腾,而静的极端表现则称为心如止水、静气如山。这后一种境界简直太难得了,非儒学或对道家学习修养到一定层次而不可得。真的到了那样的层次,这个人即使不是圣贤也就近乎圣贤了。

　　心还有有无之别。这么说其实很中国特色的,对一个西方人说你没有心,没有心怎么可以呢?但中国人就这么理解。说这人有心是一个大大的褒义,说这个人没心却又不见得是一个严重的批评。关于这个还有一个古老的掌故,商末贤臣比干是被纣王逼着挖了心的,因为姜子牙的帮助,心没了,人还活着,他奔出宫殿,走到街上,遇到一位卖无心草的老人,于是联想到草无心可活,人无心呢? 老人说,人无心便死,于是,比干死了。现代人对没心其实有一种欣赏态度,所谓没心没肺,活着不累,我挺欣赏这样的态度。在我见过的很多老人中,以这类老人活得最快乐,在我见过的年轻朋友中,以这类朋友活得最少心理负担。

　　对于汉字的"心"还可以做出更多的发掘和阐释,在这里说这一些也就够了。

　　心上到形而上学的层次会有更深更广的理解和价值。孔子重仁,孟子重心,所以一脉传承,各有重点不同。孟子有一段名言,凡中国人都应该知道的,而且作为文化遗产也应该如那些重要的宗教经典一样传布于全世界。孟子说:"仁,人心也;义,人路也。舍其路而弗由,放其心而不知求,哀哉。人有鸡犬放,则知求之,有放心而不知求。学问之道无他,求其放心而已矣。"

　　到了宋明理学时代,实际上是分为两大流脉的,一为理学,一为心学,俗称程朱理学,陆王心学。心学最杰出的代表是王阳明,王阳明当真是一个惊世天才,不但是儒学大师,而且是治世能臣,还是儒学人物中极其罕见的能够领军打仗的杰出的统帅。他的人生经历在各位儒学大师当中显得颇有些另类,然而他的影响在明清两世可以说是无与伦比,不但曾国藩这样的清代儒学大师都可以看做他的继承者,而且在他的门下还陆续出了如何心隐、李贽那样特别的人物。王阳明的一个哲学观点叫做心外无物，他说"心外无物，心外无事，心外无理，心外无义"。这观点和英国经验主义杰出代表之一的贝克莱所谓的"世界即被感知"非常相似。中西哲学作为两种体系确实有着非常大的差异，然而，在这个节点上，二位大师的观点却又何其相似乃尔。不但立论相似，双方所使用的例证都很相似，但王阳明对山中之花的比喻性说明显然来得更有韵味也更禁得住琢磨。但两个人的体系是不一样的，思路也有区别，表达看似相似，实则不同。现在中西比较成为学术研究和文化研究的一个热点，我曾经希望我的某一位学生可以比较一下贝克莱和王阳明，那文章一定很有意思。

中国人对心的理解更多地不是哲学意义上的，不是形而上的，而是政治意义上的，社会意义上的。孟子说，得道多助失道寡助，那是高雅之言，更通俗的说法则是得人心者得天下，失人心者失天下，足见心还是一个特别重要的政治理念和文化用语。在我看来，人心固然重要，但决定人心的是经济，这结论有一点煞风景，但我的研究如此，也只能照逻辑表白。而决定经济的则是文化，把它连贯起来，可以这样表述：

决定成败的是人心；

决定人心的是经济；

决定经济的是文化。

从古来的经验看，无论是改朝换代还是王朝中兴，都可以在人心这个层面上这样表达，最关键的政策在于士人之心，农人之力。为什么这么说？因为在小农经济时代，在中央集权的体制之下，最重要的两件事是对农民利益的适当保障和对知识阶层的权益关照。少数民族入侵华夏，一旦把科举制恢复起来，让流离失所的农民有了土地和居所，社会就会趋向稳定，这两件事情一直到改革开放还是如此。改革开放最著名的两件事，一是土地联产承包责任制，一是落实知识分子政策包括恢复高考，没有这两条，改革开放不会有那么顺利的开端和其后的发展。

士人之心为什么重要？因为知识分子原本就应该成为社会的良心。在古代，它的使命就是代表民间疾苦，正义呼声，上要忠于天子，下要保护黎民。所以，在那个时代，做一个真正的士大夫也并不容易。而在当代，知识分子作为社会的良心还要肩负更为重大的责任。他不是要忠于谁和保护谁，他本身就应该成为自由的典范，民主的楷模和社会批判的生力军。所以今天我们讲士人之心就不是一种统治意义或管理意义上的表达，而是一种社会意义、文明意义和价值意义上的表达了。

由敬字六法说到静与净

"敬"字在中国传统文化中处于特殊重要的位置,可以称之为一个不可或缺的文化节点。但在现代中国,它的地位或者被颠覆,或者被消解,或者被埋没,或者被扭曲,这不能不说是一个很大的文化遗憾。我这里仿效永字八法说一说敬字六法,冒昧言来,敬请方家勿笑。

敬字第一法——敬业。敬业这个词儿我们太熟悉了,然而真正弄懂它的含义,体味它的精神却不是人人可以做到的,甚至不是轻易可以做到的。豫剧大师常香玉有一个信条:"戏比天大",这个反映的就是她的敬业态度与精神。在中国人眼里还有比天更大的事物吗?没有!但常香玉认为,她的戏就要大过天。

中国明代有一位惊世骇俗的大画家徐渭,别号青藤,他的艺术影响深刻又深远。清人郑板桥推崇徐渭,曾说,愿做青藤门下走狗。现代中国画坛巨匠齐白石同样敬佩他,把他和朱耷、吴昌硕排在一起,作为自己叹为观止的偶像。曾有诗云:"青藤、雪个远凡胎,老缶衰年别有才;我欲九泉为走狗,三家门下转轮来。"

郑板桥和齐白石是何等样人,他们为什么心甘情愿要做青藤门下走狗呢?这不是说他们没有人格,把自己看成了畜类,而是他们非常敬畏徐渭的艺术,在这艺术面前,即使能成为其门下的走狗,他们也感到荣耀和光荣。

敬业精神在中国整体上并不好。我是一个老教师,在高校工作几十年,扪心自问,我算不算一个敬业者呢?我的回答是,也算也不算。对文字,我是认真的,我对自己所书写的每一个字和每一个标点符号都愿意承担责任,所以我敬业。但我不能或者无法把自己最好的东西传授给学生,所以,我不敬业。

敬字第二法——敬人。这几年对人的尊严这个理念无论官方还是民间都说得多了,但我觉得一个完整的逻辑应该是这样的:人需要尊严,必须有尊严,但他同时也要尊重他人,尊敬他人。敬人与自尊是一个问题的两个层面,正像一个硬币的两个方面,缺一不可。而中国的现实是,尊严文化显然很弱势,而敬人理念尤其没有得到社会的推崇和认可。我们听到和看到的种种恶劣案件,除去其他客观原因,就和这个理念和这种文化没有取得它应有的位置密切相关。因为口角而摔死孩子,因为什么原因而毒杀同窗室友,因一时愤怒而杀害亲人,一个小小幼童,不知出于什么原因而虐害更小的儿童,如此等等。对于生命的尊重、敬重和敬畏是现代文明中不可或缺的必备的核心内容之一,而它的一个重要表现就是敬人。在我看来,一个不知道敬人而鼓吹个人尊严的人就是在作秀,而一个不知道敬人却要鼓吹公民尊严的权力者,那就是虚伪了。

敬字第三法——敬规则。我有一个观点,现代管理和现代文明需要三个要素,一是理念,二是规则,三是程序。但在我们很多中国人心目中,规则和程序并不重要。1990年,我和中国老区建设促进会李超部长、电影导演阙文先生一起去贵州,一路高谈,很是惬意,他们问我,到底什么是民主,我说,民主需要坚持三个原则,第一,服从多数;第二,保护少数;第三,坚持刚性程序。当然,民主作为一种体制、一种生活方式、一种社会文化,它的内容与内涵比这三个原则要丰富得多,但就是这三个原则也并不容易做到。

中国的许多现象表明,很多权力部门并不把规则和程序认真作为一项必须尊重和遵守的事项对待。他们也开工程会,而且也有很多相应的法律规定,但一落实就走了形。比如说,不许逼供信,毛泽东那个时代就明确反对逼供信这样的执法方式,但直到今天它仍然是一个毒瘤式的顽疾。

近20年来,如果我们要找一个影响最大的名词,那么这个名词应该是"潜规则"。据说潜规则不是我们中国人的发明,但自吴思先生那一部重要著作出版之后,它的影响立即风靡中国。为什么会这样?潜规则盛行其实就是人们特别是有话语权、有执政权的人不尊重规则与程序的结果。你也不遵守规则,我也不遵守规则,结果就变成了潜规则。可以认定这样一个标准,凡潜规则盛行的地方,即使我们不说它远离民主,至少我们可以说它是不透明的。所以,现在全国上下都在呼吁的改革应该把透明和民主,把消除和消解潜规则作为一个特别重要的内容。

敬字第四法——敬礼仪。说一件往事,大约是在1975年,我有幸去实验一小特级教师王启贤先生家做客,他家住在东琉璃厂一个窄胡同深处的一个独家小院,话别出来时,他夫人一直送我到门口,我说,您请回吧,他夫人对我说,您,请走好!然后非常有礼貌又非常自然而然地给我鞠了一个躬,说真的,在那样一个特殊的时期,这位前辈的举动真的把我吓着了。那时我24岁,他们贤伉俪至少长我30岁,在那样的时期,没有什么人行鞠躬礼的,除非是追悼会,但老人这样做了,而且从容,优雅,自然。她的这个举动给我的震动我不知道用什么语言来表述,但确实使我终生难忘。我有时会想,如果我的儿女他们长大成人,让他们做一个选项,是做堵枪眼的烈士、英雄,还是做一个有礼貌的文明人?想来想去,我选择后者。

礼仪和礼貌的重要,在孔夫子那里就有特别的表现,从言到行,从喜到怒,从柴米油盐到婚丧嫁娶,从日常生活到军国大事,可以说,无所不在。为什么圣人如此重视礼

仪？我认为因为礼仪是文明的型塑。

礼仪是文明的一种建构，而战争却是对社会现状的一种破坏。战争也许是不可避免的，至少在我们可以想见的这个时代，依然如此，但战争不应该成为人类文明的常态。建构的力量必定大于破坏的力量，这才是人之福祉所在，人类之福祉所在。

最为重视礼仪的是绅士，这一点也值得我们深思。在现代文明中，绅士的国家和武士的国家显然有着很大的区别，例如，英国和日本的区别。现代国家中颇有一些以斗士自居的人物，例如伊拉克前总统萨达姆，利比亚前领导人卡扎菲，这样的斗士，礼仪对他们来说，一文不值，他们的特点就是为所欲为，而其结果不但为他们各自的国家带来巨大的灾难，他们自己的结局也无一不是悲剧性的。

敬字第五法——敬文明。尊敬、敬重和敬畏文明同样是现代人必须完成的功课和必须遵守的规则，又是必须具备的素质。我在某个地方说过，人类应该遵循文明必在律，凡文明的东西，一定是不可以阻止的，而一个文明人，首先就应该具备对文明的敬畏之心。

文明当然包括传统文明和现代文明，我们爱时尚也应该爱传统。这些年中国内地经济发展迅猛，几乎成为一个全国性的大工地，但对各种文物的破坏也是非常严重。不尊重文明就不可能建立文明，对这一点其实有极其惨痛的教训，例如1950年代否定梁思成、陈占祥的北京建设方案。可惜的是，这些惨痛的教训并没有真正地警醒世人特别是真正地警醒管理者。

对文明的敬重没有国际限制，因为文明属于全人类。中国几十年来的一个重要文化教训在于我们常常鄙视、打压和否定那些我们根本没有经历过和构建过的内容。一个例证是，"文革"十年，喊得最多的口号是反对资本主义复辟，这其实很没有逻辑。中国有资本主义吗？有过资本主义吗？没有过。复辟是说那些负面的被否定的东西卷土重来，根本就没有过资本主义，何来资本主义复辟？还要拼死反对资本主义复辟。其逻辑前提根本就是一个笑话。

再一个例证是，颇有些中国人非常反对所谓西方的自由、民主和法制，认为他们的自由乃是欺骗，民主乃是虚伪，法制远不如中国的有效、美丽。这也很不合乎逻辑。中国已经建成法制社会了吗？已经完全实现民主繁荣了吗？已经构成马克思说的"自由人联合体"了吗？如果这些目标都达到了，为什么还要改革呢？这些目标没有达到，甚至我们根本就没有经历过成熟的民主社会与完备的法制体制但却要拼命地贬斥和诋毁别人，这些做法同样会成为现实的误区和历史的笑柄。

敬字第六法——敬自然。尊敬、敬重和敬畏大自然同样是敬字的题中应有之意。简单地说,现在很多城市儿童远离自然,没有和自然接触的机会,也没有这样的主观诉求和计划。而一个远离自然的人,不合乎人的本性,因此,其人格基础很可能就是不完整的。一个人如此,一个政策也是如此,一个社会同样也是如此,不尊重和保护自然的政策,其立论基础就不具备科学性和完整性。一个不尊重和保护自然的社会,不论其发展状态如何,其整个结构必然是畸形和存在巨大缺陷的。说到这里,我禁不住要向窗外看一眼,北京又雾霾了。面对这样的环境状况,中国人特别是有良知的中国知识分子和权力在握的各级领导者应该反省一下他们各自对于大自然的敬畏之心。

民间特别是江湖艺人对于敬也有一个典型的说法:人敬人高。这句话想来很有意思,它很俗,但很有趣,更有趣的是,它可以随便断句,甚至可以倒读。它可以写成"人,敬人高";也可以写成"人敬,人高";还可以写成"人敬人,高"。那表现方式很幽默,但那意思在本质上没有区别。这句话甚至可以倒过来,把它变成高人敬人。高人敬人也可以随便断句,这样看来,敬对于江湖而言,无论横看竖看,正看反看,都有一种无可颠覆的、带有永恒性质的价值。

我曾在中央民族学院(现为中央民族大学)工作过三年,在它主楼的走廊里,赫然写着三个大字:"敬、静、净"。我觉得这个立意非常之好。

敬、静、净三个字内在联系密切,甚至可以说不可决然分开。敬者,必然成为静者,而静者同样也应该是一个净者,他起码必须是一个干净的人。

先来说,宁静之静。诸葛亮有一句名言,淡泊以明志,宁静以致远。说得非常之好。静其实是一种力量,不是一种外在性力量,而是一种内生性力量。这些年我特别重视的一个观念是现代人,现代知识分子尤其是现代管理者应该具有内生性自信。而内生性自信的一个前提就是要静下心来。

现代社会让我们浮躁的因素太多,而让我们安静的因素太少。很多人会说,我很想静下心来,但面对工作的压力,工资的压力,房价的压力,医疗的压力,教育的压力,潜规则的压力,生存环境的压力,我静得下来吗? 对此,我不持异见。但我真心认为,没有静心,难成大业。一个浮躁的心,无法把自己最好的东西塑造成型,更无法把最好的东西展示给他人,贡献给社会。因为,浮躁代表的是一个乱。人的心乱了,还能把自己做好吗?

那么,怎么才能做到静呢? 不要说儒者所谓静气如山了,也不要说古人所谓每临大事有静气了,就是说我们能以一颗安静的心,沉静的心,宁静的心打理我们的生活,安置我们的思绪,应对我们的环境就已经很不容易。如何做到这一点呢？我以为最重要的是应该具备专业自信、逻辑自信、常识自信和事实自信。

当代中国的很多杰出的人都有这样的特点,比如张志新,她是一位非常了不起的烈士,但我不认为她是一位伟大的理论家,也不认为她是一位伟大的发明者,她之所以敢于挺身而出反对"文革"就是因为她内心是自信的。她面对自己的良知而无所畏惧外在的种种压力。她不是没有想到过她坚持自己信念的后果,这后果确实非常严重,但她能够坚持。我们这些所谓的现代人在内心必须有一个精神坚持,如果我们不能把这坚持做得如张志新一样伟大,那我们至少可以做到坚持专业,坚守逻辑,捍卫事实。

再来说净。干净是一种文明,这个文明在当今这个时代,它的地位更其显赫了。20年来,我一直崇信这样一个观点,现代文明至少应该有抽水马桶作为基础。我曾经说过很多热爱中国的人主张中国现代化建设的人先应该把自己的心思放在中国人的日常生活上。民生没有改变,现代化就没有基础,13亿中国人人人都能用得上抽水马桶,那将是一个文明时代完全到来的重要标志。

有这样一则掌故,2005年上海非常希望前国际奥委会萨马兰奇来中国参加东亚运动会,但他不肯来,后来他提出一个条件,说去上海可以,但上海必须为他准备五星级卫生间,上海人照此办理了,萨翁欣然而至。萨翁的表现确实有些矫情,这是很多同胞也包括我在内所不喜欢的,但我在这里想说的是,干净是一个现代人必备的生存要素。给我印象最深刻的例证乃是章诒和先生所著《往事并不如烟》,那里面讲到史良先生和他家毛巾的故事。那细节我就不重复了,但它给我的体悟是:

只有那样干净的人,才能做出那样纯粹的事,才能写出那样有品节的书。

(作者系北方工业大学素质教育与现代文化研究所所长,研究员)

忠孝立国是当代中国教育的病根

邓晓芒

当前,中国教育正面临前所未有的危机,中国人想要把自己的下一代教育成什么样的人,已经完全失去了目标。我们的中小学教育,甚至从幼儿园教育开始,就在把青少年往高考的独木桥上赶;而大学教育则多半成了职业培训,有的连职业培训都不如,只在做培训状,纯粹是为了混文凭。孩子们从小受到的教育归结起来最主要的是两点,一点就是服从,即无条件地服从地位比自己高、权力比自己大的人,哪怕只是一个小小的班长。受了这种教育,就会认为官本位天经地义,并且一心想自己成为更大的官。另一点就是潜规则,个个都知道明规则可以肆意违反,可以说假话、空话、大话,可以厚颜无耻地做缺德的事甚至违法的事而没有任何底线,但潜规则不可违背,听话听音,要善于体会言外之意。比如前几年的大学教学评估,明明是劳民伤财、贪腐泛滥、公然造假,但面对检查大员,从校长到学生干部都必须振振有词,天花乱坠,因为这关系到学校的"生死存亡"和集体的名誉。这层利害关系,在校内动员时就向广大教职员工和学生们暗示甚至明示出来了,检查大员们其实也都心知肚明,但就是不能在场面上说破,谁捅了娄子谁不得好死。类似这种训练在中国的教育领域中每天都在进行着,孩子们看在眼里,悟在心里,觉得这是起码的社会知识和人生经验,不懂这个,别想在社会上"混"。至于教育大跃进,大学的扩招、高收费,学校体制的衙门化和行政主导下的市场化,几乎无处不在的教育腐败和学术腐败,种种乱象,于今为盛。

这一切是怎么造成的?

人们近年来从各种不同的角度对此做了研究和解释,这些研究和解释看起来也能够说明部分问题,但给人的感觉却总是没有说到根子上。我想要指出的是,我们今天教育的真正病根出在我们几千年来的教育理念上,这就是以忠孝立国为鹄的的官方教育理念。当然,要透彻地说明这一点并不简单,这也是为什么这么长时间并没有人看出这一点来的原因。

一

教育,在中国自古以来就是家庭社会的纽带,政治生活的核心。"教"字,按许慎《说文解字》,从孝从文,"上所施下所效也",古孝、效通用,作"仿效"解。对"育"字的解释则是:"养子使作善也",按段玉裁的说法,育字上面是一个倒写的"子"字,"正谓不善者可使作善也。"显然,教育在中国首先是家庭教育,即长辈对晚辈"上施下效"的垂直式训育;社会教育也是围绕家庭教育而建立起来的,而家庭教育的核心则是"孝"。这一点最明显地体现在中国传统儒家教育的基本教材《孝经》之中。《孝经》其实就是"教经",它以家庭教育为基点,而扩展至社会教育。《孝经》处处借孔子的口来言说教育的道理。如开篇就说:"子曰:夫孝,德之本也,教之所由生也。"这显然来自《论语》中有子的话。有子说:"君子务本,本立而道生。孝弟也者,其为仁之本欤!"孝悌为什么就是"德之本"、"道之本",即人类社会生活之大本?有子的解释是:"其为人也孝弟,而好犯上者,鲜矣;不好犯上,而好作乱者,未之有也。"(《论语·学而》)

但有子的解释只是从后果上来解释孝悌的这种教化作用。《孝经》则阐明了其中的道理。为什么孝悌之人就不好犯上作乱呢?《孝经》说:"君子之事亲孝,故忠可移于君;事兄悌,故顺可移于长;居家理,故治可移于官。""夫圣人之德,又何以加于孝乎?故亲生之膝下,以养父母日严。圣人因严以教敬,因亲以教爱。圣人之教,不肃而成,其政不严而治,其所因者本也。"所以,"教民亲爱,莫善于孝,教民礼顺,莫善于悌。"原来,孝悌可以转变成忠君,忠是更高的孝。

但孝的根源又是什么呢?那就是人的自然本性。如《孝经》云:"天地之性,人为贵。人之行,莫大于孝";"父子之道,天性也,君臣之义也。父母生之,续莫大焉。君亲临之,厚莫重焉";"子曰:夫孝,天之经也,地之义也,民之行也。天地之经,而民是则之。则天之明,因地之利,以顺天下。是以其教不肃而成,其政不严而治。先王见教之可以化民也,是故先之以博爱,而民莫遗其亲,陈之德义,而民兴行。"先王正是看到了人的自然本性中这种天经地义的属性,才因性施教,以使孝提升为社会生活中最基本的法则。这样,孝就放大成了整个社会的一种政治体制。孟子说:"善政不如善教之得民也。善政,民畏之;善教,民爱之。善政得民财,善教得民心。"(《尽心上》)中国政治体制在理论上是建立在"民心"之上的,而"得民心"要靠"善教",即教民成孝,由孝而

忠。忠其实乃是大孝。所谓"故以孝事君则忠,以敬事长则顺。"

当然,上述《孝经》所言之"博爱"其实并不"博",而是爱有差等的:"故不爱其亲而爱他人者,谓之悖德;不敬其亲而敬他人者,谓之悖礼"。敬爱其亲人和敬爱他人,两者不可得而兼之,也不可等而同之,而是有先后、有礼数的。"博爱"在这里只不过是人人皆有之爱而已("民莫遗其亲"),而不是对所有的人平等的爱,所以它其实还是私爱。这就有个严重的问题,即每个人的私亲之爱主观上都是要优先于爱他人,但现实中一人之亲与他人之亲之间又总是遇到一个客观的先后问题,所以即使每个人都讲孝道,也免不了整个社会陷入各家各户争先恐后,互不相让。那么,在这种情况下,由谁来裁定各家之亲的先后呢?这就需要一个超越于各家之上的大家长,一个"父母官",他以"大家"的名义既在各小家之间摆平了先后,又仍然维护了"孝"的根本原则,使孝自身具有了"忠"的含义。这是中国文化的一大发明。通过这一发明,孝的教育意义便提升到了"政教"的层次,所以中国的教育历来就是道德和政治不分、道德教育和政治教育的合一。只有通过大家长式的专制主义,形成"率土之滨莫非王臣"的国家体制,才能在全社会落实有差等的"博爱"。

因此,看起来温情脉脉、人情味十足的孝道,其实隐藏着国家专制主义的必然逻辑,这就是今天社会生活中"官本位"在传统文化中的根源。在教育领域,人人都追求成为"学官",所谓"学而优则仕",按照这种逻辑也是顺理成章的,因为这无非意味着想要成为更高的教育者和大家长(父母官)。至于官员治学,即"仕而优则学",或者按照韩非的说法"以吏为师",也是上述逻辑的逆命题,因为这也意味着只有行政级别上更高的大家长才能成为权威的教育者。所以,这种看起来荒谬的教育体制,只要懂得传统儒家教育是以孝为本,以"上施下效"的政治服从为目的的,也就一点也不荒谬了。

必须声明一点,我并不一概反对在家庭教育中实施"孝"的情感教育,但我反对把这种教育变成一种固定的外部形式,尤其反对把它视为家庭教育中唯一的或者至上的内容,反对将它拔高为"仁之本"、"德之本"和"教之所由生"。相反,我认为"孝"的情感不过是一般人性中的同情感、仁爱心的一种表现而已,或者说,孝不是"仁之本",仁反而是"孝之本"。而我所理解的"仁",是人人平等的同情心、博爱之心,并且应该包含由这种平等意识而生的公平感、正义感,这些都是"孝"所无法包括,甚至常常会和片面的"孝"发生冲突的。所以,如果说到道德教育,那么把这种教育仅仅局限于"孝"和由此扩充开来的对权威的服从,那是极其狭隘的,对受教育者来说是一种片面化和畸形的教育。

再者,即使是正确理解的道德教育,也不应该是教育的唯一内容。教育应该以培养健全的人格为目标,道德虽然是健全人格教育中的一项重要内容,甚至从某种意义上说可以看做核心内容,但并不是全部,也不是能够孤立地建立起来的。道德教育本身就需要有其他方面的丰富资源,例如科学知识、社会和人文知识,包括对人生和宇宙的哲学思考,思维方法的训练(逻辑、语法、修辞等等),还有审美和艺术,再就是技术实践(动手能力)。所有这些都是教育本身应该关注的,由此也才能使道德教育成为活生生的自由的人格教化,而不是呆板僵化的教条甚至伪善的说教。当然,在中国传统儒家教育思想中,也包含有上述某些要素,尤其是审美教育和人生哲学;但非常缺乏的是科学知识、思维方法和技术实践方面的内容。而更重要的是,在儒家教育思想中即使有这些内容,它们和其他方面的内容都被看做在以忠孝为本的道德教育之下的附属成分,而并没有自身独立的意义。所以直到今天,我们认识到科学技术是"第一生产力",开始大力发展我国的科学事业,在教育中更是强调智力培养,但所有这些都仍然是为道德政治服务的手段,并且要以道德政治的需要为转移。

二

自从 1840 年鸦片战争以来,国人认识到"落后就要挨打"的道理,开始把儒家正统教育思想所不屑一顾的科学技术列为富国强兵的一项政治任务来抓,这是近代中国教育的一个重要的改进。在此之前,科学技术知识的传授只是作为民间家庭传承的一种谋生手段,登不上正规教育的大雅之堂。宫廷对具有某些奇技淫巧的专门技术人才只是简单地网罗进皇家私自加以利用,如天文历法象数医学,并无意于普及成为社会教育的科目。正规教育的理想是"大学之道,在明明德,在亲民,在止于至善。"这就叫做"诚明所知",是那些被视为"奇技淫巧"的"闻见小知"所不可同日而语的(张载)。儒家教育的目的是培养圣人、君子和官僚,是堪当大任的国家栋梁,对小民百姓只关注如何使他们成为顺民,而并不关心他们的人格培养。这种教育基本上是反智主义的、愚民式的。即使是圣人和君子的理想人格("尽乎天理之极,而无一毫人欲之私"),其实也是片面化的、畸形的,绝不是像某些人所美化的"将个人的完善进而天下的完善作为教育的根本目标"(张汝伦语)。

近代中国人终于意识到仅仅以君子和官僚为培养目的的政治教育的片面性,从而废科举、开新学,引进了西方一整套自然科学和人文社会科学教育科目。然而,这种引进是变了形的,我们真正想要引进的只是技术,而不是科学。技术与科学的区别在于,技术只是遵守规则,科学则要探讨规则、建立规则;技术只对后果和操作程序感兴趣,科学则对原因和原理感兴趣。科学和技术都是知识,但技术知识不会和传统道德政治发生冲突,而只可能臣服于道德政治之下,为其所用;科学则不然,它有可能揭示传统道德政治的根源和虚伪性,从而颠覆已有的道德规范,因为它有自己不受道德政治影响的独立标准。如果完全由官方机构来执掌,教育的目的就只是巩固和延续这个政权的统治,官员们就会运用自己的权力尽可能地把科学研究纳入自己的"政绩"中,教育者也会极力在这个官阶体系上往上爬,追求升官的目标。这些都会极大地限制科学研究自身的独立性。因为政治上的政绩和科学上的成就遵循的是两种根本不同的规范。

在中国,科学研究的自由只有在政府权力比较薄弱甚至管不着的地方还能够有自身的发展空间,如北洋政府时期和西南联大时期。1949年以后,中国的教育完全统一在官方的领导之下,大学理工科成了纯粹的技术培训场所。而且,就连这种技术培训也受到政治意识形态的限制,被斥之为"只专不红""白专道路",教育的目的被限定在培养红色官僚或"红色接班人",这是没有科举制度的科举复辟。至于人文社会科学,则在更大程度上成了科举制度的延续,各学科都成了对国家政治意识形态进行诠注和灌输的技术,在这方面,甚至比理工科还要理工科。当时(1958年提出)的教育方针被归结为两句话:"教育为无产阶级政治服务,教育与生产劳动相结合"。前一句是政治教育的总纲,后一句则包含实用技术教育,但同时两者都有强烈的道德教育的意味。因为直接参加生产劳动的"无产阶级"被视为道德的化身,他们对解放他们的"大救星"具有最深厚的阶级感情,视为再生父母;而另一方面,教育者和被教育者既然都被视为"知识分子",他们就被当做了改造对象,因为"知识"的规范和"忠孝"的规范永远不可能完全吻合。所以"服务"和"结合"的意思都是"改造",即抛弃知识分子与忠孝体制格格不入的"傲气",从感情上纳入到对作为"衣食父母"的劳动大众尽孝和对各级"父母官"尽忠的规范中来。

所以,从20世纪50年代末到70年代末,我国20多年间的教育方针虽然带上了时髦的意识形态字眼,本质上还是中国几千年来沿袭的忠孝立国的教育方针,而对于现代教育理念来说,则毋宁说是"限制教育"的方针、"不教育"的方针,甚至打击和摧残教育的方针。"文革"中解散大学(名存实亡)是极端的例子,其实是多年一贯教育思想的必然结果。经过这20多年"培养"的中国知识分子,除了少数的例外,基本上都是一个模子,即奴性十足,知识贫乏老化,缺乏创造力,互相内斗、互相扯皮、互相算计的劲头却不小。在那种恶劣的环境中,只有这样的人才能生存下来,稍有个性的都被淘汰掉了。

三

改革开放以来,我国的教育方针有了一些新的提法。1983年邓小平提出教育要"三个面向",即面向现代化、面向世界、面向未来,显然是痛感中国教育30年来走入了自我封闭的死胡同。与之相伴随,在各种场合下中央对教育的提法也有所变化,一是"为无产阶级政治服务"不大提了,改成"为社会主义建设服务""为社会主义事业服务""为人民服务"等等;二是加强了"文化""知识"的分量,把"教育与生产劳动相结合"扩展为"教育与社会实践相结合",提出要"培养合格的劳动者和各类专门人才"。但所有这些提法并没有使我国的教育方针有实质性的改变,只是换了个说法而已。无论如何,教育仍然被看做国家意识形态的一条"战线",是"两杆子"("枪杆子"和"笔杆子")中的一"杆子"。在这里,教育是官方集中独揽的权力这一点并没有动摇,只是更加强调了教育的技术性和工具性。

这种技术性和工具性在市场经济的条件下与经济效益挂钩,使教育除了衙门权力的特色外又带上了金钱的特色,知识被看做是赚钱的技术。这两种特色的结合则导致了大规模的教育腐败,使教育管理部门形成了利益集团。而在学校的管理方面,这种技术性和工具性则使整个教育成为机械化管理的重灾区,一切人文指标都按照量化原则作了标准化的制定。这些年的"教育改革",基本上就是在干这件事,就是使一切关系都"理顺"成可以输入电脑操作的数据。教学的行政管理越来越"健全",而教学本身则越来越死气沉沉、缺乏活力。回顾我们30年教育改革的历程,我们突然发现,中国教育最有生气的时代恰好是教育体制最不"健全",甚至百废待兴的1980年代,而目前则是空前"健全"但也空前死板的时代。

有人把这种技术化和量化的管理归咎于引进了现代西方大学的体制,其实大谬不然。西方大学固然有严格的学术化、专业化的分科体制,但没有哪个大学有我们这样完善的量化统计标准:什么核心期刊和权威期刊、一般出版社和权威出版社,什么论文的篇数和影响因子,什么省级项目和国家项目、一般项目、青年项目、重点项目和重大项目,什么省部级奖励和国家级奖励,什么博士点硕士点、博士后流动站,什么一级学科和重点学科,什么国家重点实验室和院士人数……这些都是评价一个大学的排名指标,也是国家投入教育经费的凭据。教育部门和各院校领导的大部分工作都被纠缠在这些竞争的指标里面,根本没有精力做一些实际有意义的事情。在我看来,所有这些都要溯源于中国大学衙门化的管理体制。就一个从事科研教学的教师来说,从他的学术发展本身出发根本不需要这些指标,是行政部门制定的政策逼着他去申报和争取这些繁多的名目,否则他既提不上教授,也无法获得必要的科研经费。西方大学中学术化、专业化的分科再细再严,那也是科学本身发展的一种方式;但学术评价的标准被按照行政级别加以肢解则根本违背科学发展的规律,哪怕今天再怎么呼吁加强"素质教育"和"跨学科"、"交叉学科"的研究也没用。

而这种恶性膨胀的量化指标却正是对政治意识形态无害,甚至有利于政治稳定的手段。因为这些指标的评比都在官方的掌控之中,可以用来支配教师的科研教学活动,从学术标准内部迫使教师服从"上施下效"的权力控制,而且可以按照官方的意识形态加以调节,向官方所认可和喜欢的某些方面倾斜。在理工科方面就是有意识地使之更加技术化和实用化,在文科方面就是使之更加意识形态化、"无害"化和空洞化。我们只看到当前学术腐败中频频出现的抄袭剽窃现象,却往往忽视了占用大量科研经费产出一些千人一面、空洞无物的"成果"是更为普遍的腐败。从行政官员的眼光看来,得不了诺贝尔奖不要紧,要紧的是不要"出格""出事"。只要在大学中为官一任不出事,则乌纱可保,升迁有望。

当然,外国也有国立大学和官办大学。但一方面这些大学并没有家长式地绝对垄断教育资源,民办私立大学有相当强的竞争力和独立性;另一方面即使在官办大学中,它的有实权的领导者也是政府聘请的教育家,而不是上级委派的官僚,这些教育家只向教育质量负责,而不向行政官僚效忠。而我们的学官是在忠孝立国这个大前提下从事教育事业的,我们的国立大学不是政府办教育,而是教育为政府这个大家长尽忠尽孝。

所以我的结论是:忠孝立国是当代中国教育的病根。

(作者系华中科技大学哲学系特聘教授)

藏宝不若藏书*（外二篇）

余三定

现当代许多著名学者都有较多藏书，或者说他们同时就是藏书家。这说明，读书与藏书有着十分紧密的联系。藏书与一个人的事业、人生之间的紧密联系主要表现在几个方面：

藏书帮助学者更好地完成具体的学术研究课题。学界公认胡适对中国古典小说名著《水浒传》的研究做出了巨大贡献，其中包括对《水浒传》版本的研究。而胡适之所以能在《水浒传》研究中做出如此杰出的贡献，与他对各种《水浒传》版本的竭力搜罗、收藏是分不开的。鲁迅的情况也类似。许广平在《北行观感》之四《藏书一瞥》里这样描写鲁迅的藏书："国学方面的各种类书、丛书也占了一些地位，但似乎没有什么难得的海内孤本，不知是原来没有呢，还是偶有一二亦不能保？或则因为鲁迅先生平时对善本、珍本的购买力未必很多，而他的记忆力强和图书馆的徘徊恐怕对他更易借助。"从许广平的叙述可见出，鲁迅藏书主要是为了阅读，并非某些藏书家单纯的"为收藏而收藏"。鲁迅每次要研究某个古典专题，总是将该专题相关的著作版本尽可能搜罗详尽。比如研究阮籍，便有明刻本《阮嗣宗集》三种，另有张傅评本《阮步兵集》等；鲁迅校点《嵇康集》，收有明人汪士贤校刊本《嵇中散集》两部，还有一部《四部丛刊》初编本《嵇中散集》等等。

藏书帮助学者更好地怡情养性，享受生活的快乐，领略人生的美好，感受生命的魅力。胡乔木的秘书黎虹介绍说，胡乔木家里有四万多册藏书。其中，有的是别人送的，有的是他在旧书摊上找到的。胡乔木没有别的嗜好，唯一的嗜好就是看书，只要不写

---

* 本文曾发表于《人民日报》2014年1月23日。

东西就看书。看书成为了胡乔木的"嗜好",也即成为了他的人生享受。李元洛在散文《上有天堂,下有书房》中写道:"一介书生的我,不惜冒犯民谣,斗胆唐突胜地,径自改俗谚口碑为'上有天堂,下有书房',因为上世纪后期我有幸拥有一间书房以来,我天天文学于其中,文化于其中,精神食粮于其中,其喜洋洋者矣,乐不思蜀也乐不思那虚无缥缈的天堂。"把书房与"天堂"相比,可谓道尽了书房的无穷魅力。胡适在家的活动场所主要是在书房,遇着疲倦时,读些诗词,看些小说,很少到庭院中散步。他晚上出去有事,无论什么时候回来,总要在书房中看一阵书再行睡眠,这是他的习惯。胡适和李元洛一样是把书房当成了"天堂"。

藏书既有助于学者的学术事业和人生,同时也是在为整个社会的藏书和文化传承做贡献。上世纪80年代,任继愈逛旧货市场,看到清末大藏书家澄庵的书柜堆积在古旧家具中,无人问津。任继愈仰慕澄庵的藏书,便花钱把25个残破的柜子买下,修理完好,摆在自家的书房、花厅中。从1996年开始,任继愈将自己收藏的《十三经注疏》《西学基本经典》《中国佛教经典》《全上古三代秦汉三国六朝文》等重要典籍捐赠给了自己的家乡平原县图书馆。胡绳在1995年春,将自己的14 478册藏书赠送给襄樊图书馆(抗日战争时期,胡绳在襄樊主编过《鄂北日报》),他幽默地说:"这好比是为我的女儿找到了一个很好的婆家。"襄樊图书馆专门设立了"胡绳藏书室"。据《人民日报·海外版》报道:1997年4月,胡绳来到"胡绳藏书室",慈爱的目光停留在"女儿"身上。这里的许多书已跟了他大半个世纪,战乱中,许多东西都丢了,而这些图书却像命根子一样,跟着他颠沛辗转,须臾不可分离。任继愈、胡绳等传承下来的是书柜和书籍,更是精神和文化的精髓。

做学问莫买椟还珠*

目前,学风浮躁、学术垃圾、学术造假等现象甚嚣尘上,原因何在?我认为,学术评价体系的错乱是一个重要原因。之所以要用"错乱"一词来描述目前的学术评价体系,是因为它已经大大超出了正常,呈现病态。

其一,过分量化,太重数量。当前在学术评价方面,"数量崇拜"近乎登峰造极。据《中国青年报》说,有的地方护士提高职称都需要写多少篇论文。还有的说幼儿园的阿姨也被要求发表论文。即便以具体事务、实践工作为主的党政干部,也热衷于发表论

---

* 本文曾发表于2013年4月16日《人民日报》。

文、著书立说。我们的高校管理部门对高校的评估、检查、验收名目繁多,花样迭出,而大多数的评估、检查、验收都是充分量化、数字挂帅。其结果是不少高校在学术研究方面的各种数字统计不断攀升,而质量和内涵则令人忧虑。好在还有北京大学等知名高校可以抵御世俗的"数量崇拜",坚持做真正的学术研究。北大中文系主任陈跃红不久前说:最近教育部的一个讨论显示,按照人均科研量、人均发表量、人均经费量计算,北大中文系可能会排在很多院校后边,但有一个指标北大中文系超过其他院校,那就是论文发表的被关注、被引用率是全国最高的,排名第二的也只相当于北大中文系的一半,"发表论文要关心的不应是数量多少,而是它在社会上有没有引起反应"。

其二,级别崇拜,太重"衣裳"。当今的学术评价中,与"数量崇拜"紧密相连的是"级别崇拜"。高校管理部门制定的各种评估、检查、验收细则中,在评价学术单位或个人的学术水平、学术研究质量时,基本不看学术成果的实际情况和实质内容,只看项目、获奖、论文、研究基地、平台、团队等贴的"标签"是否为国家级、省级、市级。在具体的论文统计和评价中,也不重论文本身的质量和水平,只看重文章是否发表在 CSSCI(中文社会科学引文索引)来源期刊。这样"只认衣裳不认人",催生了不少学术贿赂,甚至还造成一些骗子去办假"C"刊。

其三,本末倒置,违拗常理。当前学术评价体系的一个后果是,迫使学术研究者在具体的学术研究行动中舍本逐末,学术研究由"追求真理"被异化为"追求指标""追求数量"。也就是说,导致本来是以探索真理、追求真理为唯一目的和目标的学术研究被异化为主要为了迎合评价体系、追求评价指标的功利行为。迎合学术评价的"指标"甚至被某些学者、研究者当做学术研究的出发点和终极追求,这样就消解了学术研究的神圣性、崇高性和严肃性。这实际上完全变成了"买椟还珠"故事所描述的情况:只留下漂亮的盒子,而不要里面真正价值高的珠宝。我觉得,今天学术评价体系的最大问题就是过分重视"椟"而忽略了"珠"。

面对学术评价标准的错乱,我们该怎么办? 我认为,必须下重药、猛药。我建议:应该淡化、弱化学术评价,让那些靠搞学术评价活动捞钱、发横财的机构和人士转行去做实实在在的学术研究工作,以改良学术风气,恢复学术生态平衡。在学术评价方面,学术管理部门出台的政策越少越好,设的"法"越少越好,"折腾"得越少越好。对此,我们还可以将学术界与文学界进行类比。在文学界,并没有人(机构)去对众多文学刊物人为地划出类似"C"刊之类的"高规格"刊物,但文学界刊物在社会中的影响、知名度和权威性却在读者的自然选择中分出了高低;并没有人(机构)去对众多文学家(作家)

进行量化的僵硬考核，但作家的水平、成就、影响也在读者阅读的自然选择中形成了。对学术界与文学界做一个比较，可以借用一个比喻来说明：学术评价体系就像各种激素、化肥一样刺激着所谓学术成果在疯长，看起来蓬蓬勃勃，实际上却缺少内涵和营养。

学术研究不能"指标化"*

学术研究以追求真理为宗旨，目的在于获得对于研究对象的正确认识，以此引导和促进社会发展与变革。然而，当前学术界存在管理行政化、研究成果政绩化、评价级别化等问题。学术研究由追求真理变为追求指标的现象带来许多负面影响，亟须引起重视并加以纠正。

学术研究的指标化，大致有以下几种表现。

其一，过分重视评价指标。一些科研管理部门对评价指标过分重视，本来以探索规律、追求真理为宗旨的学术研究逐渐演变成迎合评价体系、追求评价指标的行政行为。在这种风气影响下，有的研究者倾向于选择性地开展研究：凡是评价指标体系中规定的就倾尽全力去做，甚至对照评价指标体系核查，缺什么就补什么；凡是评价指标体系中没有规定的就想方设法不做，哪怕这项研究课题再有意义、再有价值。这是一种典型的功利主义行为。

其二，单纯依赖量化评估。量化评估虽然便于考核和统计，但单纯依赖量化评估却会带来只重数量、不顾质量的恶果。现在，有的高校在统计科研成绩、学术成果时完全是模式化、数字化的，只看拥有多少个国家级、省级、市级科研项目、课题、奖励、研究基地等。不可否认，这些课题与项目中有许多学术研究的精品力作，但也存在一些粗制滥造的赝品、次品。需要指出的是，设置研究课题、扶持研究基地等只是一种形式、一个平台，而不是最终目的，无论如何也无法替代学术研究本身。

其三，把学术研究"标签化"。在评价学术单位或个人的学术水平、学术研究质量时，不看学术成果的实际情况和实际内容，只看项目、获奖、论文、研究基地等"标签"是否为国家级、省级、市级，以及这种"标签"是否有足够的数量。这种"只认衣裳不认人"行为的直接后果，是学术研究、学术创新的"标签化"。

学术管理行政化、学术研究成果政绩化、学术评价级别化以及由此带来的学术研

---

* 本文曾发表于2012年3月22日《人民日报》。

究"指标化",导致有的学术研究者本末倒置、舍本逐末,不再扎扎实实做学问,而是想方设法去钻营和"公关",以求获得国家级或省级、市级科研项目、课题、奖励、研究基地等。这不仅背离学术研究的宗旨,而且容易滋长学术腐败。

应该看到,学术评价、学术评估、学术管理以及各种科研项目、课题、奖励、基地等都只是学术研究的外在依托,而追求和揭示真理才是学术研究的本质要求和根基所在。不论社会如何发展变化,这一点是始终不应改变的。只有坚持这个根本,人们才会将精力集中在提出新问题、发现新材料、作出新论证、得出新观点上,才会回归学术研究的本位。

让学术研究回归本位,走出舍本逐末的怪圈,需要多方面的共同努力。首先,相关管理部门应减少对学术研究的行政干预,减少乃至取消一些可有可无的检查和评估,为学术研究提供一个宽松的环境。其次,学术研究单位应避免搞"政绩工程",真正尊重学术、尊重学者、遵循学术研究的规律。再次,学者自身应自尊、自重、自信、自强,淡泊名利、潜心治学,把追求真理作为学术研究的根本价值取向。

(作者系湖南理工学院院长、中文系教授)

民主、宪政的古代起源 *

肖雪慧

选这个话题,一是因为正好是近来思想界集中讨论的话题,二是对宪政的起源存在争议性。一般以 17 世纪英国光荣革命为起源。但我认为立宪主义在西方是一个很古老的传统。

宪政,通俗说来就是把权力关进笼子里,说得再直接一点:就是不存在专横的、高踞于社会之上、可以便宜行事的权力。而宪政与民主在起源时有着共生关系。民主不等同于多数原则,它的根本关注是人民与国家政权的关系。而宪政通过立宪明确国家权力的来源、目的、授权方式,明确划定国家权力的法律界限,并以相应的制度安排确保国家权力在法治轨道运行。民主政体产生于对掌权者的不信任,为使人民作为国家主人的地位不旁落,公民的权益不受侵凌,便需要对权力进行限制和约束。所以民主政体出现伊始,就有宪政因素相伴。

西方制度和文化的基本特征和核心要素是在希腊城邦时期萌发和展开的。英国诗人雪莱曾说:"我们都是希腊人。我们的法律、文学、宗教、艺术,全都可以在希腊人那里找到它们的根。"就古希腊对西方后世的影响来看,这个说法不夸张。

雅典在探索中形成的政治制度

事物的起源,往往可以提示人们认识这一事物基本特征的重要线索。

公元前 15 世纪左右,希腊地区处于王政时期——迈锡尼王国时期,这个时期的社会生活以王宫为中心,已经形成相当集中的行政管理体制,与东方体制非常相似。但

---

* 本文曾发表于 2014 年 1 月 23 日《人民日报》。

公元前 12 世纪,多利安人的入侵和随后的大火摧毁了迈锡尼文明,彻底埋葬了王国制度,还使希腊与东方的交往中断了好几百年而处于与世隔绝状态。这个时期的东方正盛行君主制,文明程度很高,在世界范围呈现出强势影响。

希腊在几百年与世隔绝中究竟发生了什么,除了神话和考古留下一些线索之外,没有留下什么可解这段历史之谜的资料,但是根据这之后希腊作为城邦而出现可以推测:与世隔绝倒也使它脱离东方文明的强势影响去探索自己的路,重塑自己的社会形态。当希腊重新与东方恢复交往后,已经以自治城邦的独特面貌出现了。

在那段不为人知的时期创造的城邦,是一种公民的自治共同体,它否定了权力集中在一个人或一个统治核心之手的统治模式,并在各阶层的斗争和妥协过程中摸索、实验了一种使国家权力受到约束的政治模式⋯⋯

大约在公元前 8—7 世纪,希腊各城邦进入一个变革的关键时期。出现了不同政体,但不论君主制或是贵族制,都具有立宪政体的性质,普遍设有议事会,都没有了王政时期不受控制的权力。其中,雅典城邦对后世影响最大。雅典政体和社会格局的诞生过程本身就极具现代意味。当早期雅典处于变动转型之际时,平民与贵族之间不断的剧烈冲突使社会动荡不安。这种情况在古代世界是普遍现象,它不是导致专制王权就是导致贵族专政,要不然就是出现僭主,以独裁来收拾乱局。但雅典人对这种具有普遍性的局势做出了创造性反应,在克服贵族与平民的剧烈冲突、克服过渡时期社会变化导致的混乱、克服暴力的过程中,不仅要解决冲突,而且要寻求一种公平正义的解决方法。公元前 620 年的德拉古立法是一次重要尝试。德拉古立法以严峻著称,任何罪行都要被处死,被称为血腥的立法。但这次立法的意义在于,一是以法律代替了家族复仇,而且所有杀人案件都由最高法院审理,这就使判死刑成为很慎重的事。二是对参选执政官的资格有一定程度的放松,尽管不成功,却已含有扩大参与的意义。但严酷的法律没能遏制各阶层的冲突,也没能缓解社会危机。公元前 6 世纪初,雅典各阶层的激烈斗争已使社会危机随时可能一触即发。在这种情况下任执政官的梭伦进行了重要的立法和政治改革。梭伦立法废除德拉古法,但保留了杀人偿命,并基于公正确立了一系列法律,对于解决社会危机和确立雅典以后的道路具有特别重要的意义。通过解除债务法,使已经要揭竿而起的贫苦农民摆脱了困境;通过保护私有财产的法律,使富有者获得安全感;通过大赦政治犯,抑制了派性斗争的残酷性,促进了社会和解;专制和谋杀罪不可赦的法律,前条为雅典政制的反专制性定下基调,后条使私人复仇得以终止于城邦的司法定罪;通过扩大公民大会的权力和使所有公民轮流参加陪审团而扩大了参与，拓宽了政权基础；每个公民有向陪审团申诉的权利，既对个人身家性命等等权益提供了保护屏障，同时也遏制了公共权力的专横。

不诉诸暴力而是以公正立法的方式解决社会冲突，实现和平转型，在古代社会是一个奇迹。奇迹能够发生，有两点很重要。

一是以梭伦为代表的雅典贤哲对政治、法律、伦理问题进行了持续而广泛的探索，梭伦立法就是探索的重要成果。这意味着在解决社会危机这一现实目标中贯注着一种政治和道德的理念，这就是要符合公正。梭伦立法的核心是通过均衡实现公正。这个初衷，梭伦自己在一首诗里表达得很明确：

我手持盾牌，保护两方，不让任何一方不公正地占据优势……
我制定法律，无贵无贱，一视同仁；直道而行，人人各得其所。

这场为雅典民主奠定了基础的立法完全不同于法是统治阶级意志体现的山大王逻辑。体现于法律和改革中对权力的约束以及政权基础的扩大使其有了立宪和民主的因子，立法中贯注的平衡精神则不仅为后来西方一些大思想家、政治家所重视，而且在一些重要历史阶段成为处理国际关系的政治实践，比如文艺复兴时期意大利各城邦国家之间就竭力通过保持平衡大国关系来维系和平，当时最重要思想家和政治活动家马基雅维利在他的著述中对此做了特别总结，他的外交活动也尽力想通过推动大国平衡来保卫他的祖国佛罗伦萨……

二是雅典社会各方没有各执一端而是表现出妥协精神，这使和平解决冲突成为可能。诚然，立法的公正性以及平衡精神、梭伦本人的政治智慧和人格力量，是促使冲突各方接受梭伦立法和改革的重要原因，但雅典冲突各方愿意接受妥协、愿意达成均势，也非常重要。如果任何一方抱着以自己为全社会核心的霸道心态，非得由一方压倒另一方，梭伦立法和改革肯定流产。没有愿意接受妥协的精神，无论政治的还是社会的冲突都很难和平解决、不同诉求各方也往往陷入无休止的争斗。这一点，当代一些国家和地区给我们提供了正反两方面例证。如果拒绝妥协，南非的和解是不可能的。而中东一些国家的民众起义成功推翻了独裁者，实行了民选，却陷入不解的乱局，这很大程度上跟各派不愿妥协、不接受不合意的结果有关。然而，一人一票的选举权，只要选举过程基本公正，不违规，无论最终结果是否符合每个选民的心愿，选民的意志都参与了其中。最近引人注目的埃及事态，除了当选者铸下大错——没有意识到无论谁选了你,自己胜出,是所有公民意志碰撞的结果,胜出了,应该做全民总统而不是为某派掌权;应该以宪法为最大公约数,而不是偏向一个派别,强推伊斯兰教性质的宪法——各派毫不妥协的态度也使埃及政局持续动荡。

经由梭伦立法和改革之后,公元前6世纪,民主的政体和社会格局在雅典初见端倪。但民主制的确立,是在经历了与僭主做斗争,并在斗争中又进行了多次重大政治变革后实现的。

在希腊,僭主指未经合法途径取得政权的人。希腊人眼里,僭主政治专横而暴虐。虽然僭主的作用很复杂,事实上,有些僭主对于城邦由贵族政治向民主政治过渡做过很大贡献,例如雅典在梭伦立法之后出现的一位叫佩西斯特拉忒的僭主。但希腊人对合法性的重视使通过非正常渠道取得政权的僭主名声很坏,而且大多数僭主的确残暴、专横,有的在取得权力前笼络人心,权力一到手就原形毕露。所以在希腊世界,僭主成了暴君的代名词,僭主政治成了暴政的代名词。希罗多德在《历史》中借一位科林斯人之口批评僭主政治:"世界上没有一件事情是像僭主政治那样不公正,那样残暴不仁的。"[①]考察和研究过158个城邦的亚里士多德则在《政治学》中对僭主和僭主政治进行了总结。在他笔下,僭主无恶不作,是自由人的死敌。他认为僭主的利益极其自私,"除了僭主自己的利益,僭主政体不关心任何公众的利益"[②]。还认为僭主统治术多半是从东方暴君那里学来的,很多实际措施是从波斯的统治制度采集的,比如:消灭邦内杰出之士,剪除勇健飞扬的人物,禁止会餐、结党、教育之类足以使民众(自由)聚合而建立相互信任且能培养人们志气的活动;在僭主授意或支配下经常把人民集合在公共场所,汇集在他的宫门前,这样做可一箭双雕:一方面可以窥查人民言行,另一方面培植匍匐于权势者脚下的奴颜婢膝之风;雇用密探,派窃听者察访一切社会活动场所和公共集会的情况;使人民贫穷化,整天忙于生计而无暇关心政治,亚里士多德认为埃及金字塔建筑就是这种政策的一例。归结起来,三大统治术:一、采取种种手段摧毁人民的精神,二、散播人与人之间的猜忌、不睦;三、削弱臣民,使人人无能为力。[③]

刻画僭主、揭露僭主的残暴、阴险,也是希腊戏剧诗人乐此不疲的主题之一。

希腊人对僭主和僭主政治的痛恨,有助于人们理解民主政治为何会出现在那里。对僭主的态度反映了一种政治心态,或者说是一种在古代社会罕有的政治文化:对掌

---

① 希罗多德:《历史》,王以铸译,商务印书馆1985年版,第383—388页。
② 亚里士多德:《政治学》,吴寿彭译,商务印书馆1981年版,第28页。
③ 同上,第291—293页。

权者权力来源合法性的重视;对权力本性(扩张性、攻击性和对掌权者的腐蚀性)的认识;对掌权者的恐惧和不放心……都是这种政治心态或政治文化的表现。这方面,雅典尤为典型。雅典何以能成为民主制的诞生地,雅典人发明的一些在后人眼里毁誉参半的管束权力的措施,他们对僭主和僭主政治的心态是可供我们寻求答案的重要线索。

在古代世界,希腊城邦是非常独特和另类的。这种独特性和另类性给它带来一场强敌入侵的考验:达百年之久的希波战争的考验。在经历了这场考验之后,希腊进入黄金时代。

公元前546年,波斯帝国入侵希腊,爆发了希波战争。波斯是一个大帝国,而且国力鼎盛,相比之下,希腊本身就面积不大,还分散成许多独立城邦,各城邦采取的政体也各不相同,平时彼此间还冲突不断。这是一场实力悬殊的战争,结局似乎没有悬念。然而,希腊各城邦联合抗击波斯,战争先后进行了一百年,到公元前446年,最终以波斯惨败告终。公元前448年双方签订了合约,波斯人承认希腊各城邦的自由,波斯舰队不得再进入爱琴海。这场斗争的胜利使希腊的独立城邦幸存下来,并且进入全盛时期。希腊影响了整个西方的文化和政治制度主要是因为它的全盛期得到了发展和充分展现。

无论城邦国家这样一种公民共同体形式还是与城邦制共生的文化,在古代世界都是一个例外,而且整个希腊地区在世界范围只是一个很小的区域,但这个世界范围内的小小例外却对后世产生了异常深远和广泛的影响。

雅典的政治结构和特征

城邦是政治共同体,每个城邦都以一个城市为中心,周围有农村,有公民大会、议会和行政官员。这是所有希腊城邦的共性。雅典城邦在这些共性之外有自身特殊性。

1. 雅典的政治结构及政治生活特征

首先,出于对权力滥用特别是出于对僭主政治的防范,否定了权力高度集中的政治模式,首创了一种公民广泛参与的制度,并且首创了一种初具对抗性的权力结构。这是与当时以及此前此后盛行于世界各地的金字塔般的权力等级制迥然不同的权力制衡结构。在这样的结构中,权力不可能过分集中,更不可能让谁有机会居于权力顶峰:公民大会对行政长官形成约束、陪审团对最高法院权力构成牵制。每个公民都拥有平等投票权的公民大会是真正的最高权力机构,城邦一切重大问题——财政、外交、

战争——都要经公民大会辩论、表决才能决定。但这个最高权力机构本身内在地包含一定程度的对抗性——这就是公民之间不同主张的辩论、竞争。

这就有了它的第二大特征,话语在政治生活中具有压倒一切权力手段的优势:公共决策诉诸演说,诉诸公众,由公众表决。政客们既无权向民众进行单向灌输更不能诉诸暴力。任何主张都必须靠打动或说服民众来争取支持。例如,政客与公民之间要以对话进行互动,后者诘问、质疑,前者作答;公民轮流担任陪审员,参加大陪审团的司法辩论……公民大会和法庭辩论促成了政务的彻底公开,不允许也不可能存在要对公民保密的"国家机密",任何决议也不可能由少数人在诡秘状态下做出。不仅如此,公民在这些公共场合的交流、辩论、围观,还使理性判断力和鉴赏力都得到训练,所以本身就是公民的自我训练。如果有谁想让这些自豪而挑剔的公民洗耳恭听某个要人在台上数小时信口雌黄,容忍令人昏昏欲睡的长篇废话,那一定是疯了。而思想家之间的自由交流、辩驳则构成当时思想发展的基本范式。

崇尚话语力量以及对话,这个特征影响非常深远,远远超出政治范围。发达的辩论术、理性思辨能力,数百年乃至上千年之后的神学辩论、中世纪大学的学者辩论……都延续了古代民主城邦崇尚话语力量和对话的传统。

与前两点相关的是第三大特征:这就是上面已经提到的政治生活和政务的公开。没有什么决策能由少数人在密室里策划和决定。

第四是对官员有多重约束。官员必须在成文法范围内行事,而且有对任期的严格限制、对执政官的弹劾制度。除此之外,还有毁誉参半的"陶片放逐法"和"指控程序"。通过陶片放逐法,公民大会有权把人们认为对城邦和公民自由有危险的人逐出雅典;"指控程序"是官员任期内任何公民都可以因其行为不端而启动的一种法律程序。

在这里,人类破天荒第一次出现了自由市民:他们在法律上平等,都有担任公职的机会、参与和分享文化成果的机会,而各种节日进行的赛事、戏剧演出,对全体城邦开放。尽管当时对人的认定还很狭隘,公民范围更限制在本邦的成年男性,但公民范围内已经否定了东方通行的人与人关系上发号施令与服从的不可逆关系。雅典公民可以自由地批评官员,倒是官员必须能容忍批评甚至容忍挑衅。一则关于伯里克利的轶事把这一点表现得很生动:他漫步市场思考问题,一个对他不满的市民跟在身后骂他。他默不做声,那人骂个不停。他回家,那人还尾随着骂,一直到他家门。此时已天黑,伯里克利除了让仆人打个灯笼把那人送回去,什么也没说。从伯里克利身上,已经有了现代民主国家政治家面对民众时应有的谦卑和容忍态度。他之所以步行而不骑马,也是要避免给民众趾高气扬的印象。如果造成那印象,恐怕就要被看成城邦的危险分子,名字要被写上陶片了。

2. 雅典民主并非后人的想象、附会

雅典民主政治的情况不是后人的想象或附会,当时的史学家、思想家、诗人、政治家留下的作品提供了丰富资料和证明。例如希罗多德、修昔底德两大史学家,悲剧诗人索福克勒斯、埃斯库洛斯、欧里庇得斯和喜剧诗人阿里斯托芬的作品。但最重要的资料来自亚里士多德。这位开经验主义之先河的思想家对158个城邦的政治结构和历史进行研究,目的是通过分析各种政体,找出公民可能生活得最好、政治最稳定的制度。他留下的《雅典政制》《政治学》等著作对当时希腊城邦的政体和政治、法律理念及现实做了大量记载和分析。亚里士多德不是民主制度的同情者,但他断言:人民犯错误远不如代理人严重。鉴于他的断言来自观察和比较,而且他本人倾向于兼有君主制、贵族制和民主制混合特征的混合政体而不是民主政体,所以可信度很高。最有意思的是柏拉图。柏拉图是民主制的敌人,他在《理想国》里对民主制进行了激烈抨击和讽刺,但他对民主政治的漫画式刻画与民主政治赞同者颂扬的那些特征却非常一致:自由、平等、宽容、自尊。他不无刻薄地说:自由和宽容决定了民主制是一种"无政府主义的花哨管理形式",它不加区别地把平等给予一切人(指公民)。这种无政府主义还渗透到私人家庭生活中,甚至传染给动物。居然使孩子与父亲、主人与奴隶平起平坐,连动物也比在其他城邦不知自由多少倍,畜生们个个"充满了自由精神",它们神气活现,连"驴马也习惯于十分自由地在大街上到处撞人,如果你碰上它们而不让路的话"。他的结论是:这种情况"使这里的公民灵魂变得非常敏感,只要有谁建议要稍加约束,他们就会受不了……"柏拉图的讥讽其实透露了雅典公民文化的一大特征:对自由的珍爱和在当权者面前的主人自居心理。比起一见当权者立刻矮三分,恨不得纳头便拜,这无疑有利于健康人格的产生。

当然,如果按何新最近惊世骇俗之论——古希腊是共济会的一个宣传阴谋,所有著作都出自文艺复兴时期一人之手——那么,再丰富的资料也没用。不过,要炮制出众多领域、众多观念、风格各不相同的人和作品,怕是需要一大帮天神相助。

3. 成就和缺陷

雅典城邦作为自由人的共同体,它的强盛与公民的自由和幸福息息相关。在它存在的几百年间成就了传奇般的伟大。城邦的自由激发和保护了人的创造热情,留下的文学、艺术、科学、哲学等等方面的丰富遗产,令不同政体下的任何地方都无法望其项背;希腊各个城邦甚至希腊之外的诗人、学者、艺术家用脚投票、云集雅典,则是它具有吸引力和包容性的有力证明,伯里克利自豪地声称:"雅典对全世界都是开放的"。这绝非虚言。雅典能够长期容忍苏格拉底这样尖锐的批评者,也是它自信、有力量和稳定的证明,喜剧家阿里斯托芬也专喜欢挑雅典民主的刺,没有哪个执政官、将军逃得过他的讽刺。更重要的是,民主造就了智慧而勇敢的公民。雅典在希波战争中的表现是最有力的证明。希腊能战胜强大的波斯帝国,雅典起了关键作用,而这种作用是雅典人摆脱僭主统治、确立民主政治后发挥出来的。西方史学之父希罗多德的《历史》记载了希波战争全过程,在他看来:"雅典是希腊的救主。雅典人站在哪一方面,优势就转到哪一方面。"当一些希腊人向强敌投降,雅典人却力主希腊应该保持自由,他们表现出来的勇气激励了那些不向波斯人投降的希腊人击退波斯大军。① 值得注意的是,希罗多德把雅典的作用归之于它的民主政体。据他记载,战争开始时,雅典正处于与僭主斗争时期。当雅典人从僭主统治下获得解放后,变得比过去强大很多,战争中也表现得异常出色。所以希罗多德认为民主制下公民的权利平等"是绝好的事"。他接下来的一番议论,与伯里克利在阵亡将士国葬典礼上的著名演讲异曲同工。他说,"当雅典人在僭主统治下时,他们在战争中并不比他们的任何邻人高明,可一旦摆脱僭主的桎梏,就远远超越了他们的邻人。这表明,当他们受着压迫时,好像是为主人做工的人,宁肯做个胆小鬼,但当他们获得解放,就尽心竭力为自己做事了"。② 波斯人对雅典又恨又怕。据说,波斯国王大流士吃了雅典人一次大败仗后,以后每到用饭,都要仆人在他面前连说三次:"主公,不要忘掉雅典人!"

希罗多德作为观察者、记录者和外邦人,在对政体的评价上,他的看法更超脱、客观,比身在局中的政治家可信。而他的议论跟伯利克里那个堪称民主雅典赞歌的著名演说异曲同工,则可视为对伯利克里演讲所表述的情况真实性的佐证。

然而,以雅典为典范的古代民主制有相当粗陋的一面,无疑也有它的历史局限性。受批评最多的是以下几方面:

雅典民主只是男性自由民的民主,它排斥了妇女、奴隶、外乡人,范围相当狭小。身为执政官兼将军的伯里克利,他的家人也受到这种排斥。当他妻子的外乡人身份使他唯一一个儿子的公民权成了问题时,他不得不向公民大会提出申诉。但雅典民主的

---

① 希罗多德:《历史》,王以铸译,商务印书馆1985年版,第518页。
② 同上,第379页。

狭小范围缘于当时对人的认识局限和城邦制度下的狭隘地方观念,并非民主制度本身的狭隘。这一点,已经为后来的历史所证实。

陶片放逐法:这个制度设计的初衷是防范,应该起的是安全阀的作用——保护雅典民主政治免受潜在僭主、野心家的破坏。但也的确存在抑制和打击杰出者的潜在问题。有一个关于陶片法的传说反映了该法抑制、打击杰出者这一面:一位不识字农夫请人代写他觉得应该放逐的人的姓名,代写者问农夫要写谁的姓名,没想到农夫说出的正是代写者的姓名。后者问为什么,农夫答:都说他优秀,所以他危险……陶片放逐法是一个很粗陋的设计,不过有一个事实需要指出:在实行陶片放逐法的90年间,只有10人被放逐,而且既不没收家产,更不要人性命。而后世不少批评者有放大这个制度缺陷的倾向。

苏格拉底事件最为后世所诟病,而且成了一些人把民主政治等同暴民政治的证据。但这个事件包含的内容非常复杂。简单化的解读是轻率的。苏格拉底的确被陪审团以言定罪了,但是有些情况对于准确了解这一事件是不应忽视的。1.复辟时期实施暴政的30个僭主中有几个主要成员是他的学生,对他提起的腐蚀雅典青年的控罪,是捕风捉影,但并非空穴来风。他被控,正是在雅典摆脱僭主统治而重获自由、重建民主之后,此时雅典人对僭主的血腥统治和报复还记忆犹新,心有余悸。这种特殊背景下,民众容易被煽动、容易受非理性情绪的控制。2.被控后,他完全有机会脱罪,定罪后也还有以罚金代罚的机会……但苏格拉底选择了坚守他终生都在充当的叮咬、刺激雅典人反省的牛虻角色,然而在当时雅典人那样一种情绪下,这样的选择激怒了陪审团。在最终被定罪后,他又选择了尊重法律,当了言论自由的烈士。这个事件无疑是雅典民主洗刷不掉的污点。但这个悲剧性事件在雅典过于反常,正因为反常,所以被反复提起;如果像专制社会那样以言论杀人是常规性的,人们反倒失语。

雅典民主走向多数暴政的危险是存在的。雅典朝限权这个方向做了很大努力,但限权的技术手段粗疏简陋。雅典公民大会、陪审团制度对行政长官、对最高法院的权力构成了约束和牵制,但对公民大会和陪审团却缺乏同样强有力的抗衡设计,虽然不同主张之间可以形成抗衡,但在某种特定情势下,音量最高者是有可能通过煽动使公众主张趋同而使比较公正和理性力量处于劣势。一定程度上,对苏格拉底之死可作如是观。

4.希腊政治遗产的发展脉络

小而分散、各自为政的城邦之间很难建立牢固的联盟;而曾经拥有希腊霸主地位

的雅典,它的扩张野心和霸权到处引起不满、不断陷入城邦之间自毁性的战争……最终,连同雅典在内的整个希腊先后被马其顿和罗马征服。但留下的政治遗产对后世产生了深刻影响。

社会政治力量保持均衡。这一点,无论是作为梭伦、亚里士多德等思想家的思想还是城邦内的实践以及处理城邦关系的准则,都深刻影响了后世。如前所述,这种均衡理想的影响即使在崇尚古罗马、对希腊评价很低的马基雅维里身上也十分明显。希腊后来被征服,则跟雅典霸权破坏了城邦之间的平衡不无关系。

防范权力的思想和实践。控制权力是立宪主义的核心问题。有理由认为,西方宪政传统是由希腊,特别是由雅典开辟的。正是在前面提到过的公民大会和政府部门、陪审团以及最高法院的权力关系格局下,通过严格监管官员的制度和程序,雅典有效地控制了国家公共权力从而有效地保卫了人民的自由。

它初创的对抗性权力结构的确相当粗陋,但却能给后世制度设计以灵感和方向。当希腊亡于城邦之间的自毁性战争和外部强敌的进攻后,由它开辟的宪政传统那些主要因素并未随之消逝,而是通过罗马的借鉴继续影响西方历史。在宪政传统的源流上,罗马共和是一个非常重要的环节。罗马在向被自己征服的希腊学习时,把希腊的理念跟罗马人的务实精神相结合,创造出比较完善的权力制衡机制,即通过民众大会、元老院、保民官以及二执政之间权力分立和相互牵制的安排形成的权力制衡格局。但罗马时期的重要不仅在于制度上的完善,还在于当时的罗马已不再是早年那个不起眼的小山丘,而是已经发展成一个横跨欧亚非的世界大国。由弹丸之地雅典进行限制权力的努力,经罗马借鉴和完善在广大疆域内建立起权力分立和制衡制度以保护公民自由,证明了雅典开创的制度具有不受狭小地域限制的普适性。

罗马帝国的灭亡和数百年战乱导致希腊思想、文化失传,但宪政的那些权力制衡因素仍然通过教会组织存在下来,并在中世纪教权与世俗权力的二元结构的权力缝隙中获得生存空间……

即使在 17 世纪专制王权盛期,即使在当时专制体制发展程度最高的法国,权力结构中的制衡因素也并没有完全消除,至少还有三级会议的存在,三级会议代表的产生并不受控于王权,至少比当代一些国家的代表产生更有透明性和民主性。

17 世纪的英国,则在经历了立宪主义与专制主义激烈搏斗之后确立了君主立宪制度。现代立宪政体,应该说是经由英美走向成熟的。

值得一提的是,18 世纪为美国奠定建国基础的那一批人除了深受宗主国英国的影响,也都深受希腊思想影响。现在人们谈美国宪政民主的思想渊源,一般追溯到英国,却忽略了古代资源。而古希腊的影响,在他们的传记、书信和其他文字,也包括《联邦党人文集》中,清晰可见。美国制宪过程以及各州通过宪法建立联邦时,跟两千多年前雅典梭伦立法的一些相似处是很有意思的,也是一批贤哲对政治、法律、伦理等问题进行广泛探索、辩论;制宪,就是一场经过持续辩论逐渐达致基本共识的过程。而各州在通过宪法和加入联邦的问题上,则跟雅典人接受梭伦立法时颇为神似。这跨越了两千三四百年的梭伦立法和北美制宪,我认为还证明了一点:社会秩序并非都是自发形成而完全排斥理性设计,优良的制度设计及有效运行,对于形成良好的社会秩序来说,至关重要。

自有国家以来,就一直存在国家权力对民众的侵凌,特别在那些特定个人或集团握有对人生命财产予夺之权的地方,这种侵凌可能是无节制的和肆无忌惮的。如何限制和约束权力,使其既能维护人们正常生活所必要的社会秩序,人民又能免受权力之害,这是人类无分东西、不论南北的共同课题。古代希腊创立的制度在它那个时代曾经相当成功地遏制了这种危险。在现代,国家权力侵凌民众的危险在一些地方依然存在;而在一些地方,国家权力凭借庞大的军队、警察,借助现代技术手段对社会无孔不入地渗透,又把如何防范国家吞噬社会这一新危险推到人们面前。迄今为止,在宪政民主之外,还没有其他什么制度能有效应对权力侵凌权利、国家吞噬社会的危险。回过头去了解一下宪政民主的古代起源,还是有意义的。

(作者为西南民族大学文学院教授)

商人与政治:清末商人政治态度的变化

雷 颐

1911年4月,同盟会在广州倾全力准备、精心组织筹划的起义,以近百人牺牲宣告失败,孙中山等革命派领导一时心灰。没想到半年后,10月10日武昌枪响,二百多年的大清王朝却轰然坍塌,此时孙中山等同盟会最高领导人还远在异国他乡,事先并无预闻。这半年间,究竟发生了什么导致这种"戏剧性"变化?这半年间,最重要、最根本性的变化,是绅商对清王朝、对革命、对革命党的态度发生了根本性变化。当时,他们的态度决定了清王朝是存是亡,革命是成是败。发动辛亥革命的当然是革命党,但决定革命能否成功的,却是绅商。

鸦片战争后,中国社会开始转型。在这个过程中,绅商由不关心政治,到不得不关心政治;从支持清王朝改革、立宪而反对革命,到最后背弃清王朝而支持激进的革命。这个阶层的"心路历程",引人深思。

"富商大贾视官宦如帝天"

"抑商"是中国传统。鸦片战争使中国面临现代性挑战,创办大机器生产的现代企业是现代化的主要内容。然而,现代企业在清末的发展却困难重重,使中国的现代化转型步履蹒跚,极不顺利。对面临外患与内乱频仍的晚清朝统治者来说,无论是反对列强欺凌的"师夷长技以制夷",还是对内镇压农民起义,从巩固自身统治来说,都应迅速创办现代化企业。

两次鸦片战争的失败和国内农民战争的冲击,使统治阶级内部的少数开明派开始认识到洋枪洋炮的厉害,在镇压太平天国运动中取得一定权力的汉族地方官员如曾国藩、李鸿章、左宗棠,而不是满族中央"朝廷",成为"洋务运动"的主要动力,这些封疆大吏在自己的"势力范围"内开始兴办现代企业,即以大机器生产新式武器的军工厂。

兴办生产新式武器的现代军工企业对镇压农民起义、反对外患至为重要,可以说关乎清王朝的生死存亡,但遇到的阻力之大超乎想象。对中国要不要引进大机器生产,这些"理论家"们坚决反对。他们提出只要"读孔孟之书,学尧舜之道"便可"明体达用","何必令其习为机巧,专明制造轮船、洋枪之理乎?"强调"立国之道尚礼义不尚权谋,根本之图在人心不在技艺"。他们根据《论语》,认为"民劳则善心生",科学技术被说成是使人懒惰狡诈、贪财噬利,使人心变坏,破坏儒家伦理道德的"奇技淫巧",只有儒学纲常是"立国之本",所以引进科技自然便是破坏"国本"。

在经济政策上,顽固派以《论语》为据,坚决反对此时刚刚出现的"重商富民"的思想,并论说机器生产是"末富",传统劳作才是"本富";现代工商业是"末富",传统农业耕织才是"本富",所以排斥、拒绝机器生产和工商业就是"固本",西方重商富民是舍本逐末。"行之外夷则可,行之中国则不可。何者?外夷以经商为主,君与民共谋共利者也;中国以养民为主,君以利利民,而君不言利者也",将"尽驱耕牧之民为工商矣",而"耕牧之民"一为"工商"就是不耕而食、不蚕而衣之人,在其心目中,此非"民"也。"既无民,何有国耶!"

以曾国藩、左宗棠、李鸿章的权势之强办新式企业阻力尚且如此巨大,无权无势的平民、商人在这种环境中根本不可能兴办现代企业。如19世纪70年代初曾有华侨商人在广东南海设立以蒸汽为动力的缫丝厂,结果却被官方以"沿海各省制办机器,均系由官设局,奏明办理,平民不得私擅购置"为由,将其封闭、拆除。话又说回来,曾、左、李是官员,办的是"官企","所有权"属于官家,朝廷当然有否决的权力。但是,民办企业所有权根本不属于官家,按说这类民间企业是用传统方式生产还是用现代机器生产应是企业的自由,官家根本无权过问,然而官家却就是有权禁其用新式机器,甚至将违令者查封。这说明,商人其实只有有限"产权",产权得不到保障,禁与否,权力全在官方。

因此,沿海某些地区想经办现代企业的商人,只能给洋人当买办。久而久之,这些商人积攒了大量财富,因为不能自立门户,只能"挂靠"在洋商名下。如美国旗昌洋行其实一大半都是华商股本。但此时,清政府遇到巨大财政危机,李鸿章因势利导,使朝廷不仅同意继续经办现代军工企业,而且不得不允许官办现代民用企业。创办现代民用企业,需要大量资金和懂得新式经营的人才。当时清政府国库空虚,财政几近干涸,不可能拿出大量资金筹建企业,更无人才。所以,官办民用企业既无财力又无人力。

在这种情况下,李鸿章瞄准了买办阶层。在为外商服务的过程中,一些买办积累了一定的现代工商经营管理的实际经验和能力,同时也积累了大量财富。把他们连人带资本从洋商中"挖过来",确是解决问题的可行方法。

由于政府本就禁止商人兴办新式企业,再加上社会上反对新式机器生产的保守力量十分强大,所以中国商人还根本不可能兴办新式工商企业。为解决此问题,李鸿章想出了"官督商办"的方法。即"由官总其大纲,查其利病,而听该商董等自立条议,悦服众商。冀为中土开此风气,渐收利权"。简单说,就是从法律上说是"官办"企业,但股本与实际经营,主要靠商人。

在新式大机器生产和民间资本面对国内的重重阻力和外面的巨大压力的情况下,"官督商办"这种由商人出资认股、政府委派官员经营管理的模式在当时对新式民用企业的建立、对民间工商资本的发展起了重要的推动作用。此后开办了开平矿务局、电报局、上海纺织织布局等一系列大型企业,因为此时若无官方的保护和扶持,大型新式企业如轮船、采矿、电报、纺织等根本建立不起来。由于有政府的保护、支持并取得相当垄断权,官督商办企业获利丰厚,并在一些方面开始与外资竞争。洋务运动从"军工"转向"民用"、从"求强"深化为"求富"、由"官办"转向"官督商办",意义非同寻常。

"官督商办"主要是靠颇为现代的发行股票募集商股方式兴办,刚开始商人大都对此持观望态度,但随着几个企业的经营成功,商人对"官督商办"企业的信心大增,社会视听为之一变,人们争先恐后抢购股票,许多买办纷纷从洋行撤资,入股利润更加丰厚的中国"官督商办"企业。19世纪80年代初,中国社会出现了第一次投资新式企业的热潮。以官督商办的方式经营现代企业,促使中国第一批资本主义民用企业后来脱颖而出,中国最早的资本家,便是由这些投资者(主要是商人、买办、地主、官僚)转化而来。因此,功不可没。

然而,如何对待"商",清政府内部一直有两种截然对立的观点。曾任驻英公使的郭嵩焘在1875年上了一道奏折,强调西方富强之本在于政府保护工商,"惟其以保护商贾为心",所以有养兵的财力。中国应"先欲通商贾之气,以立循用西法之基"。这种观点,遭到强烈批判。批判者认为如果发展工商,人民财富过多,就会破坏中国"政令统于一尊,财富归诸一人,尊卑贵贱体制殊严"的传统社会结构,所以朝廷必须"闭言利之门""不尚理财之说",中国必须依然实行传统的重农抑商、重官抑商政策:"中国制治必须朝廷操利权",如此才能"使富商大贾视官宦如帝天,偶一盼睐便以为至荣极宠,斯匍匐以献其财力而惟恐不纳矣"。

商人无论多富都要视官员如"帝天",官员偶一"盼睐"商人就要引以为最大的光荣、恩宠,商人要匍匐官家之前敬献自己的财产而惟恐官家不要,这是千百年来中国官对商的基本态度、原则。因此,官督商办企业"官"给了官督商办企业种种好处,但这些企业说到底要受"官"管辖,由官府委任的督、总、会办管理。这样,许多人都是亦官亦商,具有"官""商"双重身份。如果管理者按商场规则经营,则企业发展顺利;如果以官场逻辑行事,企业很快衰败。在早期多以"商"为主,这些企业"商"大于"官",所以发展很快。随着这些企业带来丰厚的利润,"官"见有大利可图,于是更加加强了对企业的"管理"或曰干预,将这些企业视同"官产"。官场的任人唯亲、贪污腐败在这些企业迅速蔓延,安排的许多"总""皆不在其事,但挂名分肥而已"。而且,清政府从上到下都将这些官督商办企业视为己产,予取予夺,经常无偿征索。最大的问题是"所有制"问题,即"产权不明",这些企业究竟是官府所有,还是商人所有?官方认为本就是官办企业,当然归官所有。商人认为虽然名为官办,但主要是商人投资、经营发展起来,当然归商所有。一开始就官商矛盾不断,而后争斗越来越激烈,结果总是官胜商败。

生于广东香山、世居澳门,后到上海为外商当买办的郑观应对中西之间的"落差"感受格外强烈,在19世纪六七十年代在报刊上发表文章,纵论国事。1873年,他将这些政论文集编辑成册,名为《救时揭要》,以期"大声疾呼,唤回醉梦"。此书论述的内容主要有猪仔问题、设立驻外使节问题、贩人问题、禁烟问题、兴商问题。在《论中国轮船进止大略》一文中,他明确提出发展现代航运业的主张,特别针对官办造船企业存在的弊病,他要求"改官造为商造"。因为企业由商人自办,"则该事系商人身家性命所关,即无人督责,亦不虑其不造乎精巧",这才是"操泰西立法之大旨本源"。在官本位的中国社会,官向来不信任商,总要对商人严加督管,郑观应宣扬商人无须官督、自会对自己企业负责这种西方立法的基本精神,确是开风气之先。

在李鸿章的延揽下,郑观应逐渐参与洋务运动,对政府与商人的关系,有了更深入的了解,也有了更深入的思考。1880年,他将《救时揭要》中的文章经过修改,又汇集了近些年的新文章,辑成《易言》印行。他指出要全面学习西方的富强之道:"欧洲各邦皆以通商为大经,以制造为本务。盖纳税于货,而寓兵于商也。"他详细阐述了中国发展新式工商业的重要性和具体办法,尤其主张现代企业由商民自办,认为中国商政不兴,主要在于政府官员的巧取豪夺和官场腐败积习的干扰。一旦企业归商民自办,"彼将视为身心性命之图,制造必精,程功必速,成本必廉,虚费必省"。更值得重视的是,他意识到了经济与国家政治体制之间的密切关系。因此,在这本书中一篇不到五百字名为《论议政》的文章中,他向国人介绍了西方的议会制度。他认为,这种通上下的君民共主之制与中国三代法度相符,所以:"冀中国上效三代之遗风,下仿泰西之良法,体察民情,博采众议。务使上下无扞格之虞,臣民泯异同之见,则长治久安之道,固有可预期矣。"有了这种政治认识,他开始涉猎实际政治,在中法战争期间,他曾借机上书清政府要求开议院,但被清政府斥之为"狂妄"。

1880年,李鸿章正式委派郑观应为织布局总办,此后他在上海电报局、轮船招商局、汉阳铁厂和商办粤汉铁路公司等担任要职。职位越高、时间越久、涉入官商矛盾越深,他看到这些企业的官商恶斗中,商人权益最终被政府侵吞。1894年正值中日战争爆发,在《易言》的基础上,他的新著《盛世危言》印行出版,一时洛阳纸贵,影响甚大。他不仅更深入地阐述了"重商"的道理,对经济制度与国家政治制度有密不可分内在联系的感觉更加强烈、认识更加深刻,感到十几年前短短的《论议政》有明显不足之处,专写了长长的《议院》一文,详论议院作用与功能。他对几个重要西方国家议院的组织结构、上下院的不同作用、议员选举方法等都做了空前详细的介绍。他再次强调中国也应该设立议院,选举议员。他认为议院能使"昏暴之君无所施其虐,跋扈之臣无所擅其权,大小官司无所卸其责,草野小民无所积其怨,故断不至数代而亡,一朝而灭也",已包含某种程度对权力的限制因素。这篇文章表明十几年后,他对西方议会制度的认识更加完整,也较前更为成熟。不是别人,而是商人郑观应,代表了那个时期国人对议院、对现代政治认识的最高水平。商人郑观应的《盛世危言》直接启发了康有为、梁启超、孙中山等人,后来对青年毛泽东也产生了相当的影响。

郑观应呼吁的"开议院"一直未被清政府采纳。由于没有法律对政府权力的限制和对商人的保护,越是在王朝末年,官督商办企业中官对商的压迫越严重。终于,郑观应在《商务叹》中对官商关系做了精辟概括:"富强由来在商务,商出农工须保护。商律颁行宜认真,精其事者管商部。""轮船招商开平矿,创自商人尽商股。国家维持报效多,试看日本何所取。办有成效倏变更,官夺商权难自主。""电报贬价归国有,不容商董请公估。轮船局权在直隶,商欲注册官不许。总办商董举自官,不依商律由商举。""名为保商实剥商,官督商办势如虎。"

虽然这只是郑观应个人的感叹、认识,但却是整个商人阶层感叹、认识的代表;虽然此时仅郑观应个人明确表达出了这种感叹、认识,如果没有根本性体制改革,整个商人阶层迟早将集体明确表达这种感叹、认识。

"实业之发达,必持有完备之法律"

甲午战争中国惨败于君主立宪日本,维新失败,庚子之乱,日本战败君主专制的俄国……这十年的风云剧变与个人体验,使越来越多的人,尤其是商人,开始认识到中国实行宪政的必要。另一个重要因素是,由于清政府在甲午战争中失败后被迫在《马关条约》中允许日本在通商口岸设立工厂,从而使外国在华投资设厂取得合法地位,既然允许外国在华投资设厂,也就没有理由禁止本国人民投资建厂,所以清政府不得不放宽了对民间设厂的限制。中国兴起了一次民间投资实业的热潮。据不完全统计,1895年至1900年这五年间,全国新设立的创办时资金总额在万元以上的私人企业有127家,资本总额为2027万银元,相当于鸦片战争后到《马关条约》签订前50年间资本总额的一倍。商人的力量,空前壮大,具备了"争立宪"的客观力量。

然而,是由下而上经暴力革命实现宪政还是由上而下经有序改革实现宪政,这是中国面临的两条道路选择,商人也面临着这样的历史选择。

湖南商人禹之谟,选择了革命。禹曾留学日本,1902年春回国,先后在安徽安庆和湖南湘潭创办现代机器织布厂,而"湖南之有机织,自之谟始"。但是,事业发达的禹却主张革命。1904年初,黄兴在长沙创立革命组织华兴会,禹之谟即首批加入。1905年8月中国同盟会在日本成立,不久禹之谟就在湖南组建同盟会湖南分会,并被推为首任会长。由于积极参加革命活动,他于1906年秋被捕,备受酷刑后,于1907年初被清政府处以绞刑。

当时支持革命者并不多,赞同、支持革命的商人更少,禹之谟不说绝无仅有,也是凤毛麟角。人们大都希望经温和改革而不是激烈的暴力革命实现立宪,社会中上层的商人,当然不希望社会动荡,更不喜欢革命。或者说,禹的政治态度只代表他个人,而各地商会的政治态度,更代表整个商人阶层的政治态度。

中国向有行会,但现代商会,却是在西方影响下,迟至1902年才成立的上海商业会议公所。1904年,商业会议公所改组为上海商务总会。在上海商会的示范和清政府新政的支持下,各地纷纷成立商会。现代商会的建立,为商人政治参与提供了一个平台。商人希望立宪,使自己的财产权获得根本保障,认为以前的工商不振,是"困厌于专制政体者久矣"。但同时,他们又反对革命,希望保持社会稳定,生意不受影响。"立宪派"以商、学两界为主,"商"的力量比"学"大得多,是"立宪派"的基本力量。立宪派的态度、主张,实质就是商人的态度、主张。

由于主张立宪,当清政府在1906年秋宣布"预备立宪"时,得到了各地商会的高度赞扬和热烈响应。或致电中央政府"欢欣鼓舞,翘盼实行",或发表布告,要本地商家张灯结彩,游行庆贺。一些市面听闻朝廷预备立宪,"欢声雷动",众人"额手相庆曰:中国立宪矣,中国立宪矣,转弱为强矣,转弱为强矣"。"何幸一道光明从海而生,立宪上谕从天而降,试问凡我同舟,何等庆幸!"人们自发撰写的《欢迎立宪歌》表达了对朝廷的热爱尊崇和对必然带来暴力的革命的反对:"大清立宪,大皇帝万岁万万岁!光绪三十二年秋,欢声动地球。""和平改革都无苦,立宪在君主。""纷纷革命颈流血,无非蛮动力。一人坐定大风潮,立宪及今朝。"

清廷紧接着宣布,为了预备立宪,必须先改官制。政治体制根本改革前,先进行行政体制改革,"路线图"并无大错。然而由于朝廷内各种既得利益集团都不愿官制改革中利益受损,结果是争斗激烈、丑闻不断。最后,清廷不得不宣布了官制改革中的"五不议":第一,军机处之事不议;第二,内务府事不议;第三,八旗事不议;第四,翰林院事不议;第五,太监事不议。在此框架内,朝廷最终裁定中央新官制只有少数旧部被裁并,但多数未动,最多只是改名,军机处仍旧保留而不设责任内阁,宗人府、翰林院、钦天监、内务府等满人所掌管的部门全部保留。打破了以前形式上的"满汉平衡",满族官员的权力更大,汉族官员的心理平衡也随之打破。

官制改革结果一公布,立宪派对清廷是否真准备立宪大起疑心,甚至直斥其为"伪改革""徒为表面之变更""袭皮相而竟遗精神"。参与保皇会之宪政会组建的徐佛苏当即评论道:"政界之事反动复反动,竭数月之改革,迄今仍是本来面目。军机之名亦尚不改动,礼部仍存留并立,可叹。政界之难望,今可决断……诚伤心事也。"

为使朝廷"真改革",立宪派从1907年秋冬开始发动了全国性的国会请愿运动,到1908年夏进入高潮。在立宪派的压力下,清廷为了显示为立宪真做准备,在1908年7月公布了《各省咨议局章程》《咨议局议员选举章程》,并谕令各省限一年之内一律设立咨议局。咨议局是地方咨议机关,作为采取舆论之所,其指陈通省利弊,筹计地方治安,并为资政院储材之阶。但朝廷规定的咨议局功能或性质非常含混,甚至有矛盾之处。既将其定为一个地方政府的咨询机构,但又规定了它有一定的立法权和监督地方行政、地方财政的权力,对其议案督抚如果否决要交其复议,可对督抚的违法侵权行为向资政院控告……这明显又不是一个仅仅提参考建议的咨询机构,具有相对的政治和行政权力,在一定程度上牵制督抚权力。然而,有条文又规定督抚对咨议局议案有"裁夺"施行之权,所谓"裁夺"就是最后决定之权,如果否定,并不需要再交咨议局"复议",

这与前面的有关规定完全矛盾。作为"惩戒"之一的停会或解散,则是模仿宪政国家政府解散议会的做法,但宪政国家的政府是通过选举产生的,而清王朝的督抚是朝廷任命的,强调督抚之权的实质仍是强调皇上的权力。这种互相矛盾的规定,在实践中自然矛盾重重,各种政治力量都做有利于自己的理解,因此立宪派与督抚间时有争斗。更重要的是,咨议局为立宪派提供了一个比商会更直接的参政平台。

张謇是商界代表性人物,本是"末代状元",但 1894 年状元及第后不肯做官,反而转身兴办实业,卓有成效,成为工商界声动全国的实业家。他是一个成功的实业家,但同时又深深地介入政治,对晚清最后时刻的政局产生了重要影响。

1900 年北方庚子之乱,张謇担心战火蔓延至长江领域,积极参与"东南互保",使长江流域免遭战火破坏,百姓生活与工商平稳依旧。1903 年,张謇访问日本四个月,认识到宪政对工商业、对国家强盛的重要性,回国后就开始热心鼓吹立宪运动。1904 年,他代张之洞等起草了著名的《拟请立宪奏稿》,且与人翻刊了《日本宪法义解》和《日本议会史》等资料分送给首席军机大臣奕劻等宫廷官员及社会名流,力图启发他们"立宪"。1906 年他与几位士绅组织预备立宪公会,呼应清廷的"预备立宪"。立宪派发起和平请愿要求开国会时,张謇等预备立宪公会领导人在 1908 年也发电要求朝廷尽速开设国会。朝廷规定成立咨议局时,张謇主动为江苏咨议局草拟了章程,并于 1909 年当选为江苏省第一届咨议局议长。江苏咨议局成立后,与位高权重的两江总督屡有矛盾、冲突,张謇领导咨议局毫不退让,据理力争,最后取得胜利,虽然这些胜利的象征意义大于实质意义,但以商人为主体的立宪派竟能公然与地方大员相争,毕竟反映出商人政治意识的觉醒,而且影响全国,意义深远。

张謇一直希望官民双方向朝廷施压,促其早日立宪。1909 年 10 月,在咨议局开会的前一天,张謇拜见了江苏巡抚,请其联合各省督抚请速组织责任内阁,而自己则联合各省咨议局请速开国会。为促使朝廷早日立宪,张謇稍后还给摄政王载沣上书一篇:《请速开国会建设责任内阁以图补救意见书》。此书情文并茂,说理周全透彻,且利诱与威胁并用。首先他极言国家面临危局,论证只有速开国会、全国上下一心,才能化危为安。他特别说明,责任内阁代皇帝承担内政、外交责任,可使君权"安于泰山",当下有负责任之政府以分摄政王一人之忧劳。此可谓以利诱。然后他预言,如果和平请愿最终仍不得请,结果必然是少数激烈者"将以为国家负我,决然生掉头不顾之心";"和平之士将以为义务既尽,泊然入袖手旁观之派";当此预备立宪的关键时刻,使士人"灰爱国之心",能不令人担忧!此可谓以害胁。其实这威胁并非危言耸听,如果不改

革,就会造成革命,原本支持朝廷、反对革命者在革命爆发时也心灰意冷而袖手旁观。

各省咨议局第一次开会时,张謇就发起组织咨议局联合会。他的提议得到各地的热烈响应,先后有16省咨议局代表50余人于1909年12月中旬陆续到达上海,开会商量请愿速开国会之事。张謇分别以预备立宪公会、江苏咨议局研究会等名义宴请各省议员代表,仔细斟酌请愿书和请愿团成员,亲自策划入京请愿代表团的组成,亲自修改请开国会呈稿。

经过精心筹划,组成了16省议员共33人的国会赴京请愿代表团。1909年12月底张謇在为16省议员代表进京请愿饯行时发表演讲说:"秩然秉礼,输诚而请;得请则国家之福,设不得请而至于三至于四至于无尽,诚不已,则请亦不已,未见朝廷之必忍负我人民也。即使诚终不达,不得请而至于不忍言之一日,亦足使天下后世知此时代人民固无负于国家,而传此意于将来,或尚有绝而复苏一日。是则今日之情,迫于含创茹痛,就使得请,无所为荣。得请且不足为荣,则不得请之不得为辱,可以释然矣。"这是张謇为请愿定下的基调及方针,一直坚持和平请愿,一次又一次,不气馁,不罢休;同时,又是他对朝廷、天下、历史的表白:如果请愿最后无效,结局非人所愿,自己问心无愧。

请愿代表团到京后,于1910年1月中旬正式向清廷呈递速开国会请愿书,要求1911年开国会,但为朝廷拒绝。第一次请愿失败后,代表并不甘心,驻留北京,筹划第二次请愿。他们感到,有必要成立一个全国性的组织领导全国的请愿活动,成立了"国会请愿同志会",并创办《国民公报》宣扬、鼓动立宪。为了扩大请愿范围,他们动员各界参与请愿,尤其重视商人的作用,在二三月间致电各地商会,要求商人积极参加。同时还派人到各地动员商会与其他社团参加请愿活动。在他们的鼓动下,不少商会积极响应。6月初,有12个商会的请愿代表与各界代表陆续来到北京,值得注意的是,这12个商会全都来自东部地区,并且,最积极的是上海、苏州、南京和常州4个商会。第二次请愿运动比第一次的规模大得多,此次请愿除各省咨议局代表外,还有各省商会、华侨商会及其他政团代表参加,一时号称有20余万人参加,颇有些声势。6月16日上午,代表共150余人,携带签名者达30万人的请愿书10份,来到都察院。在向都察院递交的10份请愿书中,其中商会代表递交的就有3份。商界几份请愿书要求不尽相同,言辞亦软硬不一,有的坚持"在商言商",有的则有明确的政治性要求,大体有以下几个方面:一、立宪是国民义务,商人在国民中占有相当的比例,参加请愿责无旁贷。二、中国工商不兴的根本原因在于没有法律,政府不受议院监督,导致"民穷财尽,公私

交困"。"国家、地方之行政经费,彼得以为所欲为,商人不敢过问","人民对于国家只有担任义务之劳,永无安享利权之望"。无国会则国家银行无信用,实际无国家政策,无法制止政府乱收税。因此,必须开国会,成立议院。三、以事实证明如果不开国会,商界的行为"庶几可告无罪于国人",是"国家之负我商界,非我商界之敢忘国也"。四、如果最终不开国会,不仅四万万人努力不够有责,最主要的责任应商人承担。

从中不难看出,所谓"在商言商"部分,也是要求开国会。在一个经济、商业被政治紧密束缚、阻碍其发展的体制中,要求发展经济、繁荣工商,必然要求去其束缚,"言商"不可能不"议政"。

对第二次请愿,清廷坚决拒绝,并训示代表"毋得再行渎请"。但立宪派并未被朝廷的严词厉声所吓倒,反而激起更大愤怒,决定发动第三次请愿。随着国内政治形势的发展,尤其是在全国性国会请愿运动走向高潮中,感到分省活动已不适应形势,有必要全国统一行动,张謇建议组织"议长请愿团"赴京请愿,虽因意见分歧未成,但仍有一些省份咨议局的议长、副议长赴京。经过协商,于1910年8月10日在京正式成立各省咨议局联合会,湖北议长汤化龙为主席,四川议长蒲殿俊为副主席。

1910年10月,立宪派发起第三次国会请愿,要求"明年"就召开国会,而这一次与前两次的明显不同之处是全国18省总督、巡抚、将军共19人也联名上奏要求"明年"开国会。对此,清廷仍是断然拒绝。不过,绝大多数地方大员都要求第二年开国会,清廷确实不能不认真考虑。经过御前会议讨论,清廷在11月初发布上谕,宣布立即组织内阁,于宣统五年开国会。宣统五年是1913年,比原定1916年提前了三年,但比立宪派和士绅要求的1911年则晚了两年。

对此,立宪派发生分化,在京请愿代表团当即解散。张謇等人感到满意,认为可以就此而止。但日记中,他吐露出自己的更深一层担忧:"吁求立宪,非以救亡;立宪国之亡,其人民受祸或轻于专制国之亡耳。呜乎! 世人知余言之痛耶?"温和至极的张謇尚有此担忧,相当一部分其他人则大为愤怒,更加激烈。上海总商会举总会议董、大商人沈缦云为代表参与第三次国会请愿运动,并求见庆亲王奕劻请从速召开国会。遭到拒绝后,沈"退而叹曰:'釜水将沸,而游鱼不知,天意难回,请从此辞。'乃束装返沪"。回上海后,他开始与革命党人联系;1911年春,他在沪活动南北商团公会成立全国商团联合会,举李平书为会长,后又成立中国国民总会,沈本人出任会长,宋教仁、陈其美、谭人凤等一大批同盟会员均是国民总会重要成员。7月底,由革命党领导人谭人凤、宋教仁、陈其美等人组织的同盟会中部总会在上海成立。在此前后,沈缦云、李平书和商会、商团重要负责人王震、顾馨一、叶惠钧等,都相继参加同盟会,事实上已难分彼此。

上海商人的动向,在现代有风向标意义

由于清廷宣布立即成立责任内阁,以张謇等为代表的温和派对此充满期待,所以第四次国会请愿运动规模很小,主要是来自奉天的代表。清政府危机眼见已过,但1911年5月8日,清廷却利令智昏地出台了一个垄断权力的"皇族内阁"。这个内阁由13人组成,其中9名为满人,汉人只有4名;而在这9名满人中竟有7名为皇族成员,因此人们将此称为"皇族内阁"。这种"组阁"完全违背了皇族成员不能入阁当国务大臣的基本原则,实际向世人宣示清廷所谓"立宪"只是一个幌子,其实根本不愿放弃一丁点权力的真实面目。此举实无异于自掘坟墓,结果使作为其统治基础的士绅、商人阶层愤怒异常,对它抱有一线希望者也与其迅速疏远,最终弃它而去。

尽管如此,立宪派最上层少数领导仍不放弃最后希望,仍想走相互妥协的改革之路避免革命。5月12日各省咨议局联合会在北京召开,商讨对策。第二天,大家一致认为皇族充当阁员违背立宪原则,一致反对,所以开始确定以推翻皇族内阁为中心的议题。但经过冷静思考,与会者后认识到实际无法达到目的,于是决定妥协让步,认可皇族成员违反规定任内阁阁员,但反对皇族充当内阁总理大臣,希望朝廷也妥让一步。6月6日,他们将此议案呈请都察院代奏,请另简大员组织内阁,但朝廷置之不理。咨议局联合会于是再次呈请都察院代奏,同时公开发布报告书,指出皇族内阁名为内阁,实则军机;名为立宪,实则专制。然而,皇族内阁非但不思悔悟,反而在7月5日副署的上谕中斥责联合会议论渐进嚣张,干预君上大权。在中国传统政治文化、观念中,占统治地位的是天下为一姓所有,臣民实际都是皇帝的奴仆,根本无权过问、干预君上大权。现在有观点认为辛亥革命过激,缺乏妥协,然而史实说明,拒不妥协的恰恰是清王朝。连立宪派提出的皇族成员可当违反原则内阁阁员,但不可当总理大臣这种双方各让一步,最低限度的妥协方案清廷都严词拒绝,其他妥协就不必谈了。此时,立宪派实际已转向革命。

而且,就在皇族内阁成立的次日即副署了举借外债与实行全国铁路干线国有政策的诏令。从理论上来说,举借外债与铁路干线国有政策未尝不可。但问题在于,各省商办铁路收归国有关系到本省的利权存废,属于省咨议局职权,必须经咨议局议决通过。由张謇起草的《咨议局联合会请饬阁臣宣布借债政策呈都察院代奏稿》从法理上论述了此次举借外债与全国铁路干线国有不合法,同时向朝廷说明实业与法律的关系:"实业之发达,必持有完备之法律,以为监督保障。内地各种已举之实业,旋起旋灭,非法律不备,即用法不善,有以蘖其性命。"他们确切感觉到皇族内阁政策的巨大危险,最后警告说:此事"大计攸关,存亡一发,薄海士庶,危疑交并。"然而,皇族内阁对所有的建议、劝告、反对、警告都充耳不闻,一意孤行。此举不仅违背了立宪原则,而且也损害了人民,尤其是投资最多的绅商的利益。其中,尤其投资铁路较多者,更是商人中的上层,且多是立宪派上层的活跃人物。江苏铁路公司总理王清穆、协理张謇,浙江铁路公司总理汤寿潜,安徽铁路公司总理周学铭,云南铁路公司总办陈荣昌、会办丁彦,广西铁路公司协理(代行总理职务)梁廷栋,倡首设立湖南铁路股东共济会的谭延闿,湖北铁路协会首脑汤化龙、张国溶,四川保路同志会首脑蒲殿俊、邓孝可,山西保晋公司倡办人和股东梁善济、渠本翘等,都是立宪派的著名人物,多数是保路运动中的领导人,在后来的辛亥革命中又起了重要作用。为了维权,湖南、湖北、广东和四川的立宪派立即领导群众开展了保路运动。一直主张和平改革、反对激烈革命的张謇心急如焚,上书皇族内阁,希望内阁发表政见书,表明铁路国有等是"以意见纷歧不相统一之国务大臣"的决策,而非内阁政策,这样可以缓解"与人民立于对待之地位,徒授人民以隙"的状况。最后,他动情地写道:"循是不变,国家前途之危险,有不忍终言者矣。""謇十四年来,不履朝籍,于人民之心理,社会之情状,知之较悉,深愿居于政府与人民之间,沟通而融和之。""愿我公忠体国之王爷与协理大臣,深思而善处之。山野之人,能言之而不能为力;区区为国之私,既有所见,不敢不言,言不敢不尽。"

对张謇的肺腑之言,朝廷仍置若罔闻,坚决推行铁路国有政策。各地的保路运动如火如荼,以四川最为激烈。结果,清政府反而逮捕了四川保路运动领导人、咨议局议长、具有全国性的各省咨议局联合会副主席蒲殿俊,随后在成都开枪打死三十余名手无寸铁的和平请愿者。从 1910 年国会请愿运动起到清政府最后拒绝妥协的政策标志"皇族内阁"和"铁路国有"的出台,是立宪派迅速走向革命、与革命党"合流"的最直接原因。完全倒行逆施,使自己的统治基础都离它而去。一个没有基础的巨大建筑,轰然垮塌只是时间问题了。

岂止"袖手旁观"

1911 年 10 月 10 日夜,武昌平地枪响,大清王朝轰然坍塌,出人意料。因为,就在半年前,革命党人孙中山、同盟会经过精心筹划准备的广州起义以七十二烈士壮烈牺牲惨告失败,史称"黄花岗起义"。黄花岗起义使同盟会丧失许多优秀干部,领导力量大为削弱,内部分裂更加严重,革命成功,遥不可期。然而仅仅时隔半年,仓促举事的武昌枪响却吹响了清王朝覆亡的号角。

武昌首义的成功,就在于得到了以士绅、商人为主体的"立宪派"的支持。10月11日,湖北革命党人占领了武昌城,由于原先安排好的领导人或伤或逃,一时群龙无首,亟欲找声望素著的人物充当新政权的领袖。清军协统黎元洪被革命党推举为湖北军政府都督,而政务、交涉之事,则期望湖北省咨议局议长汤化龙出面负责。汤表示赞许革命,尽力帮忙,自己不知兵事,但可在政治和民事方面赞助,还提议通电各省请一致响应,以助大功告成。汤被任命为民政部长,在筹款、鼓舞士气、稳定社会秩序、保持地方治安方面做了很多工作。担任全国性的各省咨议局联合会主席汤化龙是具有全国影响的湖北立宪派领袖,他的表态,使湖北其他立宪派人士迅即以实际行动支援了革命党,筹款捐款,维持地方。这对革命党解除后顾之忧,专心抗击清军的反扑,扩大战果,使新政权获得相对稳定的环境,起了极为重要的作用。武昌起义的初步胜利、新政权的渐渐巩固及汤化龙等人的通电,使不少省份咨议局迅速响应革命,反过来又大大鼓舞了更多省份民众和立宪派,推动了更多地方响应武昌起义。

首先响应武昌首义的是湖南。武昌首义胜利消息传来,湖南革命党人焦达峰、陈作新等即与立宪派黄瑛、左学谦、黄翼球等几次秘密商议发难,双方"握手共生死"。10月12日,长沙新军起义,黄瑛等在城内响应。当晚,焦达峰、陈作新被举为正副都督。"各商民人等,欢迎义师,异常鼓舞,致送猪马牛羊者,不下数十起,绅学各界人等前往投效者,络绎不绝。"商、绅态度,非常明确。

接着,山西于10月29日宣告"独立",阎锡山被举为都督。但军饷短绌,起义者迫使大资本家渠本翘捐款50万。咨议局议长梁善济、副议长杜上化参与了军政府的谋议。在政治上倾向立宪派的蔡锷,于10月30领导新军起义,占领昆明,出任云南军政府都督。咨议局议长与副议长二人蝉联充省议会正、副议长。10月29日,江西咨议局及各团体开大会,商议独立,但巡抚出面劝阻。两天后,新军起义,宣告江西反正。

工商中心大都市上海的反正,立宪派的作用更大。11月3日,革命党人发动起义,早就参加同盟会的上海立宪派首领李平书等控制的商团武装积极参战,与革命党通力合作,继占领上海县署之后,又获得攻克江南制造局的胜利。6日,成立沪军政府,革命党人陈其美出任沪军都督,但一大批立宪派人士和商人在沪军政府任职,李平书出任民政部长,沈懋昭出任财政部长,王震出任交通部长,虞洽卿为顾问官。上海是中国工业、商业、金融、外贸的中心,如果没有商会和商团武装的大力合作,仅革命党人是难以取得起义胜利的,即便一时胜利,也难以长久维持。上海宣告"独立",对清廷是又一个致命的打击。

紧接上海之后,贵州于11月4日宣布反正。发动起义的主要武装力量是倾向革命的陆军小学学生和新军官兵,但是由立宪转向过来的自治学社起了很大的作用。

江苏是经济发达、工商兴旺、士绅力量强大的省份,因此,它的"独立"更具戏剧性。上海反正消息传来,几位素有名望的江苏士绅商人先后劝说江苏巡抚程德全响应革命,自保免祸。在他们的劝说、支持下,程德全终于在11月5日"独立",宣布"和平光复"。除程德全由清政府的巡抚改称为新政权的都督外,一切照旧。或许大家感到这种革命也太"和平"了,便用竹竿挑去抚衙大堂屋上的几片檐瓦,以表示革命必须破坏。

与江苏独立几乎同时,浙江新军也发动起义。在起义前几日,参加了革命党同盟会的咨议局议员、立宪派成员褚辅成即与新军方面的革命党人商定,推举浙江咨议局议长、具有全国影响的汤寿潜为浙江军政府都督。11月3日,清将军德济派代表到咨议局见汤,接受投降,浙江起义宣告胜利。汤寿潜又联合沪军都督陈其美、江苏军政府程德全等通电已起义各省,商议成立联合政府。

各省独立消息纷纷传来,广西巡抚沈秉堃感到大势已去,广西一隅难以独支,同时又感宣告"独立"兹事体大,一时犹豫不决,召集下属、心腹商量。下属认为潮流难抗,主张独立,此举得到咨议局赞同。广西遂于11月7日宣告反正,推巡抚沈秉堃为都督。11月8日,福建新军起义,成功后咨议局议长高登鲤、副议长陈之麟分任民政、财政部长。同日,安徽咨议局议长窦以珏、绅士童挹芬等于咨议局集议宣告"独立",举巡抚朱家宝为都督。

广州长期是孙中山武装起义的重点,他的多次起义全都失败,而此次成功,商人作用甚大。武昌起义后,革命党人加紧军事行动,攻击广州,发动各路民军数万人向广州进军。广东的官、绅、商都看到了清皇朝的统治已岌岌可危,焦虑怎样来维护广州治安。在1911年10月25日,广州绅商各界召集大会,讨论如何应对危局。以当时所谓"在籍大绅"邓华熙、梁鼎芬为主席,做出了既不听朝廷命令派兵协饷镇压其他地方革命军的命令,又与革命党保持距离,以维护地方治安为主旨的决定。但商人却对此不满,认为清政府已难以长久,提出此方案断不济事。29日,广州九大善堂、七十二行总商会召集各界人士开会,明确提出承认专制政府还是承认共和政府的问题。最后议决"公认共和政府",即日由九大善堂、七十二行总商代表领衔,将议决案正式呈知两广总督张鸣岐,但张力斥独立之非,严行禁止。11月8日,九大善堂和七十二行总商会联合各界再行集议,要求张鸣岐独立,张也派代表出席,最后决定广东独立,并推举张鸣岐为临时都督,镇统龙济光为副都督。第二天,九大善堂和七十二行总商会集议于咨议局,宣布"共和独立"。但将军政府都督印信送张时,才发现他已于前夜微服逃遁,乃转送龙济光,但龙也不接。于是代表折回,再开会另举革命党人胡汉民为都督,胡未到穗时,由原清军协统蒋尊簋为临时都督,龙济光就任副都督,军政府乃成立。此次广州反正,一弹未发,商人作用巨大。

四川立宪派人倡首保路,推动了全川保路同志军的起义,成为辛亥全国反清运动的导火索。11月27日,成都成立大汉四川军政府,举四川咨议局议长、出狱不久的保路运动领导人蒲殿俊为都督。

张謇是商界最有影响力的人物,他在几十天中从开始坚决主张镇压武昌起义、力劝清廷马上立宪,到支持共和的转变,典型地表明了商人态度的变化。

武昌起义发生时,张謇正在武汉。他于1911年10月4日到武昌,参加他承租的大维纱厂正式开工仪式,准备以此为基地在华中大大扩展自己的实业。10日晚,他登舟东下,只见长江对岸火光冲天,原来武昌起义已经打响。一直不赞成革命的张謇经安庆到南京,请求江宁将军铁良、两江总督张人骏立即前往武昌镇压起义。调动军队毕竟要经过朝廷,张謇此议并无结果。反对革命而力主改革是张謇的两个基点,在建议武力镇压革命的同时,他又赶往苏州,连夜替江苏巡抚程德全起草《改组内阁宣布立宪疏》,力劝朝廷改革,立即解散"皇族内阁",马上立宪。他提出,此时对革命党人无论是"剿"还是"抚",都只是治标之策。而"治本之法,不外同民好恶,实行宪政"。他提醒朝廷,武昌之乱的根本原因是皇族内阁,应立即解散,"特简贤能"重新组阁,并不言而喻地指盛宣怀为"此次酿乱之人",要求朝廷明降谕旨处分"酿乱首祸之人",以谢天下。"然后定期告庙誓民,提前宣布宪法,与天下更始。"10月下旬,各省纷纷独立,他认为共和已是无法逆转的大势,转而支持共和。他与伍廷芳等联名致电摄政王载沣,劝清王朝和平退位,接受共和。"大势所在,非共和无以免生灵涂炭,保满汉之和平","是君主立宪政体断难相容于此后之中国。为皇上、殿下计,正宜以尧舜自待,为天下得。倘行幡然改悟,共赞共和,以世界文明公恕之道待国民,国民必能以安富尊荣之礼报皇室,不特为安全满旗而已。否则战祸蔓延,积毒弥甚,北军既惨无人理,大位又岂能独存。"最后,他们表示自己"不忍坐观,敢为最后之忠告。声嘶泪竭,他无可言"。11月上旬,他打电报给奉命进攻湖北民军的袁世凯,劝告袁要顺应时势赶往北京,以防皇室逃亡,要尽快与南方达成协议,确定共和政体,以稳定时局。他还分别写信给江苏督抚铁良与张人骏,劝他们放弃武装反抗,"响应革命"。11月中下旬,他当选为由咨议局改组的江苏临时议会议长,标志承认、参加新政权,同时拒绝接受清廷授以农工商大臣、东南宣慰使的任命,公开叛离大清王朝。后又赴沪与章太炎、宋教仁、黄兴等革命党领导人晤谈。12月14日,他终于将作为忠于清朝的最后标志的辫子剪掉,并且在日记上写道:"此亦一生之大纪念日也。"

从武昌首义至四川军政府成立,50天内,共有14个省脱离了清朝的统治。清政府的半壁江山已去,为最后清廷倾覆,民国肇建奠定了坚实的基础。在起义各省,立宪派、绅商都不同程度地协助了反清的"独立"运动,相当一部分省份是以立宪派为主的,甚至某些省份还是立宪派独自完成的。某种程度印证了张謇两年前对朝廷的进言:如不改革结果必然是少数激烈者"决然生掉头不顾之心";而"和平之士将以为义务既尽,泊然入袖手旁观之派"。张謇没有想到的是,革命来临,"和平之士"并非"袖手旁观",而是支持、参加革命。辛亥革命,立宪派功莫大焉。就社会阶层来说,立宪派的主体绅商最有力量,而孙中山以前武装起义未获成功,最重要的原因就是没有得到立宪派(绅商)的支持。此次武昌枪响最后的成功,就在于得到了他们的支持、响应。立宪派革命化,从根本上说是清政府拒不改革、拒不妥协、拒不放弃利益的结果。连张謇这样与清政府从中央到地方各级官员都有密切联系、直到革命枪响后仍力主镇压的商人,最后都转而支持共和,足以说明清政府政策的整体性失败。

中国传统,商人谨守"在商言商"的原则,确是"富商大贾视官宦如帝天"。然而在晚清的最后时刻,他们却一反以往,政治参与的热情空前高涨。正是他们的向背,决定了一个王朝的存亡。历史上,中国商人从未担当过如此重任。根本原因在于,在中国社会现代性转型中,传统商人渐渐转化成为现代新型商人。新的社会阶层的诞生与崛起,必然引起社会结构的改变,自然要求改变以往包括政治制度在内的调节、规范既往社会结构的种种制度。与传统商业相比,现代商业对法治的要求更为强烈、更为复杂,其中,对政府权力的规范与限制尤为重要。"实业之发达,必持有完备之法律,以为监督保障。内地各种已举之实业,旋起旋灭,非法律不备,即用法不善,有以戕其性命。"这是商业的基本规则,也是晚清商人的切身感受。所以,他们再不甘心"视官宦如帝天,偶一盼睐便以为至荣极宠,斯匍匐以献其财力而惟恐不纳"的地位,他们的认识由浅而深,有此认识的人数由少而多,越来越积极地参加立宪运动。其最终目的,当然是为了维护自己的基本权利、是为了商业的根本利益。要言之,在没有宪政的语境下,商人"在商言商"必然会要求立宪,而商人要求立宪,也就是"在商言商"。

(作者系中国社会科学院近代史研究所研究员)

"文章报国"：百年回首《大公报》

傅国涌

"矮人国"里的"巨无霸"

1958年，毛泽东对当时的《人民日报》总编辑吴冷西说，"张季鸾这些人办报很有一些办法。我们报纸有自己的传统，要保持和发扬优良传统，但别人的报纸，如解放前的《大公报》，也有他们的好经验，我们一定要把对我们有益的东西学过来。"

《大公报》有什么"好经验"？留下了一个什么样的传统？1931年5月，胡适为《大公报》一万号纪念刊撰文说，大公报之成为"中国最好的报纸"，"不过是因为他在这几年之中做到了两项最低限度的报纸职务：第一是登载确实的消息，第二是发表负责任的评论。"一句话就准确抓住了《大公报》的命脉。

自1902年6月17日英敛之在天津租界创办《大公报》，中经1926年张季鸾、胡政之、吴鼎昌三人联手开创《大公报》新局面，提出"四不"方针，为百年报业开辟出一条"新路径"，到1941年5月获得世界性的荣誉，《大公报》把中国民间报纸"文人论政"的传统推向了峰巅，成为"矮人国"里的"巨无霸"（胡适语）、舆论界的"一根柱石"（范旭东语）。美国密苏里大学新闻学院颁发的奖状中说：

"在中国遭遇国内外严重局势之长时期中，《大公报》对于国内新闻与国际新闻之报道，始终充实而精粹，其勇敢而锋利之社评影响于国内舆论者至巨。该报自于1902年创办以来，始终能坚守自由进步之政策；在长期作报期间，始终能坚执其积极性新闻之传统；虽曾遇经济上之困难，机会上之不便以及外来之威胁，仍能增其威望。……保持其中国报纸中最受敬重最富启迪意义及编辑最为精粹之特出地位。《大公报》自创办以来之奋斗史，已在中国新闻史上放一异彩，迄无可以颉颃者。"

"中国报纸获得国际荣誉奖章只此一家,只此一次。"张季鸾面对巨大的荣誉,发表了《本社同人的声明》社评:

中国报原则是文人论政的机关,不是实业机关……以本报为例,假若本报尚有渺小的价值,就在于虽按着商业经营,而仍能保持文人论政的本来面目。

在一个"大动荡的时代",《大公报》始终"保持文人论政的本来面目",力图"用舆论的力量纠正这个时代的错误、黑暗与罪恶",不断地"发表负责任的评论",这是王韬、梁启超以来文人办报的传统,也是《大公报》的传统,是新记《大公报》风靡乱世中国几十年的关键,在整个百年言论史上还没有另一家报纸曾经攀上这样的高度。百年回首,我们依然为此感到骄傲、激动、悲伤,甚至沮丧。

前无古人的"四不"

一百年前,英敛之初创《大公报》,以"开风气,牖民智"的宗旨,标揭"大公"的旗帜,在腐朽、黑暗的皇朝末世以无党无偏、直言敢谏而著称。熊少豪在《五十来年北方报纸之事略》中指出"《大公报》创办之始,宗旨纯正,言论激切,一时声誉雀起,惜锋芒太露,致遭官府之忌,而惹政客之注意,卒为某党所收买,坐是营业日散,销路日减。"但它"敢言"的精神长久地被人们所记诵。

"办报非难,持久斯难,而百折不移卒能发扬光大者,斯尤难之难也。"在中国报业史上能历经风云变幻、几度易主坚持下来并发扬光大,影响了几个时代的应首推《大公报》。1926年9月1日,《大公报》中断了一年之后终于续刊,发表由张季鸾执笔的《本社同人之旨趣》(署名"新记公司大公报记者"),提出前无古人的"四不"方针:

第一不党。党非可鄙之辞。各国皆有党,亦皆有党报。不党云者,特声明本社对于中国各党阀排戏,一切无联带关系已耳。惟不党非中立之意,亦非敌视党系之谓。今者土崩瓦解,国且不国,吾人安有中立袖手之余地?而各党系皆中国之人,吾人既不党,故原则上等视各党,纯以公民之地位发表意见,此外无成见,无背景。凡其行为利于国者,吾人拥护之;其害国者,纠弹之。勉附清议之末,以彰是非之公,区区之愿,在于是矣。

第二不卖。欲言论独立,贵经济自存。故吾人声明不以言论作交易。换言之,不受一切带有政治性质之金钱补助,且不接受政治方面之入股投资是也。是以吾人之言论,或不免囿于知识及感情,而断不为金钱所左右。本社之于全国人士,除同胞关系一点外,一切等于白纸,惟愿赖社会公众之同情,使之继续成长发达而已。

第三不私。本社同人,除愿忠于报纸固有之职务外,并无私图。易言之,对于报纸并无私用,愿向全国开放,使为公众喉舌。

第四不盲。不盲者,非自诩其明,乃自勉之词。夫随声附和,是谓盲从;一知半解,是为盲信;感情所动,不事详求,是谓盲动;评诋激烈,昧于事实,是谓盲争。吾人诚不明,而不愿自陷于盲。

在风雨如晦、鸡鸣不已的年头,在邵飘萍、林白水惨遭杀害之后不久,有了这样的"四不"承诺,人们才有可能了解"确实的消息",读到"负责任的评论",这是不幸之中的一幸,是一个多灾多难的民族呈现出的亮色。也正是因为这样,《大公报》才迅速从地方报纸"变成一个全国的舆论机关"(胡适)。自近代报纸产生以来,无论上海的《申报》、《时报》、《新闻报》,还是北京的《晨报》等都没有像《大公报》那样持久、深刻地影响了中国。《大公报》作为同人经营的民间报纸,总经理兼副总编辑胡政之常说,他们是"文人论政""为民请命",言论始终是该报的生命线,从张季鸾到王芸生,两代执笔政的都是具有独立品格的知识分子,《大公报》的言论之所以享誉海内外是因为:

一是"公",指动机无私,评述问题,竭力将"我"撇开,尽到客观的探讨。二是"诚",指诚意,尽研究之功,谙利害得失之数,而发诚心为国的言论。三是"勇",指勇于发表,包含"不畏强权"与"不媚时尚"两义。重视对政治的言责,与对社会扶助匡导的责任。①

《大公报》的作为,实际上就是中国报纸要成为"第四种权力"的一次卓有成效的尝试。今天我们重读那些激动过一个时代的评论,仍然会被他们的无私、诚意和勇气所感染,在他们看来这是"现代报纸应尽之职务",体现了他们"服务社会"的志趣,用他们自己的话说,就是"深怀文章报国之志",而没有个人私利的追求,张季鸾《无我与无私》一文说得很清楚:"根本上说,报纸是公众的,不是'我'的。譬如发表一主张,当然是

---

① 赖光临:《七十年中国报业史》,台北中央日报社1981年版,第114页。

为主张而主张,不要夹杂上自己的名誉心或利害心。而且要力避自己的好恶爱憎,不任自己的感情支配主张。"他不仅身体力行而且直接影响了后来的大公报人,而今《季鸾文存》《芸生文存》早已成为传世的经典。

从张季鸾到王芸生

张季鸾的三"骂",他对屠杀青年的抗议,对国民党"以党治国"的明确反对这些就不必说了。"九一八"之后,他发表《望军政各方大觉悟》社评疾言厉色——"国家今日受此奇辱,人民遭此奇劫,凡过去现在政治上负责之人,虽自杀亦无法谢国人!"1932年5月5日,国民党当局被迫与日本签订《淞沪停战协定》,两天后《大公报》发表的《愿国民清夜自问》社评直接指出"皆上层社会之罪","今执政之人,固昔年从事革命者,其能凛然反省,与民众共同奋斗,幸也。不然,惟有望大多数民众之自为。……真正救国大业,最后必由民众自己完成之。至于现在社会优越地位之人,不从速努力,必尽遭淘汰无疑耳"。

1944年以后王芸生开始在重庆《大公报》严厉批评时政,12月4日即日寇占领独山前一天,他发表社评强烈批评国民党政府,反对"以空间换时间",主张彻底革新政治,一、"凡国人皆曰可去的人尽量去之……容纳党外人参加国务及政策……";二、"在民主统一团结抗战的大原则上宣告党派问题解决了";三、"宣布与热诚助我的盟邦更进一步合作"。同时呼吁蒋介石亲自到贵阳督战。在12月22日的社评《晁错与马谡》中,他提出"除权相""戮败将"的主张,矛头直指孔祥熙、何应钦。

20多年间,《大公报》从来没有放弃舆论监督的自觉,保持了"文人论政"的本来面目。即使是1935年12月起天津《大公报》发表青年范长江轰动一时的旅行通讯"中国的西北角",女记者彭子冈为桂林《大公报》写的通讯"重庆百笺",都生动地披露了社会黑暗、官场黑幕等。早在1930年4月11日、6月6日和1931年3月12日,《大公报》就客观报道了红军的消息,并配发短评赞美红军纪律严明。1945年9月2日,《大公报》记者采访密苏里号日本投降签字仪式的报道也与其他报纸不一样。仪式结束,虽然笼罩在胜利的狂热气氛之中,国民党政府军令部长徐永昌却"语气沉重"、感慨地对记者说,"今天无论是投降的日本还是受降的各国,都应该忏悔"。

1945年11月22日,复刊不久的上海《大公报》如实报道了李健吾、金仲华、周建人、徐伯昕、马叙伦、唐弢、许广平、傅雷等知识分子签署的文化界宣言,要求即日废止新闻检查制度,禁止一切非法没收取缔书刊行为,恢复言论出版的完全自由。1948年

7月8日,国民党悍然查封有20年历史的民间报纸南京《新民报》,10日,上海《大公报》发表了王芸生执笔的《由新民报停刊谈出版法》社评。随后又发表毛健吾、曹聚仁、胡道静等24位新闻界、文化界、法学界人士的《反对政府违宪摧残新闻自由,并为南京新民报被停刊抗议》。在整个20世纪40年代后期的大动荡中,《大公报》对那些侵犯人权、鱼肉人民的恶劣行径,几乎都进行了报道,并公开表明了自己的态度(如《莫失尽人心》和《为江浙人民呼吁》等评论)。

"独立的人格"与"独立的发言权"

这样的言论、报道决定了不仅常常会得罪权贵、朝廷,而且也遭到过共产党的猛烈批判。

1930年,《大公报》因为客观报道中原大战,不见容于南、北军阀,在蒋介石的南方被扣(因为4月7日曾全文刊出冯、阎系将领鹿钟麟领衔劝蒋介石下野的通电,其中有"论者谓善言为先生说完,恶行为先生作尽"之句),在阎锡山控制的平津受到"警告"。《大公报》为此在4月24日公开发表启事,公布"警告"内容,并声明:"本报绝不变其独立公正之立场,决无受任何方面贿赂津贴之情事。地方政令虽愿遵守,至于官厅谅解于否,只有听其自然。"第二天又发表社评《诉之公众》,再次强调"不卖"的主旨,一时名声大震,不到半年,发行量就由3万上升到5万。

1935年12月3日,张季鸾发表社评《勿自促国家之分裂》,对宋哲元进行了毫不客气的批评,激怒了这位手握大权的平津头号人物,遭到停邮处分。南京、上海报界纷纷发表评论声援,到12月12日才解除。

1943年2月,王芸生发表催人泪下的《看重庆,念中原》社评,蒋介石勃然大怒,下令《大公报》停刊三日。

1946年6月23日,"下关惨案"中《大公报》记者高集遭殴打受伤。

1947年,《大公报》重庆版8名记者及家属、上海版记者唐振常、驻广州特派记者陈凡先后被捕。

这是《大公报》坚持"文人论政",报道"确实的消息",发表"负责任的评论"的必然结局,最后连王芸生也因发表同情学生运动的社评,1947年12月30日的国民党《中央日报》社论对他破口大骂。1948年7月,连续发表《在野党的特权》《王芸生之第三查》等社论骂王芸生是"新华社的应声虫"。

桂林《大公报》向贪污宣战,当局几次来报馆抓人,徐铸成说文章是他写的,如果要

抓就抓他。

李纯青发表一篇言论激烈的文章，国民党当局要追究责任，胡政之说："他是我们的人，文章在我们报纸上刊载，一概由我负责。"事后一句话也没告诉本人。

这就是《大公报》坦然直面权势的表现。

《大公报》长期坚持国家中心论，在外敌入侵、民族生死存亡的关头，它的选择已永远载入民族抗战的史册。从1931年，天津《大公报》做出"明耻教战"的决策，长篇连载王芸生编著的《六十年来中国与日本》，到1937年12月14日，上海沦为"孤岛"，《大公报》拒绝送检，断然停刊，同时发表掷地有声的两篇评论《暂别上海读者》《不投降论》："我们是中国人，办的是中国报，一不投降，二不受辱。"

从张季鸾在武汉《大公报》发表的一系列震撼人心、影响至深的社评，到1941年12月13日香港沦陷前夕，《大公报》与读者悲壮告别，以"留取丹心照汗青"相许，都映照出大公报人的国家情怀。胡政之甚至说，我们要吃下砒霜毒死老虎，以报国仇。

王芸生说过，"我作为一份民间报纸的发言人，要保持自己独立的人格，我才有独立的发言权，我才有资格说真话，对国民党才能嬉笑怒骂。同时，待国共双方都必须一样，是我一贯的原则。"《大公报》对国共重庆谈判虽然充满希望，王芸生写过《毛泽东先生来了》等热情洋溢的社评，称之为"大团圆""大喜事"，但谈判结果一公布，其态度就变得非常冷静——"检读一过，思绪起落，虽百感交集，却一时难以言说，是满意或失望，只觉得有极大的希望，而不必轻下断语。"1945年10月25日，他发表《为交通着急》，11月20日，又发表《质中共》社评。第二天，《新华日报》发表社论《与大公报论国是》，予以严厉驳斥。1946年4月16日，《大公报》发表《可耻的长春之战》，以第三者的立场批评共产党，《新华日报》则针锋相对发表了《可耻的大公报社论》。

同时我们也不能忽略，在国民党严酷的新闻检查制度下，《大公报》的版面上长期坚持"不用'共匪''匪军'字样，只用'共党''共军'，它承认共产党是国民党的反对党，而不是'土匪'。"比如派曹谷冰到苏联采访，派范长江去西北采访都是当年罕见的举措。

作为具有全国影响的大报，无论是坚持批评当局，还是批评革命党的立场，甚至在国民党败局已定的1948年仍重申"自由主义者的信念"，提出"第三条道路"。这些完全都是它独立的选择。既是大公报人又是中共地下党员的李纯青回忆，"第一，不论新闻采访或评论，我不知道有一事一字来自大公报以外的指示、暗示或操纵，所有一切宣传，几乎全是大公报工作人员主动创作、独立思考的。我问大公报旧同事，皆如此说。"

吴鼎昌离开大公报后"便不再过问大公报的方针及人事经营"。"第二，大公报内没有一个国民党组织，并且绝不允许国民党员在报社内部活动。……录用新人必须无党无派。……大公报称为无党无派的报纸并不是伪装，不但言论独立，组织也名副其实。大公报内虽有地下共产党员，也没有组织"。

1943年胡政之公布的《大公报》社训虽然只有"不私""不盲"两条，但并不表示他放弃了"不党""不卖"的追求，他们一贯不接受政治津贴，保持经济独立，"文章报国"是他们始终如一的理想。就算胡政之最为人诟病的两个"污点"——官方牌价购买20万美元外汇、被逼去国民大会签到也无法遮掩《大公报》"文人论政"的熠熠光芒。

"星期论文"的创举

作为《大公报》重要言论特色的还有由社外学者执笔的"星期论文"，有人说它与社评、新闻通讯、新闻标题共同构成了《大公报》的"四大特色"，这是《大公报》所独创，1934年1月1日，《大公报》登出《本报特别启事》，每星期天请社外名家担任撰述。张季鸾提出这个设想，一是减轻写社评的负担，二是加强与文化教育界的联系。从那一天起直到1949年5月，15年间即使炮火连天，敌机轰炸之下也没有间断过，共计发表了750篇，作者多达200多人。

最初担任撰述的只有丁文江、胡适、翁文灏、陈振先、梁漱溟、傅斯年、杨振声、蒋廷黻等8人。此后，任鸿隽、张奚若、吴景超、梁实秋、马君武、何廉、吴其昌、陈衡哲、竺可桢、太虚、范旭东、蒋百里、邵力子、穆藕初、孙科、陈立夫、雷海宗、郭沫若、茅盾、老舍、费孝通、蔡尚思等不断加入。以大学教授及各界名流为主，还包括个别军政显要，左中右各色人等兼收并蓄（这一点和《大公报》编辑、记者的情况相似，以无党派的自由知识分子为主，同时兼容并包，不少左派记者都在《大公报》成名）。第一篇是胡适当年1月7日发表的《报纸文字应该完全用白话》。1934到1935年丁文江、张奚若、胡适等就独裁与民主问题进行论战，其中有些文章也作为"星期论文"出现。

1944年10月8日，《大公报》发表拉斯基的《对于中国胜利展望的一些感想》，从这一天开始向来请本国学者执笔的"星期论文"将"公开于世界学者"。接着，发表了四位英国学者的论文，还翻译了一位日本人的论文。这是《大公报》准备"走向世界舆论舞台的尝试"。

值得一提的还有知识分子群体联名发表的文章，1942年5月17日，伍启元、李树青、沈来秋、林良桐、张德昌、费孝通、杨西孟、鲍觉民、戴世光……这些来自西南联大的经济学和社会学教授联名发表了《我们对当前物价问题的意见》；1944年5月16日，杨西孟、戴世光、李树青、鲍觉民、伍启元等联署发表《我们对于物价问题的再度呼吁》（未作"星期论文"刊出）；1945年5月20日，"星期论文"再度发表戴世光、鲍觉民、费孝通、伍启元、杨西孟联名的《现阶段的物价及经济问题》，提出"消除'既得利益'集团的权势"；1945年2月24日，傅斯年、任鸿隽、王云五、宗白华、储安平、吴世昌、陈铭德、赵超构等20人发表《我们对于雅尔塔秘密协定的抗议》；1946年1月6日，沙学俊、初大告、任美锷、唐崇礼、干锋、吕复、蒋孟引、朱伯康、吴斐丹、程式等十位无党派教授联名发表《论今日国是》，提出九点政治主张，要求"国民党还政（包括军权）于民"，"共产党还军（包括治权）于国"，"实行民主政治和国家统一"，"实现和平，开始建国"。这些言论矛头直指权势集团，就政治、经济、外交等重大问题表达了他们独立的看法，并不一定代表《大公报》的立场，却是《大公报》文人办报的理想所在，报纸以言论为重，总编辑主要就是抓言论，自己也笔耕不辍，张季鸾弥留之际还不断与王芸生讨论评论的写作。

  胡政之在1936年说过，"报馆比学院更了解社会，接触实际，超然公正，洞察全局。这样才能把报纸办成社会向导、舆论权威。""我们向来主张学术自由，在政治允许范围之内，各种学派都可百家并存，各抒己见，相互探讨；为了民族复兴，求同存异。我们的社评和"星期论文"就是这样，并不都顺从当局的意图。正由于我们不是政府机关，不食禄领俸，客观公正，可以发挥自由思想。"①

  这番话不仅是胡政之个人的观点，也是《大公报》始终坚守的信念——客观公正、超然独立、思想自由、学术自由、百家并存、各抒己见等。实际上就是追求言论、新闻自由，以实现他们"文章报国之志"。

  1935年吴鼎昌入阁做官，公开辞去《大公报》社长一职，离开《大公报》。1941年9月6日张季鸾在重庆辞世。整个抗战期间，即使在极为恶劣的战争环境下《大公报》还到处开花，先后在武汉、重庆、香港、桂林四地出版，桂林版发行量最高达6万多份，重庆版的发行量9万多份。抗战胜利后，《大公报》最盛期同时在上海、重庆、天津、香港四地出版，发行量达20万份，这个数字今天看来也许不算什么，在半个多世纪之前却差不多是中国报纸所达到的最高纪录。

  1949年4月14日，胡政之在上海黯然谢世。作为《大公报》第二代执笔政者，王

---

① 周雨编：《大公报人忆旧》，中国文史出版社1991年版，第56页。

芸生1948年11月初悄悄离开上海。1949年2月,天津《大公报》改名《进步日报》,6月17日,上海《大公报》发表《新生宣言》,标志着新记《大公报》时代的正式结束。1957年在《光明日报》的储安平、《文汇报》的徐铸成都成为右派之后,王芸生仅仅因为毛泽东一言才逃过一劫,1980年5月30日他在北京病逝。

众所周知,《大公报》的成功离不开胡政之的经营、张季鸾与王芸生的文章,还有吴鼎昌的资本,但正如老大公报人郭根所说,"这固然是成功的因素,但并非全部。我觉得《大公报》的成功,大部在于中层干部的健全。以全国报馆来说,没有一家拥有像《大公报》那样素质高的中坚分子,无论是内勤与外勤。"在名垂报业史的人物中我们看到了无数大公报人的身影,不管他们最后走上了什么路,却都做出了各自独特的贡献——徐铸成、张琴南、范长江、孟秋江、曹谷冰、金诚夫、李子宽、徐盈、彭子冈、萧乾、杨刚、王文彬、张高峰……这是一串长长的名单。今天或者明天,我们都不该忘记他们。

时光流逝,这些曾以"文章报国"的大公报人如今大都已离开人世(其中不少人是以自杀方式结束自己宝贵生命的,如杨刚、范长江、孟秋江等),《大公报》也早已只剩下香港一家。在遥远的南国繁华喧嚣之中,回望百年,透过整整一个世纪的尘埃,英敛之时代、张季鸾和胡政之他们的时代都已定格在发黄的历史画卷中,但谁也无法抹去这些先人的足迹,无论是悲是喜,是歌是泣,都让后人神往不已。

(作者系独立知识分子,著名作家)

龙熊同窗：俄罗斯为什么"不高兴"？

金 雁

2009年春天《中国不高兴》一书出版以后，一位相熟的俄罗斯朋友对我说，俄罗斯虽然没有以完全一样的书名出版过这么一本书，但是类似的书籍和言论在俄罗斯铺天盖地，因为"俄罗斯不高兴"的人比"中国不高兴"的人多得多，不信你到俄罗斯去转一转，除了数万到处挑衅滋事的极端民族主义的"光头党"外，随时都可以碰到"愤青"式的"俄罗斯不高兴"的人。自从他说了这段话以后，我就一直在想，俄罗斯为什么不高兴？它不高兴的理由是什么？这两个"不高兴"相遭遇会有什么结果？在俄罗斯目前"自我塑造"的过程中会有哪些值得我们关注的重要内容？

对苏联解体的反作用力

1989年戈尔巴乔夫提出"共同的欧洲家园"，表现出苏联以罕见的低姿态在"讨好"欧洲，而欧洲并没有张开双臂拥抱庞大的北极熊，冷战以来的意识形态差异和西方惯有的傲慢，使情绪化的俄罗斯人有一种"热脸贴冷屁股"被愚弄的感觉。1991年苏联解体，叶利钦的"国家收缩"战略后的处境又一次强烈刺激了一直都有"霸权型的民族主义"和"优势民族"心理的俄罗斯人。美国的布热津斯基提出，俄罗斯应该回落到一个类似于法国、英国那样的"正常国家"或者像"奥斯曼帝国灭亡后的土耳其一样"，"把自己纯粹限定在一种切合的环境内"，另有些人甚至把俄罗斯与印度、巴基斯坦、南非等国并列。这种国家降级、民族"矮化"的局面让俄罗斯人愤愤不平，在俄罗斯人的潜意识里，"苏联"这个概念在心理上取得的成就比它在经济上的成就要大得多，这是苏联解体以后许多俄罗斯人都承认的一点。普京在上任后不久提议俄罗斯加入北约，而北约国家认为，这是大象想闯浴池，不是去洗澡而是去毁坏浴池。这是俄罗斯历史上罕见地多次向西方伸出橄榄枝,西方却都不接招,使本来就好激动的俄罗斯人发出"孤独的愤怒",而现实中国家领土的收缩、欧洲与美国忽视俄罗斯的存在、挤压它的"特权利益区",这一切叫当惯了老大哥、历来具有救世情结、对领土安全极端敏感的俄罗斯人怎能无动于衷呢?怎么能不点燃俄罗斯人"炽热的头脑"呢?俄罗斯老百姓常说的一句话是,既然美国叫俄罗斯人"不高兴",作为回应,俄罗斯人就一定叫美国人"不痛快"。

长久以来,俄罗斯人习惯了扩张性的发展历史,习惯了战无不胜的神话,他们一直被灌输的都是"可以在世界上发号施令的超级大国"、"俄罗斯光荣"的身份认同,而剧变后有 2500 万俄罗斯人突然发现自己成了散居在外国的居民,很多的俄罗斯人被排除在新型独立国家的政治进程之外,到处呈现的"一盘散沙"现象令俄罗斯饱受"身份认同危机的折磨";20 世纪 90 年代经济转轨阶段,东欧国家早就摆脱制度转变的困扰,而俄罗斯却长期在"平底锅"里徘徊,不清晰的市场经济与规则松弛激起的新与旧的敌对状态久久不能散去,好不容易等到了 1999—2007 年,高油价支撑下的经济年平均增长接近 7%,刚刚见到越过困境的曙光,"恃油而骄"的傲慢还没有牛气多久,经济结构的不合理又在世界金融危机的连带下陷入经济不景气的泥潭;苏联解体后周边的防御性民族主义很快转化成分离民族主义,他们的挑战加速了俄罗斯主体的民族膨胀,后苏联空间成为一个失控的暴力竞技场;所有这些都刺激了"苏联解体后的仇外和褊狭,产生了有利于群体疏远和族际关系紧张的社会风气"。于是,激进主义情绪下的"俄罗斯不高兴"在民族主义的大旗下聚集起来,一股强烈的俄罗斯民族主义迅速崛起,俄共、自民党、统一俄罗斯等各种政治势力都竞相瓜分民族主义的遗产,曾任政府部长的鲍里斯·米罗诺夫公开说:"假如俄罗斯民族主义就是法西斯主义,那么,我就是个法西斯主义者"。日里诺夫斯基说:"苏联解体又把俄罗斯带入到了冰雪封冻的寒带,我们需要到印度洋里洗刷靴子。"在民族主义的煽动下,整个社会都处在"火气旺盛"的"逻辑反冲"中,无处发泄的无名怒火终于在"民族主义的狂怒"中找到了出口。俄罗斯民族主义的灵魂在苏联的躯体灭亡以后,又在民众的心中复活了,各种极端形式的俄罗斯族裔民族主义团体纷纷亮相,它们在很大程度上迎合了失落掉大国自豪感的俄罗斯人的不平衡心态以及把外部世界"妖魔化"的政策导向。如今普京、梅德韦杰夫政权有意识地迎合这种社会资源,并选用了一套战争年代动员民众的符号,比如强国、民族自豪感、爱国主义至上、俄罗斯的伟大之处的词语,并垂青于民族主义的一些象征符号和标语口号。

"焦虑综合征"困扰着俄罗斯

究其原因,是俄罗斯如今面临几大焦虑,一种"焦虑综合征"在困扰着烦躁不安的俄罗斯。

第一是"身份认同"的焦虑。

首先是俄罗斯"身份认同"带来焦虑,曾经俄罗斯人认为他们已经一劳永逸地解决了历史定位、发展方向和民族认同问题,只要沿着这条路走下去就是一条金光大道,没有料到20世纪末的剧变使以前的定位遭到否定,尚未确立的"苏联民族共同体"的自我认同戛然而止,原来以俄罗斯为中心的其他族裔纷纷脱离,俄罗斯再次出现选择难题,再一次面临巨大的历史困惑。众所周知,从地理意义上说,俄罗斯的经济文化中心主要在欧俄部分,俄罗斯的向西认同的程度远远要高于向东认同,但是它与西方国家的关系又一直处在一种尴尬的境地,这个世界上最为辽阔的国家以及它的内部体制建构,又使俄罗斯难以成为西方世界体系的中心国家,俄罗斯突出的国家特性、社会特性和文化特性很难与西方主导的体系相融合。这就是人们常说的"俄罗斯的历史困境"、"俄罗斯的复合性矛盾"和"俄罗斯循环的历史怪圈"。

19世纪"黄金时代"俄罗斯所有杰出的思想家都认为,俄罗斯是一个独特的世界,必须走自己的路而不是模仿西方,仿效西方会使它的独特性消失,从属于西方大国并最终淹没自己。原本俄罗斯一直在扮演着"'垂死西方'的唯一拯救源"的角色,现在怎么能沦落到充当西方跟屁虫的地步呢?国家属性与定位在经过几番摇摆之后落脚到又一次出现似曾相识的"历史回归"。在社会学调查中,大多数人对西方的看法是,西方不是与"东方"对立而是与"下层"对立、与"下层"相关的反义词,历史上的西方都是加害俄罗斯的,对俄罗斯有敌意的,现在的西方是一个文化垃圾的策源地。俄罗斯自我定位应该是"全球抵抗自由主义的中心之一",力求建立一个对抗西方的"俄罗斯式全球化的标准"。

"苏联遗产生成的原动力"是现在俄罗斯民族建构的重要落脚点之一,这里面既遗留了沙俄帝国的内容,也保存了苏联时期的"支配权观念",帝国的三色旗帜和苏联镰刀斧头的旗帜在这一点上的重合度是最大的,中国人在俄罗斯一看到镰刀斧头和红星象征的苏联标志,就倾向于把它解释成效忠共产主义和苏维埃制度,其实这里传递的是要"复杂得多的感情和信息"。目前俄罗斯回归的并不是社会主义制度的意识形态,而是从被抛弃的意识形态中挖掘"光荣往昔"的民族诉求,意识形态霸权降低与民族主义霸权抬升已经完成了一个双向互换过程,旧体制的意识形态遗产很难复归了,但是帝国的遗产从来就没有被清除过,改变帝国思维也绝非一朝一夕的事。俄共领导人久加诺夫说:"从古代起,俄罗斯就意识到自己是帝国遗产的继承者和捍卫者,俄罗斯不应当放弃许多世纪以来的大国意识。"有人把这种"帝国遗传"称之为一种"新帝国焦虑症"。目前从未经历过斯大林恐怖时代的年轻一代政治家正在有意识地对斯大林进行一种"选择性地再塑造",以一种"理想筛选",使人们忘记"大清洗"和"大饥荒",让民众对"斯大林时代充满罪恶的'好日子'"抱有幻觉,似乎"苏联那时是多么'安全'和'幸福'的一个地方"。这些沉浸在"大国光荣"怀旧的矫饰话语中透露出俄罗斯人"身份焦虑"的恐慌。苏联霸权型的民族主义经历了质变后开始"向传统的俄罗斯帝国价值转移",在共产主义耗尽了潜能之后,这个真空"逐渐被民族主义思想观念以其特有的俄罗斯姿态所取代"。

第二是"向何处去"的选择焦虑。

有人认为,俄罗斯历史没有一定的目标,当它每一次处在十字路口,如何判断现今社会的发展阶段方向,依据什么理论对自己当前的处境做出准确定位的命题都会凸现出来,例如俄罗斯的命运、俄罗斯的历史定位、如何看待俄罗斯的独特性、俄罗斯与西方的相似与差异、俄罗斯的发展道路、俄罗斯的历史选择性、俄罗斯向何处去,诸如此类的问题都会引起激烈的讨论。19 世纪以来俄罗斯知识分子就"俄罗斯在世界历史中存在有什么意义""这个民族将向人类展示什么"进行论战而产生的"斯拉夫派"与"西方派"争论的话题在 150 年后的今天依然继续也仍然没有结果,可见其选择的分歧之大,定位之难。这种定位困难直接影响到它的发展速度的不均衡性和跳跃性。有人把这种状况归纳为"缺乏主导性特征"的"俄罗斯猜想"。现在俄罗斯的选择是"俄罗斯必须强大"。因为在俄罗斯人看来,"世界只尊重强国","二等国"的角色让他们充分体会到了人情冷暖、世态炎凉。本来"称强、做大"就是俄罗斯人一贯追求的目标,现在绝大多数人都不赞成剧变初期的"国家收缩"战略,他们认为"微型帝国"不符合俄罗斯的"安全观"。目前俄罗斯人把成为一个"体面的大国"作为一种民族凝聚力,俄罗斯人说,每个人只有在成为爱国者后,才有资格谈权利和个人。普京说"俄罗斯唯一现实的选择是选择做强国、做强大而自信的国家","俄罗斯应当在世界上真正强大的、经济先进的和有影响力的国家中占有一席之地","所有的行动都只能服从这一点"。俄罗斯的振兴必须依靠强有力的国家政权体系,吸取过去十年的教训,讲民主和自由"必须顾及俄罗斯的历史","必须从俄罗斯的地缘政治和国情出发"。普京的全部言行所贯穿的一条主线是"复兴俄罗斯、重振大国地位、实现强国之梦"。

第三是安全焦虑。

俄罗斯一直以来是一个有"安全焦虑症"的国家,自然地理环境上一望无际的东欧大平原和冷兵器时代国土易遭侵犯的记忆,以及蒙古人240年的统治,使历史上的俄罗斯人有一种"屏障缺乏感"的"安全忧虑"意识,久而久之这种基因沉淀变成了一种整个民族对"安全需求度"的紧张感,它总希望把国土的疆界扩大到"相对安全"的地带,这种只站在本国立场上的思维模式根深蒂固,俄罗斯对外侵略在国内从来都被认为是天经地义的,少有"清醒者"对这种"越界"的民族主义发出过质疑。由此产生的另一个特点是俄罗斯又是一个非常敏感的国家,它需要别国承认它的世界大国的地位,以及对"后苏联空间的优先利益区"的尊重,美国把俄罗斯从世界一流大国的名单中剔除,不承认俄罗斯在其他任何国家具有势力范围。这样就造成了两者思维差距的矛盾。由于对剧变初期的"被耍弄感"记忆犹新,俄罗斯对凡是美国的建议都会不假思索地说"不!"它看不惯像美国这样的国家决定一切的世界体系。

这种"以俄安全为出发点"的思维已成为主流社会心态,俄罗斯人哪怕最优秀的知识分子一到民族问题上就容易"犯糊涂",在历史上曾多次重复过全民不分青红皂白的"民族狂潮"。例如,1830年掀起的波兰起义遭到沙皇镇压,其时恰逢1812年波罗金诺战役周年纪念日,普希金便写了《波罗金诺周年纪念》一文,站在民族沙文主义的立场上反对波兰起义,大肆吹捧俄军的胜利,别林斯基也认为应对沙皇的镇压行动采取赞许态度,并多次赞扬普希金的"大俄罗斯主义"的诗歌。1830年、1863年两次波兰起义失败以后,俄罗斯社会各界一致支持对起义参加者实行死刑和流放西伯利亚做苦役的判决,普希金、托尔斯泰、陀思妥耶夫斯基、涅克拉索夫等人都公开表示对波兰人反抗沙俄的切齿痛恨,令持国际主义立场的马克思对俄罗斯知识分子大感失望。至今在俄罗斯,只有民族主义能使持反对立场的知识分子与统治者步调一致,整个俄罗斯能够冷静地反思,像20年前美国结束越南战争那样认为"我们错了"的人屈指可数,即便有人已经认识到这点,也没有勇气招惹蛮横不讲理的"狂怒斗士",冷静的"正常观点"往往在"喝狼奶"培养起来的"咆哮环境"中出不来,因为这样做的结果,要么是淹死在民族主义的汪洋大海的唾沫中,要么就是喋血莫斯科街头。

第四是整合焦虑,或称为"制度选择"的困境。

叶利钦曾想把俄罗斯按照西方模式加以改造,但是俄罗斯经济改革艰难历程使民众对全球具有共同的"普世价值观"产生了怀疑,他们把私有化转轨操作设计的失误归结为西方经济模式的入侵造成了对俄罗斯经济的伤害,一时间俄罗斯是具有独特的特点和特殊性的"文明理论"甚嚣尘上。在他们看来,民主代表着混乱,私有化代表着"各自为政",法制的规范和繁琐代表着"公正和真理"的缺失,公民社会代表着社会无序,城市化代表着物欲横流等等。于是普京的"国家整合理论"也有意无意地又回到19世纪的"国家学派"的立场上来。"国家学派"的代表人物卡维林(1818—1885)、契切林(1828—1904)在当今俄罗斯成为一种向"历史汲取资源"的象征性代表。该学派认为,由于自然气候和地理因素,俄罗斯平原广袤无垠、苍茫无形,一百多个民族的组合导致"易散不宜合"而缺乏凝聚力,因此需要强大的中央集权,强化中央政权是国家发展的需要,俄罗斯国家在民族形成中扮演着领路人的作用,国家是历史的主体和动力。几百年来俄罗斯都是专制集权型的国家。俄罗斯学者非常疑惑,同样国土辽阔、民族众多、政治观点和宗教庞杂的美国没有实行中央集权,没有一个强大权力的总统,是怎样形成一致的方向和目标的?"美国族体"已经存在了200多年,已经成为一种具有共同文化的稳定实体,任何外来因素都能很快融合其中,为什么"苏联族体"只存活了几十年就寿终正寝。俄罗斯人在私下议论,是什么秘密在控制着美国。由于"基因学说"的兴盛,陷入"文化决定论"的俄罗斯人便从文明类型的差异上去寻找原因,结果发现了几十条民族基因差异,于是就陷入了"命定说"的"不可知论"的死胡同。

第五是人口焦虑。

俄罗斯有11个时区,从莫斯科到符拉迪沃斯托克坐火车需要7天的时间,在苏联时期它的民用航空就具有世界上最长的航线。而在版图这么辽阔的土地上却人烟稀少,人口主要都集中在乌拉尔山以西的欧俄地区,外贝加尔的远东地区只有600万人口。与中国劳动力严重过剩的状况正好相反,俄罗斯的自然资本与劳动资本严重不匹配,现在俄罗斯平均每平方公里只有8个人。2006年的普京总统的《国情咨文》和2008年梅德韦杰夫的就职演说都重点谈"人口问题"。由于出生人口减少,仅2005年一年就减少74万,几乎等于每天减少2000人,据估计2050年俄罗斯的人口将从现在的1.44亿减少到1亿。学者们发出了"俄罗斯正在死亡"的呼声,民族学研究所的科兹洛夫教授提出,为了避免"俄罗斯族体死亡",政府必须采取强硬的政治措施,以此掀起"保种运动"和"造人计划"。现在俄罗斯各地都在为减缓人口下降"支招",普京许诺以物质奖励刺激"二胎化",生二胎可获得一次性奖励25万卢布,约合9200美元,同时二胎家庭每月可获得补贴335美元,以及相关的住房和交通补贴,产假从3年延长到7年,恢复10个孩子以上的"英雄母亲"称号,并享有高额奖金和高额退休金。媒体发出了"放假生孩子爱国运动",有的地方甚至恢复"无子女税"。2000年有三分之一新生儿母亲是未婚女性,因为俄罗斯从来不歧视非婚生子女,只要是添丁进口都是整个社区的大喜事。

最后,愿望与现实之间的落差,好像使这块土地具有一种"甲流扩散的传染病"魔力,所有人都容易患上"集体焦虑综合征"。

"极端性"与激进主义

正像我的那位俄罗斯朋友所说的,在俄罗斯有一种"亢奋幼稚病",它导致激进主义大行其道,所以到处都是"不高兴"的人。在媒体和坊间与西方"抬杠"、拿美国"开涮"是老百姓的热门话题。俄罗斯人自我总结说,也许对外国人来说,不是敌人就有可能成为朋友,但对俄罗斯人来说,不是朋友就是敌人。现在的年轻人最欣赏的是民粹派宣言中的那句最著名的口号:"谁不和我们站在一起,谁就是反对我们,谁反对我们,谁就是我们的敌人,而对敌人就应该用一切手段予以消灭。"他们表示,在别的国家人们争论是为了寻找真理,在俄罗斯人们争论是为了证明自己百分之一百的正确和要击倒对手。利哈乔夫说,俄罗斯的民族性格中"极端性"特点突出,妥协基因欠缺,强烈、狂热、绝对、一切、全部,这些词都可以作为俄罗斯集体潜意识的概括。

俄罗斯现在的青年组织不论是"亲克里姆林宫"的,还是"反克里姆林宫"的,都表现出非此即彼的坚决状态,以激进形式表达政治意愿的年轻人越来越多。普京明确说:"强硬政权是社会秩序之源和保障。"俄政府表示,凡是按西方原则和与亲西方政权建立关系的国家,不能再享受"兄弟式"的"能源优惠"。目前在俄罗斯有"光头党"一万多人,而且这类极端组织有不断扩大的趋势。2004年成立的"青年同盟"宣布要实现俄罗斯的"第三罗马使命",要求撤换不符合民族利益的政权,2005年2月成立的"欧亚青年联盟"成立地点选在弗拉基米尔州的亚历山德罗夫镇,这里是伊凡雷帝在"特辖制"时期的驻扎地,该组织宣称要建立一个"欧亚帝国",要组成"新的特辖军团"打击一切分离主义,不允许俄罗斯和独联体境内发生"颜色革命",反对北约,反对科索沃独立,反对格鲁吉亚、乌克兰的"颜色革命",欧亚联盟在为其积极分子举办的夏令营中举行格斗训练,教授如何驱散异己的集会、讲座等,他们认为自由主义组织是拿美国人钱的间谍、是出卖俄罗斯利益的"俄奸",对他们的活动要进行挑衅和破坏。要遏制自由派造成的混乱的联邦化趋势,应不惜任何代价制止地方的权利,限制移民,扩大俄罗斯联邦主体的控制能力。

这种激进主义情绪也体现在人们对待法律建设的看法上。一般的俄罗斯民众认为法律是"虚伪的",比法律更重要的是"真理"。俄罗斯格言说,"只有所有的法律都死亡了,人们才能生活在真理和公正之中"。苏联时期领导人都是工程师,只有一头一尾的列宁和戈尔巴乔夫是学法律的,就算是现在,俄罗斯人对西方国家律师在公共生活中扮演举足轻重的作用依然感到困惑不解。他们认为,俄罗斯的政治理念既不符合英美法系,也无法完全纳入大陆法系的法理框架,俄罗斯法律的依据不是理念,是道德上的一致性,是共同的信任。他们嘲笑西方人拘泥于繁琐的法律程序。剧变以后的1993年宪法从内容到形式都有了根本的改变,2003年的司法改革,强调俄罗斯是民主联邦国家,各联邦主体地位平等,承认和保护各种所有制以及地方自治,承认意识形态的多样性,国家权力的立法权、行政权、司法权三权独立,相互制衡,以及俄罗斯以公认的国际法原则为准。虽然说司法体系有了长足的进步,但是违规的事情随处可见,苏联时期官员以行政命令干扰案件审理的"电话法律"现在依然盛行,甚至有种观点认为制定大量的法律保护个人是不恰当的。老百姓觉得叶利钦时代的"无序民主"反不如普京的"国家指导下的有限民主"。最近两年社会对政府的信任度的确在提高,但在"多数同意"的背后,各阶层的不同声音被"过滤"掉了,政党的作用在下降,似乎只剩下普京一人的声音,如果这种局面继续下去,反对派和杜马的作用便会大大萎缩,不利于监督和制约执政阶层,这无疑会助长官僚主义和腐败蔓延。在俄罗斯的城市里身着制服的警察到处可见,任何人尤其是外国人随时都可能被警察叫住肆意"执法"。俄罗斯国内外一直公认,在俄罗斯要发展起真正强大、受人尊敬的法律秩序至少还需要花费几十年,而不是几年。

自由主义势力的沉浮起落

自由派人士涅姆佐夫说,我们"这里不可能发生橙色革命,你可能会看到一场红色革命或褐色革命"。1999年组成"俄罗斯右翼力量联盟",涅姆佐夫(西方派)任党主席,代表中产阶级的利益,这是个企业家的政党,是民主派的政党,他们坚持俄罗斯的欧洲发展方向,要融入欧盟的欧洲大家庭,要捍卫俄罗斯市场经济的成果,承认俄罗斯是西方文明的一部分,如果俄罗斯的总统要搞民主倒退、选择独裁道路,他们就要成为总统的反对党。这类组织在俄罗斯被称为"新西欧派"。2003年12月的议会选举中"右翼力量联盟"只得到4%的选票,2004年自由主义力量分裂,部分成员退出另成立了一个"自由俄罗斯",2005年右翼力量联盟新的领导人是只有29岁的尼基塔·别雷赫,他的反政府立场明显,指责政府民主倒退、自由市场经济衰退、政府日益官僚化。2007年的地方议会选举中自由主义政党得到4.41%的选票,此后日渐衰落,2007年12月的议会选举中得票率只有0.96%,2008年10月该党自行解散,随后建立"右翼事业党"。这个政党在商业精英和新贵以及亲西方的青年中有一定的影响力。它比较温和,愿意同政府合作,目前普京、梅德韦杰夫当局对该类组织的态度是拉拢安抚为主、打压为辅,政府认为左翼的俄共比较稳定,需要扶植一个稳定的右翼政党,而自由主义历来易散不易合,派系繁多,行动能力差。2005年基里延科被任命为俄原子能署署长,2009年梅德韦杰夫任命别雷赫为基洛夫州的州长,一时间自由主义的代表人物都成为"体制内"的"自己人"了。2009年右翼组成的"团结联盟"试图在俄罗斯搞"颜色革命",要普京辞职,抗议民主倒退,3月间"团结联盟"组织示威游行,高呼"驱赶普京!""普京下台!"的口号,焚烧梅德韦杰夫的肖像,但由于社会基础狭小没有太多的人响应。年轻人觉得,自由主义的妥协温和、过于精英的"小众化"、"上层化"和易于"招安"的特点都显得"太没有血性"了,与民粹主义煽动下"热血澎湃"的群体精神状态相距太远了。

能否设想两个"不高兴"的遭遇?

有人认为,俄罗斯"不高兴"主要是针对美国和欧洲的,对于中俄两个"不高兴"遭遇的担忧是多余的,即便有那么些年轻人在网络上叫嚣,但因为只是民间的比较边缘化的"愤青",进不了正规渠道掀不起什么风浪。现在双方政府感觉都处在最佳状态,中国官方认为,目前的中俄关系是"有史以来真正平等和健康的时期",双方在"谋求共同发展"的"上海精神"的互信、互利、平等、协商、尊重多样文明的框架内和谐发展,是一种"互利双赢"的最佳模式;克里姆林宫对华关系判断也如出一辙,普京认为,"无论在政治还是在经济方面,中俄两国之间的关系,从未达到如此高的水平"。两国领导人如此赞誉,学者们也跟着起哄式地锦上添花,纷纷称赞中俄两国是"新时代下堪称大国关系的典范"。2009年在中俄两国建交60周年之际,10月12至14日,俄总理普京应温家宝之邀对中国进行正式访问,此次访华签署的合作协议之多、涉及范围之广、贸易数额之大都是前所未有的,于是舆论界就有了中国与俄罗斯有利益"汇合"、"世界上两个最强大的权威国家找到了共同目标"的说法。

但是,正如英国《金融时报》所评论的,"现在还不是'龙熊同窗'的时候"。因为在两种民族主义PK的过程中,双方都有强烈的支配欲望,都有"优势族群"的感觉,狭窄的视野和惯性容易让他们狭路相逢。众所周知,民族主义是一个"睡美人",一旦遇到合适的政治气候,它会成为一种比任何主义都更容易表达的方式,很容易操纵群众,它既可以增强民族的凝聚力,也会成为一个"诱人的陷阱",既有积极意义也具有消极内涵,它的超级动员能力会把各种不满吸附进来,它的排他性的唯我独尊极易对周边民族形成挑战。

至于双方领导人关于中俄关系的美妙言论,可以说是一个努力方向,但是任何国家都没有长远的牢不可破的友谊,回顾中苏关系历史上的大起大落就可以知道,且不说历史上从中苏蜜月阶段到毛泽东发出"我们要准备打仗"不到十年,实际上这种脆弱的平衡很容易打破,政府间的制度约束力薄弱,中俄之间的战略风险依然存在。看看俄罗斯与独联体国家的关系就可以推想而知,这些国家间前后签署了1700份友好协议,建立了五花八门的合作机构,真正生效与执行的不足十分之一,而且说变脸就变脸,说逆转就逆转。

让龙与熊都高兴仍是一个有待努力的目标

实际上俄罗斯国内已经对中俄现状有不少怀疑,对长期前景更为悲观。由于中国经济的快速崛起,让俄罗斯人感到震撼和酸楚,他们知道在两国力量对比的天平上,天平已经向中国方向移动,中国越来越主动,就意味着俄罗斯越来越被动。由于中国经济的快速增长,俄罗斯将被置于比中国更加远离美国的境地,在俄罗斯人看来这无疑会降低莫斯科的竞争优势,降低俄罗斯的国际地位。"中国威胁"的论调在俄罗斯尤其是在民间有相当的市场,中国的高速发展反衬出远东的落后,导致反华情绪的泛滥。与以往不同的是,以前的"中国威胁"常常强调的是局部的"经济威胁""人口威胁""廉价商品威胁",现在俄罗斯人更多谈的是中国的"全面威胁"。部分学界人士认为,以中国的人口的大块头和经济的影响力,本身已经构成对俄罗斯国际地位的挑战、对俄罗斯整体利益的威胁,俄罗斯针对中国"不高兴"的人在逐渐增多,莫斯科与北京之间的竞争成分大于合作关系。俄罗斯人说,在中国的观念里,只尊重"老大哥",只尊重强者,国际政治博弈的规则只有"大哥"和"小弟"之分,不可能有长远的平等的伙伴关系,因此俄对华关系只能在大哥和小弟之间做出选择。从目前的发展趋势看,俄罗斯已经无法再像中苏蜜月时期那样成为中国的"老大哥",只能屈尊去当中国人的"小弟",但是这又不符合俄罗斯人的性格,也与俄罗斯的国际地位不相称。

俄罗斯民间对"30年河东30年河西"的中俄角色"互换"感到不习惯、不舒服。中俄之间角色认同之间存在着差异。一直以来俄罗斯自视为"大",称大、做大是俄罗斯人一贯的追求,对俄罗斯人来说,从中国的清末、民国到社会主义时期,俄罗斯人都认为有资格当中国的"保护伞",因此平等地位几乎无从谈起。现在中国的影响力与日俱增,让俄罗斯和中国都高兴实在是一个难解之题。在俄罗斯60%的人认为,俄国应该比中国在国际事务中发挥的作用更大,并认为中国有求于俄罗斯的地方远多于俄罗斯求中国,从日本人在远东受欢迎的程度排在美国、澳大利亚、法国、韩国、中国前面,就可以感觉到,俄罗斯对中国的认同和肯定必然是有限的、相对的以及基于一时利益的实用考虑。所以如何化解俄罗斯民间的"中国威胁"论仍是我们努力的目标。

(作者系中国政法大学人文学院教授)

分治之灾:宗教之过*

唐仁虎

20世纪上半叶末期发生在南亚次大陆的教族冲突造成震惊世界、骇人听闻的教族仇杀、抢劫、纵火、凌辱事件,仅在当时的旁遮普省就至少夺去了50万人的生命,使一千多万人流离失所或蒙受财产损失,而且暴徒们的手段之残忍和卑鄙有的是战争远不能企及的。因此,印巴分治不仅是一场悲剧,而且是一场卑鄙无耻之剧。这样一场人类历史上极其罕见的历史悲剧,是不应当被忘却的。正因为如此,有不少作家都以此为题材写了不少作品,如印度印地语作家乌本德尔纳特·阿谢格、莫亨·拉格希、耶谢巴尔、阿格叶耶、毗湿摩·萨赫里,乌尔都语作家明都和卡斯米等都以这方面的题材在不同时期写了戏剧、短篇小说或长篇小说。在他们的这些作品中,我以为特别值得注意的是乌本德尔纳特·阿谢格的独幕剧《在暴风雨到来之前》(又译《暴风雨来临之前》,1946)、耶谢巴尔的《虚假的事实》上卷《故乡与祖国》(1960)和毗湿摩·萨赫里的《黑暗》(1973)。这几部作品可以说是在不同的时间段发表的这类作品的代表性作品。因此,本文打算以这三部作品为例,分析分治文学产生的文化历史原因以及不同时期作家在创作这类作品时的不同思考。

一、这几部作品的内容概略

上述三部作品中的《暴风雨到来之前》和《黑暗》都没有译成汉语,所以有必要极简略地介绍一下这几部作品的故事内容。

---

* 本文是"东方现当代文学纪事数据库"项目的阶段性成果,得到教育部人文社会科学重点研究基地基金资助。项目批准号07JJD752086

《在暴风雨到来之前》的背景是1946年初,英国政府派出印度使团到印度,做移交政权的准备工作,但穆斯林联盟提出以旁遮普和孟加拉等五省建立巴基斯坦国,但英国政府考虑到建立这样的巴基斯坦国将分为东西两个部分,相隔数千英里,联系极不方便,因此"英政府不能把在印度的权力移交给两个单独的主权国家"。① 这便引起穆斯林极大不满。在这种情况下,圣雄甘地号召印度教徒不要刺激穆斯林。但是,有些印度教激进分子不听甘地的号召,为庆祝胜利悬挂三色旗②。原来三色旗是国大党的党旗,而绝大多数穆斯林认为国大党是印度教徒的政党,因此悬挂三色旗对绝大多数穆斯林有刺激作用。所以,悬挂三色旗,激起了穆斯林的教派情绪,致使穆斯林和印度教徒发生宗教冲突,造成教族仇杀。《在暴风雨到来之前》中,小手艺人吉苏(印度教徒)对当时的教族仇杀非常担忧,他认为印度教徒应该响应甘地的号召,不要刺激穆斯林,不应该不照顾穆斯林的感情而随便悬挂三色旗。他觉得"这场灾难是兄弟相残"。③ 他是清醒的下层人民的代表,明白党派领导以及宗教头目们的险恶用心,知道在这场冲突中真正受难的是如同兄弟的下层人民,所以他不听当地印度教激进分子格尔塔利的煽动,坚决不在自己的房子上悬挂三色旗。不仅如此,他还挺身保护穆斯林尼亚吉米昂,结果不仅尼亚吉米昂没有逃脱灾难,吉苏也成了格尔塔利设定的屠杀对象。不过,吉苏并不后悔自己的所作所为,他为自己的行为感到高兴,在离开人世之前,他最终还要妻子保护好尼亚吉米昂的儿子伯赫书,把他抚养成人。

从历史的发展看,《在暴风雨到来之前》所描写的的确是暴风雨来临之前的序幕,而耶谢巴尔的《虚假的事实》上卷《故乡与祖国》从1943年写到1947年印巴分治之后大迁徙为止,内容主要是写印巴分治给印度教徒和穆斯林带来的灾难;下卷《国家的未来》主要是写分治后的印度开初几年的状况,因此这里对下卷不作介绍分析。《故乡与祖国》的男主人公布里是拉合尔一位中学教师的儿子,硕士研究生。他于1943年参加反对英国的殖民统治、反对印度参与第二次世界大战的运动被捕入狱,在狱中写了一部短片小说集。1945年5月,英国殖民政府为了庆祝第二次世界大战的胜利,释放了包括他在内的政治犯。他出狱后受到穷困的折磨,无法继续完成学业。不过,他在狱中写的小说发表后受到好评,成为名噪一时的作家。他在一家带有印度教倾向的报社

---

① 转引自林承节:《印度近现代史》,北京大学出版社1995年版,第713页。
② 三色旗当时为印度国民大会党的党旗,分橙黄、白、绿三色。但因国大党中虽有穆斯林,但大多数是印度教徒,因此当时绝大多数穆斯林认为这是印度教徒的象征,并予以强烈反对。
③ 〔印度〕乌本德勒那特·阿谢格:《戏剧集》,第17页。

找到了编辑工作。但是,由于他注重真实,注重宗教团结,实事求是地写新闻稿件揭露了印度教激进分子的所作所为,而被加以莫须有的罪名解职。别无他法,他只好翻译小说,替人代笔写教科书为业。但又受到出版商和学阀的剥削,收入十分微薄。不过,幸运之神向他伸出了援手——出版商的女儿甘娜格垂青于他,双双坠入爱河。甘娜格的父亲和做律师的姐夫觉得布里家太穷,门不当,户不对,决心拆散他们。但甘娜格无论如何不同意。她姐夫想出的最后办法是给她一个月时间冷静思考。在这一个月中她不与布里见面,一个月后由她自己决定。达成协议后,她姐夫、姐姐带着她离开拉合尔到奈尼塔尔避暑。但他们没想到的是,甘娜格给布里寄去路费让他到奈尼塔尔见面。布里8月初到奈尼塔尔,然后去勒克瑙寻职。布里在勒克瑙碰壁后回到奈尼塔尔,赶上了8月15日零点举行的独立庆祝活动。印巴分治,拉合尔划归巴基斯坦。布里离开奈尼塔尔,欲回拉合尔接家人到分治后的印度。他一路上目睹了印度教徒屠杀穆斯林和凌辱穆斯林妇女的悲惨情景。但他不仅未能回到拉合尔接家人,反而被同教信徒洗劫一空,且险些丧命。

布里的妹妹达拉是本书的两位女主人公之一。她1943年以优异的成绩考入大学。此后,她与穆斯林青年、共产党人阿瑟德互相爱慕,但家里人却把她许配给了一个资本家的浪荡公子。她本希望她哥哥能帮她摆脱婚姻的困境,但她哥哥没有去说服她父母。此时,拉合尔的教派冲突已经开始,于是她很快被嫁了出去。新婚之夜刚进洞房,便被丈夫毒打一顿。然后,她丈夫便离去了,她独自待在花烛洞房。少顷,她婆家的别墅被伊斯兰信徒放火烧了起来。她乘机从窗户跳到别人家的屋顶上,逃了出来,但不幸落入穆斯林歹徒之手,被奸污。后被一个好心的穆斯林老人所救,但劝她改信伊斯兰教。她没同意,只得离开。最后她被有军队保护的印度派去的收容队接到印度。一路上,她看到了迁往巴基斯坦的一无所有的穆斯林、被杀害的不同教派信徒的遗体和被凌辱妇女的惨状。在这部作品中,作者试图从经济、社会、宗教、政治等方面揭示这场悲剧的原因,抨击印度教和伊斯兰教的狂热分子在印巴分治时的残暴、卑鄙行为,给后人以警示。

《黑暗》所写的内容是分治前夕,即1947年3月发生在拉瓦尔品第及周围的100余个村庄的暴乱。小说开篇,穆斯林老爷穆拉德·阿里拿出五个卢比给皮匠纳图,让他弄一头猪来关在一个黑暗的小房间里杀死,但没有告诉他为何这样做。纳图费尽九牛二虎之力才将猪杀死。第二天早上,那头死猪被放到了清真寺门外。后来,愤怒的穆斯林杀死一头母牛扔到印度教寺庙外。于是,印度教徒和穆斯林之间的冲突发生了,且很快蔓延开来。共产党人和国大党领导人去找当地的英国人副专员理查德,希望他采取措施,实行戒严,避免事态扩大。但他以他无权调动军队为由,不予理睬①。冲突蔓延到周围的村庄后,锡克教徒也遭了殃。有的村庄的锡克教妇女为了避免被穆斯林凌辱,带着孩子集体投井自尽;幸存的也背井离乡,沦为难民。一些年轻的共产党人为了唤醒人们的理智、平息骚乱,东奔西走。但他们毕竟人少力单,狂热的教徒们非但不听他们的劝解,甚至把他们当成敌人,以致有的成了骚乱的牺牲品。几天后英国人意识到骚乱持续下去有可能殃及自身,于是开始干预,实施宵禁,派军警维持秩序,调查人员的伤亡和财产损失情况。

二、这几部作品的相同点与不同点

这几部作品发表的时间相隔二十多年,第一部作品创作于英国宣布准备接受印度的独立要求之后,后两部作品每部的创作和出版时间相隔十多年。或许正是这种原因,这几部作品所表现的对分治和分治所引起的冲突的认识也不完全一样:有相同点,也有不同点。相同点主要有两个方面。第一点,也是最为明显的一点,是对英国殖民统治者没有积极采取措施避免当时的教派冲突不满。这一点在发表得越早的作品中表现得越明显,说得越明白。例如:《在暴风雨到来之前》中就表现得非常明显,其作者认为当时爆发的印穆冲突是英国殖民政府耍花招造成的,他通过作品中人物的嘴说:"这正是政府②所希望发生的。"③他还认为印度国大党和印度穆斯林联盟都被耍了,"两个组织④都是政府手中的玩偶"。⑤ 但实际上恐怕不是这么一回事。这一点下面分析原因时再探讨。

耶谢巴尔的《虚假的事实》是印度独立后才写,1960 年出版的。在这部作品中,作者依然认为英国殖民统治者是挑起冲突的罪魁祸首,他借男主人公布里的嘴说:"总督的目的是要挑起冲突。他不会同意成立巴基斯坦。他颁布过反对穆斯林联盟游行的法令。"⑥

---

① 理查德是当地的副专员,无权调动军队,这是事实。但是,他可以设法让上级有关部门调动军警实行戒严,阻止事态的发展。
② 指英国殖民政府。
③ 〔印度〕乌本德勒那特·阿谢格:《戏剧集》,第 15 页。
④ 指印度国民大会党和穆斯林联盟。
⑤ 〔印度〕乌本德勒那特·阿谢格:《戏剧集》,第 20 页。
⑥ 〔印度〕耶谢巴尔:《虚假的事实》(上卷),金鼎汉译,上海译文出版社 2000 年版,第 117 页。

耶谢巴尔在这里还是明确地指出英国统治者"是要挑起冲突"。这与独立前阿谢格的看法没有变化。只不过把理由说成是殖民政府当局不会同意"成立巴基斯坦"。但是,在 20 世纪 70 年代出版的《黑暗》中,小说的作者并没有明确地这样说,而只是表现了英国统治者不愿意让印度的教派冲突殃及自身。下面我们来看看小说中出现的英国最高行政长官和妻子的对话:

"理查德,有你在还发生冲突?"
"丽莎,你知道的,我们不插足他们的教族冲突。"
"你为什么不设法阻止呢……他们打起来,也会危及到你的安全的!……难道他们相互厮杀是好事吗?"
"难道这些人团结起来反对我……是好事吗?……如果现在这样的声音出现在我们家外面,这些人举着上了刺刀的枪站在外面,试图要我的命。你会觉得怎么样?……城里发生了骚乱,我得去了解情况。你睡吧。"①

从上面理查德的话可以明显地看出,英国殖民统治者没有挑动宗教冲突的意思,但也明显地表现出不愿引火烧身。而当时的冲突主要是教族冲突。关于这一点,在这部小说的开篇,作者就明明白白地告诉了读者:一个穆斯林头人找一个印度教皮匠种姓的人纳图杀猪,而且告诉他是供医学之用。但是,第二天清早,伊斯兰信徒便在清真寺门口看见了一只被杀死的猪。这只被杀死的猪是从哪儿来的,书中没有交代,但读者会心领神会。穆斯林视猪为污秽之物,他们岂能容忍。于是,不久后在印度教寺庙前出现了被杀死的母牛。牛,特别是母牛被印度教徒视为神,被印度教徒当做神圣的动物。母牛被杀死了,而且还放在印度教寺庙附近,这还了得。这两种动物被杀死,被分别放在两个近千年来冲突不断的宗教的信徒们的寺庙附近,这将导致什么事件发生?这已经是不言自明的事。果然,冲突发生了,而且愈演愈烈,由城市发展到周围的一百多个村庄。这次冲突中受害的不仅是印度教徒和伊斯兰教徒,而且在当地为数很少的锡克教徒也遭到伊斯兰信徒的祸害,财产被洗劫,男人被追杀、妇女和儿童得不到保护。下面请看锡克教妇女不堪受辱而出现的惨不忍睹的场面:

"一群妇女朝着深井走去……杰斯比尔·高尔首先跳进了井里。她没有喊任何口

---

① 〔印度〕毗湿摩·萨赫里:《黑暗》,印度国莲私营有限出版社 1977 年版,第 111 页。

号,只说了'啊,古鲁'就跳下去了。她一跳下去,不少妇女都登上了井台。赫利·辛哈的妻子自己先登上井台,接着把四岁的儿子拉了上去,然后拉着他一起跳了下去。德瓦·辛哈的老婆抱着吃奶的孩子跳了下去。普列姆·辛哈的妻子自己跳了下去,可是她的孩子站着没跳下去。戈扬·辛哈的妻子一把把他推到他母亲一起去了。转眼之间,村里的数十个妇女就带着孩子跳下井里去了。"① 这是多么悲惨又多么悲壮的一幕!说它悲惨,是因为这些妇女是万般无奈而为之,她们不这样结束自己的生命,就将会遭到无法忍受的凌辱;说它悲壮,是因为这些妇女为了自己的尊严,面对死亡无一点畏惧,勇敢地带着孩子去与死神拥抱。

但是,这里有一个问题出现了:为什么前两部作品明确地说是英国人挑动的教族冲突,而这一部作品不那样说了呢?我以为后者虽然还是属于反思因由印巴分治引起的教族冲突所造成的伤害文学一类,但是经过二十余年的沉淀,作者写作时已经不再受反对英国殖民统治、进行独立斗争的那种政治氛围的束缚了,在看待当时的教族冲突时,能够做到比较客观了。这也说明作者更加清醒地看到了当时教族冲突的真实原因,因而不再说是英国人挑动的教族冲突,而实事求是地描绘出当时教族冲突是如何发生的,同时表现了英国人在解决当时的教族冲突时的消极态度。事实上,英国人当时也非常清楚地看到了印度的教族冲突会在获得独立允诺后突然迸发出来。至于冲突会有多厉害,他们也预料不到,因此在他们抽身出来之前,不愿卷入印度的教族冲突中去。这是他们当时不愿意立即出兵压制教族冲突的真实原因。这一点,小说中出现的英国最高行政长官已经说得很明白了。这在前面已经说到,不再重复。客观地说,英国政府当时恐怕也不愿意看到发生如此大规模的、悲惨的教族冲突和流血惨案。时任英国首相艾德礼在1946年初就曾在下院说:"如果印度选择独立——在我们看来,它有权这样做,我们将帮助他们尽可能顺利地实现这个转变。"② 这表明英国方面没有挑动教族冲突的企图;教族冲突是印度长期的宗教矛盾在获得独立允诺后印度的部分宗教、政治领袖们煽动起来的。

另一方面,这几部作品的作者都看到了教族冲突的悲惨,看到了教族冲突给人民的生命财产带来的巨大损失,他们感到痛心。想必正是基于这种原因,他们才通过文学作品的形式把那些本不该发生的事写出来,给后人以警示。另外,作家们也都看到

---

① 〔印度〕皮湿摩·萨赫尼:《黑暗》,印度国莲私营有限公司1977年版,第214页。
② 转引自林承节:《印度近现代史》,北京大学出版社1995年版,第711页。

了教族冲突是上层宗教、政治领袖们挑动起来的。例如：在1946年发表的《在暴风雨到来之前》中的普通印度教徒吉苏不仅自己坚持不挂三色旗，而且劝别人不要挂三色旗，不要刺激穆斯林。为什么呢？因为当时英国殖民统治当局已经着手移交权力，国大党接手的权力已经占了优势，尼赫鲁已经成了印度人中身居最重要领导地位的国家领导人；而穆斯林联盟的领袖们又坚决要建立巴基斯坦国。如果刺激穆斯林，势必发生冲突，结果正是吉苏预料的那样。《虚假的事实》的上卷《故乡与祖国》在结尾处，作者让读者看到了委实目不忍睹的惨景："一个人像耍杂技似的，高高地举起一根长竹竿。另外一个人像敲鼓似的敲着洋铁桶。旁边一些人把手放在嘴唇上，像公羊见到发情的母羊似的，发出'吧！吧！'的声音。竹竿上挂着一个裸体女人。女人的两腿张开悬在竹竿上。腿上的鲜血在晚霞中显得特别刺眼。她的脖子和胳臂却无力地垂着。举竹竿的人前面还有四五个裸体女人。她们用手捂着脸，被别人推来推去。前面是往西走的穆斯林。这伙暴徒对他们嚷道：'把她们带走吧！把她们带走吧！把你们的母亲和女儿都带走吧！'"①这是印度派到分离后的巴基斯坦接印度难民过了巴基斯坦检查站后看见的情景。这是哪个教族的人所为，已经非常清楚。这显示出，耶谢巴尔作为一个进步作家在写这部小说时，没有偏袒任何一方，而是鞭挞了印度教的暴徒们。

总之，在这几部作品中，对英国殖民统治者均有鞭挞，不过有的比较公允，有的有失偏颇。而挑起宗教冲突的，既有印度教上层人士，也有伊斯兰教上层人士。作者对他们都进行了抨击。

三、印巴分治及教族冲突的原因

印度和巴基斯坦作家都写了不少以分治为题材的文学作品，表现印巴分治时宗教冲突给人民带来的灾难，给难民们带来的生活的艰辛。不仅如此，印巴分治还给印度和巴基斯坦带来了一个无法解决的难题——克什米尔问题。这些都使我们不能不思考印巴分治的原因到底是什么？印巴分治造成的教族仇杀的原因是什么？

印巴分治既有宗教原因，也有政治原因，还有宗教政治上层人士为了一己私利的原因。总之，原因是多方面的。

不错，印巴分治的方案是英国殖民当局提出来的，但是我们必须看到英国殖民当局为何提出分治的方案。我们知道，英国殖民当局曾先后提出两个移交政权的方案：

---

① 〔印度〕耶谢巴尔：《虚假的事实》（上卷），金鼎汉译，上海译文出版社2000年版，第553页。

第一个方案不是分治的方案,而是因为独立前印度的政党、宗教等多种原因该方案未能得到穆斯林联盟的接受;穆斯林联盟意欲建立巴基斯坦。这是政治宗教领袖利用宗教,以便达到自己的政治目的,成为一国的最高统治者或者统治者集团。早在1930年,著名诗人、宗教哲学家、政治思想家伊克巴尔在主持穆斯林联盟年会时就提出建立穆斯林国家的思想,他说:"我愿意看到旁遮普、西北边省、信德和俾路支斯坦构成一个单一的国家。无论在英帝国内自治或是在帝国外自治,建立一个巩固的西北穆斯林国家我认为至少是西北印度穆斯林的必然归属。"① 1940年3月,全印穆斯林联盟在拉合尔举行的年会上通过决议,正式决定建立穆斯林国家,其中写道:"任何制宪方案只有建立在下述原则基础上,在这个国家才是切实可行的并能为穆斯林接受,即把地理上连接的单位划分为一些区域,其构成及必要的领土调整,应使穆斯林占人口多数的地区即印度的西北地区和东部地区合并为独立的国家,其中各构成单位有自治权和主权。"② 正是因为穆斯林联盟的方针已定,穆盟的领导人和上层宗教人士坚决抵制英国政府提出的印度制宪会议构成的方案,并制定了组织穆斯林开展斗争的计划,宣布(1946年)8月16日为"直接行动日"。于是,大规模的教族冲突很快就发生了,仅在加尔各答三天就有五千人失去了生命,伤者达两万之众,无家可归者数以十万计。比哈尔至少死七千人。旁遮普也不会例外,冲突中死伤者想必更多。③ 在这种情况下,英国首相才不得不于1947年2月20日决定最迟不晚于1948年6月把政权移交给印度人。但是英国人并没有等那么久,仅仅在5个多月之后便于1947年8月15日就将政权分别移交给了印度和巴基斯坦两个自治领。这是为什么呢?原来英国人认识到印度对它来说已经成为一个即将爆炸的火药库:英国驻印度的最后一任总督蒙巴顿的助手后来曾说:"1947年3月的印度"已经"是一艘满载火药在大海中航行而突然着火的船。当时的问题是在大火燃烧到弹药之前把火扑灭"④。如何扑灭呢?事实上这火已经无法扑灭了。英国人不想掉进火药库,于是不得不提出印巴分治的方案,并尽快实施。

那么,穆斯林联盟又为什么一定要求分治,而且其主张还得到广大教徒的赞同呢?

---

① 转引自林承节:《印度近现代史》,北京大学出版社1995年版,第631页。
② 同上,第633页。
③ 理由是:旁遮普是印度教徒、伊斯兰教徒和锡克教徒混居集中的地区。但可惜的是,我们没有该地区在"直接行动日"造成死伤者的具体统计数字。
④ 转引自林承节:《印度近现代史》,北京大学出版社1995年版,第720—721页。

我认为原因主要有三点：一、自 1206 年德里苏丹国建立到 19 世纪中叶英国在印度实行彻底的殖民统治前的 600 多年时间里，穆斯林一直是印度的统治者。在 1858 年英王接管印度的统治权以前的七八十年里，穆斯林作为印度统治者的权力虽然部分乃至基本上全部失去了，但穆斯林的最高统治者还是一直存在的，还有一个象征性的皇帝。在穆斯林的这些最高统治者中除阿克巴及其子贾汉吉尔在位的几十年里实行宽容的宗教政策外，其他统治者对印度教徒基本上采取了不同程度的打压政策，使印度教徒长期感到压迫感，积怨甚深。英国人来了以后，为了有利于自己的统治，采取了利用印度教徒和打压穆斯林的政策，并逐步夺取了他们的一切权力。这样一来，两大宗教之间长期形成的矛盾难以调解，且难以建立互信。二、在长达 600 多年的穆斯林统治时期，改信伊斯兰教的印度教徒大多是低等种姓和贱民。他们本身很穷，改信伊斯兰教以后虽然在宗教上享有平等的权利，但是在经济上并没有翻身，依然很穷。实际上，他们在经济上依然受到富有的印度教徒的剥削，正如耶谢巴尔在小说中所说的："这一切都是印度教徒自己造成的。"①"穆斯林现在掠夺了印度教徒。但是印度教徒几百年来一直掠夺和剥削他们。否则，同住在一个地方的人为什么贫富间有这么大的差别？为什么旁遮普的财产全都在印度教徒手上？这些穷人一怒之下都加入了伊斯兰教，成为穆斯林。现在是第二次愤怒。""这样的狂怒既是宗教造成的，也是贫穷造成的。"②不信，请看："印度教徒和锡克教徒带来的是皮箱、现金、首饰和债券。而这些穆斯林带走的是陶制烟袋、破床、炉子、磨子和母鸡。这些就是他们的财产……'有钱的是印度教徒，受穷的是穆斯林。'这话一点也不假。"③耶谢巴尔在小说中说的的确是事实。不过，这还有一些客观原因，即在穆斯林集中的地区，或者说穆斯林占多数的地区，富有一些的大多是印度教徒或锡克教徒，穷困的多为穆斯林。例如《黑暗》在描述印度教徒和穆斯林的区别时也曾说道："卖衣服的店一般都是印度教徒的，鞋店是穆斯林的……一些零散的杂活印度教徒也干，穆斯林也干。"④这里虽然没有说到为什么会有这种区别，但是从这种简单的区别中我们可以看出，印度教徒所开设的店比穆斯林的好，可以多赚钱一些。而干杂活的虽然有印度教徒，也有穆斯林，说明在穆斯林占多数的地方印度教徒虽然比较少，但也还是有穷的，只是数量上可能比较少。与此相反，穆斯林中

---

① 〔印度〕耶谢巴尔：《虚假的事实》（上卷），金鼎汉译，上海译文出版社 2000 年版，第 552 页。
② 同上。
③ 同上，第 551 页。
④ 〔印度〕毗湿摩·萨赫里：《黑暗》，印度国莲私营有限出版社 1977 年版，第 89 页。

穷困的可能更多一些。这不仅是耶谢巴尔小说中的印度教徒和穆斯林教徒的不同状况，而实际情况也是如此。之所以形成这种状况，是因为穆斯林即使在印度建立统治后，依然属于少数；而印度教徒，特别是上层的三个种姓的印度教徒，基本上是不会改信伊斯兰教的，甚至很多首陀罗和不可接触者都没有改信伊斯兰教；在这种情况下穆斯林统治者为了自己的统治就不能不利用印度教徒上层人士或者有权势的人士，因此不能不向他们妥协。再说，穆斯林统治者也不可能把富有的印度教徒的财富、房地产夺过来分给改信了伊斯兰教的极贫穷的原印度教徒。另一方面，改信了伊斯兰教的印度教徒绝大多数原本很穷，成为穆斯林后依然很穷。到印度独立前后，他们的后裔已经不知道他们的多少代祖辈原来是印度教徒，而只知道他们是穆斯林了，所以他们很容易受到伊斯兰教的宗教领袖、政治家的煽动，参加到教族冲突中去。实现分治后，他们前往巴基斯坦去时，自然也没有什么现金或贵重东西可带走了。当然，他们之所以如此，说到底还是印度教造成的——如果没有印度教的种姓歧视，那些低等种姓的印度教徒和不可接触者或许就不会改信伊斯兰教了，也就不会形成后来这一幕幕惨剧了。但是，历史是没有如果的，我们也无须赘言。

　　但是，这种状况并不是导致印巴分治的深层原因，只是表层原因。真正的深层原因在于：穆斯林的领袖们已经清楚地认识到获得独立之后他们不可能在统一的印度重新获得最高宝座，不可能重新掌握印度的最大权力。而在印度沦为英国殖民地以前，穆斯林一直占统治地位，靠强权统治着印度。印度教徒虽然占多数，也进行了无数次的反抗斗争，特别是还出现了西瓦杰①这样的与莫卧儿王朝进行斗争、抗衡的杰出人物和不少与入侵者进行斗争的英雄，但是都未能推翻穆斯林在印度的统治。英国人来到印度以后，为了在印度建立自己的殖民统治，巧妙地利用了印度教徒和穆斯林之间的矛盾，拉拢印度教徒，特别是印度教徒的上层人士。英国人这样做的结果，加深了印度教徒和穆斯林之间的矛盾。但是，伊斯兰教信徒和印度教信徒毕竟同在印度这片土地上生活了约一千年的时间，他们之间虽然有不可调和的矛盾，有难以化解的仇恨，但却都是这儿的居民；英国人虽然拉拢印度教徒，打压穆斯林，但并不是不榨取印度教徒的血汗，因此在争取独立的斗争中他们又能站在同一条战线上。然而，随着独立斗争的深入发展，随着获得独立的曙光的出现，穆斯林的领袖们就不得不考虑获得独立以

---

① 生于1627年，卒于1680年，印度马拉塔国家的建立者。19岁领兵征战，曾于1657年、1665年先后两次率领马拉塔人民进行反对莫卧儿帝国统治的战争，被视为伟大的民族英雄。

后怎么办了。伊克巴尔是有先见之明的,他1930年提出建立巴基斯坦的想法,其他人并没有在意。但是,随着获得独立的日子越来越近,穆斯林领袖们也越来越清楚地认识到,在印度的总人口中穆斯林占绝对的少数,如实行民主制,以选票说话,他们绝对不可能获得多数人的选票,也就不可能成为真正的掌权者。这在1946年初的省议会选举中已经得到了证实。当时穆斯林联盟在穆斯林占多数的旁遮普省都没有获得独立组成政府的议席,组织联合政府的努力亦未能成功,结果成立了由印度国民大会党、民族统一党等组成的联合政府。① 因此他们不可能同意英国人提出的任何建立统一的由印度人掌权的单一国家。事实也正是如此,在英国人没有"表示支持建立巴基斯坦"的情况下,他们"强调未来制宪必须以赞成巴基斯坦为前提,否则穆盟决不接受。"② 也正因为如此,他们才在没有得到支持建立巴基斯坦国的情况下就开始为建立巴基斯坦国进行斗争,煽动教族冲突。这样一来,在伊斯兰教宗教和政治领袖们发动的直接行动日,大规模的教族冲突便不可避免地发生了,以致造成了极悲惨的结局。"《国务活动家》报记者安·斯提芬现场采访加尔各答冲突后报道当时的惨状说:'街头布满尸体,至少有三千具,受伤者数以万计。至于商店和私宅遭到的破坏更是无法统计。这不是骚乱,而是中世纪史上所说的大屠杀。不过,疯狂的大屠杀听起来像是自发的,而这次事件却带有预谋和组织的性质。'"③ 因为那些预谋者和组织者都想在独立后得到政治利益,甚至经济利益的最大化。这才是最重要的原因。

综上所述,不难看出,印巴分治并不是英国人搞的分而治之的结果,主要是穆斯林联盟的宗教政治领袖们为了政治目的迫使英国人和国大党接受的分治要求。他们提出分治的要求一被接受,紧接着的便是边界线的划定问题、居住在印度境内的穆斯林迁往巴基斯坦的问题和居住在巴基斯坦境内的印度教徒迁往印度的问题、不动产不能带走又引来新来者争夺的问题,等等,众多的问题在一夜之间突然出现。这便引发了不同宗教的教徒之间的冲突和仇杀,然后便是争夺不动产的冲突和伤害,甚至同教徒之间为争夺不动产的厮杀。结果就是众所周知的分治造成的极大灾难,而这灾难正是宗教造成的,也就说虽然是分治造成的灾难,但的确是宗教之过。

(作者系北京大学东方文学研究中心、北京大学外国语学院南亚学系教授)

---

① 参见林承节:《印度近现代史》,北京大学出版社1995年版,第702—705页。
② 林承节:《印度近现代史》,北京大学出版社1995年版,第701页。
③ 同上,第718页。

普拉姆迪亚创作的反殖民主义倾向

孟昭毅　塔　娜

普拉姆迪亚是印度尼西亚独立后最杰出和最有代表性的作家。他以具有强烈的反殖民主义倾向的优秀小说闻名东南亚。有些评论家认为他是"在(印度尼西亚)一代人或许只能出现一个的作家",并拟提名他为诺贝尔文学奖的候选人。

普拉姆迪亚·阿南达·杜尔(1925—2006)生于印度尼西亚中爪哇的小市镇布洛拉。父亲是一位具有激进民族主义思想的教师,曾因不愿与荷兰殖民者合作而放弃官办学校高薪教职,出任利立民族学校的校长。但学校屡遭荷兰当局的非难与破坏,其父也消沉、潦倒而死。母亲是个虔诚的伊斯兰教徒,在贫困的家境中哺养9个孩子,积劳成疾。普拉姆迪亚自幼受到民族意识的默化以及艰苦生活的磨炼,这对日后的创作颇有影响。

1942年,日本帝国主义占领印度尼西亚时,他刚从泗水无线电专科学校毕业,为帮助病重的母亲养活弟妹,只得出外谋生,备尝艰辛,亲身体验到下层人民的苦难。后来,他在日本新闻机构同盟社当打字员,并开始对文艺产生兴趣。1945年8月17日,印度尼西亚宣布独立,他积极投身于"八月革命"的热潮之中,任战地新闻军官,开始了创作生涯。

1947年,他任印度尼西亚自由之声出版社编辑。不久因奉命印发抵抗荷兰殖民军入侵的传单,被荷兰殖民军逮捕入狱,直至1949年才获释。1950年他任图书编译局现代文学部编辑。1952年他自己创办出版语言、文学、文化等方面书籍的"使者图书社"。1953年应荷兰文化合作协会的邀请赴荷兰参观考察,但荷兰的社会状况令他大失所望。1956年应中国作协邀请参加鲁迅逝世20周年的纪念活动,印象极深。1959年被选为人民文化协会中央理事会理事、文化协会副理事长及《东兴报》文艺副刊主编。1965年"九三〇事件"后被捕至1979年才获释,过了14年的禁锢生活。

普拉姆迪亚是个已有40多年创作历史的多产作家。他的作品程度不同地反映了印度尼西亚宣布独立前和独立以来的重大事变,渗透着强烈的民族情感和浓厚的人道主义精神,具有反帝、反殖的性质。他的作品尤其表现了对被压迫、被奴役、受侮辱、受损害的下层人民的深切同情,还有些作品突破了旧人性论的局限,表现为人民服务的思想内容。他的创作活动一般可分为三个时期。

前期(1945—1949)又称为"八月革命"时期。这时期,"八月革命"的风暴席卷了印度尼西亚,各阶层人民为迅速发展的形势欢欣鼓舞,反帝的革命情绪非常高涨。他创作的《勿加泗河畔》《往何处去?》主要表现了"八月革命"时期主人公的战斗经历和高尚情操。在革命屡屡受挫,民族资产阶级向帝国主义妥协,"八月革命"宣告失败之后,他在狱中创作了小说《追捕》《被摧残的人们》《游击队之家》《革命随笔》《黎明》《布洛拉的故事》等,内容都以他生长过程中所见所闻的人或事为题材。其中既有对以往童年家庭不幸遭遇的回忆,也有对家乡贫苦人民苦难生活的追述,表现出对荷兰殖民统治的强烈不满。但更多地是描写"八月革命"的战火,包括自己的战斗经历、狱中生活,以及战乱中各种人物的不幸与遭遇。

前期的代表作是《游击队之家》(1950)。这部长篇小说以荷兰发动的第二次殖民战争为背景,描写游击队员萨阿曼的家庭在1949年初的三天三夜中遭到破灭的故事。萨阿曼被捕后,妹妹为营救他,受骗被奸污;母亲因想念他在前线牺牲的弟弟,发疯而死。具有人道主义思想的主人公萨阿曼,被捕前为民族利益不但杀死过许多敌人,而且也杀死了当荷兰雇佣兵的父亲,精神很痛苦。被捕后,愿以死求得解脱。小说从一个侧面说明印度尼西亚普通人的家庭,在抗击外敌、争取民族独立的战争中所做出的重大牺牲。同时也表现出作者思想中民族主义和人道主义的矛盾,但从总的倾向看,作者还是把民族独立置于人道主义之上的。

中期(1950—1956)是他思想苦闷、彷徨的时期。"八月革命"失败后,印度尼西亚名为独立,实为半殖民地国家。统治阶级贪污腐化,下层人民困苦不堪,黑暗的社会现实使刚刚出狱的普拉姆迪亚非常失望。小说《一片漆黑》《不是夜市》主要描写为民族独立而做出身残、破产等重大牺牲的普通战士和人民,在"独立"后的印度尼西亚处境依然悲惨,表达了作者彷徨和忧虑的情绪。《雅加达的故事》《雅加达的搏斗》《镶金牙的美人米达》等小说,主要描写女佣、妓女、小贩等社会底层小人物的悲惨生活,有的带有自然主义倾向,表现了作者对社会不平的愤怒与抗议。

1954年发表的《贪污》是这个时期的代表作。这部中篇小说以一个贪污官员的自述,描绘了20世纪50年代初期印尼"移交政权"后统治阶级的腐朽没落,以及在当时污浊的社会风气影响下,意志薄弱的主人公从一个洁身自爱的官员陷入贪污泥淖的犯罪过程。主人公巴基尔原先廉洁奉公,但结果不但生活困难,而且被人瞧不起;当他因贪污大发横财后,却受人尊敬,出入上层社会。作品以他的官场沉浮,无情地揭穿了体面的达官贵人,实际是贪赃枉法的罪犯的本质特征。小说运用细腻、逼真的心理描写刻画人物,尤其是从人物灵魂深处去剖析犯罪的心理,颇为成功。

后期(1957年以后)是他思想发生了重大变化,进入以文学作武器为绝大多数人去斗争的时期。1957年,他在《红星报》上发表《吊桥与总统方案》一文,总结自己以往创作道路上的经验教训,阐明对现实的看法和对前途的信心。他肯定工人和农民的巨大作用,结束了悲观、彷徨的精神状态,用现实主义的方法直接描写工农,努力反映人民的生活和斗争。《南万丹发生的故事》已越出暴露文学的局限,正面描写贫苦农民反抗恶霸地主的斗争,赞扬了农民的胜利。《铁锤大叔》以满腔的热情描写了1926年印度尼西亚民族大起义。主人公铁锤大叔虽然是个一无所有的修鞋工,但他有强烈的民族意识和顽强的斗争精神,在同荷兰殖民军的战斗中英勇牺牲,表现出普通工人的优秀品质。这种讴歌明显地体现了作者新的文学观点。1962年完成的描述渔村贫苦少女嫁给城里贵族老爷后遭到歧视和欺凌的小说《渔村少女》,是这一题材三部曲的第一部,后两部在同年完稿后,在1965年的"九三〇事件"中被销毁了。

1965年,印度尼西亚发生"九三〇事件"后,普拉姆迪亚被拘捕,并押在布鲁岛等地14年,直到1979年底才重获自由。在监禁中,他不但没有消沉,没有泯灭艺术才华,反而在极其艰难的情况下,完成了11部鸿篇巨制,其中最为出色的是"布鲁岛四部曲"。

《人世间》(1980)是被命名为布鲁岛小说四部曲的第一部,其余三部是《万国之子》(1980)、《足迹》(1986)、《玻璃屋》(1988)。这四部曲故事连贯,又各成一体,以鲜明生动的人物形象,波澜壮阔的场景,再现了印度尼西亚民族在1898年到1918年这段重大历史转折时期,不甘忍受荷兰殖民主义者的欺压与掠夺,迅速觉醒斗争的历史画卷。1980年,四部曲前两部《人世间》、《万国之子》相继出版,轰动了印度尼西亚文化界。1980年8月和9月,《人世间》和《万国之子》先后在荷兰出版,轰动了欧洲文坛,很快就译成了多种文字,传遍世界。但是都被印尼"新秩序"政府宣布为禁书,不准在印尼全境收藏和传播。1981年9月,英国、荷兰等14个国家的28个作家联名写信给印尼

新闻界,对查禁作家的近作,表示强烈抗议,引起世界文坛的注目。

《人世间》以一对印度尼西亚青年的爱情故事为主线,展示了19世纪末印度尼西亚社会的各种矛盾,反映了印度尼西亚上层人民所受的殖民主义压迫。小说主人公明克是个印度尼西亚土著青年学生,他偶然到一白人侍妾温托索罗姨娘家做客,遇到她美丽无双的混血女儿安娜丽丝,两人情投意合。温托索罗姨娘想尽办法支持他们自由恋爱。为了纯真的爱情,明克蔑视上层社会的各种偏见与诽谤,顶住家庭的压力,安娜丽丝一往情深,坚持自己的选择,甘当土著民的妻子。明克高中毕业后,两人按照伊斯兰教习俗结了婚。但是好景不长,安娜丽丝在荷兰的同父异母哥哥上诉要求继承财产,并援引白人法律不承认她与温托索罗姨娘的母女关系以及她与明克的夫妻关系。白人法庭的无理判决引起武装骚乱。最后,在军警的弹压下,安娜丽丝被只身遣往荷兰。这个悲剧故事,深刻揭示出在荷兰殖民统治下,印度尼西亚民族的无权状态,以及他们不甘压迫所进行的反抗。

《人世间》的舞台中心是温托索罗姨娘家的"逸乐农场"。这个农场具有典型意义和象征意义,它实际上就是当时印度尼西亚殖民地社会的一个缩影。在这个小小的天地里,以农场主白人梅莱玛和他的白种儿子毛里茨为一方,代表着拥有殖民特权的统治者;以梅莱玛的侍妾温托索罗姨娘和明克为另一方,代表着受欺侮而又无权的人民;而混血儿的罗伯特和安娜丽丝是分化的中间阶层,他们虽属白人社会,但处处要低于纯白人一等,罗伯特倾向于白人父亲,也走向堕落的深渊,安娜丽丝则把自己的命运和土著民的母亲及恋人明克紧密联系在一起。他们之间围绕着爱情、婚姻、产业等展开的矛盾,看似家庭冲突,实质是剧烈的民族压迫与反抗,在一定意义上可以说是当时印度尼西亚殖民地社会基本矛盾的具体反映。

女主人公温托索罗姨娘是作者着力刻画的主要人物,她不仅有突出的个性,而且具有强烈的反封建、反殖民主义压迫的斗争精神,是印度尼西亚妇女从沉睡中觉醒的象征。她14岁时,被贪权爱势的父亲卖给糖厂经理、荷兰人梅莱玛当侍妾,成了白人的家奴,随时准备满足主人的任何欲望。因为不是正式婚姻,她所生的子女在土著民中也被看不起。在金字塔形的印度尼西亚殖民地社会里,土著妇女处于最底层,而姨娘和主人间"有着奴隶般的从属关系",地位比奴婢还低,比妓女更贱,是命运最惨的一类女性。从像牲畜一样被卖掉之日起,她幼小的心灵里就感到个人尊严受到极大损伤,拒不再见生身父母。为了摆脱受奴役的地位,她努力学习文化,学习荷兰语,学习饲养奶牛,学习经营管理农场,幻想通过提高自己的价值赎回失去的个人尊严。她把主人每年付给她的薪金,作为资金在农场里入股,日夜操劳,苦心经营,终于成为远近知名的"逸乐农场"的管理者。但是在殖民地社会中,一个土著姨娘想自立于社会的任何努力都是徒劳的。她连连受到打击:她为自己的混血子女办理法律手续,但法律不承认她有作为生身母亲的权利;梅莱玛纵欲死后,白人法庭将遗产的绝大部分判给了远在荷兰的梅莱玛的婚生子毛里茨;她终年辛劳到最后却两手空空,明明是自己的亲生女儿,却将被带到远隔重洋的荷兰,由别人监护。面对荷兰殖民者给她造成的一系列悲剧,温托索罗姨娘在白人法庭上义正词严地提出血泪般的抗议和控诉:"是谁使我沦为别人娇妇的?是谁逼迫土著妇女给欧洲人做姨娘的?是你们,是你们这些被尊为老爷的欧洲人!"她虽曾立誓不让自己的悲剧在女儿身上重演,也决心为"女儿的尊严而奋斗",并且运用所有合法的方式进行顽强的反抗,但是在殖民地社会里,这种个人的反抗力量是微不足道的。一个具有欧洲文化知识,并能独立经营管理大农场的妇女尚且不能掌握自己的命运,不能保护自己的女儿,那些在殖民统治和封建压迫下的土著妇女的痛苦就更不堪设想了。

小说的男主人公明克是以西方教育方式培养出来的印度尼西亚早期新知识分子的典型。他出身于封建贵族,只因是土著民就受到白人社会的鄙视。他的名字就是上小学时白人教师骂他"毛猴"的英语谐音。他靠着父亲的贵族地位才得以成为荷兰高级中学唯一的土著学生,但却时常受到同学们的捉弄与欺侮。他聪明能干,学习优秀,有坚定的民族自信心,不甘心受到不平等的待遇,力图以自己的努力和奋斗向白人社会表明自己存在的价值和意义。他接受西方科学文化以后,逐渐觉醒,成为第一代从印度尼西亚封建贵族中分化出来的具有民族意识的知识分子。他为捍卫、保护自己的妻子免遭劫夺,随同温托索罗姨娘一起斗争,是印度尼西亚知识界中最先觉悟的先驱者。他从自身遭遇到的殖民压迫与欺侮的痛苦经历中总结教训,开始以新的眼光,设身处地地去体察民族的苦难,寻求全民族的出路。在白人法庭上,他惊讶欧洲老师——他的"启蒙者"竟然会提出许多"令人作呕,无耻下流"的问题。他勇敢地发表文章抨击白人法庭不人道的审判,迫使学校撤销开除他的决定。在毕业典礼上,他大胆自豪地宣布自己的婚礼,蔑视社会的偏见与攻击。当他妻子安娜丽丝被无理遣返荷兰时,他义愤填膺,进行了最后的反抗。但是在殖民统治下,他只能是尽其"责任"进行反抗,以表明自己的所谓权利,"一直到无法反抗为止"。正如小说的结尾处温托索罗姨娘对他说的:"我们已经作了反抗,孩子,我的孩子!我们已经尽了最大的努力,作了最体面的反抗!"明克和温托索罗姨娘为捍卫自身权益的反抗虽然由于力量单薄而失败了,但是他们已经觉悟到:"土著民一辈子遭受像我们一样的苦难,犹如河底和山峦的石头,任人斧凿,无声无息。倘若大家都像我们一样起来呐喊,就会轰轰烈烈,也许会闹个天翻地覆。"因此他们绝不会停止反抗,而且必将与整个民族的反抗汇合在一起,去争取全民族的解放。

小说的第三个主要人物是安娜丽丝,她天真、美丽、心地善良、勤劳能干,但有时表现出性格脆弱。她是混血儿,虽然法律上承认她的欧洲人血统,但她同情母亲温托索罗姨娘,愿意做个土著民,长大后要做个土著民的妻子。面对逆境,她表现软弱,反映了长期处于殖民剥削和封建压迫之下的土著妇女的一般性格。

除上述三个人物外,作者还成功地塑造了许多各阶层的人物。在这部小说里,作者不是将人物简单地划为好人和坏人两大类,更不是将白人统统归入殖民者之列,而是把握住殖民地社会的复杂性:民族矛盾与阶级矛盾相交织,白人民主派与白人统治者相对抗,封建传统观念与西方资本主义思想相斗争等等,赋予各种人物以千差万别的性格特征,使他们具有各自的典型性和象征性,因而使小说所反映的印度尼西亚民族的觉醒和斗争具有19世纪末的时代特征。这表明了作者创作思想的成熟。

《人世间》采用第一人称的写法,小说主人公明克不是以局外人或旁观者的身份客观描述他耳闻目睹的事实,而是以当事人和抒情主人公的身份倾诉自己的亲身经历及其真实感受,喜怒哀乐情真意切。这种写法不仅使故事娓娓动听,而且使读者觉得格外亲切,感人至深。

另外,《人世间》是作者的后期作品,在艺术手法上突破了作者早期形成的传统风格。除保持了原来描写细腻入微、善于刻画人物内心世界的矛盾等优点外,在情节结构和语言上都有新的创新。以往作者在展开故事时,结构和情节安排得比较松散,有时不尽合理,而在《人世间》中已有根本改变。小说的构思精巧,结构完整紧凑。《人世间》等四部曲既浑然一体,又独立成章。情节处理得巧妙得当,笔锋突转屡成悬念,使整个故事跌宕起伏,错落有致。作者为达到更好地教育青年一代的目的,大胆采用易于领会的当代流行的通俗化语言,寓哲理于流畅、舒缓的描写之中,寄情深远。

《万国之子》的情节紧接着《人世间》的内容展开。由于荷兰殖民当局法院的无理判决,温托索罗姨娘全家骨肉分离,几乎是家破人亡。女儿安娜丽丝被强行遣送到荷兰以后,悲愤交加,不久便离开人世。罗伯特·梅莱玛从妓院逃离后,四处漂泊,最终死于美国。家中只剩温托索罗姨娘和女婿明克相依为命。在温氏家乡,明克了解到温氏侄女的悲惨遭遇和当地农民的反抗斗争,受到极大教育。一次他应邀去采访因反抗清朝腐败、探索革命道路而流亡到东印度的华人青年许阿仕。他的悲壮言行和生活遭遇对明克影响深刻。由于荷兰殖民当局的追捕和当地华人罪恶势力的陷害,许阿仕死于非命。温氏和明克都极为愤慨。最后,梅莱玛前妻之子毛里茨·梅莱玛从荷兰来到东印度,按照殖民当局法庭的判决,准备接管温氏的产业。由于温氏和明克等人的据理力争,毛里茨理屈词穷,只能暂缓接管。作者在书中以更加锋利、泼辣的笔触,揭示了民族独立斗争前夜的印度尼西亚日益激化的社会矛盾,进一步刻画了明克在民族解放的历史潮流中成长的过程。

《足迹》继续讲述男主人公明克的生活史。他进入巴达维亚医学院求学期间,认识了华人姑娘洪山梅,并结为夫妻。不幸的是,洪山梅为了促使华人的进一步觉醒与进步,在竭尽全力展开组织宣传工作时因积劳成疾而病逝。在爱妻的教育和感召下,明克成立了东印度第一个土著民进步组织"贵人社",并创办了《广场》报。虽然后来"贵人社"由于多种原因名存实亡,而《广场》报却越办越兴旺,并成为唤醒民众,为民申冤的有力阵地。明克有机会结识了卡西鲁达国的公主,并亲向总督请求,召回公主父王,结束其流亡生活。明克的努力未果,却意外地与公主缔结良缘。明克不断总结经验教训,得以成立全民性的"伊斯兰教商业联合会"。商会举步维艰,克服阻力,不断壮大。后因《广场》报上的过激言论,明克被殖民当局逮捕。作者在书中描写了民族解放运动的不断壮大,以印尼知识分子为代表的先知先觉者为宣传启蒙思想,组织群众斗争所进行的艰苦卓绝的努力,反映了广大人民的逐步觉醒。

《玻璃屋》续写男主人公明克在民族解放运动初兴时期的战斗历程,此时的明克已经是一个相当成熟的资产阶级知识分子形象。他创办民族报刊,创建民族政党,点燃反帝反殖的星星之火,逐渐形成席卷大地的燎原之势。荷兰殖民当局面对印尼民族觉醒的大势十分恼火,使用各种阴谋诡计,千方百计进行破坏。他们妄想将整个印尼变成一个"玻璃屋"式的殖民地,不仅严密地监控着屋内土著人的一举一动,而且不给他们任何生存的自由。明克就是在这种十分险恶的政治高压之下,和不甘压迫奴役的先觉者们一起为争取自由而进行着不屈不挠的斗争,并逐渐成长为一个自觉为民族解放而战的斗士。

普拉姆迪亚的这些作品既反映了他个人历经沧桑的艰苦生活,也具有浓厚的时代气息。属于"在一代人中或许只能出现一个的作家"。由于作品的世界性影响,尤其是这四部曲在世界文坛的重大反响,北京大学的居三元、孔远志、张玉安、陈培初四位先生负责翻译,由黄琛芳统一校对语言之后由北京大学出版社出版了《人世间》(1982)、《万国之子》(1983)、《足迹》(1989)三部。《玻璃屋》一书则至今还没有译作问世。

(孟昭毅为天津师范大学文学院教授、博士生导师;塔娜为天津师范大学比较文学与世界文学专业博士生)

德勒兹差异哲学范式与跨语境理论增殖*

麦永雄

西方哲学史流光溢彩,当代法兰西堪称思想重镇。"哲学领域中的毕加索"德勒兹不循常规,思想观念充盈着穿透力和增殖性。德勒兹汪洋恣肆的思想"雷暴",冲击着封闭、僵死、静观的既有辖域,带来思想洞察与理论逃逸之乐。德勒兹哲思触媒般地穿越异质丛生的多重语境,秘响旁通、伏采潜发,激活了哲学与诗学交叠互渗的思想游牧,生成了理论"千高原"的新空间……可以在当前的德勒兹研究中看到明显的向诗学领域拓展与深化的趋向,国内外越来越多的诗学专著把德勒兹列(与加塔利)为专门的章节,他的一系列重要概念日益成为当代西方文艺思想的理论话语。

德勒兹若干核心概念与差异哲学范式

德勒兹差异哲学、游牧美学衍生出跨语境的哲性诗学,挑战"理论之死"。

在西方思想史上,德勒兹以"差异哲学家"名世,素有"概念工厂"之誉,他认为概念的创造是哲学发展史的核心问题:哲学史实为问题史,思想史就是概念创造史,反之亦然。恰如柏拉图的 idea(理式)、笛卡尔的 cogito(我思故我在)、莱布尼茨的 monad(单子)等关键概念影响了西方思想文化面貌一样,恰如中国哲思中的老庄之"道"、孔孟之"仁"等概念在很大程度上确立了中国诗学阴阳相济、经世致用等思想内涵和文化特质一样,德勒兹的千高原、块茎、褶子、游牧、光滑空间、解辖域化、生成、差异与重复等概念,开启了当代跨语境的广阔思想空间,构筑了新的问题框架。兹列举其关键概念与理论图式。

---

* 本文属作者主持的国家社科基金项目:"当代西方文论范式转向及其中国化问题研究"(13BWW001);教育部规划基金项目:"当代欧美诗学:范式转型与理论话语史论"(12YJA752020)。

(一) 千高原与块茎

德勒兹最负盛名的关键概念"千高原"(a thousand plateaus)与"块茎"(rhizome)出于他与加塔利合著的《千高原:资本主义与精神分裂症》。作为具有良好学术拓展性的哲学与美学概念,它们深刻地影响了后现代、后结构主义和后马克思主义的思维范式。该书以地理学上的"原"(高原抑或平原)的概念取代一般书籍中"章节"概念,著作中的15个"原"实际上是一种异质因素共享的"内在性平台"。"千高原"意味着一个充满差异与联系的大千世界。而借用于生物学的"块茎"是"千高原"的内在逻辑。作为该书最基本的美学概念,它意指"一切事物变动不居的复杂互联性"。[①]由此,"块茎"是一种复杂的思想文化图式。它迥异于传统形而上学的"树状"或"根状"模式。"树状"模式则具有中心论、规范化和等级制的特征,而"块茎"(如藤和草之茎)的生态学特征则是非中心、无规则、多元化的形态,它们斜逸横出,变化莫测。块茎思维与柏拉图以来主导西方思想的"树状逻辑"恰成对照。树木的文化逻辑强调的是系词"to be",而块茎的构架则赖于连词"and…and…and…",因此,块茎所建立的是一种AND(链接)的逻辑。

《千高原:资本主义与精神分裂症》的块茎概念具有反基要主义的特质,呈现出一种德勒兹式的差异哲学图式。"块茎"富于思想启迪性的主要特征包括:联系性、异质性、多元性、反意义的裂变制图学与贴花的原则。德勒兹诗学倡导的"千高原"是风姿多彩、变化生成的千重平台。与福柯重视断裂性、非连续性不同,德勒兹思想强调差异性的链接,不同的链接不断产生新的语境与意义。从不同的平台或者入口游牧"千高原",可以欣赏到不同的景致和获得不同的审美感受。"千高原"提供了多元互联的共振域。这种"千高原"最适于思想者自由无羁的"游牧"。"千高原"提示了一种多元生成、移步换景的哲学思维模式和游牧美学旨趣。

(二) 褶子与游牧

由差异哲学所衍生的"褶子"(fold)概念是德勒兹美学的关键概念,也是他整个哲学和美学体系中最重要的基石之一。德勒兹曾著《褶子:莱布尼茨与巴洛克风格》(1986;英译本1993;中译本2001)一书,在文化哲学的意义上创造性地把莱布尼茨单子论、褶子概念与巴洛克风格联系起来,提出了富于特色的"游牧"美学。

---

① Neil Spiller ed., *Cyber-Reader: Critical Writings for the Digital Era*, London: Phaidon, 2002, p. 97.

德勒兹给褶子作了一个精审的界说:"巴洛克风格由趋向无限的褶子来定义。"①褶子以及其丰富的形态出现在外部宇宙和内心世界之中。德勒兹这部著作以褶子为特定意象,贯通艺术史、科技、服饰、数学、抒情诗、美学史、音乐诸领域。德勒兹在最后一章以"新和谐"为题旨,对莱布尼茨的"单子论"(monadologie)进行思想过滤,提出以"游牧论"(nomadologie)美学取而代之。

德勒兹的"褶子"论与"游牧美学",尤其适合于阐释网民在赛博空间的漫游体验与(新)巴洛克美学的理论形态。17世纪欧洲风靡一时的巴洛克风格与当今的新巴洛克美学之间形成了富有意义的文化"界面"或褶子关联域,构成了一种历史性的呼应与回响。从资本主义在全球的发展来说,古典巴洛克风格与17世纪自由资本主义扩张、市民文化的兴旺、对大众文化产品的需求增加以及对物理空间的新发现有关,由此人们重新理解与审视外空间、地球(人居环境)与自然的空间关联性。而当代新巴洛克美学则与全球化语境中的晚期资本主义发展密切相关,它在时间上与当代电子数字技术所创造的后物理时间的迷宫式效应密切相关;在空间关系上则与赛博空间的数字环境与生态美学相关。②古典巴洛克与新巴洛克之间的关系并不是否定性的二元对立关系,而是一种延续、分衍、裂变、回旋、呼应、交叠、生成的动态发展,是一种具有链接关系的文化增殖现象与审美旨趣的嬗变进程,因此可以命名为"(新)巴洛克"。用德勒兹的"褶子"观来说,这是一系列无穷无尽的褶子的折叠、打开、重褶和延展的过程。在经济全球化与文化数字化时代,传媒技术的变化和社会的发展导致超褶子与理论阐释成为新的文化现象与前沿学术研究领域。

(三)光滑空间、条纹空间与多孔空间

德勒兹有"20世纪最重要的空间哲学家"之誉。在电子新媒介导致赛博文化呈现方兴未艾的发展趋势下,德勒兹和加塔利的《千高原:资本主义与精神分裂症》被誉为空间哲学的圣经,已成为理解与反思当代社会生活形态与赛博文化的颇为重要的哲学文本。在德勒兹差异哲学中,存在着复杂的空间概念,主要包括光滑空间(smooth space)、条纹空间(striated space)和多孔空间(holey space),此外还涉及呼吸空间、骨架空间等。条纹空间是同质、辖域化、科层化、规训的、有固定边界的空间;光滑空间是充满差异的、解辖域化、无中心化组织、无高潮、无终点的游牧空间;多孔空间是鼠洞式

---

① 〔法〕吉尔·德勒兹:《福柯·褶子》,于奇智、杨洁译,湖南文艺出版社2001年版,第334页。
② Ibid, pp. 1—29.

或块茎式的多元空间,四通八达,是暗中连通前面两种空间的"第三空间"和"地下"空间。① 光滑空间/条纹空间/多孔空间可以说分别代表了三种基本的哲学力量或诗学图式,它们多元互动地纠缠于赛博空间。此外,在《千高原:资本主义与精神分裂症》中,德勒兹和加塔利把他们重要的美学概念"无器官身体"与中国文化哲学的"道"(Tao)链接了起来,并且以"呼吸空间"与"骨架空间"阐发中国古代画论的精要,对谢赫的画论作出哲学回应:呼吸空间意指包罗万象的宏观宇宙脉动空间,各种微观的运动在其中各居其位,"呈现"生命的呼吸;而骨架空间恰恰相反,绝非随意挥洒的笔触,而是聚沙成塔的艺术赋形,它富于技巧地体现出"宇宙之脉"或生命力量的空间,是通幽宇宙的曲径。

(四)解辖域化

德勒兹诗学"解辖域化"的概念是其著名的三联概念"辖域化－解辖域化－再辖域化"中的重要组成部分。"辖域化"指涉从所栖居的或强制性的社会和思想结构内逃逸而出的过程,这些结构在地理学意义上可以理解为辖域。② 在具有德勒兹哲学"画像"之称的 ABC 访谈③中,德勒兹曾经提及:辖域化是万事万物的存在空间、势力范围和固定的领域,如雄鸟受生物本能的驱动以歌声求偶,猫科动物如虎豹以尿液划定自己的统治范围。在德勒兹辖域化－解辖域化－再辖域化和逃逸线图式中,核心是解辖域化:它意味着离开家园,改变习惯,学习新的技艺。解辖域化是对辖域化边界的解构与逃逸,意味着一种装配的创造性潜力,从固定的关系中寻求自由解放,构成新的装配与范畴。解辖域化或向自由逃逸之后,往往伴随着某种重构或"再辖域化"。因此,"辖域化－解辖域化－再辖域化"是人类社会文化的一种基本形态,反映了德勒兹诗学富有哲学力量的思想挑战。德勒兹与加塔利在艺术、音乐、文学、哲学和政治学等理论语境中讨论与运用过解辖域化的概念。如他们结合马克思关于生产力与生产方式理论,讨论资本主义全球化发展和城市化进程中的解辖域化(农民与地主脱离惯常的生活辖

---

① Mark Bonta and John Protevi, *Deleuze and Geophilosophy: A Guide and Glossary*, Edinburgh: Edinburgh University Press, 2004, p. 95.
② J. C. Childers and G. Hentzi, *The Columbia Dictionary of Modern Literary and Cultural Criticism*, New York: Columbia University Press, 1995, p. 78.
③ 1988 年,Claire Parnet 录制了他与德勒兹的系列访谈节目,原来打算在德勒兹辞世之后才公之于世,结果是在德勒兹去世前夕由法国电台播出。这 8 小时的访谈录构成了令人注目的关于德勒兹的思想精华的文献。在巴黎寓所中,德勒兹谈及 A—Z 的多种主题,如以 A＝animal, C＝culture, L＝literature, O＝opera, T＝tennis 的排列方式组成话题,加以谈论。这些构成了所谓的德勒兹的 ABC。

域)和再辖域化(成为工厂工人与工业资本家)问题,指出金钱(资本)的公理化导致资本主义社会机器的两极运动:世界范围的解辖域化与再辖域化(或资本主义的精神分裂症与精神偏执症)。① 在文学批评方面,德勒兹与加塔利合著的《卡夫卡:走向少数族文学》是解辖域化的一个佳例,它力图揭示卡夫卡文学语言在捷克语、德语、希伯来语及意第绪语之间复杂关系中解辖域化与再辖域化的特征,揭示重新审视世界文学中具有多重语言文化身份的作家的新视野。

德勒兹主张以尼采掷骰子押赌注的方式将哲学回归为快乐的学问,将小说的方法与音乐的间奏引入哲学,还认为思想是工具箱,一系列哲学概念是工具箱中功能各异的工具,或者是"一套开口的圆环,每一个都可以套入其他圆环之中,每一个圆环,每一个平台,都应该有其自己的氛围、自己的音调或音色",用哪些工具,如何套圆环,全凭各人会心之意,可谓运用之妙,存乎一心! 若不趁手,尽可扔掉。

跨语境德勒兹研究与理论增殖探讨

作为当代西方思想领域特色斐然的一流哲学家,德勒兹开放性的差异哲学与多元流变的游牧美学迥异于传统思想旨趣。上述关键概念可以在众多不同的领域持续流变和生成新的思想结晶。"跨语境"的德勒兹哲性诗学研究,激活了哲学与诗学交叠互渗的思想游牧,生成了理论"千高原"不断增殖的新空间……同时也把"跨语境"的学理性问题提上了比较诗学和范式转向研究的议程。

(一)跨语境德勒兹研究

"语境"原为语言学术语,西文里英、法、德的"语境"(context/contexte/kontext)的辞典意义皆蕴含着"上下文或关联域"之意旨。而汉语权威性的《辞海》和《现代汉语词典》早期版本则未收入"语境"一词。J. A. 卡登《文学术语与文艺理论词典》"语境批评"(contextual criticism)词条指出:在20世纪早中期盛行于欧美的新批评曾经从文学文本自足论的角度倡导语境论,认为文本是一种紧致的、有压强的、最终是封闭的语境,有必要将这样的作品作为一种"审美对象"来进行细读式的分析与评判,而不指涉文本之外的任何事物。② 解构论主将德里达的名言"文本之外一无所有",提示文本

---

① See Adrian Parr, *The Deleuze Dictionary*, Edinburgh: Edinburgh University Press, 2005, pp. 66-59.
② J. A. Cuddon, *A Dictionary of Literary Terms and Literary Theory*, Oxford: Basil Blackwell Ltd., 1991, p. 190.

并非是统一自足的有机体,而是一个丰富复杂、充盈着悖反与牴牾的世界。克里斯蒂娃的"互文性"诗学观念,则进一步引发我们关于文学文本乃至超文本的"文本间性"的开放性和互动性的思考。

在跨语境研究意义上,德勒兹强调"差异与重复"的意义生成场域。德勒兹差异哲学与游牧美学强调文本之"流"(flow)和链接逻辑,从而更富于冲击力地打开了欧美诗学文本观的封闭性,赋予文本以流转多元、块茎蔓延、褶子丛生的语境:文本进入不同社会文化语境,通过"差异与重复"生成意义,则有可能生成千差万别、流光溢彩的意蕴,触发不拘一格的解读。可谓义随境转,"无语境则无文本"。[①]概言之,原属语言学范畴的语境概念,随着20世纪西方哲学与美学的众多范式转向的影响,其内涵已大为丰富,外延明显拓展,日益成为哲学人文社会科学领域的关键词,成为一种开放性的概念,综合了文化特质、审美心理、结构模式、社会历史环境等要素及其张力。在德勒兹这里,跨语境意味着思想游牧,有如一种空纳万有的"无器官身体",充盈着强度,具有生成"新天地"的伟大潜力。可以借用中国上古神话的治水神器"息壤"[②]来加以隐喻。当我们让德勒兹哲思触媒般地穿越异质丛生的多重语境时,就会生成秘响旁通、伏采潜发的效应。

在比较诗学视野中,跨语境的德勒兹研究充盈着当代学术意味,凸显了理论增殖的丰富可能性:在流变论维度,启迪我们审视文学经典化与比较文学"解辖域化"的问题;在"褶子"诗学意义上,揭示了巴洛克文化界面的意义;在媒介诗学视野,提示了后现代多元空间的生成。

(二)流变论:文学经典化与比较文学的"解辖域化"

德勒兹哲性诗学构成了差异论、生成论、间性论、流变论、生机论等范畴。以流变论为例,德勒兹"千高原"与"块茎"的关键概念有助于理解与阐发世界文学的文学经典化问题,以及比较文学的"解辖域化"空间。

文学经典化是一个多元互动的生成过程,呈现出"千高原"形态,至少有四个因素需要思考和辨析。第一,在历史时间层面,"文学的经典化"要经历一个比较漫长的历史与时间淘洗的过程,洗净铅华,露出本真面目,其文学和审美价值得到不同时代和社

[①] 〔日〕西槙光正:《语境研究论文集》,北京语言学院出版社(今北京语言大学出版社)1992年版,第6页、第162页。
[②] 《山海经》曾经记载鲧禹以息壤(息土)治理洪水,获得奇效。高诱注指出息壤具有"不耗减,掘之益多"的神奇特性。参见袁珂、周明编:《中国神话资料萃编》,四川社会科学院出版社1985年版,第239页。

会较为普遍的承认。第二,在接受美学和读者反应批评的意义上,"文学的经典化"是由一代又一代读者或者受众的审美体验共同逐步完成的,因此无法忽略受众的接受反应。第三,在学科体制的层面,"文学的经典化"标志着某些作家作品能够进入大学课堂和教学体制之中,成为各种大学的文学教材或者文学史教材的重要内容,并且获得文学研究与教学的同行广泛认可。第四,在尼采、福柯式的西方学术的"知识谱系"意义上,"文学的经典化"是指由社会文化、机构、领域和学科矛盾斗争所生产和建构出来的知识话语、权力机制和意义序列。其中可能隐匿着权力话语,折射出不同的社会文化的无意识与意识形态。

在学科属性上,比较文学应当是最具有"解辖域化"特征的一门学科。世界文学因其历时性时空结构而相对固定,但比较文学则因其共时性的跨越特质而不断面临新的危机。比较文学学科素有喜好跨学科界限之名,其开放性的特质,使得它在经济全球化、文化数字化的语境中,似乎最能适应文学经典和学科原来固定的疆域不断地裂变、错位、拓展和游移等复杂现象。如美国比较文学学会《苏源熙报告》所言,比较文学似乎注定要成为"夹缝"中的艺术、学科之间的外交使节和文化特性的交易所。比较文学不断地"适应多样化的参照系",成为一种各种异质因素交流的平台或者"千高原"。

总的来说,比较文学与外国文学的学科合并,是以经济全球化、文化多元化的历史进程为学术语境的。赛博空间导致文学疆界的裂变、消解和文学研究重心的偏移,这种联姻给学科建设注入了新的活力,突破国别文学、单一语言文化的相对孤立的藩篱,搅动了外国文学教学及研究相对静态和固化的知识领域,形成再辖域化的可能。比较文学强调懂多门外语、熟悉各种学术话语理论,擅长于跨学科对话,扩大了文学研究乃至文化批判的空间,在不同语言文化空前频繁交流、碰撞并且导致新的学术生态形成的今天,比单纯的外国文学研究或者译文文学研究更具现代气息,所培养的双语(或者多语)学术人才更为适应全球化语境下时代发展的要求。也起到了促进学科建设和发展的积极作用。比较文学是"鲶鱼"——不囿于任何学科,却搅活了众多学科及其思维方式的"死水"!

(三)"褶子"诗学:巴洛克文化界面

在当代文化艺术语境中,(新)巴洛克美学的论题开始凸显出重要的意义。A·恩达连尼斯在《新巴洛克美学与当代娱乐》(2004)中指出,我们今天正处于文化传媒转型的一个重要阶段,新巴洛克诗学与美学渗透了后现代文化:新传媒技术的应用、新旧传媒与空间的链接关系,导致了17世纪欧洲风靡一时巴洛克风格与20末、21世纪初的新巴洛克美学之间形成富有意义的文化"界面"或历史性的思想共振。近年来,不少历史学家、哲学家、批判理论家如奥马尔·卡拉布雷斯(Omar Calabrese)、吉尔·德勒兹(Gilles Deleuze)、马里奥·佩尔尼奥拉(Mario Perniola)、方济各·瓜尔蒂尼(Francesco Guardini)、彼得·沃伦(Peter Wollen)和约瑟·马瑞伏(Jose Maravall)都探讨过巴洛克与新巴洛克的形式、社会和历史构成问题。其中德勒兹具有重要的文化哲学意义。① 在西方,大众传媒生产自文艺复兴以来一直在稳步上升,戏剧、小说、圣经、印刷书籍的流通与价值在增加,17世纪的巴洛克文化艺术风格至18世纪得到了技术理性的启蒙;而在今天全球化语境下,电子传媒时代的娱乐工业呼唤着技术再启蒙,注重视觉性、空间性和新异的感受性使得新巴洛克美学与历史上的巴洛克时期联系起来,并且生成新的审美形态与特征衍变。

德勒兹《褶子:莱布尼茨与巴洛克风格》是其阐发褶子诗学与游牧美学的标志性著作。德勒兹褶子概念与迷宫的隐喻适于分析后现代小说叙事,尤与(新)巴洛克超链接、超文本特质相契合。褶子是宇宙之间无所不在但人们却熟视无睹的现象,褶子诗学体现了一种有别于西方思想传统本体论与方法论的哲学思维方式,蕴涵着后结构主义哲学的认识论图式和审美范式,具有重要的文化艺术价值和诗学思想意义。

从资本主义在全球的发展来说,古典巴洛克风格与17世纪自由资本主义扩张、市民文化的兴旺、对大众文化产品的需求增加以及对物理空间的新发现有关,由此人们重新理解与审视外空间、地球(人居环境)与自然的空间关联性。而当代新巴洛克美学则与全球化语境中的晚期资本主义发展密切相关,它在时间上与当代电子数字技术所创造的后物理时间的迷宫式效应密切相关;在空间关系上则与赛博空间的数字环境与生态美学相关。② 古典巴洛克与新巴洛克之间的关系并不是否定性的二元对立关系,而是一种延续、分衍、裂变、回旋、呼应、交叠、生成的动态发展,是一种具有链接关系的文化增殖现象与审美旨趣的嬗变进程,因此可以命名为"(新)巴洛克"。用德勒兹的"褶子"观来说,这是一系列无穷无尽的褶子的折叠、打开、重褶和延展的过程。

(新)巴洛克问题既是文化艺术风格问题,又是批判美学与哲性诗学的问题。尤其是新巴洛克美学,渗透的当代文化艺术风格是与跨国资本主义的体制下的文化产业密切相关的,也与后工业时代电子传媒的技术强力支撑以及空前丰富复杂的文化艺术表

---

① See Angela Ndalianis, *Neo-Baroque Aesthetics and Contemporary Entertainment*, Cambridge: The MIT Press, 2004, pp. 1—29.
② Ibid, pp. 1—29.

现方式密切相关。例如,由于各种现代技术的高度参与,以美国好莱坞"梦工场"为代表的电影工业将传统的视知觉艺术演变成为视幻觉艺术(如《星球大战》序列、《黑客帝国》序列、《超人》序列、《哈利·波特》序列、《蜘蛛侠》《异形》《金刚》、《西蒙妮》《阿凡达》等),娱乐与施魅并行不悖。同时,好莱坞电影作为"文化帝国主义"的表征,负载着强势的西方价值观与审美观,不断地在"走向世界",打开"现代神话"的各种褶子,成为"处于过程之中的无限延展的作品",向不同的文化、市场、国别、种族、家庭、个人不断地渗透,犹如生生不已的块茎,生成一种后现代文化的巴洛克景观。

(四)媒介诗学:多元空间的生成

在当今电子传媒理论领域,德勒兹的哲性诗学对当代文艺美学的影响日益凸显。在后现代语境中,赛博空间有可能日益成为多元空间的主导空间。德勒兹有"赛博空间"的哲学家与预言家之称,他的差异哲学和游牧美学在理解和分析赛博文化艺术方面颇具特色。德勒兹和加塔利的著作和思想在欧陆、北美乃至世界各国的播撒与互联网的成长在时间上巧合(大致始于20世纪90年代)。德勒兹和加塔利合作的学术名著《千高原:资本主义与精神分裂症》,尤其是开篇的"块茎"论,被视为"游牧"星球——赛博空间的"哲学圣经"。[①] 德勒兹和加塔利关于光滑空间与条纹空间的游牧美学思想,尤其是著名的"块茎"论,构成了他们数字媒介诗学的核心,对理解赛博空间的电子数字媒介及视觉文化艺术具有思想启迪性和重要的理论意义。

德勒兹与加塔利指出:空间总是混杂着光滑与条纹的力量。这是地理哲学、游牧美学的特殊表达。空间可以是政治的、历史的、文化艺术的、传媒的、事件的……可以根据光滑和条纹的程度加以测度,"光滑空间"是一种无拘无束、可能浩如烟海的空间,它没有等级制的边界或分野,没有凌驾于其他事物之上的特权制和区域。"条纹空间"与此对应,以等级制、科层化、封闭结构和静态系统为特征,纵横交错着已设定的路线与轨迹,有判然而分的区域与边界。光滑空间与条纹空间既分且合,既历时又共时地存在着,并且不停地互相转化与调适。德勒兹哲学中还存在块茎式的多孔空间或"地下"空间。传统的空间概念是一个同质的、总体化的概念。德勒兹从其差异哲学和游牧美学的立场提出"光滑空间"的概念与之比照,强调光滑空间可以干扰传统空间的条纹辖域,多

---

① John Marks,"Information and Resistance:Deleuze, the Virtual and Cybernetics", in Ian Buchanan and Adrian Parr ed., *Deleuze and the Contemporary World*, Edinburgh:Edinburgh University Press,2006, p.194.

孔空间则成为暗中连通两种空间的"第三空间",它们通过无限的链接展开空间化,从不同性质的"处境"的阻隔中创造运动变化的时空马赛克。由此,德勒兹启迪了空间诗学与电子传媒相结合的思路,为光滑空间与赛博空间之间的逻辑与学理联系奠定了基础。

赛博空间的出现是以新型电子传媒为标志的,是一种社会文化的"千高原",是思想交流、碰撞的多元性平台,其中既有条纹空间,也有光滑空间,还隐含着多孔空间。虽然不乏定居空间,但更多的是游牧空间。由数字媒介开启的赛博空间主要是一种"光滑空间",其中充盈着自由流变的游牧美学旨趣。虽然条纹化的、辖域化的现象在电脑网络上无处不在,各种门户网站、网络游戏、网络聊天、个人网页、博客……都在建设属于自己的辖域,设置自己独特"处境"(place)的话语实践,但是,电子传媒的数字化链接所具有的主要特质如瞬息同步性、多媒体性、超链接性、虚拟现实性、互动性等无时不刻在对这些条纹空间进行解辖域化,从而创造出开放式的光滑空间与游牧空间。深受德勒兹和加塔利著作影响的法国社会学家皮埃尔·列维(Pierre Levy)把赛博空间界说为由新的传播媒介构成的电子网络空间,认为全球电脑互联和电子网络"海量信息"(如流转不息的洪水)的积极潜力使信息闭锁的条纹空间(信息诺亚方舟)解辖域化,成为无法焚毁的图书馆和巴别塔。

德勒兹和加塔利最负盛名的著作《千高原:资本主义与精神分裂症》具有赛博空间的"哲学圣经"之誉,其旨趣在于阐发"一切事物变动不居的复杂互联性"。[①] 其中的"块茎"论可以视为他们数字媒介诗学的核心概念,因为块茎最重要的特征之一就是它总有"多元性的入口、出口和自己的逃逸线",这与赛博空间的形态及特质密切相关。"块茎"的主要特征如联系性原则、异质性原则、多元性原则、反意指裂变的原则、制图学与贴花原则,在思考电子传媒所引发的"图像时代"、阐释赛博空间的视觉文化艺术等方面具有理论上的契合意义。晚期"数字"资本主义时代的电子媒介和文学艺术能够通过审美超越,打破现存体制,孕育新的视界。光滑空间、块茎理论图式和游牧美学都体现出这种哲理精神和批判锋芒。

欧美文艺思想的坐标中的德勒兹

若将德勒兹置入欧美文艺思想的坐标中,从纵横两个维度略加扫描,更能够凸显其哲性诗学的定位、特质与价值。

---

① Neil Spiller ed., *Cyber-Reader: Critical Writings for the Digital Era*, London: Phaidon, 2002, p. 97.

从欧美诗学嬗变的纵向学术脉络来看,文学批评家从古希腊那种"站在路边向人们喷射毒汁的人"的形象,20世纪之前"文学太监"的形象(文学批评家曾经被人讥评"他们自己不生孩子,却教我们怎样生孩子,结果大家都生不好孩子"),到20世纪已经成为主导人们审美趣味和社会反思的文化精英。尤其是进入新世纪后,亚里士多德式的诗学传统和美学旨趣产生了重要的疆域裂变、理论增殖、焦点迁移和范式转向:作者、民族、时期和文类等旧的文学研究模式,已让位于更丰富复杂的理论话语、文化、意识形态、种族和性别领域的研究,甚至电子新媒介与赛博空间研究,文学成了数据贫乏、低频度交际时代的遗物,而比较文学"这门最为成功、最像幽灵的人文学科","跨越洲际和语境,进入到几乎是无学科边界的新境界"(美国比较文学学会《伯恩海默报告》,1993;《苏源熙报告》,2003);文学研究已成为与哲学、美学、电子媒介、政治、法律、社会学、伦理学等多元语境密切相关的"后现代诗学"或"问题学"(琳达·哈琴,2009),众多非传统文学领域的哲人如海德格尔、拉康、福柯、德勒兹、巴塔耶、鲍德里亚、阿甘本、德·赛都、布迪厄、齐泽克、巴丢等走向了学术话语前台,构成当代"诗化哲学"(刘小枫,1986,2007;Peter Koslowski,1991;Ansgar Maria Hoff,2002)或"哲性诗学"的理论景观(王岳川,1999、2008)。进入新世纪,在全球化与文化多元化的张力中,在电子传媒方兴未艾的快速发展中,当代诗学进一步呈现出复杂多元、交织互渗、理论增殖的发展形态。

从欧美诗学嬗变的横向学术脉络来看,德勒兹在学术话语的星丛中以后结构主义哲学家为主要定位但又远非拘囿于此,而是同时与众多学科或领域交叠互渗,尤其是在一些重要的学术范式转向中与众多思想家形成理论对话关系。略举其荦荦大端:

首先是哲学思维方式转向促进了后结构主义诗学的发展。在文学理论领域,西方二元论的学术传统(柏拉图—笛卡尔—索绪尔)经历过德里达、福柯、德勒兹、拉康、鲍德里亚等人之后,到20世纪末,已经不可能回到原来的形而上思维模式和隐含着中心主义观念的二元论的学术话语。德勒兹和加塔利倡导的块茎思维与游牧美学就明显呈现出不同于形而上学二元论、机械唯物论、辩证法的多元论与开放性思维,对我们的文学观念富于启迪价值。

其次是在后现代空间转向维度有助于深化数字媒介诗学研究。德勒兹有"20世纪最重要的空间哲学家"之誉,德勒兹与列斐伏尔、索雅、克朗、巴赫金、德勒兹、德·赛都、布迪厄、赛义德、波斯特和德·穆尔等人的空间思想与媒介诗学形成理论关联性,其哲性诗学在理解与诠释全球化语境与数字化赛博空间特质,以及新巴洛克文化艺术风格方面具有重要的理论启迪意义。

再次是整合精神分析转向与西方马克思主义转向,刷新了后马克思主义的问题框架。在全球化语境中对晚期资本主义与信息内爆时代相关问题的关注与研究,具有前沿探索的意味。德勒兹与加塔利的《千高原:资本主义与精神分裂症》和《反俄狄浦斯》皆聚焦于"资本主义与精神分裂症",将心理机制与社会机制的分裂分析融为一体,其"欲望机器"、"控制社会"等概念,一方面与弗洛伊德、荣格、拉康、詹姆斯等人在无意识诗学维度形成盘根错节的理论增殖形态,另一方面与西方马克思代表性思想家如卢卡奇、阿尔都塞、威廉斯、伊格尔顿、法兰克福学派和齐泽克等生成丰富多彩的理论对话关系。此外,德勒兹哲学对当代"帝国研究"、反思东方文学史的"文化圈"和世界诗学形态的建构问题具有重要的思想启迪意义。

跨语境诗学研究将法国著名哲学家德勒兹的诗学置于多重语境,探讨"理论之死"话语背后无法遮掩的"理论增殖"的可能性空间。德勒兹思想启迪我们,可以借助异质思想文化的烛照,加强异质文化、文学、诗学的合理化交流,激活当代诗学新形态的建构,生成一种多维流变的世界诗学的千重台。

尼采是西方后现代哲学和美学转向的枢轴性人物。福柯和德勒兹都深受影响。德勒兹曾论及两种思想播撒、沟通现代世界的方式。一种是阿多诺式的将密封瓶投入大海的方式;另一种是尼采之箭的方式:思想家似乎是无的放矢地射出了一支箭,另一个思想家将此箭拾起,射向另一个方向。福柯与德勒兹都是这样接续尼采的思想家。德勒兹把文学视为思想的触媒,其致思方式迥异于西方传统思想史基于同一性取向的中心主义、二元论、等级制的理路。其诗学话语尤其适合阐发当今数字媒介时代的文化艺术现象,而且与东方(中国)诗性智慧有着文心相通的旨趣。富于当代学术意识的德勒兹诗学有着哲学的基核,对它的研究往往会逸出亚里士多德以降的传统诗学的藩篱,并且凸显出强大的跨语境的理论增殖性。

在某种意义上,福柯是做学问的一道"坎",越过了它就无法回到"宏大叙事"的学术路数;德勒兹则是做学问的一种"息壤"——只要有空间和差异,它就会在新语境中寻隙生成与无限拓展。在全球化语境的文化传媒电子化时代,西方哲人的思想之箭比以往更加容易地借助多种途径或媒介进入中国诗学语境,从而引发具有汉语经验的中国学者的吸收、借鉴、过滤、反思和扬弃,激活我们再创造性射箭的理论努力。

(作者系广西师范大学中国诗学研究所所长、文学院教授、博士生导师。本文系国家社科基金项目的最终成果《德勒兹哲性诗学与跨语境理论意义》[广西师范大学出版社,即出]的学术随笔)

小盖茨《意指的猴子》的阐释

陈 茜

当代非裔美国文学理论的重要代表小盖茨(Henry Louis Gates, Jr., 生于 1950 年)以《意指的猴子》(*The Signifying Monkey*)等蜚声学界,该书于 1988 年由牛津大学出版社出版,翌年便荣获"美国图书奖";北京大学出版社则于 2011 年出版了由王元陆译的中译本。借用法国哲学家德勒兹辖域化—解辖域化—再辖域化和逃逸线的哲理,可以认为,盖茨借重美国黑人的异质文化传统,对既有的西方主流文学理论领域进行解辖域化,富有原创性地以"猴子"为文化隐喻,提出了蕴涵深刻、颇具影响的"意指"理论,改变与重构了美国黑人文学理论的版图,实现了快乐的理论逃逸。小盖茨的"意指"理论展示了作为异质文化传统的美国黑人土语的"双声性"和"互文性"之特点,体现了盖茨对当今理论话语失衡状态的批判精神,具有重要的诗学思想启迪意义。

小盖茨的学术思想轨迹

亨利·路易斯·盖茨生于美国西弗吉尼亚州,14 岁时曾因打橄榄球不慎伤及臀部而致骨骺滑脱,导致终身残疾。在求学道路上,身残志坚的盖茨却一路领先,于 1973 年以优异的成绩获得了耶鲁大学文学学士学位。在耶鲁大学学习期间,盖茨追随伟大的黑人知识分子、活动家杜波依斯,肩负起"十分之一有天分的人"的历史使命和道德责任:"要求美国做出结构性改变……反对任何形式的反黑人种族歧视。"[①]此后,盖茨于 1979 年获得剑桥大学英语文学专业的博士学位,成为剑桥大学有史以来第

---

① Gates Henry Louis, *The Future of the Race*, New York: Alfred A. Knopf Inc., 1996, pp. 126—132.

一位获得此殊荣的非裔美国人。值得注意的是,盖茨在剑桥大学期间和诺贝尔文学奖获得者、尼日利亚著名剧作家沃莱·索因卡成为朋友,从此在文化传统研究和约鲁巴部落语言的习得方面深受索因卡的影响与帮助。随后,盖茨继任教于康奈尔大学、耶鲁大学和杜克大学之后,于1991年起在哈佛大学任职,并担任"杜波依斯非洲及非裔美国研究中心"主任。小盖茨的一系列文学理论著作展示了他的学术思想轨迹:盖茨致力于对非裔美国人、非洲人和加勒比海人文学作品的研究,旨在建构专属于非裔美国人的文学理论。20世纪80年代以来,盖茨的主要作品有:《黑人文学与文学理论》(1984)、《黑人形象:词语、符号与"种族性的自我"》(1987)、《意指的猴子》(1988)、《"种族"、写作及其差异》(1986)、《种族的未来》(1996)等,并主编了《诺顿黑人文学选集》(1997)和剑桥出版社30卷系列的《勋伯格十九世纪黑人女作家文库》(1988)等非裔美国文学重要文集。

在这一系列论著中,盖茨立足于当代美国非裔美国文学理论的立场,扬弃了西方主流的文学理论如形式主义、结构主义等模式与方法,建构了一套区别于西方主流标准样式的文学理论。他因创造性的卓越贡献而被誉为当代"美国学术界最杰出的人物"。①

"意指的猴子"的文化异质化特征

盖茨的《意指的猴子》堪称其学术代表作和影响最大的黑人文学批评理论著作之一。盖茨在其中对非裔美国语言文学传统进行了深入的探究,旨在从黑人土语传统内部建构其理论框架,而且也成功地实现了他的理论构想。

盖茨主要通过属于"地方性知识"的两个神话形象来阐释非裔美国人语言运用的特征及原则,从而解构了西方主流文化的藩篱,体现出文化异质化的特征:一个是约鲁巴神话中的恶作剧精灵埃苏—埃拉巴拉(Esu-Elegbara),另一个是美国黑人传说中的"意指的猴子"(Signifying Monkey)。盖茨通过对泛非洲神话的文化考古,发现"埃苏"的形象广泛存在于黑人文化中,"代表了一个根植于泛非洲土著传统中的主旨或传统主题"。② 在黑人神话故事中,"埃苏"通过表意游戏将"艾发"(神意的文本)的意义延宕,使其成为一个"动态的意义生成、发散、分延及颠覆的无止境过程",盖茨认为"埃

---

① Roger Matuz ed., *Contemporary Literary Criticism*, Detroit: Gale Research Inc., 1991, p. 361.
② 小亨利·路易斯·盖茨:《意指的猴子》,王元陆译,北京大学出版社,2011年版,第14页。

苏是文本与阐释之间的中介,因此它是文学批评家的土著的黑人隐喻,也是泛非洲黑人文化中阐释行为的原型性比喻。"[1]而"意指的猴子"是"埃苏"在美国黑人俗界话语中的对等物。在美国黑人的民间故事中,猴子、狮子和大象同住一片森林,它们既是朋友又是敌人。"柔弱的猴子要周旋于狮子和大象之间绝非易事,它只能凭借自己的小聪明维系三者之间微妙的平衡。一天,猴子告诉狮子一些不利后者的传言,据说它们共同的朋友大象把狮子的祖宗八代骂了个遍。狮子勃然大怒,找到了大象要它向自己道歉,大象非但不道歉,反而将狮子暴揍了一通。反应迟钝的狮子慢慢意识到自己的错误:它将猴子的修辞语言做了字面的理解,错把玩笑当真。""猴子"承袭了"埃苏"的表意功能,且具有复杂的喻指性或转义功能。如果说"埃苏"是阐释的本质及双重声音的隐喻,那么,"意指的猴子"就是黑人修辞传统和叙事策略的象征。而两者所用的修辞"是美国黑人土语传统中核心的语言使用策略——意指行为"。[2] 这种"意指行为"是黑人土语传统双声性的一个典型象征。

美国路易斯安娜州立大学人类学教授杰伊·爱德华(Jay Edwards)对基于非洲民间传统的精灵故事进行了较系统的结构分析,他把柏莱蒙德和列维-斯特劳斯的超结构分析模式,普罗普、邓迪斯的句段分析模式以及乔姆斯基的转换生成理论结合起来,形成民间故事的一种结构人类学分析的新模式——路易斯安那大学流派的生成分析法或多义主题素模式。这种新模式将精灵故事分成不同的等级结构,并将其抽象层面上的组成反复分解,"每一分解均为下一次的分解产生新的输出容量,产生更具体的层面"。这种结构模式通过对故事主题素的解构,生动地阐释了精灵故事的"语义功能"、"转换规则"以及"特定文化的隐喻性结构特征"[3]等一系列问题,并且巧妙地将精灵故事的结构功能与美国非裔人的社会生活紧密结合起来,"体现了奴隶制状态下和经济束缚下黑人伦理思想的两难困境"。借用爱德华的多义主题素模式分析"猴子意指"的故事,不难发现故事的叙事结构中蕴涵着一种演绎逻辑:狮子作为受愚弄者,在听从了猴子的"教唆"之后找大象算账,它的"信任"即是它的"缺失";而精灵人物猴子的诡计是一种价值的获取。故事的高潮在于一个双重转变:狮子在被大象暴揍一顿后,意识到自己的行为失去"价值",并且认识到猴子友善的虚伪。狮子被猴子捉弄的原因在于它不懂字面意义和修辞意义的区别,而猴子恶作剧的成功在于它利用了美国黑人土语

---

[1] 小亨利·路易斯·盖茨:《意指的猴子》,王元陆译,北京大学出版社2011年版,第3页。
[2] 同上,第4页。
[3] Henry Louis Gates, *Black Literature and Literary Theory*, New York: Methuen Inc., 1984, p. 15.

的"双声性"巧妙地迷惑了狮子。故事的结尾以猴子的"价值凸显"与狮子的"价值缺失"间的不和谐而告终,而导致这一矛盾的原因就是猴子的"意指":猴子借用土语的隐喻性,耍弄了森林之王,"意指"之下掩藏的是一种"非互惠互利的价值交换和违反某种公平的协议"。基于以上分析,结合黑人方言的"双声性",可推断出"猴子意指"的双重性。美国黑人在白人主流文化的重压下,借助通俗的精灵故事,透过隐喻语言的"意指"功能宣泄其不满。"猴子"和"狮子"之间价值凸显与价值缺失的矛盾,象征了白人文化圈与黑人文化圈之间的失衡状态。通过对非洲精灵故事的分析,爱德华看到其"意指行为"深层的文化内涵和喻义,因此他认为"如果非裔美国人的社会和经济方面的平等状态得到改善",非洲黑人精灵故事的"这类结构形式的选择可能会发生变化。"①休斯顿·贝克(Houston Baker)认为美国黑人拥有自己的道德标准与审美取向。小盖茨深受贝克影响,强调黑人口头文化传统与民族气质有别于白人,"在《意指的猴子》中,他分析了非洲文学(特别是约鲁巴文化)和非裔美国人奴隶文化的黑人俚语中能够找到的各类诡计人物形象。他所拈出的埃苏—埃拉巴拉和意指的猴子,可见于非洲、美洲和加勒比海地区。"②这些诡计人物与文化策略,凸显了盖茨理论建构维度的文化异质化特征。

"意指"理论的解构论蕴涵

盖茨在《意指的猴子》绪论中提到,黑人批评家的任务是"把阐释和修正的黑人原则理论化"③,而他自己正在从事此项工作。盖茨认为,为美国黑人方言传统的理论命名,首先要对已经辖域化的西方文论做出明确的回应。盖茨在构建黑人文学批评理论的同时,并没有狭隘地抛弃西方当代的主流文论,相反却是站在这些理论之上,以宏大的视野和胸怀使其为我所用,他所持的是一种扬弃的态度。在当代西方主流的文学理论中,经历了从结构主义到解构主义的嬗变,由索绪尔语言学而来的符号学与话语论深刻地影响了20世纪以来的西方文论走向。如解构主义逐渐成为"一种阅读和批评的程式,在文学界一路畅行"④。而盖茨的理论创建恰恰是以语言和符号为起点,探讨黑人土语传统和非裔美国文学传统之间的关系,试图揭开闭合的黑人土语传统,最

---

① 习传进:《走向人类学诗学》,中国社会科学出版社2007年版,第102页。
② G. Castle, *The Blackwell Guide to Literary Theory*, Ma：Blackwell Publishing, 2007, p. 89.
③ 小亨利·路易斯·盖茨:《意指的猴子》,王元陆译,北京大学出版社2011年版,第4页。
④ 朱立元:《当代西方文艺理论》,华东师范大学出版社2005年版,第297页。

终确立非裔美国人的文学批评理论。基于对语言符号相同的关注度,盖茨在理论框架的建构中深受解构主义的影响。

盖茨认为:"土语传统与正式文学传统之间的关系是平行的话语宇宙的关系。"①如果要在当今失衡的话语宇宙中争取平等地位,前提就是要重组流散于世界各地的、具有连贯痕迹的文化"碎片",建构系统的黑人理论。盖茨在《意指的猴子》中,借鉴了解构主义的理论观点,德里达的"异延"概念、保罗·德·曼的解构思路以及解构主义的"互文性"观点,通过对非裔美国土语"意指"理论的层层建构,解构了西方基于逻各斯中心主义的语言学思想,试图打破其形而上学的中心和本源。"意指是美国黑人话语所特有的,而且是非裔美国人核心的修辞策略。"②"意指"是一种元修辞结构,其主旨在于语言游戏而非攻击性。黑人"意指"在白人标准英语中相对应的是"表意"。白人"表意"可以被能指/所指表示,可指代一个或多个概念;而在黑人的"意指"中,"这种符号学关系被一种修辞关系所替换"③,黑人土语传统的修辞结构即是一种"意指"的能指。黑人"意指"和白人"表意"之间是一种悖论关系,既联系密切又各不相关。在盖茨看来,"表意"和"意指"这两个同形同音异义词之后蕴藏的是美国白人文化和非裔美国文化之间深刻的冲突,体现了白人语言圈和黑人语言圈两个本该平行的话语世界间的冲突。基于此,盖茨效仿解构论主将德里达的策略——改变字母"e"为"a"以区分"异延"(differance)和"差异"(difference)(前者指空间上的差别,后者是"差异的本源或者说生产,是指差异之间的差异、差异的游戏。"),改变字母"s"的大小将黑人"意指"(Signification)与英语"表意"(signification)两者区分开来,并且基于相似的考虑,将黑人术语的"g"括起来"Signifyin(g)",而将白人术语写成"signifying"。盖茨认为"表意"与"意指"之间的关系类似于"异延"和"差异"之间的关系,体现了一种同一性中的差异性。这种差异性体现在"g"的缺席,是"黑色在更大的政治文化及其历史无意识之中所创造的。"④盖茨对"黑人术语"Signifyin(g)的改写,"意指"了由中产阶级白人确立的美国标准英语的使用习俗,其中"g"的缺席喻旨了"黑人"或"黑人传统"的缺席。

美国文学批评"耶鲁四人帮"成员保罗·德·曼在德里达的基础上建立了自己的解构理论——修辞学阅读理论,深入探讨了语言的修辞问题。德·曼接受了尼采关于

---

① 小亨利·路易斯·盖茨:《意指的猴子》,王元陆译,北京大学出版社 2011 年版,第 4 页。
② 同上,第 5 页。
③ 同上,第 59 页。
④ Greene Meg, *Henry Louis Gates*. *A Biography*, California: Greenwood Press, 2012, p. 247.

语言修辞性的观点,认为语言的典型结构不再是传统的表现或指称表达(意义)的结构,而是一种修辞结构;进而得出"一切语言都有修辞(隐喻、象征等)性"的结论。盖茨在美国黑人文学批评理论建构中提出的"意指"理论和保罗·德·曼解构理论中的语言修辞性恰有异曲同工之处。盖茨在《意指的猴子》中指出:"意指是美国黑人话语所特有的,而且是非裔美国人核心的修辞策略。"意指包含多重意思:"含沙射影地说,尖刻地抱怨,用甜言蜜语哄骗,用刺激性的语言嘲弄,以及说谎等等。"①"意指行为"强调的是一种"重新比喻表达法"或"重复及差异"或"作为对话的转义",而"意指"这种修辞性比喻常常作为一种言说方式存在土语方言中。但盖茨"意指"理论的修辞性和德·曼的修辞理论依然存在不同,前者认为"意指"作为一种修辞策略,语言游戏是其主旨所在,但盖茨同时指出"意指"的能指与索绪尔语言学中的符号概念并不是毫无联系的,无论这些概念随着时间的变化发生怎样的戏剧性变化,任何一个能指都无法摆脱其既定的意义或概念。从对待传统语言学的态度的层面看,盖茨的"意指"理论摒弃了德·曼将修辞性列为语言的本质的偏激观念,选择性地吸收并修正以为己所用。

克里斯蒂娃的"互文性"观念拓展了解构论的领域,她认为"一切文学都处在互相影响、交叉、重叠、转换之中","文本不论在时间上出现早晚,都存在互相影响的互文性。"②盖茨吸收了解构主义和"互文性"的思想观点,认为"互文性"和"双声性"是"意指"理论的核心,并且将这种"双声"、"互文"的语言传统定义为四种文本关系:第一种是转义修正,指某个特定转义在多个文本间的一种差异性重复,重复的过程即是文本"互文性"的展现;第二种言说者文本是对口头叙述模式的模仿,口头叙述在口头传述的过程中相互吸收、改写和扩展,从而具有极强的互文性;第三种是说话文本,这种文本的双重声音体现了与其他文本之间的对话关系,里德的《芒博琼博》就是这种互文叙述方式的典型代表;第四种是重写言说者文本,顾名思义这一文本关系更是"互文性"的典型代表。解构主义认为作者通过不同的形式对他人作品的叙事形式或修辞结构进行重复和修正,美国黑人土语传统的"意指行为"正是这种重复和修正的体现,他们间接地通过修辞性命名和互文性修正确立自己独特的言说方式。

"意指"的理论与黑人作家的"双重意识"

"意指"理论具有三个特点:比喻性、双声性、互文修正性。这正是美国黑人文化和

---

① 小亨利·路易斯·盖茨:《意指的猴子》,王元陆译,北京大学出版社2011年版,第5页。
② 朱立元:《当代西方文艺理论》,华东师范大学出版社2005年版,第316页。

文学文本中最鲜明的特征。非裔美国文学是两种曾尖锐对立的文化交融的产物，从诞生之时便伴随着批评家的排挤和否定。美国白人社会中存在一类偏见，认为黑色人种的黑色与愚蠢有关，白人批评界甚至直接将黑色等同于邪恶和愚蠢，他们对黑人及黑人创作的带有黑人口语特点的作品极尽嘲弄。在这样的生存背景下，作为非裔美国文学界的一分子，盖茨的创作不再仅仅为了展示非裔美国文学传统，其宗旨是要在重压之下争夺美国黑人作家甚至美国黑人群体的话语权，力求给处在边缘地位的非裔美国文学以更为确切真实的评价。

在"意指"理论中，盖茨探讨了非裔美国文学的身份和黑人作家的"双重意识"问题。在美国白人主场的社会中，美国黑人只能借助隐喻的言说方式表达自己的声音，除此之外别无出路。"意指行为"的"双声性"是非裔美国文学的传统，是杜波依斯提出的"双重意识"在美国黑人文学史上的直接反映，反映了黑人作家在双重历史、双重文化、双重身份的影响下的生存状态。盖茨"意指"理论的建构也体现了他对美国白人文学界偏见的有力讽喻。盖茨在总结自己创造《意指的猴子》时说道，"希望通过建立与欧洲中心论相对应的非裔美国文学理论来"挫败欧洲中心论的偏见"，希望"消解这样一种令人惊异的看法——认为理论只属于西方传统范畴；对于主流之外诸如非裔美国人文化传统之类而言，理论是一种被排斥的陌生的事物"。

在西方文论的种族研究领域，盖茨无疑跻身于当代美国最有影响的黑人知识分子行列。他的修辞性批评理论为非裔美国文学研究提供了新的视角和新的范式，盖茨的努力不仅激活了非裔美国文学批评的发展，而且为多元文化和文学的和谐共生做出了巨大的贡献。此外，盖茨关于非裔美国文学批评理论的构建模式对我国当代文论建设方面带来了更多启示。最为重要的是，盖茨作为公共知识分子，其民族身份和文化认同的自觉意识应该对我国现代文化建设方面带来更多的启悟作用。

(作者系广西师范大学文学院比较文学与世界文学研究生)

王国维的中国悲剧观之演变

熊元义

王国维是中国近现代较早探讨中国悲剧的文艺理论家。从1904年只承认中国古典小说《红楼梦》是真正的悲剧作品到1912年承认元代关汉卿的《窦娥冤》、纪君祥的《赵氏孤儿》这些作品是世界大悲剧,王国维的中国悲剧观不能不说存在一个较大的演变过程。王国维的这种中国悲剧观之演变是王国维美学观的发展,还是王国维对中国悲剧存在有了进一步的发现?王国维不能充分认识中国悲剧的存在并总结出中国悲剧独特的审美特征受到了什么美学观的制约?当代文艺界如何在克服王国维等近现代文艺理论家的局限的基础上进一步地认识中国悲剧独特的审美特征?这都是需要中国当代文艺界深入探讨的。

王国维在把握中国悲剧上的发展

20世纪初期,文艺理论家王国维对中国悲剧的认识有一个较大的发展过程。1904年,在《〈红楼梦〉评论》这篇小说评论中,王国维率先引进德国哲学家叔本华的悲剧理论深入地解剖了中国古典文学作品《红楼梦》,认为《红楼梦》是彻头彻尾的悲剧。

首先,王国维从两个层面上解剖了《红楼梦》的精神。一是曹雪芹的《红楼梦》与德国作家歌德的《浮士德》的比较。王国维认为:"宇宙一生活之欲而已!而此生活之欲之罪过,即以生活之苦痛罚之,此即宇宙之永远的正义也。自犯罪,自加罚;自忏悔,自解脱。美术之务,在描写人生之苦痛与其解脱之道,而使吾侪冯生之徒,于此桎梏之世界中,离此生活之欲之争斗,而得其暂时之平和,此一切美术之目的也。夫欧洲近世之文学中,所以推格代之《法斯德》(即歌德之《浮士德》)为第一者,以其描写博士法斯德之苦痛,及其解脱之途径,最为精切故也。若《红楼梦》之写宝玉,又岂有以异于彼乎?

彼于缠陷最深之中,而已伏解脱之种子。故听《寄生草》之曲,而悟立足之境;读《胠箧》之篇,而作焚花散麝之想,所以未能者则以黛玉尚在耳。至黛玉死而其志渐决,然尚屡失于宝钗,几败于五儿,屡蹶屡振,而终获最后之胜利。"①但是,浮士德的痛苦是天才的痛苦,贾宝玉的痛苦是人人都有的痛苦,"其存于人之根柢者为独深,而其希救济也为尤切。"这在一定程度上挖掘了《红楼梦》在人物塑造上的独特价值。二是《红楼梦》与中国文学的支流比较。王国维认为《红楼梦》的这种精神就是大背中国人的性质。而"吾国人之精神,世间的也,乐天的也。故代表其精神之戏曲小说,无往而不着此乐天之色彩。始于悲者终于欢、始于离者终于合、始于困者终于亨。非是而欲厌阅者之心,难矣!若《牡丹亭》之返魂、《长生殿》之重圆,其最著之一例也。《西厢记》之以《惊梦》终也,未成之作也,此书若成,吾乌知其不为《续西厢》之浅陋也?有《水浒传》矣,曷为而又有《荡寇志》?有《桃花扇》矣,曷为而又有《南桃花扇》?有《红楼梦》矣,彼《红楼复梦》《补红楼梦》《续红楼》者,曷为而作也?有曷为而有反对《红楼梦》之《儿女英雄传》?"②《红楼梦》的价值就在于大背这种中国人的精神。虽然王国维所说的这些现象都是客观存在的,但这些现象却不是中国文化的主流,而是中国文化的糟粕。《红楼梦》的真正价值并不在于《红楼梦》不同于中国文化的支流,而是在于《红楼梦》在中国文学发展史乃至世界文学发展史上的独特贡献。

其次,王国维分析了《红楼梦》的美学价值。王国维认为《红楼梦》不但是彻头彻尾的悲剧,而且是悲剧中的悲剧,"《红楼梦》者,可谓悲剧中之悲剧也。"王国维区别了诗歌的正义与永远的正义,认为诗歌的正义是善人必令其终,而恶人必罹其罚;永远的正义是生活之欲之罪过即以生活之苦痛罚之。中国戏曲小说的特质表现了诗歌的正义,而《红楼梦》则表现了永远的正义,因而《红楼梦》是彻头彻尾的悲剧。王国维不但挖掘了《红楼梦》在中国文学中的独特价值,而且依据叔本华的悲剧理论认为《红楼梦》是悲剧中的悲剧。叔本华把悲剧划分为三类,"由叔本华之说,悲剧之中,又有三种之别:第一种之悲剧,由极恶之人,极其所有之能力,以交构之者。第二种,由于盲目的运命者。第三种之悲剧,由于剧中之人物之位置及关系而不得不然者。非必有蛇蝎之性质与意外之变故也,但由普通之人物,普通之境遇,逼之不得不如是。彼等明知其害,交施之而交受之,各加以力而各不任其咎,此种悲剧,其感人贤于前二者远甚。何则?彼示人

---

① 干春松、孟彦弘编:《王国维学术经典集》(上),江西人民出版社 1997 年版,第 57—58 页。
② 同上,第 58 页。

生最大之不幸,非例外之事,而人生之所固有故也。若前二种之悲剧,吾人对蛇蝎之人物,与盲目之命运,未尝不悚然战栗。然以其罕见之故,犹幸吾生之可以免,而不必求息肩之地也。但在第三种,则见此非常之势力,足以破坏人生之福祉者,无时而不可坠于吾前。且此等惨酷之行,不但时时可受诸己而或可以加诸人。躬丁其酷而无不平之可鸣,此可谓天下之至惨也。"①根据叔本华的这种悲剧分类理论,王国维认为《红楼梦》正是第三种悲剧。"兹就宝玉、黛玉之事言之,贾母爱宝钗之婉嫕,而惩黛玉之孤僻,又信金玉之邪说,而思压宝玉之病;王夫人固亲于薛氏,凤姐以持家之故,忌黛玉之才,而虞其不便于己也,袭人惩尤二姐、香菱之事,闻黛玉'不是东风压西风,就是西风压东风'之语(第八十一回),惧祸之及,而自同于凤姐,亦自然之势也。宝玉之于黛玉,信誓旦旦,而不能言之于最爱之之祖母,则普通之道德使然,况黛玉一女子哉!由此种种原因,而金玉以之合,木石以之离,又岂有蛇蝎之人物,非常之变故,行于其间哉?不过通常之道德,通常之人情,通常之境遇为之而已。"因而《红楼梦》是悲剧中的悲剧。

在评论《红楼梦》上,王国维不但挖掘了《红楼梦》独特的艺术价值,而且将《红楼梦》推到了中国文学的崇高位置。

不过,王国维在抬高《红楼梦》的同时则贬抑了孔尚任的《桃花扇》。王国维虽然认为《桃花扇》是中国文学中仅有的两部具有厌世解脱精神的悲剧作品之一,但他却认为"《桃花扇》之解脱非真解脱也",不可与《红楼梦》媲美。王国维多方面地比较了中国古典戏曲《桃花扇》和古典小说《红楼梦》,认为"《桃花扇》之解脱,他律的也;而《红楼梦》之解脱,自律的也。且《桃花扇》之作者,但借侯、李之事,以写故国之戚,而非以描写人生为事。故《桃花扇》,政治的也、国民的也、历史的也;《红楼梦》,哲学的也、宇宙的也、文学的也。"②在这个基础上,王国维在肯定古典小说《红楼梦》这部真正的悲剧时贬抑了《桃花扇》。这是很不准确的。其实,王国维对《桃花扇》的这种贬抑并非出于王国维美学观的偏见,而是王国维对《桃花扇》的认识不够深刻。

首先,王国维认为《桃花扇》与《红楼梦》是中国文学中仅有的两部具有厌世解脱精神的悲剧作品。这是站不住脚的。王国维虽然认为《桃花扇》的解脱是他律的,不是真解脱,但他却没有看到侯朝宗、李香君二人双双"入道"不是所谓的解脱,而是坚守和抗争。其实,无论《红楼梦》的解脱,还是《桃花扇》的"入道",都不是拒绝一切的生活之

---

① 干春松、孟彦弘编:《王国维学术经典集》(上),江西人民出版社1997年版,第60—61页。
② 同上,第59页。

欲,而是不愿与邪恶势力同流合污。

其次,王国维严厉地质疑了《桃花扇》侯朝宗、李香君二人双双"入道"这个结局。王国维认为《桃花扇》的解脱是他律的,"沧桑之变,目击之而身历之,不能自悟而悟于张道士之一言,且以历数千里,冒不测之险,投缧绁之中,所索之女子才得一面,而以道士之言,一朝舍之,自非三尺童子其谁信之哉?"①可是,王国维的这种严厉质疑却是不公正的。在《红楼梦》第百十七回中,贾宝玉看破红尘也是经癞头和尚点化后。在《麦克佩斯》中,麦克佩斯的邪恶欲望也是在女巫的预言煽动下逐步膨胀的。其实,在《桃花扇》中,侯朝宗、李香君二人双双"入道"是他们碎首淋漓不肯辱于权奸这种抗争行为的继续。

王国维之所以没有看到侯朝宗、李香君二人双双"入道"是他们抗争行为的继续,是因为他以局部代替整体,没有全面而深刻地把握《桃花扇》。的确,侯朝宗、李香君二人在爱情上的分离是不符合中国悲剧的审美规律的。中国悲剧是正义力量在大团圆结局这种艺术延展中经过反复斗争,终于战胜了邪恶势力,取得了最后的胜利。尽管这个过程是一种虚构和想象,但是它毕竟是现实世界里正义力量终将战胜邪恶势力与邪恶势力多行不义必自毙或他毙的折射,只不过它集中在悲剧人物的生命世界和精神世界的延续和发展上罢了。因此,从爱情的追求上来说,侯、李二人应该是团圆的,而不是分离。否则,就不是彻底的,完满的。同时,《桃花扇》又绝无摆脱团圆这种"俗套"的动因。在《桃花扇·小引》中,剧作家孔尚任说:"《桃花扇》一剧,皆南朝新事,父老犹有存者。场上歌舞,局外指点,知三百年之基业,隳于何人?败于何事?消于何年?歇于何地?不独令观者感慨涕零,亦可惩创人心,为末世之一救矣。"在《桃花扇》中,孔尚任借柳敬亭的口进一步地指出:"列位看我像个甚,好像一位阎罗王,掌著这本大账簿,点了没数的鬼魂名姓;又像一尊弥勒佛,腆著这副大肚皮,装了无限的世态炎凉。鼓板轻敲,便有风雷雨露;舌唇才动,也成月旦春秋。这些含冤的孝子忠臣,少不得还他个扬眉吐气;那班得意的奸雄邪党,免不了加他些人祸天诛;此乃补救之微权,亦是褒讥之妙用。"事实上,在《桃花扇》中,不少人物的命运就是这样安排的。"这甲申殉难君臣,久已超升天界了。""史阁部、左宁南、黄靖南,这三位死难之臣,未知知何报应?"督师内阁大学士兵部尚书史可法,册为太清宫紫虚真人;宁南侯左良玉,封为游天使者;靖南侯黄得功,封为飞天使者。"奸臣马士英、阮大铖,这两个如何报应?"马士英被

---

① 干春松、孟彦弘编:《王国维学术经典集》(上),江西人民出版社1997年版,第59页。

雷击死台州山中,阮大铖跌死仙霞岭上。一个个皮开脑裂,好苦恼也。可见,孔尚任在《桃花扇》中宣扬的仍然是"善有善报,恶有恶报"之类的思想。总之,无论是从中国悲剧的审美规律来看,还是从孔尚任的创作目的来看,侯朝宗、李香君二人在爱情上都应该团圆,而不是分离。

显然,《桃花扇》这部悲剧主要不是反映侯朝宗、李香君二人对爱情的执着追求,而是反映了侯朝宗、李香君等人在天下兴亡时的抗争与拒绝。

《桃花扇》不过是"借离合之情,写兴亡之感"。戏曲史家薛若琳在把握《桃花扇》时曾解剖过其"离合之情"与"兴亡之感"的关系,他指出,侯朝宗、李香君二人的"离合之情"只是该剧一个引由,并且"离合之情"所占篇幅较少,仅占四分之一强①。在《桃花扇·小识》中,孔尚任指出:"传奇者,传其事之奇焉者也,事不奇则不传。《桃花扇》何奇乎?妓女之扇也,荡子之题也,游客之画也,皆事之鄙焉者也;为悦己容,甘螫面以誓志,亦事之细焉者也;伊其相谑,借血点而染花,亦事之轻焉者也;私物表情,密缄寄信,又事之猥亵而不足道也。《桃花扇》何奇乎?其不奇而奇者,扇面之桃花也。桃花者,美人之血痕也;血痕者,守贞待字,碎首淋漓不肯辱于权奸者也;权奸者,魏阉之余孽也;余孽者,进声色,罗货利,结党复仇,隳三百年之帝基者也。帝基不存,权奸安在?惟美人之血痕,扇面之桃花,啧啧在口,历历在目,此则事之不奇而奇,不必传而可传者也。人面耶?桃花耶?虽历千百春,艳红相映,问种桃之道士,且不知归何处矣。"这就是说,《桃花扇》之奇和所传并不是侯朝宗、李香君二人对爱情的追求,而是李香君等人碎首淋漓不肯辱于权奸。清代沈默说得明白:"《桃花扇》一书,全由国家兴亡大处感慨结想而成,非正为儿女细事作也。大凡传奇皆主意于风月,而起波于军兵离乱。惟《桃花扇》乃先痛恨于山河变迁,而借波折于侯、李。读者不可错会,以致目迷于宾中之宾,主中之主。"②因此,王国维显然错会了《桃花扇》,以致目迷于宾中之宾,主中之主。

《桃花扇》不但写了李香君的激烈斗争,史可法的勉力搏斗、死而后已等面对面的斗争,还写了一群正直之士对权奸的拒绝。正直的有识之士既无力挽狂澜于既倒,也抵制不了,逃避和拒绝还是可以的。为了抵制和拒绝朝廷搜拿歌妓,教演新戏,粉饰太平,卞玉京断了尘心,别过姊妹,换上道装,飘然出院;丁继之换上道装,"醒了扬州梦"。"南朝用人行政之始,用者何人,田仰也;行者何政,教戏也。"卞玉京、丁继之"入道",拒

---

① 薛若琳:《〈桃花扇〉是伤痕文学代表作》,《光明日报》2013年4月29日。
② 吴毓华编著:《中国古代戏曲序跋集》,中国戏剧出版社1990年版,第446页。

绝"教演新戏",和李香君"坚守妆楼",都是对南明腐败王朝的抵制和抗争。张瑶星在"权奸当道,朝局日非"的时刻,无法可救,"俺张薇原是先帝旧臣,国破家亡,已绝功名之念,为何今日出来助纣为虐。自古道:'知几不俟终日'。看这光景,尚容踌躇再计乎。""好趁着晴春晚照,满路上絮舞花飘,避望见城南苍翠山色好,把红尘客梦消。"舍了那顶破纱帽,入道。由此可见,在《桃花扇》中,入道是那些正直的有识之士在无力回天的情况下对邪恶势力的拒绝和抗争。从这个意义上说,侯方域、李香君二人双双"入道"无疑是这些正直的有识之士对邪恶势力的拒绝和抗争的继续。

而侯方域、李香君二人双双"入道"无疑是他们悲观绝望的结果。隐逸至少有所期待即"待恢复"和"待后王",而"入道"则已是毫无所待。但是,与隐逸相比,"入道"这种拒绝和抗争在历史上似乎更加彻底。遗民的隐逸终竟存在大限,即徐狷石所谓"遗民不世袭"。正如钱穆所说:"既已国亡政夺,光复无机,潜移默运,虽以诸老之抵死支撑,而其亲党子姓,终不免折而屈膝奴颜于异族之前。"①而"入道"则割断了情根,没有后代,在一定程度上就彻底断绝了这种明遗民后代的背叛,超越了明遗民的大限。这就是说《桃花扇》以悲剧人物李香君和侯朝宗双双"入道"为结局开创了中国悲剧的一种独特形式。

1912年,王国维虽然没有完全摆脱西方悲剧理论的束缚,但与过去相比较却无疑有了很大的进步。这就是说,王国维对元杂剧里的悲剧的发现。这无疑纠正了王国维过去对中国悲剧存在的片面认识。在《宋元戏曲史》这部专著中,王国维指出:"明以后,传奇无非喜剧,而元则有悲剧在其中。就其存者言之:如《汉宫秋》《梧桐雨》《西蜀梦》《火烧介子推》《张千替杀妻》等,初无所谓先离后合,始困终亨之事也。其最有悲剧之性质者,则如关汉卿之《窦娥冤》、纪君祥之《赵氏孤儿》。剧中虽有恶人交构其间,而其蹈汤赴火者,仍出于其主人翁之意志,即列之于世界大悲剧中,亦无愧色。"②王国维虽然认为中国明代以后的传奇无非喜剧并不准确,但他认为中国元代存在悲剧并有关汉卿之《窦娥冤》、纪君祥之《赵氏孤儿》这些世界大悲剧。这无疑是王国维在对中国悲剧存在认识上的巨大进步。王国维还概括了中国元代悲剧的两大特色即无所谓先离后合、始困终亨之事和悲剧人物蹈汤赴火出于自我意志。

王国维对中国悲剧存在的这种进一步的发现不是王国维美学观的发展,而是王国

---

① 钱穆:《中国近三百年学术史》(上册),商务印书馆1997年版,第79页。
② 干春松、孟彦弘编:《王国维学术经典集》(上),江西人民出版社1997年版,第281—282页。

维承认历史事实的客观存在而违背了自己狭隘的悲剧观。

王国维在把握中国悲剧上的局限

本来,随着对中国悲剧的存在有了更多的发现和认识,王国维的中国悲剧观发生演变是必然的。王国维肯定的《红楼梦》这部悲剧作品与《窦娥冤》《赵氏孤儿》这些悲剧作品是根本不同的。在《〈红楼梦〉评论》这篇小说评论中,王国维将人的解脱区分为两种:"一存于观他人之苦痛,一存于觉自己之苦痛。"前者为非常之人的解脱,后者为通常之人的解脱。在《红楼梦》这部长篇小说中,"前者之解脱,如惜春、紫鹃;后者之解脱,如宝玉。前者之解脱,超自然的也,神明的也;后者之解脱,自然的也,人类的也。前者之解脱,宗教的也;后者之解脱,美术的也。"①王国维认为贾宝玉的苦痛是自造的,解脱之道不可不由自己求之,即"自犯罪,自加罚;自忏悔,自解脱"。在《窦娥冤》《赵氏孤儿》这些元代杂剧中,无论窦娥,还是一群为救孤而自我牺牲的英雄人物,都是被迫害而死的。但是,王国维却没有深刻地认识到这种不同,没有看到悲剧人物对邪恶势力的坚决抵制和誓死抗争,而是仅仅局限在悲剧人物的意志活动里。结果,王国维的中国悲剧观没有随着他对中国悲剧的存在更多的发现而发生飞跃。这种现象的产生不能不说是王国维对中国悲剧的认识不够深刻。这就是说,王国维虽然在把握元代杂剧之文章时提到元代悲剧,但他却没有深入地解剖这种悲剧的情节及其发展并在这个基础上把握这种悲剧的悲剧冲突及其解决,丧失了恩格斯在肯定黑格尔时所提出的宏伟的历史感。

首先,王国维对中国元代杂剧进行了总体把握。王国维认为:"杂剧之为物,合动作、言语、歌唱三者而成。"而元剧,"其纪动作者,曰科;纪言语者,曰宾、曰白;纪所唱者,曰曲。"②这个中国元代杂剧的动作绝不是亚里士多德所说的行动。元代杂剧的动作是戏剧摹仿的方式,而亚里士多德所说的行动是戏剧摹仿的对象。这是有根本区别的。

其次,王国维没有全面分析整个元代杂剧及其各个部分,而是侧重解剖了元代杂剧的歌唱部分即元曲。王国维认为:"元曲之佳处何在?一言以蔽之,曰:自然而已矣。古今之大文学,无不以自然胜,而莫著于元曲。盖元剧之作者,其人均非有名位学问

---

① 干春松、孟彦弘编:《王国维学术经典集》(上),江西人民出版社1997年版,第57页。
② 同上,第277页。

也;其作剧也,非有藏之名山,传之其人之意也。彼以意兴之所至为之,以自娱娱人。关目之拙劣,所不问也;思想之鄙陋,所不讳也;人物之矛盾,所不顾也。彼但摹写其胸中之感想与时代之情状,而真挚之理与秀杰之气,时流露于其间。故谓元曲为中国最自然之文学,无不可也。若其文字之自然,则又为其必然之结果,抑其次也。"①这就是王国维对元代杂剧的歌唱部分即元曲的总体把握,而不是对元代杂剧的总体把握。

虽然王国维认为元代杂剧为一代之绝作,但是他看重的是元曲,而不是元代杂剧。这就是说,王国维在总体上把握中国古代文学和概括每个时代的典型文学形态时突出的是元曲,而不是元代杂剧。王国维认为:"凡一代有一代之文学:楚之骚,汉之赋,六代之骈语,唐之诗,宋之词,元之曲,皆谓一代之文学,而后世莫能继焉者也……往者读元人杂剧而善之;以为能道人情,状物态,词采俊拔,而出乎自然,盖古所未有,而后人所不能仿佛也。"②王国维不但认为元杂剧的精髓全在曲辞③,而且认为"元剧自文章上言之,优足以当一代之文学"④。因此,王国维认为元代杂剧最佳之处不在其思想结构,而在其文章。这个"文章"绝不是戏剧本身,而是元代杂剧的歌唱部分即元曲。王国维认为:"然元剧最佳之处,不在其思想结构,而在其文章。其文章之妙,亦一言以蔽之,曰:有意境而已矣。何以谓有意境?曰:写情则沁人心脾,写景则在耳目,述事则如其口出也。古诗词之佳者,无不如是。元曲亦然。明以后其思想结构,尽有胜于前人者,唯意境则为元人所独擅。"⑤王国维不但在解剖元代杂剧时使用了意境概念,而且在把握元代南戏时还深刻地比较了自然这个美学范畴与意境这个美学范畴的关系。王国维认为:"元南戏之佳处,亦一言以蔽之,曰自然而已矣。申言之,则亦不过一言,曰有意境而已矣。"⑥无论是自然概念,还是意境概念,都是王国维在把握诗词时提出的审美范畴。因而,这些审美范畴可以把握元代杂剧的歌唱部分即元曲,但却难以完全把握元代杂剧,遑论把握元代悲剧。

与亚里士多德的悲剧理论比较,不难发现王国维在把握中国悲剧上的局限。虽然王国维在引进叔本华的悲剧理论时提到了亚里士多德的悲剧理论,但他却只突出了亚里士多德悲剧理论的伦理学目的,而没有吸收亚里士多德悲剧理论的合理内核。这就

---

① 干春松、孟彦弘编:《王国维学术经典集》(上),江西人民出版社1997年版,第281页。
② 同上,第181页。
③ 参见《王国维戏曲论文集》,中国戏剧出版社1984年版,第249页。
④ 干春松、孟彦弘编:《王国维学术经典集》(上),江西人民出版社1997年版,第287页。
⑤ 同上,第282页。
⑥ 同上,第301页。

很难完全把握中国悲剧独特的审美特征。在亚里士多德的悲剧理论中,悲剧的情节以及情节发展是核心部分。世界悲剧理论史上集大成的黑格尔的悲剧理论对悲剧冲突及其解决的展开就是建立在这个情节发展的基础上的。

首先,亚里士多德重视悲剧的情节,认为:"情节是悲剧的根本,用形象的话来说,是悲剧的灵魂。"①在西方悲剧理论史上,亚里士多德提出了第一个比较完整的悲剧概念,认为"悲剧是对一个严肃、完整、有一定长度的行动的摹仿,它的媒介是经过'装饰'的语言,以不同的形式分别被用于剧的不同部分,它的摹仿方式是借助人们的行动,而不是叙述,通过引发怜悯和恐惧使这些情感得到疏泄。"②而"作为一个整体,悲剧必须包括如下六个决定其性质的成分,即情节、性格、言语、思想、戏景和唱段"。在这些成分中,情节即事件的组合是最重要的。亚里士多德强调:"事件,即情节是悲剧的目的,而目的是最重要的。""没有行动即没有悲剧,但没有性格,悲剧却可能依然成立。"③

其次,亚里士多德深入地探讨了悲剧的情节发展和组织,认为情节有简单和复杂之分。在这个基础上,亚里士多德分析了情节的成分。而"悲剧中的两个最能打动人心的成分是属于情节的部分,即突转和发现"④。突转,指行动的发展从一个方向转至相反的方向。发现,指从不知到知的转变,即使置身于顺达之境或败逆之境中的人物认识到对方原来是自己的亲人或仇敌。亚里士多德认为:"突转和发现是情节的两个成分,第三个成分是苦难。"⑤可见,苦难在亚里士多德的悲剧理论中虽然不可缺少,但绝不是最重要的。

最后,亚里士多德在界定悲剧人物的基础上界定了悲剧的情节发展。亚里士多德认为悲剧人物既不是完美无缺的好人,也不是邪恶的坏人,而是介于这两种人之间的另一种人,"这些人不具十分的美德,也不是十分的公正,他们之所以遭受不幸,不是因为本身的罪恶或邪恶,而是因为犯了某种错误。这些人声名显赫,生活顺达,如俄狄浦斯、苏厄斯忒斯和其他有类似家族背景的著名人物。"⑥完善的情节必然是单线的,而不是双线的;它应该表现悲剧人物从顺达之境转入败逆之境,而不是相反,即从败逆之境转入顺达之境;悲剧人物之所以遭受不幸,不是因为本身的罪恶或邪恶,而是因为犯

---

① 亚里士多德:《诗学》,陈中梅译注,商务印书馆1996年版,第65页。
② 同上,第63页。
③ 同上,第64页。
④ 同上。
⑤ 同上,第89页。
⑥ 同上,第97页。

了某种后果严重的错误。这就是说,悲剧在一种程度上就是对悲剧人物和我们自身的缺陷的否定。无论是反省悲剧人物的悲剧,还是反思自身的缺陷,都是为了避免悲剧的再度发生,引导人们对产生悲剧的自身原因进行有力的否定和批判。

可见,王国维在提到亚里士多德的悲剧理论时却没有从情节及其发展出发深入地把握中国悲剧。其实,如果从情节和情节发展出发比较中西悲剧,就可以发现中西悲剧不是有些中国现当代学人所说的那样大,而是大同小异。

近现代以来,中国学人无论是否定中国悲剧存在的,还是肯定包括部分肯定中国悲剧存在的,都没有超越以西方的悲剧理论衡量或者裁剪中国悲剧的框框。即使有些人避免了对中国悲剧简单地肯定和粗暴地否定,提出了衡量中西悲剧的元悲剧概念或科学的悲剧概念,也没有真正把握中国悲剧独特的审美特征和中西悲剧的根本差异。因为他们所提出的一般悲剧概念和科学的悲剧理论虽然凌驾在中西悲剧这些具体的悲剧形态之上,但是,这个一般悲剧概念和科学的悲剧理论仍然主要是对西方悲剧这种存在形态的抽象,而不是对中国悲剧这种存在形态的概括。所以,它仍然没有摆脱以西方的悲剧观念裁剪中国悲剧的思维模式的束缚。其实,如果从情节发展上深入地比较中国列入世界大悲剧行列的关汉卿的《窦娥冤》、纪君祥的《赵氏孤儿》与西方悲剧的典范作品,就可以发现中西悲剧的差别并不是很大,甚至在悲剧结局上基本相同,只是在选择悲剧冲突和悲剧人物上不同,因而具有很不相同的风貌。

关汉卿的《窦娥冤》和莎士比亚四大悲剧之一的《哈姆雷特》都有申冤,即矛盾的解决,前者是父亲为女儿申冤,后者是儿子为父亲报仇。不同的是,当《窦娥冤》中窦娥的父亲窦天章为女申冤时,中国悲剧已到尾声。而《哈姆雷特》的哈姆雷特为父报仇时,西方悲剧才拉开大幕。这两部悲剧都有鬼魂出现。可以说,没有窦娥的冤魂、哈姆雷特的父亲冤魂的出现,他们都将沉冤难白。同样,关汉卿的《窦娥冤》和索福克勒斯的《俄狄浦斯》都出现了疫情。而这种疫情的产生都是因为悲剧人物引起的。但是,中国悲剧对疫情的追查已是悲剧的结束,西方悲剧对疫情的追查则是悲剧的开始。当然,这种追查的结果不同,中国悲剧追查的结果是真相大白之日,就是悲剧人物平反昭雪之时;西方悲剧追查的结果则是真相查明之时,就是悲剧人物遭到毁灭之日。西方悲剧的悲剧人物俄狄浦斯、哈姆雷特都是这种可怕的下场。这就是说,中国悲剧是悲在矛盾解决前,西方悲剧是悲在矛盾解决后。可以说,中国悲剧在即将结束的时候,西方悲剧正好拉开大幕上演。《窦娥冤》的楚州三年大旱正是中国悲剧临近尾声,悲剧人物已经谢幕,而解决这个矛盾和问题的窦天章不是悲剧人物。在西方悲剧作品《俄狄浦

斯》中,悲剧人物既是挑起矛盾和问题的,也是解决这个矛盾和问题的。忒拜国发生了瘟疫,国王俄狄浦斯查找原因,解决这个矛盾。当真相揭开的时候,忒拜国王后自杀,国王俄狄浦斯刺瞎双眼,自我放逐。无论中国悲剧,还是西方悲剧,制造悲剧的都受到了应有的惩罚。不同的是,中国悲剧的这种惩罚是外在的,即他人惩罚;西方悲剧的这种惩罚是内在的,即自我惩罚。《窦娥冤》和《哈姆雷特》都出现了鬼魂向活着的人诉冤,但冤死的窦娥是悲剧人物,而为她平反昭雪的是她的父亲窦天章却不是悲剧人物。与此相反,冤死的哈姆雷特的父亲却不是悲剧人物,而为父亲申冤雪恨的王子哈姆雷特则是悲剧人物。这两部悲剧作品都是复仇,都成功了,但对悲剧人物和悲剧冲突的选择不同,因而矛盾的解决就不相同。同样,如果莎士比亚四大悲剧之一的《麦克佩斯》的悲剧人物和纪君祥的《赵氏孤儿》的一样,以邓根、班戈、迈克特夫及其后代为悲剧人物,那么,莎士比亚的悲剧和中国古典悲剧就没有什么两样了。反过来,如果《赵氏孤儿》的悲剧人物和《麦克佩斯》的悲剧人物一样,以屠岸贾为悲剧人物,那么,《赵氏孤儿》和《麦克佩斯》就基本相同了。《赵氏孤儿》和《麦克佩斯》在结局上也基本相同,即都出现了后代复仇并战胜对方的结局。《赵氏孤儿》是以一群为救孤而自我牺牲的英雄人物为悲剧人物的,而《麦克佩斯》则是以制造血腥灾难的麦克佩斯为悲剧人物的。可以说,在《赵氏孤儿》中,制造悲剧的屠岸贾并不复杂,他的毁灭是大快人心,罪有应得。因为他不是悲剧人物,所以,即使和《麦克佩斯》中的麦克佩斯有同样的命运,同样的结局,但人们却没有发现这两大悲剧从根本上是相同的。而《麦克佩斯》和《赵氏孤儿》之所以在审美特征上不同,就是因为选择悲剧冲突以至选择悲剧人物的不同。

王国维之所以不能深刻地把握中国悲剧的悲剧冲突及其解决这种历史发展,是因为他缺乏历史的批评。20世纪70年代末以来,中国文艺批评界开始重视王国维的这种美学观。但是,这种对王国维美学观的重视却不是在克服王国维美学观的局限的基础上发展,而是在一定程度上发展了这种缺陷。这就是中国当代文艺批评界在重视文艺的美学批评时却忽视文艺的历史批评。其实,文艺的历史批评与文艺的美学批评是水乳交融和不可分割的。亚里士多德注重悲剧的情节及其情节发展,注重情节的"突转和发现",这既是情节发展,也是历史发展。这二者虽然有集中与分散的区别,但从根本上却是平行的。王国维没有很好地吸收亚里士多德这种美学思想,因而不能完全正确地认识和把握中国悲剧的存在。

(作者系《文艺报》社理论部主任,文学博士)

当代汉语文学中的"边疆神话"

张 柠

当代文学或小说的问题

当代文学正面临着其命运中的生死之劫。批评家们说"文学死了",出版商们庆幸文学在市场上的惊人活力。美国文论家希利斯·米勒一方面宣称"文学的末日就要到了……新媒体的迅速崛起,使依赖于传统印刷书籍的文学面临灭顶之灾",一方面又说,"文学虽然末日将临,却是永恒的、普世的。它能经受一切历史的变革和技术的变革。文学是一切世间、一切地点的一切人类文化的特征……所有关于文学的严肃反思,都要以这两个相互矛盾的论断为前提"[①]。米勒之所以对文学信心尚存,是因为他寄希望于语言文字的奇特作用,他认为,"用做'能指'而没有所指的词语,能轻易创造出有内心世界的人、事物、地点、行动"[②]。文学的神奇性在于能创造虚拟的现实和另一个世界。

与文学所面临的困境与转机相类似,叙事作品中"人"的形象,也面临着由生存到死亡,由死亡到永生的轮回与转换。在18世纪以来形成的西方近代小说中,自诩为"宇宙之精华,万物之灵长"的人的形象被无限放大,成了资本主义上升时期神话在叙事上的例证。19世纪末,尼采借助疯子的口高喊"上帝死了",而"人"就是杀死上帝的元凶[③]。"上帝之死"也意味着"人之死",仿佛只有"超人"能够拯救我们。20世纪60

---

① 希利斯·米勒:《文学死了吗》,秦立彦译,广西师范大学出版社2007年版,第7页。
② 同上,第27页。
③ 尼采:《快乐的科学》,黄明嘉译,华东师范大学出版社2007年版,第191页。

年代罗兰·巴特又发现"作者死了","读者的诞生应以作者的死亡为代价来换取"①。"上帝之死"无疑是"父亲"或"历史"之死的隐喻;"人之死"暗含着"现实"之死;"作者之死"则告知了"梦想"之死。一切明晰和确定的东西都死了,剩下的只有混乱、碎片、不确定性,我们将如何说话、将如何叙述?"人"这个似乎是自明的概念从而变成了一个疑问,作为小说内核的个人经验的表达也开始犹豫不决。在19世纪中期以来的文学作品中,人的形象也从奋斗、崇高、伟大的高点,跌落到渺小而又可疑的深渊。伍尔芙说,现代小说为了表达复杂的生存真相,"必须把小说家通常遵守的老规矩大半都抛弃也在所不惜"②。本雅明关于"讲故事艺术衰落"的预言,便彻底变成了现实。于是,我们看到了支离破碎的卡夫卡、普鲁斯特、乔伊斯。20世纪以来的西方现代派小说叙事,彻底背离了以故事情节完整架构为核心的传统叙事逻辑,个人经验的写作替代了宏大的集体叙事,以零散破碎的记忆和个人感受为叙事线索的现代意识流小说迅速崛起。

　　作为"后发达国家",中国现代小说的发展与西方一直保持着一个时间差。笛福和菲尔丁等人在大量创作现代小说的时候,康熙皇帝还在大兴文字狱。西方现代主义文学开始兴起的时候,咸丰皇帝正在忙于镇压太平天国起义。诺贝尔文学奖开始设立的时候,梁启超正在为不登大雅之堂的"小说"拉票。鲁迅开始学写现代小说的时候,西方文学开始受到电影艺术的挑战,爱迪生的电影托拉斯已经成立。20世纪以来,中国作家吸收、借鉴西方小说的叙事技巧和思想内容,形成了以西方18、19世纪现实主义思潮为基础的现代小说叙事传统,并与古老的"文以载道"的文学观念并肩而行:或启蒙救亡,或宣传鼓动,或拨乱反正,或思想解放,或自我表现。直至今天,鲁迅所说的"文的自觉"依然是一个奢望,连小说叙事中"故事"这一基本形态也不见踪影。

　　20世纪下半叶以来,"西方中心"价值观念,在西方知识分子面前成了众矢之的,现代小说叙事中的"人学观念"和"经验模式"遭到质疑。拉丁美洲文学的崛起,是这种质疑的第一次文学操练。以阿斯图里亚斯、加西亚·马尔克斯、卡彭铁尔、博尔赫斯等为代表的拉美"魔幻现实主义",掀起了轰动世界的文学"大爆炸"。这些创作为当代作家开拓了一个全新的视野和主题。

　　新世纪以来的十年,诺贝尔文学奖的价值取向发生了明显的转变。印裔英国作家

---

① 罗兰·巴特:《罗兰·巴特随笔选》,怀宇译,百花文艺出版社1995年版,第307页。
② 弗吉尼亚·伍尔芙:《现代小说》,《伍尔芙随笔全集》第1卷,赵少伟译,中国社会科学出版社2001年版,第138页。

奈保尔的写作,可以称之为"后殖民时代的寓言",他智慧的叙事和对东西方文明的再发现,赢得了读者的赞许。凯尔泰斯和米勒可以算是"二战"后国际"伤痕文学"的路数。土耳其作家帕慕克的叙事,以伊斯兰文明为主要表现对象,授奖词说:"在追求他故乡忧郁的灵魂时,发现了文明之间的冲突和交错的新象征。"南非作家库切,将全球化背景下不同种族之间"身份变乱"和"认同焦虑"这一现代政治问题,作为其小说的重要主题。我们可以发现,近年来诺贝尔文学奖一个明显的变化趋势,就是从叙事的"西方中心"向反中心的"多元文化"转向。从政治学的层面看是正确的,但从文学艺术的形式史角度看,它会遇到评判上的困难。

如上文所述,"现代小说"这种艺术形式,是对资本主义上升时期的市民社会日常生活的模拟,以及对这种生活和社会形态的批判,而且出现了19世纪大作家如群星闪耀的局面。当代作家正在打开另一个视野,开拓另一种主题,比如东方主义、边缘文化、少数族裔、身份政治等等,其叙事形式的破碎性和形式的不稳定性这一现象肯定存在。随着当代文学叙事对西方中心的偏离,由此出现的文学价值和叙事方式的多元化局势,终将会使新的文学形态和叙事技巧日趋成熟。

2005年,"重述神话"成了一个全球性的文学术语,中国作家苏童、阿来、叶兆言、李锐都用自己的作品加入了这一活动。一种回归本土、重返边缘、提倡想象方式多样性的创作潮流正在来临。带有"殖民"色彩的帝国的文字垄断开始真正被打破。欧洲逐步地、确凿无疑地失去了多年来因殖民特权而稳稳拥有的笔坛霸权[①]。可见,政治军事经济的中心,并非一定是全部的话语中心,更不是想象的中心。

在中国当代文学中,对中心文化的疏离和对原始自然的回归,表现在创作背景由中心城市转向边疆地带。上世纪80年代以来,已有大量具备边疆生活经验的作家将笔墨倾注在遥远而神秘的边疆。从王蒙笔下的新疆(《在伊犁》)、张贤亮笔下的河西走廊(《绿化树》)、梁晓声笔下的北大荒(《这是一片神奇的土地》《今夜有暴风雪》),到先锋小说家马原(《拉萨河女神》《冈底斯的诱惑》)、扎西达娃笔下神奇鬼魅的西藏(《西藏,系在皮绳扣上的魂》《西藏,隐秘岁月》),还有张承志笔下虔诚纯朴的西海固(《心灵史》)、蒙古草原(《黑骏马》)……新世纪以来,"边疆小说"更是以一种集体姿态异军突起,出现了一批令人耳目一新的小说,如阿来的《尘埃落定》、杨志军的《伏藏》和《藏

---

① 艾勒克·博埃默:《殖民与后殖民文学》,盛宁、韩敏中译,辽宁教育出版社、牛津大学出版社1998年版,第115页。

葵》、范稳的"大地三部曲"、宁肯的《天·藏》、冉平的《蒙古往事》、姜戎的《狼图腾》等。边地的异域文化和异域生活,正好能弥补传统小说经验的匮乏、想象力枯竭等问题。

如果说八九十年代作家之于他们笔下的"边疆",是一种被动的角色,那么新世纪以来的作家则是主动"出击",并以重述"边疆神话"为己任。这些关于边疆的小说,其叙事结构的完整性,不是用"现实主义"可以完全概括的;其情节的引人入胜,不是用"侦探小说"可以完全概括的;其情感的丰沛充实,不是用"人道主义"可以完全概括的。我们试图阐释这些小说的主要叙事特征,从中提炼出三种叙事模式:朝圣叙事、历史叙事、探险叙事。这些传统叙事方式的再次复活,是对现代小说形式崩溃的挽救,也是讲述者自身的一次再生。

朝圣叙事的复活

当下的朝圣叙事型小说,主要以边疆少数民族信仰和文化为叙事核心。与现代小说描写现实生活的"入俗"(世俗生活和世俗经验)倾向相对,朝圣叙事型小说试图通过叙事作品寻找现代社会中越来越淡漠的、被忽视的信仰体系,试图重构"神圣生活"。边疆作为远离中心的边缘地带,保持了人和自然的原初状态。向着边地的朝圣之旅,就是对俗世的怀疑和逃离,是游荡的现代人或都市人的梦想。"波西米亚人"①"拾垃圾者"②"游手好闲者"③,与其说是现代人或都市人的"绰号",不如说是他们灵魂的徽章。他们在人群之中游走,寻找远走他乡的机遇,要认"他乡"作故乡。边地残存着信仰,仿佛是现代人信仰体系崩溃的最后救星,尚未污染的自然之中,仿佛埋藏着获救的秘密。

值得一提的是,在中国当代文学的"前二十七年"中,存在一种形态怪异、将边疆神话化的文学。这种"神话"叙述的方式,过滤了边疆文化中的神秘因素,通过世俗化的美学叙述,使边疆直接进入了我们的日常生活。它们的叙事原点或者逻辑起点,无疑发生在文化中心,并带有集体化的叙事风格。首先,它撇开原有的文化总体性和叙事逻辑,重新设定新的文化总体性和叙事逻辑。在这一前提下,对边疆的花草树木、山水荒漠进行"二度叙事",目的在于建构一种美学和行政管理学合二为一的新型词语系统和想象方式。大雁落脚的地方草美花香,澜沧江边的芦笙恋歌,蝴蝶泉边梳妆的美女,

---

① 本雅明:《发达资本主义时代的抒情诗人——论波德莱尔》,张旭东、魏文生译,三联书店 2007 年版,第 1 页。
② 同上,第 37 页。
③ 同上,第 53 页。

吊脚楼里的姑娘,天山脚下姑娘的曼妙舞姿,蒙古包里的马头琴和歌声,雪山下的哈达与青稞……通过修辞想象,美的自然、美的姑娘、美的爱情这种"天人合一"神话,与缓解城市管理压力、建设边疆、无私奉献的现实律令浑然一体,既是命令也是诱惑。这是一串神奇的词语,把年轻人勾引到那遥远的边疆。作为边疆想象的修辞系统,它既融进了我们思维的词汇库,也有效地占据了我们的想象空间。20世纪50年代至70年代,大批青年像朝圣者一样源源不断地奔赴边疆。然而,对边疆审美想象的激情,被疲劳、饥饿、恐惧等各种伤害经验所取代;对边疆真实生活的拥抱和爱恋,被对亲人的相思经验所击垮。最终,到70年代中后期,在抛弃边疆投奔城市的知情返城浪潮中,"去圣还俗"的冲动彻底消解了这种"神话"。

与这种审美想象的叙述不同,今天文学中的"朝圣",是现代人面对破碎的生存经验而产生的,发自内心情感需要的精神依托。边疆小说唤醒了在现代人肉体中沉睡已久的灵魂,那是与生命、力量、爱相关的人性深处的秘密。现代社会人零散化、碎片化的生存状态,和灵魂无所依傍的困境,使人们产生了重返"母体"的冲动。边疆小说通过对由"男权中心主义"话语建构起来的现代文明的反叛,在小说中着力塑造普度众生的"圣母"形象,并以此来抚慰现代都市人孤独、流浪的灵魂。与现代社会信奉的男权中心主义文化不同,边疆地区始终保持着原始的生殖崇拜,因此他们对女性文化和精神有着更为深切的认可。在藏传佛教中,二十一度母形象深入人心,人们像崇拜释迦牟尼一样崇拜度母。度母身上所蕴含的母亲般的慈爱与宽容,对受伤、惊慌的人心都有一种抚慰和疗救的作用。

宁肯在《天·藏》中塑造了三个具有象征意义的人物形象:汉藏混血、在北京长大、曾留学法国的美丽女子维格;哲学专业毕业、饱读诗书、在性爱中有严重受虐倾向的王摩诘;巴黎理学院前研究员、著名怀疑论主义者之子、最终皈依佛门的上师马丁格。三个文化背景复杂的人在拉萨相遇,在交往中试图彼此救赎,却始终力不从心。王摩诘饱读诗书,动辄谈论笛卡尔、德里达、福柯,他研究后现代主义,苦苦琢磨东方哲学中的"零"和"空",俨然一个不食人间烟火的修士。然而在面对人类最基本的性爱需求时,他变成了一个需要从学狗叫、挨鞭子、挨耳光等受虐行为中获取性快感的受虐狂[1]。美丽性感的维格,有众多爱慕者和追求者,却始终对气质独特的王摩诘念念不忘。在亲眼目睹了王摩诘性变态的行为之后,维格勇敢地承认自己"还爱他","更爱他了",因

---

[1] 宁肯:《天·藏》,北京十月文艺出版社2010年版,第243—245页。

为"他是真实的,无畏的……他有特别的嗜好,但那不是他的全部","他值得女人同情",甚至萌发了要与王摩诘的另一个情人于右燕"共同拯救他"的想法①。在此后两人同居的几天中,王摩诘的懦弱在维格的坦荡大方面前,更显出卑微和懦弱,只有在维格入睡之后,才敢"轻轻抚摸"她的身体。在小说中,带有藏族血统的维格被塑造成一个善良的、拯救众生的度母般的完美女性,作家有意无意地将西藏的文化性格和宗教特质赋予了这个神奇的女子。王摩诘的猥琐、软弱与维格的自然、大方形成鲜明的对比,现代知识的孱弱和弊端在面对原始、本真的人类欲望时暴露无遗。

在杨志军的小说《伏藏》中,度母被幻化成了七个不同的女性。她们都是仓央嘉措情歌中提到的"爱人",又都在生死的轮回中守护、等待着"掘藏"者的出现。"掘藏"的每一步进展,都必须以一个女性的出现和牺牲为前提。这些女人,不仅将爱给了仓央嘉措,更用自己的生命守护着仓央嘉措的遗言,也用自己的生命帮助后世的人们一步步走近仓央嘉措的内心世界。

此外,边疆小说还力图在少数民族的世界中寻找一种永恒的力量和信仰的依托,通过对这种信仰和力量的重构,帮助中心地带的都市人找到自己灵魂皈依的道路。上世纪90年代前后,张承志的小说,如《心灵史》《黑骏马》《金牧场》等,可以看做是重构信仰的朝圣叙事小说的滥觞。在《心灵史》中,张承志以一个教徒的虔诚和热情,对与中华文明核心的儒家文化背道而驰的哲合忍耶教义推崇备至。这个颇具苏菲主义神秘色彩的伊斯兰文化从晚清时代开始,一直境遇坎坷。然而,在不断地流血斗争中,哲合忍耶教徒始终怀有一种难以想象的笃定和决心。在他的叙述中,七位教主全部都是受尽折磨却无比坚强的圣人,除了寿终正寝的"四月八太爷"和死于海原大地震的马元章之外,其余五位教主,全部都是受迫害或屠杀致死,因为在哲合忍耶教义中,"教主必须为圣教牺牲,他必须穿着血衣死"②。教主的行为在很大程度上也激励着教徒。乾隆时期的一次疯狂屠杀,发生在回族开斋节这一天,面对入侵者的利刃,哲合忍耶教徒竟然没有丝毫反击,他们专心于自己的朝圣,"决心在圣的功课中死"③。面对这种甘愿以死来证明信仰的义举,数千年来沉迷于儒家价值观的主流信仰显得虚弱无力。哲合忍耶的坚忍及其沉默外表下所蕴藏的无限力量,是中华文明中心价值观的反面,也是对中心价值观的最好补充。

---

① 宁肯:《天·藏》,北京十月文艺出版社2010年版,第262页。
② 张承志:《心灵史》,湖南文艺出版社1998年版,第95页。
③ 同上,第47页。

此外,范稳的"大地三部曲"《水乳大地》《悲悯大地》《大地雅歌》,几乎都是以不同家族、不同民族或不同教派之间的宗教、文化、信仰冲突为基本叙事动力。冲突、碰撞的过程正是作者完成自己文学想象和朝圣心理的历程,最终,种种冲突在不断磨合之后都达到了一种看似常见、实则伟大的和解。

历史叙事:从弑父到寻父

历史叙事模式的小说,主要以寻找"祖先—父亲"为叙事动力。与现代小说力图描述现实、讲述当下生存经验相反,历史叙事型小说将小说叙事的维度在时间、空间两方面都大大展开,不仅将故事发生的地点选在遥远的边疆地区,还将叙事时间蔓延向无比久远的历史中去。对于白话文传统之中的当代汉语文学而言,实际上可以看做是一次新的"文化寻父"思潮。

汉族的祖先崇拜在五四新文化运动时被狠狠地打断。鲁迅用"吃人"二字为历史重新命名,用"寓言"(碎裂的形式)瓦解"神话"(完整的结构),用孔乙己、阿Q、闰土等人的迂腐、狡猾、愚钝的形象作为中国人性格的"全称判断"。作为文明之精华的"传统文化"和充满阴谋和绞杀的"文化传统"被简单地混为一谈。因此通过叙事和想象的"弑父",历史和"祖先"一起被埋葬。新文化运动形成了以"弑父"为冲动的推倒、重建、革命的文化体系。在现代白话小说中,无数怀有抱负和志向的青年毅然地切断历史,诀别祖先,杀死父亲,出现了以觉慧、林道静、蒋纯祖、愫方为代表的无数"离家出走"的新青年形象。

与五四运动对文化祖先一刀两断的决绝态度相反,边地文化中一直保持着自己独特的历史传统。其历史和传统,是与汉民族不同的华夏文化命脉的另一支,在传承中受到现代理性和工业文明的破坏程度较低,因而其祖先的形象也相对完整和稳固。在文学叙事中,"祖先"、"父亲"以各种不同的母题或原型得以呈现,比如与现代"人性"相对立的原始"动物性"图腾崇拜,对祖先的追思与动物图腾的关系,与现代理性和文化相对立的"傻子"原型,与怯懦和阴柔的现代人相对立的英雄崇拜等。

历史叙事模式中的"傻子"形象,是现代理性的"镜像"。巴赫金在论及欧洲文艺复兴初期小说中的骗子、小丑、傻瓜形象时说:"他们有着独具的特点和权力,就是在这个世界上做外人,不同这个世界上任何一种相应的人生处境发生联系,人和人生处境都不能令他们满意，他们看出了每一处境的反面和虚伪。"①西方文学和中国文学中，都有许多"大智若愚"的人物形象。托尔斯泰笔下的"傻子伊凡"、韩少功《爸爸爸》中的丙崽、塞万提斯笔下的堂吉诃德……"整个人物形象具有非直接的意义，具有转义，完全表示一种寓意"②，这些人物不仅可以揭露世俗生活的虚伪，还揭示"内在的人"，即纯粹自然的人的本质。因此，这些"傻瓜"，到最后往往会以"圣者"的形象出现。与崇尚精明、理性、功利的都市人相反，那些看似呆傻、痴癫的人，却常常能够充当救世者的角色。这种反智主义倾向，其本身就是对现代文明的反思和反叛。

在阿来的小说《尘埃落定》③中，麦其土司酒后所生的二少爷是个愚钝、憨痴的傻子，很早就被排除在权利继承之外。然而，这个看似冥顽不灵的傻儿子，却有着超时代的预感。在曾经帮助麦其家族致富的罂粟种子被其他土司偷走并广泛播种之后，他的一句"种麦子"，成功地挽救了麦其家族。在《藏地密码》中，几个神志不清的疯子、衣衫褴褛的乞丐，常常能在最危急的时刻提供最宝贵的线索。传统观念中荒蛮落后、亟须改造的边地文化，就像麦其家族的傻儿子一样，一度处于文化的边缘地带和弱势地位。"现代文明人"普遍认为，这块落后的土地，根本无法与现代城市一同担负推进人类文明进步的责任。然而，当现代文明发展到足够的高度时，越来越多的人发现，当今世界比之前的世界更令人担忧。这时，就像"傻瓜"化身"圣者"一样，荒蛮的"边地"取代了现代化的"中心"，成为人们向往的精神家园。

与"傻子"形象相比，"动物"形象的塑造，是一种伸向更为幽深的历史深层的叙事模式。边疆地区尤其游牧民族素有图腾崇拜的历史，汉文化中也有对"龙"的图腾崇拜。然而，仅仅存在于人的想象中虚拟的"龙"的形象，从来都是不确定的。龙的外表、龙的性格、龙的精神，全都是后人附加上去的。而少数民族的图腾崇拜，一般都寄予了某种特定的动物，如狼、藏獒等。少数民族这种有实体的民间崇拜往往比汉族的"龙"图腾崇拜更有力量，也更容易用语言和故事驾驭。

《狼图腾》充分展示了蒙古民族对草原狼的图腾崇拜。蒙古民族在长期的游牧生活中，对狼的品格和生活习性非常了解。狼的竞争意识、团体意识，正是草原游牧民族所必需的。因此，他们把狼作为图腾置于民族文化所崇尚的至高无上的精神和地位。作家认为："华夏农耕文明的致命缺陷就在于，这种文明内部没有比阶级斗争更深层更

---

① 巴赫金：《小说理论》，白春仁、晓河译，河北教育出版社1998年版，第355页。
② 同上。
③ 阿来：《尘埃落定》，人民文学出版社1990年版。

广泛的残酷激烈的生存竞争。"①北方游牧民族性格中的"狼性",是对以隐忍、平和为最高目标的"羊性"汉文化的最好补充。"在民族性格上,坚决走'现代文明狼'的道路。必须适度地释放和高超地驾驭人性中的狼性。"②与之类似,《藏獒》讲述了一只獒王带领自己的族类消除草原部落之间的矛盾和斗争的故事。作为极品犬类的藏獒,不仅拥有超凡的力量和判断力,还保有犬类共同的对主人的忠诚。

凶狠的狼和忠诚的獒,其共同特点都是具有强大的原始生命力。这种原始生命力在遥远而古老的边疆地带,始终像一曲嘹亮高亢的藏歌,穿破时空的阻隔,散发出亘古弥新的魅力。这种内心生命深处的力量恰恰来自于边地未受规劝、未受训诫的天然的能量。在遥远的边疆地带,激烈残酷的生存环境与真实沉静的内心世界交织在一起。这种自然原始、实实在在的生存状态,对于现代都市人来说,显得可望而不可即。

阿来的《格萨尔王》是"重述神话"系列小说之一,将存在于藏民族史诗和民间想象中的英雄"格萨尔王"形象历史化、具体化。与原有的神话传说相比,小说凭空虚构了具有梦中通神能力的"说书人晋美"的叙事线索,正是依赖着晋美的全知全能视角,才彻底完成了从古老的民间史诗《格萨尔王传》向现代小说《格萨尔王》的文体转换。小说以"格萨尔王"从天界降生凡间,最终回归天界为一个完整的叙事长度,中间不仅讲述了他对外克敌、对内锄奸的英雄事迹,也生动地再现了他与几个女人的爱恨纠葛。此外,与汉族儒家文化倡导的"子不语怪力乱神"相反,西藏民族的神话传统十分发达,他们相信天启、神授、天人感应。藏族作家阿来,自然继承了藏族血脉中的这一发达神经,小说中体现出的超验的参透力和浑然天成的宗教神秘感,是讲务实、重实践的汉族作家所难以企及的。

与之相比,冉平的《蒙古往事》更贴近现实主义。冉平说"细节就是生命,是想象的极限"③。这部小说正是用无数细节逐渐丰满、建构了蒙古英雄"一代天骄"成吉思汗的一生。在这部小说中,作家放弃了传统的英雄颂歌式的宏大叙事,将铁木真塑造成一个偶尔也会犹豫、软弱、嫉妒的有血有肉的蒙古男人。他在与困难、饥饿和狼对峙的那个最困难的冬天,亲手杀死了自己的兄弟别克帖。对此,铁木真一直心怀愧疚,因此,"以后的很多年,很多次战争,铁木真从不杀孩子;见了幼小的孤儿就给母亲送来,

---

① 姜戎:《狼图腾》,长江文艺出版社 2005 年版,第 365 页。
② 同上,第 400 页。
③ 冉平:《蒙古往事》,新星出版社 2010 年版,第 355 页。

像是还债"①。铁木真与妻子孛儿帖的同生死、共患难,与"安答"札木合之间的情深意重以及后来不可避免的你死我活的斗争,更为铁木真这个人物增加了几分血肉。

当代边疆小说中的历史叙事,以一种新的背景题材和叙述角度,再次将小说创作回归到 19 世纪之前的宏大历史叙事传统。在汉语文学创作的轨迹中,弥补"弑父"文化带来的"孤儿"心理,重建一条"寻父"的文学道路。1961 年,约瑟夫·海勒创作小说《第二十二条军规》,同样是面对战争与死亡的重大主题,这部小说与 19 世纪的托尔斯泰的《战争与和平》大异其趣。在《第二十二条军规》中,军人从高大的战斗英雄变成了渺小的凡人,小说思想的重心从宏大的历史、道德叙事忽而转向平凡、卑微的个人记忆和个人感受。这种创作倾向,在 19 世纪以后逐渐成为西方小说创作的主流。琐碎化、零散化的文学叙事,加重了后现代语境下人的孤独与焦虑,因此,边疆小说中建立起的完整的历史长度,使现代都市人找到了自己和祖先的存在轨迹。当然,在经历了几次三番的政治风波之后,作家深知,小说创作必须远离政治鼓吹和道德说教。少数民族的历史重现和祖先形象的构建,是一个稳妥而新鲜的创作领域。

探险叙事与解密的冲动

在拥有了朝圣的虔诚并掌握了历史的脉络之后,人们便会产生穿越文化障碍、探索未知世界的探险冲动。边疆小说中的探险叙事,大多以异域探险、寻宝为故事核心,主要以现代侦探小说和推理小说的结构为叙事模式,以"寻找金羊毛"的故事结构为内在发展线索,在颇具神秘气息的边疆文化背景下展开,以满足读者的猎奇心理。

美国作家爱伦·坡开创了现代侦探小说的传统。博尔赫斯在评价他的作品时曾说:"找不到一篇侦探小说是没头没脑,缺乏主要内容,没有结尾的",侦探小说"正在一个杂乱无章的时代里拯救秩序"②。与柯南·道尔等人的侦探小说不同,爱伦·坡的侦探小说中不仅有悬疑、惊悚的故事氛围,更重要的是,作家在寻找谜底的过程中,不断地冷眼观察这个世界。通过侦探的双眼,我们发现了现代社会的种种问题:唠叨病、疑心病、孤独病。现代人的"疑心病"来自恐惧和不安。恐惧来自现代都市的陌生人世界。为了缓释现代都市特殊的疑心病,爱伦·坡引进了幻想兼推理的双重技术,为罪犯的行踪乃至思维绘制一幅幅清晰的地形图。绘图的过程正是缓释不安的过程。现

---

① 冉平:《蒙古往事》,新星出版社 2010 年版,第 73 页。
② 豪尔赫·路易斯·博尔赫斯:《博尔赫斯全集·散文卷(下)》,王永年、林之木译,浙江文艺出版社 1999 年版,第 46 页。

代城市中的人,逐渐变成爱伦·坡笔下的"人群中的人"①,是一个个经验破碎、灵魂漂泊的孤魂野鬼。从这个意义上来说,侦探小说寻找谜底的意义反而退居其次。

新时期边疆小说中的探险叙事,一方面继承了西方现代侦探小说中对破碎、孤独的都市生活的审视和反思。另一方面,边疆地区神秘诡谲、未被开采的神秘感本身,就为此类寻宝小说提供了绝佳的故事背景和叙事氛围。零散琐碎、遍地开花的线索和伏笔,在"探险""寻宝"的主题之下,就像是藏族姑娘用无数麻线缝制成的氆氇,展现出五颜六色的新的完整形态。

就像郑钧在《回到拉萨》里高唱的:"在雅鲁藏布江把我的心洗清,在雪山之巅把我的魂唤醒",遥远而神秘的边疆在现代人眼中成了自己遥远而远离尘世的精神家园。科技的急速发展,迅速缩小了中心地区与边疆地区的地理差距,同时,物质发展的不平衡,使得日新月异的中心文化与保守稳定的边疆文化越走越远,现实生活的重压使得越来越多的人产生了逃离的欲望,无数怀有猎奇或解压心理需要的旅行者、背包客来到边疆,仿佛想要在这种原始、自然的遗址文化中寻找一次心灵的洗礼与救赎。人们愿意相信,现实生活枯燥无味、一览无余,而遥远的边疆却潜藏着无数不为人知的秘密。

十卷本长篇小说《藏地密码》,讲述了以藏族商人、藏獒专家卓木强巴,犬类研究专家方新教授,探险家唐涛的妹妹唐敏等一行人共同寻找极品獒类"紫麒麟"和帕巴拉神庙的探险旅程。小说从一张神秘的照片开始,寻宝队伍进入西藏、穿越无人区,后又来到神秘的南美丛林以及佛经中的极乐圣地香格里拉……小说故事情节扣人心弦,主角面对盗猎者的追杀,一次次陷入困境,又一次次虎口脱险。从 1938 年和 1943 年两次希特勒派人入藏的传说,到"天国"香格里拉的真实面貌,小说中的众多细节、悬念,都与民间传说密切相关,都是大量读者关注的兴趣点所在。此外,《藏地密码》还具有典型的旅游思维,作者有意将西藏地区的地理文化在小说故事的展开过程中巧妙地带出。"气温零下十度,伴随着七级烈风"的生命禁区可可西里②,"冰原霸主"大马熊、吃人的仓鼠,危险而极有挑战性的追捕盗猎者行动等等,无不勾起读者强烈的好奇和神往。

与侦探小说类似,探险小说必须借助作家巧设的玄机和细致的线索铺设,让情节

---

① 爱伦·坡:《爱伦·坡集》,曹明伦译,三联书店 1995 年版。
② 何马:《藏地密码》(1),重庆出版社 2008 年版,第 106 页。

穿越叙事迷宫。对谜底的好奇，逐步揭秘、接近真相的阅读快感，是此类小说吸引读者的主要原因。与《藏地密码》不同，《伏藏》虽然同样借助了侦探推理的结构形态，但它所寻找的"宝藏"却不存在于神秘的未知世界中。小说主人公经过重重困难，最终找到的"宝藏"其实早已潜藏在现实生活的每个角落。

小说《伏藏》，讲述以"香波王子"为首的几个年轻人一同寻找六世达赖仓央嘉措遗言中"伏藏"的探险、寻宝故事。寻宝的线索并不是简单意义上的路线指引，而是仓央嘉措情歌中的种种暗示。因此，只有熟稔仓央嘉措情歌的人才能完成这一文字"解密"工作。从北京雍和宫，到甘肃拉卜楞寺，青海塔尔寺，拉萨大昭寺、小昭寺，最后到布达拉宫，每一个接近真相的步骤，都伴随着一次灵感的"参悟"。《伏藏》洋洋 75 万字，叙事线索叠加交织，整体结构复杂庞大，然而小说最终揭示的却是一个再简单不过的道理："天上地下，爱情为尊。"①小说结尾并没有明确揭示香波王子、警察、教徒等人历经千辛万苦追寻的宝藏究竟是什么，然而在香波王子唱到"那一瞬，我飞天成佛／不为长生，只为保佑你喜乐平安"②时，我们听到的是仓央嘉措对佛性和人间大爱的深情表达。"伏藏"的谜底此时已不言自明。一生都在教派纷争中受尽折磨的仓央嘉措，用自己对"没有生养我的母亲"③玛吉阿米的挚爱和对众生的博爱与仁慈化解了一切仇恨。"仓央嘉措是爱神，爱神本来就是创造奇迹的神"，"玛吉阿米也是爱神，这个仓央嘉措最初的情人和最后的情人，也因为忠贞不渝成了西藏的爱神"④。这样的无价之宝，心中饱含祖先遗恨的智美无法理解，利用佛教内部矛盾、妄图以佛灭佛的乌金喇嘛无法理解，只有心中充满爱而又不畏艰险，能够充分理解仓央嘉措的"风流才子"香波王子才能参悟。

信仰的权力化、信仰体系的制度化、质朴简单的信仰形式的复杂化，往往会将真正的信仰视为异端，就像仓央嘉措的遭遇一样。假装不食人间烟火的伪善形式大行其道，最终结果只能是信仰的崩溃。对此，人们并没有自我救赎的企图，而是在别处另建一个克隆世界，一个山寨版的信仰。而真正的信仰的核心，也就是爱的真义，至今"伏藏"那儿，在起源之处。这就是"掘藏"的意义。它的地点不是在边疆之外的中心地带，而是在边疆的想象之中。

---

① 杨志军：《伏藏》，人民文学出版社 2010 年版，第 574 页。
② 黄颢、吴碧云：《仓央嘉措及其情歌研究》，西藏人民出版社 1982 年版。
③ 杨志军：《伏藏》，人民文学出版社 2010 年版，第 54 页。
④ 同上，第 562 页。

新的"边疆神话"的建构,无疑不是一个简单的文学或叙事学问题。弗莱认为,将边疆"田园诗化"的叙事是一种"喜剧模式",相应的是一种悲剧叙事的"哀歌模式",其中包含着一种"逃避尘世"的冲动①。因此,通过文学叙事所建构的"边疆神话",无论它采用现实主义叙事还是新神话叙事,都有意无意地包含着一种地缘政治学批判的思维。同心圆式的"中心—边缘"结构,不仅是疆界之外的世界结构,也是我们疆界的内部结构。它是近代以来国际格局中二元对抗的"楚河汉界"模式消解的结果,也是当今各种价值观念和文明尺度,争当"叙事"权威,或者争取想象之合法性的诉求。

(作者系北京师范大学文学院教授)

---

① 诺思罗普·弗莱:《批评的解剖》,陈慧等译,百花文艺出版社 2006 年版,第 63 页。

《三国演义》思想内涵新论

沈伯俊

位居明代"四大奇书"之首的古典文学名著《三国演义》,问世数百年来,以其博大精深的思想内涵,千姿百态的人物形象,雄奇瑰丽的艺术成就,一直吸引着亿万读者的阅读和研究兴趣,家喻户晓,长盛不衰。

然而,长期以来,对《三国演义》的思想内涵,存在不少争议;特别是近年来,一些学者、文化人在其论著和演讲中,随意评说《三国演义》,其中包含若干误解乃至曲解,在一定程度上误导了读者和听众。

为此,笔者在长期研究的基础上,对《三国演义》的思想内涵做出一些新的阐释,希望有助于这部名著的传播和研究。

为什么要郑重其事地探讨《三国演义》的思想内涵?这是因为,对一部杰出的作品来说,其激动人心、历久不衰的魅力,虽然取决于许多因素,但主要却是来自它的丰富而深刻的思想内涵。就《三国演义》而言,论情节的曲折离奇,它不及后来的公案小说;论对厮杀场面和人物武艺的描写,它也比不上新旧武侠小说。但是,它却经受了漫长的六百年历史的考验,一直为广大人民群众喜闻乐见,在文学史上占有比公案小说、武侠小说重要得多的地位。其根本原因,就在于它通过丰富的故事情节和鲜明的人物形象,表现出博大深厚的思想内涵。

二十年前,我曾经写道:"《三国演义》是一部中国封建社会百科全书式的作品,具有极其博大而深厚的思想意蕴和文化内涵,犹如一个巨大的多棱镜,闪射着多方面的思想光彩,给不同时代、不同阶层的人们以历史的教益和人生的启示。"[①]

---

① 沈伯俊:《校理本三国演义》"前言",江苏古籍出版社1992年版。

当今一些人认为,《三国演义》的主要精髓是谋略。我认为,这种看法是片面的。

诚然,《三国演义》给人印象最深的一个方面,就是擅长战争描写。全书以黄巾起义开端,以西晋灭吴收尾,反映了从汉末失政到三分归晋这一百年间的全部战争生活,描写了这一时期的所有重要战役和许多著名战斗,大大小小,数以百计。接连不断的战争描写,构成了小说的主要内容,占了全书的大部分篇幅。而在战争描写中,作者信奉"知彼知己,百战不殆"的军事规律,崇尚"斗智优于斗力"的思想,总是把注意力放在对制胜之道的寻绎上。因此,虽写战争,却不见满篇打斗;相反,书中随处可见智慧的碰撞、谋略的较量,而战场厮杀则往往只用粗笔勾勒。可以说,千变万化的谋略确实是全书精华的重要部分。

然而,谋略并非《三国演义》的主要精髓,更非书中精华的全部。

在中国传统文化思想体系中,"道"是最高层次的东西。"道"有多义,首先是指自然和社会的根本规律,通常指正义的事业,所谓"得道多助,失道寡助"是也。因此,它也是为人处世的基本原则。谋略则属于"术",是第二层次的东西,是为"道"服务的,必须受"道"的指导和制约。作为一位杰出的进步作家,罗贯中认为,符合正义原则,有利于国家统一、民生安定的谋略才是值得肯定和赞美的,而不义之徒害国残民的谋略只能叫做阴谋诡计。因此,只有代表作者理想的诸葛亮才被塑造为妙计无穷的谋略大师、中华民族智慧的化身。综观全书,罗贯中从未放弃道义的旗帜,从未不加分析地肯定一切谋略;对于那些野心家、阴谋家的各种阴谋权术,他总是加以揭露和批判;对于那些愚而自用者耍的小聪明,他往往加以嘲笑。可以说,《三国演义》写谋略,具有鲜明的道德倾向,而以民本思想为准绳。后人如何看待和借鉴《三国演义》写到的谋略,则取决于自己的政治立场、道德原则和人生态度。如果有人读过《三国演义》却喜欢搞小动作,那是他自己心术不正,与罗贯中无关;恰恰相反,那正是罗贯中反对和批判的。有人谈什么"厚黑学",也硬往《三国演义》上扯,更是毫无道理的。

那么,《三国演义》的主要精髓究竟是什么?我认为,《三国演义》丰厚的思想内涵,主要表现在五个方面。

对国家统一的强烈向往

《三国演义》的思想精华,居于首位的就是对国家统一的向往,这是《三国演义》思想价值中最核心最重要的部分。我们这个民族为什么能够历经磨难而不倒?为什么在四大文明古国中是唯一的种族不曾灭亡、文明没有中断的一个国家?一个根本的原因是,从周朝起,我们就逐步形成了向往国家统一,追求安定太平的共同民族心理。这种共同心理,是中华民族最伟大的聚合力,是一个牢不可破的优良传统。维护国家的统一与安定,是我们民族一贯的政治目标。周代以来的两千多年间,由于种种原因,我们民族曾经屡次被"分"开,饱受分裂战乱之苦。但是,每遭受一次分裂,人民总是以惊人的毅力和巨大的牺牲,清除了分裂的祸患,医治了战争的创伤,促成重新统一的实现。在那"出门无所见,白骨蔽平原"的汉末大动乱时期,以及罗贯中生活了大半辈子的元代末年,广大人民对国家安定统一的向往更是特别强烈。罗贯中敏锐地把握了时代的脉搏,通过对汉末三国时期历史的艺术再现,鲜明地表达了广大人民追求国家统一的强烈愿望。在小说中,当天下大乱以后,那个时代的英雄们想的是什么?怎么做?我认为就是以曹刘孙三方为代表的英雄们,顺应时代的潮流和民众的愿望,力图发挥自己的聪明才智,去重新实现国家的统一。三方争天下,争的是什么?争的是重新统一的主导权,而不是单纯的斗智、斗心眼。这是《三国演义》的政治理想,也是其人民性的突出表现。

对封建政治人物的评判选择

人们常常谈到《三国演义》"尊刘贬曹"的思想倾向,有人还把这称为"封建正统思想",指责《演义》"贬低"或者"丑化"了曹操形象。其实,"尊刘贬曹"的思想倾向,早在宋代就已成为有关三国的各种文艺作品的基调。北宋大文豪苏轼的《东坡志林》有这样一条记载:"王彭尝云:'涂巷中小儿薄劣,其家所厌苦,辄与钱,令聚坐听说古话,至说三国事,闻刘玄德败,颦蹙有出涕者,闻曹操败,即喜唱快。以是知君子小人之泽,百世不斩。"这说明在"说三国事"中已经形成"尊刘贬曹"的思想倾向,并得到广大群众,包括儿童的共鸣。在元杂剧的三国戏中,以诸葛亮、关羽、张飞、刘备等刘蜀方面人物为主角的剧目占了一半以上;即使是写其他人物的,也普遍表现出"尊刘贬曹"的思想倾向。罗贯中只是顺应广大民众的意愿,继承了这种倾向。

罗贯中之所以"尊刘",并非简单地因为刘备姓刘(刘表、刘璋也是汉室宗亲,而且家世比刘备显赫得多,却每每遭到贬抑和嘲笑;汉桓帝、汉灵帝这两个姓刘的皇帝,更是作者鞭挞的对象),而是由于刘备一生作为,基本符合古人对"明君"最重要的两点期待:一是仁德爱民,有济世情怀;二是尊贤礼士,有知人之明。

首先,作品多方表现了刘备的宽仁爱民,深得人心。《演义》第1回,写刘关张桃园结义,其誓词便赫然标出"上报国家,下安黎庶"八个大字。这既是他们的政治目标,又是他们高高举起的一面道德旗帜。从此,宽仁爱民,深得人心就成了刘备区别于其他政治集团领袖的显著标志。他第一次担任官职——安喜县尉,便"与民秋毫无犯,民皆感化"。督邮索贿不成,欲陷害他,百姓纷纷为之苦告(第2回)。此后他任平原相,已被誉为"仁义素著,能救人危急"(太史慈语,见第11回)。陶谦临终,以徐州相让,刘备固辞,徐州百姓"拥挤府前哭拜曰:'刘使君若不领此州,我等皆不能安生矣!'"(第12回)曹操擒杀吕布,离开徐州时,"百姓焚香遮道,请留刘使君为牧。"(第20回)这表明他占据徐州的时间虽不长,却已深得民心。在他又一次遭到严重挫折,不得不到荆州投奔刘表,受命屯驻新野时,他仍以安民为务,因此"军民皆喜,政治一新"。(第34回)新野百姓欣然讴歌道:"新野牧,刘皇叔;自到此,民丰足。"(第35回)

当曹操亲率大军南征荆州,刘琮不战而降之时,刘备被迫向襄阳撤退,新野、樊城"两县之民,齐声大呼曰:'我等虽死,亦愿随使君!'即日号泣而行。"(第41回)就这样,在建安十三年(208)秋天的江汉大地上,刘备带领十余万军民,扶老携幼,上演了"携民南行"的悲壮一幕。如此撤退,显然有违于"兵贵神速"的军事原则,对保存实力、避免曹军追击十分不利。故众将皆曰:"今拥民众数万,日行十余里,似此几时得至江陵?倘曹兵到,如何迎敌?不如暂弃百姓,先行为上。"刘备明知此言有理,却泣而拒之曰:"举大事者必以人为本。今人归我,奈何弃之?"行至当阳,果然被曹操亲自率领的精兵赶上。这一仗,刘备在军事上一败涂地,而在道义上却赢得了极大的胜利。这种生死关头的选择,决非一般乱世英雄的惺惺作态所能比拟。从此,刘备的"仁德爱民"更加深入人心,并成为他迥别于其他创业之君的最大的政治优势。

其次,作品竭力渲染了刘备的敬贤爱士,知人善任。其中,他对徐庶、诸葛亮、庞统的敬重和信任,都超越史书记载,写得十分生动感人;尤其是对他不辞辛苦,三顾茅庐的求贤佳话,对他与诸葛亮鱼水关系的描写,更是具有典范意义。

总之,宽仁爱民和敬贤爱士这两大品格的充分表现,使《三国演义》中的刘备形象摆脱了以往三国题材通俗文艺中刘备形象的草莽气息,成了古代文学作品中前所未有的"明君"范型①。

另一方面,罗贯中尊重历史,博采史料,以许劭称曹操为"治世之能臣,乱世之奸雄"的评语为基调,塑造了一个高度个性化、有血有肉的"奸雄"曹操,并未随意"贬低",更未故意"丑化"。这里所说的"奸雄",是指曹操既是远见卓识、才智过人、具有强烈功

---

① 沈伯俊:《明君与枭雄——论刘备形象》,《文学与文化》创刊号(2010年第1期)。

业心的英雄,又具有极端自私、奸诈残忍的性格特征。

在小说中,曹操第一次出场,就写得有声有色:

见一彪人马,尽行打红旗,当头来到,截住去路。为首闪出一个好英雄:身长七尺,细眼长髯;胆量过人,机谋出众,笑齐桓、晋文无匡扶之才,论赵高、王莽少纵横之策;用兵仿佛孙、吴,胸内熟谙韬略。(嘉靖元年本《三国志通俗演义》第2回。毛本第1回作:"忽见一彪军马,尽打红旗,当头来到,截住去路。为首闪出一将:身长七尺,细眼长髯。"以下引文,凡未注明版本者,均引自毛本。)

对比一下小说对刘备出场的描写:

时榜文到涿县张挂去,涿县楼桑村引出一个英雄。那人平生不甚乐读书,喜犬马,爱音乐,美衣服;少言语,礼下于人,喜怒不形于色;好交游天下豪杰,素有大志。(嘉靖元年本《三国志通俗演义》第1回。毛本第1回作:"榜文行到涿县,引出涿县中一个英雄。那人不甚好读书;性宽和,寡言语,喜怒不形于色;素有大志,专好结交天下豪杰。")

两相对照,曹操形象显然高出刘备一头,哪里说得上"丑化"呢?

罗贯中以大开大阖的笔触,艺术化地展现了曹操在汉末群雄中脱颖而出,逐步战胜众多对手的豪迈历程,对于曹操统一北方的巨大功绩,对他在讨董卓、擒吕布、扫袁术、灭袁绍、击乌桓等重大战役中表现的非凡胆略和智谋,罗贯中都做了肯定性的描写,并没有随意贬低。

同时,罗贯中又不断地揭露曹操奸诈的作风、残忍的性格和恶劣的情欲,批判曹操丑恶的一面。为报父仇而攻打徐州,竟下令"但得城池,将城中百姓,尽行屠戮"(第10回);接受张绣投降后,得意忘形,居然霸占了张绣的婶娘邹氏(第16回);对于忠于汉室,反对自己的大臣,毫不留情地挥起屠刀,杀了一批又一批,包括怀孕已经五个月的董贵妃和伏皇后全家(第24回、66回、69回);甚至辅佐他最得力的首席谋士荀彧,仅仅因为不赞成他封魏公,便被逼服毒而亡(第61回);至于"借头欺众""梦中杀人"等阴谋诡计,更是花样百出,令人触目惊心……这种种残忍狡诈的行为,怎能不使人反感和憎恶?

由此可见,"尊刘贬曹"主要反映了广大民众按照"抚我则后,虐我则仇"(《尚书·

泰誓下》)的标准,对封建政治和封建政治家的评判和选择,具有历史的合理性。

当今一些人对曹操不仅不反感,而且表示喜欢,称道其"坦率"。诚然,曹操有他坦率的一面,如公开宣称:"设使国家无有孤,不知当几人称帝,几人称王。"确是事实。然而,曹操不坦率不老实、忌才害贤的一面更是事实。鲁迅先生在其名篇《魏晋风度及文章与药及酒之关系》中曾经写道:"曹操是一个很有本事的人,至少是一个英雄。"但后面又说:"倘若曹操在世,我们可以问他,当初求才时就说不忠不孝也不要紧,为何又以不孝之名杀人呢?然而事实上纵使曹操再生,也没人敢问他,我们倘若去问他,恐怕他把我们也杀了!"是的,曹操就是这样的典型:机智与奸诈杂糅,豪爽与残忍并存;时而厚遇英雄,时而摧残人才;杀人时心如铁石,杀人后又常常挤出几滴眼泪以示懊悔……火烧赤壁前夕他横槊赋诗,扬州刺史刘馥仅仅说了一句他认为是"败兴"的话,便被他一槊刺死,全不顾刘馥乃是方面大员,功绩显著(第 48 回);为封魏公而逼死头号谋士荀彧,竟将其多年主持日常政务、尽心辅佐的赫赫功勋一笔勾销(第 61 回);以惑乱军心的罪名杀死杨修,也忘了其忠心追随之力(第 72 回)……杀了刘馥,他"懊恨不已",下令"以三公厚礼葬之";逼死荀彧,他又是"甚懊悔,命厚葬之";杀了杨修,他又下令"将修尸收回厚葬"……昨天蛮横无理地杀人,今天又假惺惺地予以厚葬,这种翻手为云、覆手为雨的手段,充分表现了曹操惊人的权术;做了亏心事却从不认错,企图以"厚葬"来抹掉自己手上的血迹,在自欺欺人中求得心灵的平静。请问,这能算"坦率"吗?今人与曹操相距将近一千八百年,不会有无辜被杀的威胁和含冤莫白的痛苦,可以轻飘飘地说几句不关痛痒的话。但如果设身处地想一想:有谁愿意被曹操冤枉杀害,再得一副好棺材?有谁愿意选择他做顶头上司,或者与他毫无顾忌地交朋友?[①]

对历史经验的深刻总结

《三国演义》以很大篇幅描写了汉末三国变幻莫测的政治、军事、外交斗争,总结了各个集团成败兴衰的历史经验,突出强调了争取人心、延揽人才、重视谋略这三大要素的极端重要性。董卓集团败坏朝纲,残害百姓,荒淫腐朽,导致天下大乱,完全是一伙狐群狗党,混世魔王,作品便不遗余力地予以鞭挞。袁术狂妄自大,轻薄无能,既不注意延揽人才,又无明确的战略目标,更不顾百姓死活,却急于过皇帝瘾,大失人心,作品也予以严厉批判。袁绍虽然颇有雄心,其集团一度声势赫赫,实力雄厚,但由于袁绍胸

---

① 沈伯俊:《重提旧案论曹操》,《明清小说研究》2010 年第 4 期。

无伟略,见事迟缓,坐失战机;不辨贤愚,用人不当,以致关键时刻内讧不已;心胸狭隘,文过饰非,甚至害贤掩过,终于只能成为曹操的手下败将,无可挽回地走向灭亡。相比之下,刘备、曹操、孙权三大集团在这三方面各有所长:刘备历经磨难,却始终坚持"举大事必以人为本"的信念,深得民心;求贤若渴,"三顾茅庐"堪称千秋佳话;倾心信任诸葛亮,既有正确的战略方针,又有灵活多变的谋略战术。曹操虽然心术不正,却也十分注意争取人心,延揽人才,手下猛将如云,谋臣如雨;在战略战术上,他也高出同时诸雄。孙权手下也是人才济济,周瑜、鲁肃、吕蒙、陆逊四任统帅均为一时之杰,而且有着明确的战略目标。因此,在众多政治军事集团中,刘、曹、孙三大集团得以脱颖而出,形成三分鼎立的局面。①

对中华智慧的多彩展现

上面已经阐明,把谋略视为《三国演义》的主要精髓,是一种片面的,甚至是浅薄的看法。实际上,数百年来,《三国演义》让人感到魅力无穷的一个重要方面,乃是积淀在其中的中华智慧,是这种智慧的多彩展现。可以说,《三国演义》就是中华智慧的结晶,作为全书灵魂人物的诸葛亮,就是中华智慧的化身。

《三国演义》展现的中华智慧,大致可以分解为这样几个方面:

1. 政治智慧。包括:

(1)善于把握天下大势,总揽全局,制定正确的战略方针。如荀彧的奉迎献帝之策,诸葛亮的《隆中对》,鲁肃的"江东对"。

(2)善于处理君臣关系,推心置腹,善始善终。如诸葛亮与刘备鱼水相谐的关系。

(3)善于治国,遗爱千秋。在《三国志·蜀书·诸葛亮传》末,陈寿评曰:"诸葛亮之为相国也,抚百姓,示仪轨,约官职,从权制,开诚心,布公道;尽忠益时者虽雠必赏,犯法怠慢者虽亲必罚,服罪输情者虽重必释,游辞巧饰者虽轻必戮;善无微而不赏,恶无纤而不贬;庶事精练,物理其本,循名责实,虚伪不齿;终于邦域之内,咸畏而爱之,刑政虽峻而无怨者,以其用心平而劝戒明也。可谓识治之良才,管、萧之亚匹矣。"裴注引袁子曰:"(诸葛亮)行法严而国人悦服,用民尽其力而下不怨。及其兵出入如宾,行不寇,刍荛者不猎,如在国中。其用兵也,止如山,进退如风,兵出之日,天下震动,而人心不忧。亮死至今数

---

① 孙一珍:《试论〈三国志通俗演义〉的主题》,《文学遗产》1985年第1期;齐裕焜《乱世英雄的颂歌》,载《三国演义论文集》,中州古籍出版社1985年版。

十年,国人歌思,如周人之思召公也。"《三国演义》对此做了形象的再现。

(4)善于识才,后继有人。如诸葛亮选拔蒋琬、费祎、董允①;孙吴集团周瑜、鲁肃、吕蒙、陆逊四帅相继。

2. 军事智慧。以诸葛亮为代表。主要表现为:其一,知己知彼,百战不殆;其二,虚虚实实,兵不厌诈;其三,出奇制胜,用兵如神。

《孙子兵法》云:"善出奇者,无穷如天地,不竭如江河。"(《兵势篇》)"兵无常势,水无常形,能因敌变化而取胜者,谓之神。"(《虚实篇》)诸葛亮正是体现这些军事原则的光辉典范。

需要特别指出的是,军事上的兵不厌诈,出奇制胜,是对敌方而言,与某些人感兴趣的权谋诡诈完全是两码事。自古以来,一些优秀的军事家,恰恰不会搞阴谋诡计,不屑于搞小动作,不会提防来自自己营垒的权术倾轧、明枪暗箭,往往成为野心家、阴谋家栽诬陷害、密谋策划的牺牲品。恰恰相反,某些小人,做正事不行,打仗一塌糊涂,搞阴谋诡计却是得心应手。让我们随便举两个例子:

战国时期著名军事家孙膑,曾与庞涓俱学兵法。庞涓自以为不如孙膑,当了魏国将军后,假意请孙膑去,却捏造罪名,残害孙膑,断其双足。后来孙膑逃到齐国,当了军师,指挥齐军,在桂陵之战和马陵之战中两次大败庞涓统率的魏军,迫使庞涓自杀。请看,论打仗,孙膑远远胜过庞涓,但他做梦也想不到老同学会害他,被庞涓的诡计弄成终身残疾。

南宋名将岳飞,在抗金斗争中屡建奇功,所向披靡,有"撼山易,撼岳家难"的美誉;却被奸相秦桧诬陷谋反,以"莫须有"的罪名杀害,年仅四十(虚岁)。

孙膑是用兵如神的军师,岳飞是战无不胜的统帅,却都被小人陷害,成为阴谋诡计的牺牲品,令人叹息。由此可见,军事智慧与权谋诡诈绝不能相提并论。因此,我们要理直气壮地赞美和弘扬中华智慧,而要坚决否定毫无原则、唯利是图的权谋诡诈!

3. 科技智慧。如华佗的麻沸散和外科术,诸葛亮的连弩和木牛流马。

4. 人生智慧。这方面值得发掘的颇多。

例如司马徽:"水镜"雅号,传播遐迩。曾有名言:"儒生俗士,岂识时务?识时务者在乎俊杰。"又云:"伏龙、凤雏,两人得一,可安天下。"却终身不仕,甘当闲云野鹤。

又如管宁:年轻时不满华歆热衷利禄,与之割席分坐;魏文帝下诏以其为太中大

---

① 沈伯俊:《〈三国〉刘蜀后期人物三论》,《上海大学学报》2006 年第 5 期。

夫,固辞不受;明帝即位,征他为光禄勋,仍不应命,白衣终身。

再如诸葛亮:"淡泊明志,宁静致远"的格言,垂范千秋。

《三国演义》展现的中华智慧,真是绚丽多彩,熠熠生辉,博大深厚,沾溉后人。

对理想道德的不懈追求

在艺术地再现汉末三国的历史,描绘形形色色人物的时候,罗贯中不仅表现了对国家统一、清平政治的强烈向往,而且表现了对理想道德的不懈追求。在这里,他打起了"忠义"的旗号,把它作为臧否人物、评判是非的主要道德标准。通观全书,有许多讴歌理想道德的动人故事。为了忠于"桃园之义",关羽不为曹操的优礼相待所动,毅然挂印封金,千里跋涉,寻访兄长;为了维护兄弟情义,刘备不顾一切地要为关羽报仇,甚至宁可抛弃万里江山;为了报答刘备的知遇之恩、托孤之重,诸葛亮殚精竭虑,南征北伐,鞠躬尽瘁、死而后已……

长期以来,对于"忠义"也有各种议论和批评,这里谈谈我的看法。忠是什么?其基本含义是对自己忠于所事,对他人忠于所托。你的本职工作是什么,你就干好什么;与他人相处就要忠于所托,这就是《论语》讲到的"吾日三省吾身"中的一省:"为人谋而不忠乎?"经过长期积淀、提炼和逐渐抽象化之后,人们把它升华为对事业的忠,对理想的忠,进而再升华为对国家对民族的忠。那绝非是小忠。义是什么?按古汉语的基本含义,"义者宜也。"(《礼记·中庸》)适宜的事,正确的事,你做了,那就符合义。人们常常说"道义",就是说做符合道的事情才是义。从宏观方面来说,有国家大义、民族大义;用在人际关系上,它追求的是平等互助、患难相扶,甚至是生死与共的理想人际关系。

当然,作为封建时代具有一定进步倾向的文人,罗贯中的"忠义"观不可能越出封建思想的藩篱,但也确实融合了人民群众的观念和感情。这种犬牙交错的状况,使得《三国演义》的"忠义"呈现出复杂的面貌;但就主导方面而言,它反映了中华民族传统的价值观、道德观中积极的一面,值得后人批判地吸收。

《三国演义》的思想内容如此丰厚,那么,它的主题是什么呢?我认为,可以用一句话来概括——向往国家统一,歌颂"忠义"英雄①。

---

① 沈伯俊:《向往国家统一,歌颂"忠义"英雄——论〈三国演义〉的主题》,《宁夏社会科学》1986年第1期;收入沈伯俊:《三国演义新探》,四川人民出版社2002年版。

综上所述,《三国演义》的思想内涵确实是博大深厚的。尽管其中也有一些消极成分,但其主导方面却是值得肯定的。在未来的岁月里,无论是我们的子孙后代、海外华人,还是国外汉学家以及其他对中国感兴趣的朋友,凡是想学习中国古典文学,研究中国传统文化,了解中国封建社会的人,应将把它当做必读书。

(作者系四川省社会科学院研究员)

《红楼梦》研究与文学经验的关系

孙伟科

人人言红楼,将《红楼梦》视为典范、视为巅峰,必然形成《红楼梦》对文学特别是小说"独步天下"的局面。一部作品,成为某个艺术类型的标准,这当然让人觉得不可思议。如果说这种说法被夸张了,那么不妨看一看处在另一语境中学者的观点。如美国的文学研究者夏志清认为:

即便是最好的现代小说,在广度和深度上也难以与《红楼梦》相匹敌。因为,除少数例外,现代中国作家尽管拥有所有新的艺术技巧,但由于缺乏哲学方面的抱负和未能探索到更深的心理真实,依然更多的是传统主义者。一个精通传统文学的学者,为了表示对当代中国文学的轻视,总会这样问:"近五十年产生的作品,有哪一部能够同《红楼梦》相比?"①

毫无疑问,《红楼梦》俨然成为一种高不可及的标杆。

在《红楼梦》与文学经验的关系上,人们的焦虑也许在于:要求或希望《红楼梦》的研究者更进一步为文学经典的再创造提供一条可以验证的规律。当代文学的焦虑,某种程度上可以说是精品与经典的焦虑,怎样才能再造辉煌、再塑经典成为人们普遍关心的问题。

《红楼梦》所达到的艺术高度和其文学成就是如何赢得的?这个问题一直困扰着人们。或者说,再造经典、再创辉煌的焦虑,成为《红楼梦》中的一个中心话题。借助于

---

① 夏志清:《中国古典小说史论》,江西人民出版社2001年版,第258页。

《红楼梦》的分析,我们能总结出来什么文学规律,能为后来者提供什么样的启示?

比对当下作品,拿《红楼梦》这样一种经典对照,往往令人沮丧,甚至它对文学信心的培育也是不利的。一方面,《红楼梦》为人们提供了学习的榜样;一方面,《红楼梦》又让人觉得高不可攀。以《红楼梦》为标准,和《红楼梦》比高下,还会有作品敢主动出笼吗? 这必然唤起另一种反应——迁怒于《红楼梦》和红学。即也有对这种"独霸"(独步天下)的反抗,认为《红楼梦》没有现代性,认为以《红楼梦》为标准这是无可置疑地向后看,沉湎于《红楼梦》之中也不过是多爱多恨、自怨自艾,这对健康的人格修养也是有害无益的。作为推波助澜的红学呢? 有人爱说,红学研究也变成了与文学无关的东西,换言之,红学脱离了文学经验,特别是当代文学经验。因此,二者均可以视有若无。但是,逃避《红楼梦》与红学只可能是权宜之计,不可能蒙骗过关,因为《红楼梦》与红学确实包容甚广,成为以文学为中心的百科知识的荟萃之地。

至于说到《红楼梦》是否具有现代性? 似乎不用我们来专门论述,因为已经有许多相关论述和论证:《红楼梦》不仅不缺少现代小说的品格,而且它的超前价值还远远没有挖掘净尽。我们还是信手拈来一份现成的答案吧:

一是艺术形式上的,现代小说所孜孜追求的时间倒置、悬置、嵌合等打破直线时间顺序的艺术手法,在《红楼梦》中已有比较成功的阐释。二是在内在意蕴上,有现实时间与神话、宗教时间的切割和重组,现实时间的倒置、悬搁与嵌合,以及"关键日期"的浓笔铺写,都使《红楼梦》具有一种回归神话、宗教之源的预言性和寓言性。①

显然,《红楼梦》不仅形式上有超前性,而且内容上也有多重阐释的精神空间,它的多维性空前绝后。

赞成或者反对,要将《红楼梦》视为一种标杆或者踩在脚下,都显示了《红楼梦》是需要迈过去的坎儿,或者红学作为巨大的存在,是不能忽视也是必须面对的对象。"《红楼梦》从一部小说演化为一种经久不衰、席卷全民族的'红楼梦现象',定有某种持久、稳定、深刻的东西存于其中。"②

由作品而文学,由文学而文化,由"红楼梦现象"而民族文化心理,红学已经超出了

---

① 梅新林、崔小敬:《现实时空与魔幻时空》,《红楼梦学刊》2003 年第 3 期。
② 成穷:《从红楼梦看中国文化》,上海三联书店 1994 年版,第 60 页。

文学的范围。观察红楼梦现象和红学发展，远远超出了"文学经验"的范围。

正视这些问题，拟作如下论析。

红学是一门跨学科的学问

从红学的历史看，红学中最早的流派是索隐派，这涉及中国封建时期的特殊政治和正史、野史相混杂的历史学。一个时期，人们谈红学，或为躲避政治，或为索解隐秘历史，都与人们的敏感神经建立了反应关系。是和珅家事，还是张侯家事？是夺嫡故事，还是隐写帝王情史？是反清复明，还是伤时骂世？异说纷披，不一而足。这类故事，胡适认为是"猜笨谜"。"笨谜"不是作品本身，而是自己制造的，也被赋予作者和作品。这样文学创作就是出谜题，文学欣赏就是猜谜题。高明的阅读者就是拿另一个故事去解开《红楼梦》中宝黛钗的关系。

出谜题，则是另外一个套路，这显然不是小说的套路。谜题要漏而不露，猜谜题则需要看出破绽，找到谜底。谜底在哪里？作家已驾鹤西去，谜底就在历史里。

在索隐派的视野里，"愈隐愈不失其真"，于是，小说的内容可以无限延伸，根本不考虑是否超出了小说的描写。废太子胤礽与《红楼梦》何干？顺治帝与《红楼梦》何干？尽管顺治和胤礽相差辈分不知庶几，但他们都可以成为小说的作者或主人公。如此奇怪的并置，索隐派是不会感到荒谬的。《红楼梦》已经不堪这类牵强附会的重负，红学完全变成龙门闲谈，各种附会使《红楼梦》云遮雾罩。要想廓清这类无益的联想，终止此类对了解作品有害的文字游戏，还得靠"实事求是"的历史学。胡适接过前人的"接力棒"，用董小宛大顺治近14岁，董小宛死的时候顺治帝才7岁，攻破了顺治与董小宛情史的谜底说，这里靠的是历史文献，靠的是历史考证。这种力量征服了当时的许多学者，至少包括俞平伯、顾颉刚等。

索隐派在主流舞台上的退隐式微，毋宁说是它完全忽视文学经验的产物，《红楼梦》所叙述的故事，索隐派根本无意于完整掌握或正确掌握。而胡适的新红学，在靠近文学上，接近了读者的经验无疑比索隐派大大进步了：至少那个家族兴衰的故事，与作者曹雪芹的家族荣辱，确实存在着毋庸置疑的关联。由生活到文学，由家事到小说，二者之间存在着渊源关系。没有经历过，如何写得出？

胡适极大地提高了考证在文学研究中的地位，一时间，景从者甚众。这就形成了文献至上的局面，所谓"有一分证据说一分话"。没有证据，是没有说话的权利的。甚至后来人们将胡适开创的"新红学"称之为"考证派"。以考证方法为支撑，甚至不惜将文学评论排除在外,于是定位于国学的"红学"有四学之说,即曹学、脂学、版本学、探佚学构成了红学的主干。

考证要解决的是著者和本子问题,这不是单纯的文学问题。新红学一诞生,就没有将其学科范围局限于文学之内,这一倾向值得重视,即便是王国维的《红楼梦评论》也是如此。王国维借用西方哲学阐释《红楼梦》,着意于《红楼梦》宇宙的、哲学的意义。但为红学在20世纪赚足了声誉的还是"考证"。

《红楼梦》背景材料的一再发现,为红学研究开拓了新的区域。所以有脂学出焉,有曹学出焉。事实上,后来的红学研究,已扩大到整个明清史和文化史的研究,在一定意义上具有超学科的特点。因此现代学术史中的红学一目,才有那样强的生命力,那样大的吸引力。①

1954年以后,马克思主义的社会历史学方法走上红学的历史舞台。李希凡、蓝翎两个"小人物"的文章成为一种意识形态宣言,成为夺取文化领导权的开端。当"评俞批胡"作为群众运动展开的时候,红学领域内的学术论争成为国家意识形态与阶级斗争的一部分,它远远地超出了红学的范围,也不是红学所能完全负载的,它成为具有普遍性的思想批判运动,涉及人文知识分子中的大部分。

考证的方法在红学中一仍其旧,而社会学的方法、历史主义的观点、阶级斗争的观点加入其中,一时间红学更是蔚为大观。

再到1979年,"中国红楼梦学会"成立和《红楼梦学刊》创刊,吸引更多的学者和爱好者投身其中,论坛国内国际遍设和学术会议逐年召开。随着思想解放运动的兴起,传统方法得到反思,新的方法再次入其队列,遂使红学葆有与时俱进的品格。毋庸讳言,红学在20世纪成为"显学",其外因与内因都不可小觑。有些人总是夸大外因的影响,说《红楼梦》热都是政治推波助澜的结果,其实这是不正确的。如果《红楼梦》是一部一眼望穿的小说,如果《红楼梦》仅只是爱情小说,如果基于《红楼梦》的延伸总是脱离作者与小说内容的,那么它是不会成为众说拱卫的对象的。显然,《红楼梦》热的内因是它那摇曳多姿、内蕴丰富的文学性,外因是历史与政治的风云际会,开一代风气的学术名家如蔡元培、胡适、鲁迅、毛泽东等,都是兼具政治性与时代性,政治家、教育家、

---

① 刘梦溪:《红楼梦与百年中国》,见张宝坤编:《名家解读红楼梦》,山东人民出版社1998年版,第903页。

思想家、文学家集于一身的人物,他们顺应时代的个人感召力量,也使《红楼梦》跃升到超文学的层次,与中国社会的百年变革产生了剪不断的联系。

说到内因,不如从文学创作的源流、血脉承续着眼。《红楼梦》所激发的文学精神,它所形成的文学传统和张扬出来的生命力,塑造了现当代文学的面貌。我们可以看到,《红楼梦》对文学发展的影响更直接,它居功至伟:"《红楼梦》对20世纪中国文学来说并不是可有可无的,它在个性解放、悲剧精神、女性形象塑造和叙事模式等方面都具有原型和示范的作用,这也是20世纪中国文学能够健康地成长起来并取得惊人成就的一个重要原因。"①《红楼梦》继承人的榜单可以从鲁迅、茅盾、巴金、俞平伯、林语堂、张爱玲一直开列到白先勇、茹志鹃、贾平凹等等,应该说,30余年来《红楼梦》的文学价值得到了空前的关注,得到多角度的阐发,得到了自律性的说明。与那些认为红学与文学经验无关的观点不同,我们认为,较少受狭隘政治的影响,较少受清规戒律的束缚,红学更多地在"文学本位"上展开了其丰富的学科建构。

不用说,红学是需要时时更新的。这种更新,仰赖新的学科角度的发现,新的研究方法的应用,新的境界的塑造。

从文化学的角度提出问题,即是一例:

《红楼梦》是真正的"心理学"和现实的"价值学",是中国人民族精神或价值精神的艺术表达……《红楼梦》显然更深地切中了中国文化的基本精神,更多地反映了中国人的情感状态和行为方式。②

上升到中国人的审美精神——"抒情方式"上来研究《红楼梦》,其"精神现象学"的意义大于狭义的审美文化价值。

文学性制约整个红学价值取向

红学,有历史学、社会学、政治学、文化学、民族学、美学、艺术学、园林学等的研究板块,有作者研究的板块、文本研究的板块、读者反应(审美接受)研究的板块,因此它的开放性是无可怀疑的。自我封闭,只会使学科的汪洋恣肆变成在方法上自缚手脚。

---

① 王兆胜:《〈红楼梦〉与20世纪中国文学》,《中国社会科学》2002年第3期。
② 成穷:《从〈红楼梦〉看中国文化》,上海三联书店1994年版,第59页。

《红楼梦》既然有"百科全书"之誉,既然有"千门万户"之喻,那么排斥其他学科的研究,排斥其他方法的使用,不承认其他学科研究的成果,是不明智的。显然,多种方法的使用,可以使《红楼梦》实现"面面观"。

承认《红楼梦》研究中需要多种方法介入和协同,但不能不指出众多方法之间存在着"君臣"关系。

比如,在作者研究板块,为曹雪芹找一串祖先,从曹寅上溯到曹操再上溯到曹彬,已经无以复加、无比遥远。那么,除了曹寅可能对曹雪芹的文学修养有影响之外,其他人还会有影响吗?他们对曹雪芹如果有影响,大约也和李白、杜甫、李贺的影响相差无几,已属于文学史的范畴。既然文学传统的继承并不局限在氏族文化内,那么过分强调氏族文化的一脉相承或自称体系,还有意义吗?这算不上是读者的苛求。人们依据的是文学经验,曹学的无限扩大,已经变得与曹雪芹无关,人们于是有这些指责,无可厚非。所以,假如不能围绕着《红楼梦》的"文学性"展开研究,势必会有"言不及义"之讽。

在有些名之为红学的论文中,文学的维度丧失了。如成穷所指出:

"索隐派"和"考证派"所做的工作性质颇类"侦探"和"考古"。他们在作品之外摸索,或寻找与作为古人的"他人"有关的蛛丝马迹,或寻找与作为古人的"作者"有关的事实材料。他们翻遍了几乎所有的档案资料,可就是对作品本身不做触动。作品本文的精神和意义,对他们来说基本上仍是一个封存完好的密室。①

因此,成穷在随后的论述中下此判断:"迄今为止的'红学'在总体上仍滞留在'外学'或'曹学'的水平上。"

新世纪以后,据说有一种将"索隐"和"考证"合流的红学研究,先有"索隐派"凭着一点机灵,寻找历史事件或人物的蛛丝马迹;再有"考证派"恃着几分力气,强词夺理地转换延伸;尔后的《红楼梦》只见肢体狼藉,血肉模糊。令读者不知道他们说的是《红楼梦》还是清代宫廷!索隐与考证结合得越完美,《红楼梦》越是境遇悲惨,所产生的学说也越令人怀疑。这里不是自传说升级了,而是看起来更让人觉得匪夷所思——那个风靡一时的"秦学"像一个思想的怪胎。针对这种自传说的升级版,一位红学爱好者说:

---

① 成穷:《从〈红楼梦〉看中国文化》,上海三联书店1994年版,第39页。

若鲁迅,若俞平伯,若林语堂,若张爱玲等,因为他们知道文学家的创作,并不是逮住一匹马就画上一匹马,或是照本宣科,写上几篇官样的文字就可以了事。所以,《红楼梦魇》依然是文学家的梦魇,能够不为"索隐"、"影射"所缚住,她有她的想象,她有她的领悟,和那些钻来钻去始终钻不出"自传说"的新老辈红学家们,确实是不可同日而语的。所以张爱玲最后说:"《红楼梦》是创作,不是自传性小说"。①

以张爱玲作例子只是一个借用,反对庸俗化的自传说,反对无比神奇的自传说,才是这位红楼爱好者的真正目的。

何必要反对自传说呢?

因为它混淆了生活经验与艺术创作的关系,不符合文学经验的一般事实和文学创作的一般经验。

历史上那位也曾在考证派中的俞平伯,经过多次"评红运动"洗礼的俞平伯先生,在新时期以后成为自传说的主要反对者。

俞平伯反对自传说和索隐派的理由和根据是什么? 这就是他的文学经验。1979年6月9日俞平伯先生口占,赞曰:以世法读《红楼梦》,则不知《红楼梦》;以《红楼梦》观世法,则知世法。

俞平伯先生的意见是:用一般的生活经验是无法解释《红楼梦》的,常情常理不适用于《红楼梦》,如为什么贾宝玉是石头下凡? 曹雪芹遇到过什么情僧吗? 为什么曹雪芹要自曝家丑? 写抄家是为了向皇室宫廷泄愤吗? 为什么贾宝玉安富尊荣有贤妻美妾却要出家? 高中科榜却要离开红尘? 反之,用《红楼梦》的艺术经验来看生活的本质,则洞若观火。如脂砚斋所说:《红楼梦》写透世情。如贾宝玉说不得善说不得恶,说不得贤说不得愚。如说《红楼梦》写一家事却含百家事、写百年事却含万世劫,等等。

鲁迅在《致徐懋庸信》里,对此种关系有深刻的论述:"艺术的真实非即历史上的真实,我们是听到过的,因为后者须有其事,而创作者可以缀合,书写,只要逼真,不必有其事也。然而他们据以缀合、书写者,何一非社会上的存在,从这些目前的人与事加以推断,使之发展下去,这便好像预言,因为后来此人、此事,确也正如所写。"②

---

① 刀丛中的小诗:《握红小札》,齐鲁书社2011年版,第268页。
② 《鲁迅论文学与艺术》(下),人民文学出版社1980年版,第625—626页。

鲁迅认为艺术比生活更真实,所以从艺术推求生活成为一种容易犯错的倾向。"世法"和文学经验(文学作品),既有联系,又有区别。把文学作品看成是别无二致的生活实录,忽视主观缀合和虚构的作用,在俞平伯看来说不过去,在鲁迅看来是容易产生的误解。处处以"世法"绳墨《红楼梦》,认为《红楼梦》中的所有描写都是作者生活的一部分,必然牵强附会。

有位著名的红学研究者,曾到北京西郊调查访谈。当他记录到曹雪芹当年有借贷不遇的经历时,便一口咬定这是小说中贾芸借贷偏遇卜世仁不借的生活原型。曹雪芹客居西郊,应该是完成了《红楼梦》初稿的绝大部分,包括贾芸借贷的部分,至少脂砚斋已经在这里批道:"写透世情"。更根本的问题是,何以曹雪芹需要"爬行"在生活之后,没有经历过一次具体的借贷,就写不出人情冷暖呢?曹雪芹亦步亦趋于生活经验之后,这是夸作家呢还是在贬作家?伟大的现实主义作家,不在于事事都有"亲身经历",而我们的某些溯源研究,"索解原型"也到了走火入魔的境地。

对后 40 回的评价也是如此。我们做一个粗略的统计,发现赞成后 40 回的作家(如当代作家宗璞"感谢高鹗"的说法)比红学家的比例要高许多。也许,作家所依据的文学经验在此起了决定作用。

举一例:台湾作家白先勇在 20 世纪 80 年代曾写过一篇《宝玉的俗缘》①的文章,指出在第 93 回中有传神之笔,确证贾宝玉不是好色之徒。除此之外,贾宝玉和蒋玉菡之间还因花袭人的婚嫁有着隐秘的俗缘关系。贾宝玉在欣赏《占花魁》的时候,目光追逐、深情关注的不是舞台上美轮美奂的花魁,而是情痴情种的男性人物秦重("情种"的谐音),秦重对女性的体贴关怀和珍重怜惜,在境界上和宝玉如出一辙,宝玉似乎是在秦重身上看到了自己,一时间竟物我两忘、神飞天外。这个细节很小,在后 40 回中,往往是我们容易一翻而过的地方,白先勇注意到了,停下来,重点指出来。在白先勇看来,类似这样"戏中戏"的手法,是曹雪芹极其重要的艺术点睛手段,值得效法。我们知道,白先勇在自己的写作中借鉴了这种"戏中戏"的手法。

后 40 回的评价问题,涉及文学经验的问题。或者说,后 40 回的作者问题,大多数推论依据的不是文献考证,而是文学经验。但是,长篇小说是一种特殊的写作经验。王蒙认为,长篇小说的构筑不免是一个大千世界,这个大千世界在作家的内心是具备一定质量的物质实体。又因为这个物质实体只存在于作家本人的内心,因而其工作量

---

① 白先勇:《贾宝玉的俗缘》,隐地编:《白先勇书话》,文化艺术出版社 2009 年版,第 103 页。

之大、驾驭之艰难、收放之不易,一般的外行人是很难体察到的。就此而言,《红楼梦》后40回中蕴藏着值得重视的文学经验,它安排人物命运结局时是颇具匠心的。王蒙认为后40回处理黛玉、贾母、凤姐、香菱、鸳鸯、迎春等人的死法时:"如果挤在一起像被命运的机关枪扫射一样一个跟着一个地死去,那实在是小说家的败笔,实在会是人为的死亡堆积,没有哪个小说家会这样做的。"①

也许,少些脱离文学经验的先验条框和先入之见,才能公平地对待后40回中的艺术成就,因为我们的主要目的在于恢复其文学经验的价值,对《红楼梦》的文学性予以充分认识和研究。胡适和俞平伯虽然都认定后40回是"伪续",但没有轻视过后40回,相反极大地肯定了后40回对"大悲剧"的完成。白先勇讨论后40回中袭人的结局,是在尊重后40回描写的基础上展开上述分析的:宝玉和袭人的俗世故事,在结局处转到了蒋玉菡和袭人的关系发展上。对《红楼梦》后40回挑毛病,往往根据的是片面的文学说辞,这样就对读者造成了轻视后40回、忽视《红楼梦》文学经验完整性、腰斩《红楼梦》的局面。也许,文学家研究《红楼梦》的经验也值得红学家借鉴。

红学的自我反思与批评

红学的发展,自身还是充满着审视自我的反思精神的。这种反思精神使红学始终保持着与文学经验的联系。换言之,红学也是一个严格自我要求的领域。1978年10月28日,俞平伯记道:"人人皆知红学出于《红楼梦》,然红学实是反《红楼梦》的,红学愈昌,红楼愈隐。真事隐去,必欲索之,此一反也。假语村言,必欲实之,此二反也。"②

俞平伯的这段话值得仔细品味。红学愈昌中的"红学",是什么红学?原来俞平伯指的是自传说的红学(考证派)和索隐派的红学。其思想方法是,以隐求实,以假求真,刻意求深,反陷其惑。

俞平伯先生不由得不感叹:仙云飞去迷归路。

尽管红学有严厉的自我批评,但红学批评还是遇到了前所未有的困难。

第一,没有对《红楼梦》研究有系统了解的人,动辄著书立说,轻率批评红学,助长了浮夸批评,加大了人们对红学的误解。

在2005年大众学术空间的争夺中,在一片不分是非的热议中,红学也遭到了损

---

① 王蒙:《红楼启示录》,生活·读书·新知三联书店2005年版,第206页。
② 俞平伯:《红楼梦研究》,上海古籍出版社2005年版,第220页。

害。中央电视台节目主持人崔志刚曾写一本书叫《红楼止梦》(阳光出版社 2010 年版)。他的意思是,红学家不要做梦了,不要再毫无根据地胡言乱语了——叫停红学。他虽然说的是红学家,但所指却是霍国玲和刘心武的刺杀雍正说和秦学。刺杀雍正说、秦学都是被红学家批判的无学之学,怎么成了红学界的最近成果,成了红学的代表了呢? 可见,一般舆论界对红学的批评,往往轻率为文、仓促上阵,连批评的基本情况都没有了解,就加以指责,陷入盲人摸象的境地而不自知。

红学界的批评难以展开,可以从 2005 年的秦学论争中窥见一斑。从学术上批评刘心武,被舆论界认为是"群殴"和"围攻";沉默不语,又被人误解为放任谬种流传,缺乏学术理所应当担负的社会责任心,甚至像在媒体前沿的中央电视台主持人崔志刚那样认为秦学是红学的代表,要求红楼止梦。

动辄得咎,进亦忧退亦忧,真成为当今红学展开批评的现实困境,也是红学与读者经验越来越脱离的原因之一。

第二,红学中的伪考证之风乘虚而入。

这是红学中人刘梦溪在 1999 年出版的《红楼梦与百年中国》一书中对红学新现象发出的警告。

最近二十几年来,红学中新说异见迭出。事实正是如此,从上世纪 90 年代脂伪说(或者程前脂后说)的震动、风行一时的"刺杀雍正"的新解说,到 2000 年后"秦学"、土默热红学、夫妻合著说的媒体追捧和大众狂欢,吸引了众多的批评者,形成了一道道红学的新景观。

打着考证的幌子,本着小人物"一夜成名天下知"的抱负,或搭桥或借船,玩弄词义,巧妙穿梭,跨过越不过的坎儿,用匪夷所思的推理,得出一个又一个惊世骇俗的结论,大有重启红学之气概,全盘重来之雄心;统统横扫,全部推翻。一时间,颠覆主流之说,草根革命的宣言,揭秘文化的流行,成为博人眼球的文化焦点。报纸电台追风报道,掀起一波又一波风潮。

事出自有其因。即便是 20 世纪 70 年代之前的考证,也存在着某些缺陷,因此余英时当时提出了红学中的考证陷入了"技术崩溃"的境地。涉及考证,我国古代的韩非子那句著名的话,时刻不能忘记:"无参验而必之者,愚也! 不能必而据之者,诬也!"不用说,红学中的许多推论,大都缺乏二重证据,"猜想"没有变成"必说"。红学中的三大死结即是显例。曹雪芹的父亲是谁? 是曹颙,还是曹頫? 各有信奉者,都有推论根据,但又驳不倒对方,读者也无所适从。脂砚斋系何人? 脂学已经建立了,但脂砚斋依然迷雾重重。脂砚斋即史湘云说,即曹雪芹晚年妻子之说,徒增新惑,不管是对于阐释作品,还是对于了解曹雪芹的晚年生活和创作境遇,都无所进益。叠加于不能做出结论("不能必而据之")的学说在无限生长,无异于沙上建塔。考证研究,不同于文学阐释,后者可以通过个性发挥显现其说法的价值指向,具有再创造的人文价值属性;而考证则是史实还原,文献是基础,一切以求真为旨归,不能靠想象之奇特和理解的个性化获得存在理由。

红学是不是易碎的沙器?那些新说的论说者值得思考。炒冷饭,伪考证,观点在增加,证据未增加,尽管舆情沸腾,于红学的学术进境却鲜有小补。这是不是当下红学境况的真实写照?

(作者系中国艺术研究院教授,中国红楼梦学会秘书长)

话说"不足而美"

王文革　刘同军

追求完美是人的本性。也许正因为有着这种追求完美的本性,人类才不断提升自己,向着尽善尽美、十全十美的理想境地迈进。

何谓完美?完美就是十全十美、尽善尽美,符合理想,符合人们追求的目标。

生活中有没有所谓的完美呢?车尔尼雪夫斯基认为有的。他从"美是生活"的观点出发,认为生活的美或现实的美高于艺术的美,"一个塑像的美决不能超过一个活人的美,因为一张照片决不能比本人更美。"①他认为:"现实中的美,不管它的一切缺点,也不管那些缺点有多么大,总是真正美而且能使一个健康的人完全满意的。"由此他进一步指出:"人必须'完美'这种见解,是一种怪诞的见解,假如我们把'完美'了解成为这样一种事物的形态:它融合了一切可能的长处,而毫无缺点,那只是内心冷淡或厌倦了的人由于无所事事,凭了幻想才可能发见的。在我看来,'完美'便是那种能使我充分满足的东西。"②生活或现实中不仅有美,而且有"完美"的美。这种看法当然是很乐观的。但事实上,人们最不满意、最不满足的往往就是生活、就是现实,正如苏轼词云:"人有悲欢离合,月有阴晴圆缺,此事古难全。"林徽因说:"人生总在祈求圆满,觉得好茶需要配好壶,好花需要配好瓶,而佳人也自当配才子。却不知道,有时候缺憾是一种美丽,随性更能怡情。太过精致,太过完美,反而要惊心度日。"可见人们多半认为现实生活中难有完美的美。

既然生活中、现实中难以存在"完美"的东西,于是人们就到艺术中去寻找美、创造

---

① 车尔尼雪夫斯基著:《艺术与现实的审美关系》,周扬译,人民文学出版社1979年版,第63页。
② 同上,第39页。

完美,也就有了弗洛伊德所谓的"白日梦"一说。我们常说的"梦中情人"、"心中偶像",都带有"白日梦"的性质。完美似乎也只存在于文学艺术中,因为只有文学艺术才能给予人们创造完美形象、充分表现理想的自由。比如古希腊的那些著名的雕塑作品,将人间最美的形象赋予奥林波斯山上的神;文艺复兴时期达·芬奇、米开朗琪罗、拉斐尔,也创造了很多完美的形象,如蒙娜丽莎、大卫、圣母等;法国古典主义时期的很多作品也可以说是完美的,如安格尔的大宫女,为了追求完美甚至加长了女子上身长度。那些伟大的艺术家,往往因为创造了完美无缺的艺术形象而一次次将艺术推向顶峰。这种追求完美的冲动,也导致在我国现当代文坛上曾有一段时间流行"高大全"式的人物形象。这些形象当然也是理想的表现,他们完全没有常人的七情六欲,也没有常人的缺点不足,是一种十全十美、尽善尽美的人物形象。尽管人们不再认可那种意识形态性的"高大全",但人们对于那种理想的完美还是具有不可遏止的向往。

现实生活中很多事物因为有瑕疵而不能达到完美的状态。何谓瑕疵?一事物总体上是好的、美的,但稍有不足,且这种不足无碍大局,即为瑕疵,也即美中不足。在现实生活中,虽然瑕疵无碍大局,但毕竟导致事物不能尽善尽美、十全十美,所以还是人们要积极克服的。然而一旦进入文学艺术或审美的领域,人们对待瑕疵的态度似乎发生了微妙的变化。因为文学艺术或审美领域中固然有很多完美的形象,但也有很多有一定瑕疵的形象,于是就存在到底是完美无缺好还是美中不足"好"的问题。

褚人获《坚瓠首集》载:"会稽天依寺有半月泉。泉隐岩下,虽月圆满,池中只见其半,最为妙处。有僧凿开岩名满月,殊可笑。杨升庵因题一绝云:'磨墨浓填蝉翅帖,开半月岩为满月。富翁漆却断纹琴,老僧削圆方竹节。'"这位僧人像很多"俗人"一样以满月为美,认为落到泉中的半月不那么美,便不辞辛苦将岩石凿开,让映在泉中的月亮成为满月。于是这个僧人的行为在某些高人看来实属大煞风景的可笑行为。

《世说新语·言语第二》中有个故事:"司马太傅(道子)斋中夜坐,于时天月明净,都无纤翳,太傅叹以为佳。谢景重(谢重)在座,答曰:'意谓乃不如微云点缀。'太傅因戏谢曰:'卿居心不净,乃复强欲滓秽太清邪?'"司马道子认为天月明净很好,谢重认为天月明净不如微云点缀好。到底是哪种好呢?在这里,在一心追求纯净的司马道子看来,微云点缀成了破坏那种纯净之美的滓秽。

上述例子表明,追求完美无缺是人们的本性,但追求美中不足则似乎显得更高明。脂砚斋就发表过类似看法。脂砚斋说:"可笑近之野史中,满纸羞花闭月,莺啼燕语,殊不知真正美人方有一陋处,如太真之肥,飞燕之瘦,西子之病,若施于别个不美矣。"

(《红楼梦》第 20 回批语)脂砚斋还说:"最恨近之野史中,恶则无往不恶,美则无一不美,何不近情理之如是耶?"(《红楼梦》第 43 回批语)《红楼梦》不落俗套,其高明之处,就是没有将人物简单化,即便是对其给予深深同情的人物,也没有把他们塑造成十全十美的形象。如写林黛玉:"两弯似蹙非蹙笼烟眉,一双似喜非喜含情目。态生两靥之愁,娇袭一身之病。泪光点点,娇喘微微。娴静似娇花照水,行动如弱柳扶风。心较比干多一窍,病如西子胜三分。"对史湘云,特地给她一个咬舌的陋处。鸳鸯是贾母身边的丫环,是一位极有个性、聪明可爱的少女形象。她的形象如何呢?《红楼梦·鸳鸯女誓绝鸳鸯偶》中这样描写她:"只见他穿着半新的藕色绫袄,青缎掐牙坎肩儿,下面水绿裙子;蜂腰削肩,鸭蛋脸,乌油头发,高高的鼻子,两边腮上微微的几点雀斑。"前面的描写都挺好,偏偏要多一笔,说她脸上有几点雀斑。《红楼梦》这样描写林黛玉、史湘云、鸳鸯,会不会给这些人物"抹黑"呢?恰恰相反,她们的这些缺点增加了人物的艺术魅力,让她们表现出与众不同的美来。

  西方近代美学家、文学艺术家也早就发现了这种瑕疵的审美作用。狄德罗曾说过:"画家应该使我看到她额上露出一点轻微的裂痕,鬓边现出一个小斑点,下唇现出一个小得看不见的伤口才好。这样就会使这幅画马上从一种理想变成一幅画像了。"[1]如果按照狄德罗的要求来描画一个人物,这样的人物显然是不完美的,但在他看来,这样的形象才是画像。莫泊桑《羊脂球》中的主人公羊脂球,无疑是一位娇艳的"胖美人":"矮矮的身材"、"胖得像肥膘"、手指像"香肠似的"。这样的形象当然也不能说是完美的。但这样的形象不仅与她的善良相称,似乎也无碍于她的美丽,甚至使这个人物形象更加"出众"。托尔斯泰《战争与和平》中这样描写年轻的博尔孔斯卡娅公爵夫人:"她那略带黑色绒毛的好看的上唇,翘得遮不住牙齿,正因为上唇微翘,显得更加可爱,有时上唇向前伸或者跟下唇抿起来,就越发可爱了。正像特别惹人喜爱的女人常有的那样,她那缺点——翘嘴唇和半张开的嘴——仿佛成为她的独特的美。不论谁看到这个精神饱满、活泼可爱、虽然怀孕然而轻松愉快的未来的母亲,都感到快乐。"[2]托尔斯泰笔下的这位年轻的公爵夫人相貌是有缺点的,但她的缺点——翘嘴唇和半张开的嘴——却"仿佛成为她的独特的美"。如果她没有这个缺点,她的相貌反而显得完美而平庸。这是一个很奇妙的现象。不过,在托尔斯泰看来,实现这种转化的

---

[1] 见朱光潜:《西方美学史》(上),人民文学出版社 1979 年版,第 281 页。
[2] 列夫·托尔斯泰:《战争与和平》,刘辽逸译,人民文学出版社 1989 年版,第 9 页。

原因,是这位夫人的可爱;可爱,当然也包括爱她的缺点;这缺点使她显得与众不同。这大概就是俗语所谓的女人因为可爱而美丽吧。

之所以有"美中不足"(的判断),往往是因为审美主体有一个美的理想,这个理想的美的对象是完美无瑕的、十全十美的。与之相对照,现实的审美对象也就显得不那么完美了。但"美中不足"却是审美对象的常态,也是真实的状态。理想的美,也就是完美、圆满,其实并不具有现实性,只是人们的愿望和向往;但理想可以部分体现、实现在现实的对象上,既有理想的东西但又与理想有一定距离,这就是"美中不足"了。但不能忽视这个"不足"。

对象正因为有缺点、有瑕疵,也就显示出真实性。有缺点的人物比没有缺点的完人更真实可信。老舍在《人物的描写》中说过:"把一个人写成天使一般,一点都看不出他是由猴子变来的,便过于骗人了。"如,对于"高大全"式的人物,就有人讽刺地说"完美得连肚脐眼都没有"!人物形象是一个有机的统一的整体。人物形象的存在不是为了与某种理想、标准相吻合而存在的,人物形象有自身的追求、欲望、意志、生存法则、生活轨迹;理想、标准虽然合理、虽然美好,但不一定能够体现、实现在某一个具体的人物身上。说一个人"有理想",并不意味着他就能把理想贯注到自己的一言一行中,而更可能采取的是现实的法则。一个人所谓的优点、缺点,在他身上是紧密结合在一起的,是一枚硬币的两面,不能纯然说这个是优点、那个是缺点。将一个人的品格分为优缺点,是二分法的做法。更可能的情况是,同一个特点,在此时是优点、在彼时是缺点,在甲看来是优点、在乙看来是缺点。要求一个人克服缺点,其结果是缺点改正了,优点也没有了,成了没有特点、没有个性的平面人。完美固然难得,美中不足则更为真实可信。有人说:"人不能失去锋芒,失去他的毛病和性格,失去所谓不好的东西,这一切的一切,才成其为自我。"[①]这句话的合理性,也就在它看到了人的统一性,包括好处坏处、优点缺点、长处短长等等对立面的统一。但这种统一不是对半分的,而是有其主导面、主要面的,这就是"美"是主要的,"不足"是次要的,这样才可谓之"美中不足"。现在一些文学艺术作品过于强调人物性格的双重性、复杂性,将人物塑造成不好不坏、又好又坏,这样的形象就不能说是"美中不足"。

美有不足,才显示出生气。完美、圆满,是一种宁静、和谐、自足的状态的美;因为已经达到理想的目标和高度,所以完美、圆满就往往意味着停滞不前、静止不动、没有

---

① 沈浩波语,见《畅销书背后的诗人》,《读者》原创版 2011 年第 3 期。

过程、完成的状态。有瑕疵的美则是发展中的美。发展中的东西总是不完美的；真实的美则显现出不断走向完美的趋向。它既是此前发展、努力的结果，同时也将向更高阶段发展。这是一个过程、一个动态的过程。完美既不能显示此前的发展和努力，也不能预示此后的发展趋向。完美的人、无一陋处的人，其实是没有"生气"的人，因为这样的人"非人间所有"。因此，完美显示不出发展的生气。而事实上完美也只能是一种理想。"美中不足"也因为不足而显示出发展的空间、发展的张力。

同时，美中不足也显示出丰富来。理想总是纯净的、单一的，理想的美就是单一的、纯净的美，有缺点、不足、瑕疵的美则显示出对象的多样性、丰富性、复杂性。如果说完美是一种理想状态，那么这种状态就是纯净的、静止的，不包含与自身相矛盾、相冲突的元素。因为没有冲突、没有矛盾，完美的对象是难以展示自身的丰富性、复杂性、多样性的。如果一个对象呈现出自身的丰富性、复杂性、多样性来，这样的美就不是理想的美或曰完美了。比如，苹果的外形可谓圆满，那种近似圆形的形状，那种富有生命力的色彩，那种淡淡的香味，都是苹果完美性的表现。但美国苹果电脑公司的标志却是一个缺了一块的苹果。这个弧形的缺口破坏了苹果的完美和圆满，但却使这个苹果的形象显得比一般的苹果更丰富、更有意味一些，也使这个形象迥然不同于那些以追求完美为目标的商品标志，从而具有使人过目不忘的区别效果。

"美中不足"也正因为"不足"而显示出特点、个性来。理想是单一的、纯净的，因而理想的美往往是没有个性的美，是一种普遍性的、理念性的美，是一种具有平均性的美。这样的美也就没有个性可言、没有特点可言。我们把握个体，通常不是从共同性方面来把握，而是从个性和特点来把握。文学艺术所要表现的，就是要表现形象的个性。传统的现实主义理论强调典型性，强调个性与共性的统一、特殊性与普遍性的结合，但在艺术实践中，为了实现这种典型性，往往是强调了共性而牺牲了个性，为了表现普遍性而忽视了特殊性，从而导致人物形象的空洞、虚假。那些能够给人以深刻印象的往往是有特点、有个性的形象。于是有瑕疵、有癖好的人物反而得到人们的喜爱。就拿唐僧师徒四人来说，最完美的是唐僧，最低俗的是八戒，但最不可思议的也是唐僧，最可亲可爱的也是八戒。据说在一个"唐僧师徒四人中，你最愿意嫁给谁"的"民意调查"中，猪八戒是"人气"最旺的。袁宏道评论其弟的诗作时也说："佳处自不必言，即疵处亦多本色的独创语，然余则极爱其疵处。"(《袁中郎全集》卷三)宝玉的憨，黛玉的痴，就是其极可爱之处。张岱也说："人无癖，不可与交，以其无深情也；人无疵，不可与交，以其无真气也。"(《陶庵梦忆祁止祥癖》)这与袁宏道所说"世人但有殊癖，终身不易,便是名士"(《与潘景升书》)如出一辙。

同时,不足、瑕疵对于对象的美也可以起到衬托的作用。我国传统的悲剧艺术中,正面人物形象在人格方面往往是完美、圆满的,因而悲剧的冲突往往不是内在的,而主要是外在的,也即主要与外部的丑恶发生冲突。这一点与西方传统悲剧有所不同。比如莎士比亚的《哈姆莱特》中,哈姆莱特的"延宕"主要表现的就是其内在的冲突,其软弱、敏感、犹疑的缺点恰恰衬托出其人格的高贵和人文主义的光辉。[①]

如此说来,在审美活动中,"美中不足"更应当称为"不足而美"了。在这里需要说明的是,不足还是不足、瑕疵仍是瑕疵,这是肯定的了;但重要的是,不是执着于不足、瑕疵本身,而是着眼于整个对象,看到不足、瑕疵在对象整体中的积极的、建构性的作用。从更高层次讲,不足、瑕疵之所以显现为不足、瑕疵,是因为完美、圆满的"在场";人们通过这些不足、瑕疵,窥见到了作为理想存在的完美、圆满。

可见,在文学艺术中人们需要保持瑕疵,需要美中不足;某种程度上说,艺术家对于"理想"、完美保持一定的距离不失为高明之举。

(王文革系北方工业大学文法学院中文系教授;刘同军系北方工业大学文法学院中文系讲师)

[①] 上述相关论述参见王文革:《不要把屋子收拾得太干净》,载《声音博动中国》,中国社会出版社2011年版。

马年说马：汗血宝马"英雄坐骑"传说与中西文化交流

王 立

青莲室主人《后水浒传》第 36 回写杨幺说："从来陆地交锋，有了十分本事也要好马相配。是以关公有赤兔，项羽有乌骓，人马皆强，才得纵横无敌。……"道出了古代小说叙事中的"马与英雄"相生互补、相辅相成的关系。这一常见话语，与源远流长的汗血宝马传说及其英雄气概的持久营构，是分不开的。来自西方的汗血宝马，其"西方"不是今天所说的欧美，而是西域直至中亚，一定程度上也包括居于南亚次大陆印度，因为印度文化多半也是经由西域诸国传播到中原来的。因此这里所论的"西方"，是一个历史的动态化发展的概念；而汗血宝马的文学化叙事，也形象化地标明、重温一些历史事实的民俗记忆，可以说，持久延续的中外交流活动，扩展了古代中国马文化系统并丰富了内在活力。

汗血马的出血原由及神化原因

论者曾引《东观汉记》《清稗类钞》等，认为汗血马："产生这种现象（出血）的原因是汗血马经过长途跋涉，因长时间的剧烈运动，肩及脊处的小痂会破而出血（古人不明白是出血，才认为'汗出如血'）。足见所谓'汗血马'决非如应劭说是在前肩髀处汗出如血，而是在前肩及脊上有小痂，经过长途跋涉后，小痂破则出血。"①的确，汗血马是古人常谈及的一个传奇性话题。所谈不无道理，只是离话题说透还有几分距离。其实应劭等人的类似话语还见于不少载录，或许有的更贴近事实。如徐岳《见闻录》"汗血马"条：

---

① 周士琦：《汗血马小考》，《文史杂志》2002 年第 2 期。

明季,沐国公遣人送匹马于云南抚军,其色黑,胸有白毛如月,名"捧月乌骓",来自西番,龙种也。抚军文吏,不知珍贵,豢之群马中,渐至消瘦不食。一人请于抚军曰:"驽马以安闲、饱刍荄长膘,骏马以驰骤、出汗则不生他疾。譬如有才者利见用也。"抚军许可出厩试之。此马不受羁络,无敢控驭之者,其人遂攘袂向前,去十余步,踊身腾上,一手撮耳,一手抠目,马战不敢动。复下,而笼之辔之,帖然与常马同,跃之纵之,两耳但闻风声,而目不辨所见,约一时往回,越百数十里。视之,周身流血。抚军以为其伤其力,实血汗也。自此腾跃超群,人皆以为千里马。

噫!向使是马也,不遇其人之识眼,不几湮没于抚军之厩耶!盐车之困,伏枥之悲,千古所以同慨也。后在沅州曾见某王子经过,坐马汗出如血,或时而腾骧奔跃,或时而循习调良,若乐为王子用者,乃益信抚军之马特用,枉其才耳。

看来,在明人眼里,汗血马还有如下特性:一是汗血马可能不仅仅是某一部位出血,还可能"周身流血";二是汗血马可能会在奔走劳累出血后,不仅体力没有受损,还往往能奇迹般地恢复健康与活力。

所谓"汗血马",就其产生的原因来说,实际上竟然是马所生的一种寄生虫病,在奔跑激烈时,血从马皮肤下的小孔渗出。马前胸下面运动相对剧烈,自然是这个部位出血最明显了。而经过"周身流血"的一次剧烈运动后,也许寄生虫大部分被流血带出了体外,无意中还可能摆脱或减弱病魔的侵袭。因此,周文所谓"小痂破则出血",离问题的答案或许只有一步之遥,这里的"小痂",其实正是马体内的寄生虫所致。对此,民国学者于景让先生曾在《大陆杂志》五卷九期撰有《汗血马与苜蓿》一文考证,Turkman 马中也往往有汗血者,是从较皮肤约高 0.5 毫米的细脉管之中流出,因有一种名 Parafilaria Multipapilosa 的寄生虫,在马的前肩膊与项背皮下组织中,寄生处皮肤隆起,马疾走时血管张大,寄生处创口张开,血即流出,幼虫即栖息于流血处,匈牙利也早有汗血马的载录[1]。这一说法也早为西方学者注意,法国女汉学家布尔努瓦夫人(Lucette Boulnois)所著《丝绸之路》一书中也曾明确指出:

至于"汗血"一词,其意是指这些马匹的特点,在很长时间内,这一直是西方人一种

---

[1] 参见方豪:《中西交通史》上册,岳麓书社 1987 年重印本,第 116 页。

百思不解之谜。近代才有人对此作出了令人心悦诚服的解释：说穿了，这只不过是简单地指一种马病，即一种钻入皮内的寄生虫。这种寄生虫尤其喜欢寄生于马的臀部和背部，在两小时之内就会出现往外渗血的小包，"汗血马"一词即由此由来。在19至20世纪，许多旅行家们都在伊犁河流域和中国新疆目睹染有这种"汗血"的马匹，这种疾病蔓延到这一地区的各种马匹……①

可见国外汉学研究成果，或许能避免一些疏漏。这不算太体面的成因，并不影响中国古人对于汗血宝马的仰慕赞美，古人并不知道这是寄生虫病对马的折磨，而理解为外域——主要是以大宛为代表的西域诸国贡奉优良马种的一个外现。张华《博物志》卷三称："大宛国有汗血马，天马种，汉、魏西域有献者。"元代刘时中散曲《新水令·代马诉冤》咏："谁知我汗血功？谁想我垂缰义？谁怜我千里才？谁识我千斤力？"其汗血，又被理解成劳苦功高，实乃借马喻人。

对汗血马在中外交流史上的历史来源和英风壮采，余嘉锡先生曾作《汉武伐大宛为改良马政考》，认为武帝伐大宛，眼光长远："大修马政，广求善种以求其蕃息孳生，其闻天马而甘心者，欲得汗血之种也。"②而耶茨发表在1934年第9期《欧亚大陆北部古迹》的汉学研究名作《马，早期中国历史上的一个因素》也论述，中国在费尔干纳（大宛）的战役并非只是炫耀示威，中国人难以对付那些匈奴马上弓箭手。虽然中国人骑着同样的马，但骑射技术较差，处于不利地位，而费尔干纳像毗邻的粟特地区一样，拥有优质战马，河中地区的骏马，也许像米底亚的希腊人所称的尼沙马一样。中国人打算获取这种外国良马以补充他们的骑兵，他们认为这种良马必定优于匈奴人长满粗毛的矮种马。因此，对费尔干纳的远征是要获得对游牧民的军事优势③。而史家早已指出，北朝诸燕立国不久的原因之一，是"战马日少"，因而敌不过拓跋鲜卑④。这西访良马的壮举，直接影响到魏晋六朝中原人重马爱马的风气，和五言诗为主的抒情文学中"宝马英雄"模式。对汗血宝马的美好印象是那样地持久和富有鼓动力，唐人王损之《汗血马赋》热情洋溢的铺叙，评价甚是全面到位：

---

① 〔法〕布尔努瓦：《丝绸之路》，耿昇译，新疆人民出版社1982年版，第17页。其中的"有人"，即H.德效骞，《班固所修的前汉书》一文的作者。
② 《余嘉锡论学杂著》上册，中华书局1963年版，第175—180页。
③ 转引自〔法〕勒内·格鲁塞：《草原帝国》，蓝琪译，商务印书馆1998年版，第64页。
④ 马长寿：《乌桓与鲜卑》，上海人民出版社1962年版，第231—235页。

异彼天马,生于远方。每流汗以津润,如成血以荧煌。所以名重骙骙,价高骍骊。骨腾肉飞,既挥红而沛艾;麟超龙骜,亦流汗以徜徉。当其武皇耀兵,贰师服猛,破大宛之殊俗,获斯马于绝境。由是辞房塞以俱来,望汉庭于遐聘。……及乎献关之始,就驾之初,饰金羁而势如蹑影,排玉勒而态若凌虚。伯乐乍观,讶沾襟而沃若;王良载驭,惊渐袖以班如。观其步骤如流,驱驰若灭,恣余力而耸跃,控中衢而复绝。长鸣向日,蹙蹀而色若渥丹;骧首临风,奋迅而光如振血。疾徐中节,羁束如濡。流膺臆以飞赭,洒缨鬣以凝珠。雄姿泛彼,逸态濡於。映白驹之群,皆疑失素;齐紫燕之匹,不可夺朱。卓彼奇姿,实为殊观。初溢腹而沾洒,终尽足而浃汗。此朱翼而表异,难并骏良;彼赤鬣以称奇,翻同款段。超腾莫及,迅疾难俦。遽赫如以浃洽,乍焕若以飞浮。倘遂越都,甚追风而更疾;如同过隙,似奔电以潜流。且其戢联翩,异蜷局,才逾良骏,名失逸足。倘不弃于血诚,将八銮而齐躅。

突出了"长鸣向日,蹙蹀而色若渥丹;骧首临风,奋迅而光如振血"那红色主调辉耀下的英风壮彩,因此汗血马成为古代良马最受标举的代表,当无疑议。

此外,汗血马得名的又一说法,则因毛皮上的红色斑痕所致。在丝绸之路的西面那一端,也就是驯养马最早的中亚地区,一位伊朗学者即曾不无根据地推测:"从丝绸之路凿空之日开始,也就是公元前2世纪末前后,中国人就非常仰慕由贵霜王朝或安息王朝的人送给他们的第一批波斯马。第一批到达的这种牲畜在中国获得了一个'血汗马'的别名。这一奇怪的名称可能是指其皮毛上红斑,使用一个波斯文术语就叫做'玫瑰花瓣'状。当马的毛皮颜色很深时,其斑点就很明鲜,或反之,长'玫瑰花瓣'状皮毛的马最受好评。如波斯历史上最著名的一匹坐骑的情况就是如此。该坐骑是达斯坦(公元78—110年)的孙子——著名英雄鲁达斯塔赫姆(公元120—155年)的骏马。……传说中最著名的坐骑即为这种颜色,也就是血和火的颜色。传说中认为,马匹毛皮与其性格是相一致的。'古人'认为这样的马匹也具有火一般的性格,即以骠悍和疾速而出名。"[①]从中国古代文献看,上述对汗血马这种得名方式的推究,也并非无理。《史记·秦本纪》即载:"造父以善御幸于周穆王,得骥、温骊、骅骝、騄耳之驷。"裴骃《集解》引郭璞语解释骅骝:"色如华而赤,今名马骠赤者为枣骝。骝,马赤也。""八骏皆因其毛色以为名号。"因此,汗血马,至少还是说出了马的毛色某些主要特征:血红色的

---

① 〔法〕阿里·玛扎海里:《丝绸之路——中国-波斯文化交流史》,耿昇译,中华书局1993年版,第23—24页。

毛色,也包含对于马之毛色的一种比喻性、形象性的描绘形容,汗血马的名号由来或许也与此有关。

另外,张衡《二京赋·东京赋》咏:"驸承华之蒲梢。"蒲梢,有人认为指的也是大宛汗血马,的确,《史记》卷二十四《乐书》载:"……后伐大宛,得千里马,马名蒲梢,次作以为歌。"裴骃《集解》引东汉应劭语:"大宛马,汗血沾濡也,流沫如赭。""大宛旧有天马种,蹋石汗血,汗从前肩髆出如血,号一日千里。"但从《汉书·西域传赞》所记来看,"蒲梢"只不过是大宛马众多种类中的一种,与"汗血"马并称:"孝武之世……闻天马、蒲陶,则通大宛、安息,自是之后,明珠、文甲、通犀、翠羽之珍盈于后宫,蒲梢、龙文、鱼目、汗血之马,充于黄门。"这也可证"汗血"的命名,与良马毛色特征给人们带来的突出视觉联想,不为无关,就像"龙文"等命名与此有关一样。

天马龙驹传闻功业取向与汗血马传说的介入

金庸《射雕英雄传》第 7 回"比武招亲",写郭靖在中原与草原交界的张家口外见到韩宝驹(姓名似乎有一种象征性),告知自己的红马肩上出血,韩说,这是一匹千年难逢的汗血宝马,郭靖询问,韩答:"我曾听先师说道,西域大宛有一种天马,肩上出汗时殷红如血,胁如插翅,日行千里。然而那只是传说而已,谁都没有见过……"①还是饱读诗书的朱聪说起,大宛国贰师城附近高山上,生有野马,大宛人把母马放牧在山下与野马交配,生下汗血宝马。其还引证了汉武帝《天马之歌》和贰师将军李广利重兵夺取汗血马史实,由此引出了郭靖遭逢八个骑白驼的白衣人和塞外初识黄蓉,以及穆念慈比武招亲的故事。在此,汗血马意象的出现,给小说烘染出一种绚烂多彩的异国情调。

汗血宝马传说由来已久,但却在唐诗中被较多提及。唐太宗《咏饮马》诗:"骏骨饮长泾,奔流洒络缨。细纹连喷聚,乱荇绕蹄萦。水光鞍上侧,马影溜中横。翻似天池里,腾波龙种生。"据徐松《登科记考》,唐宪宗元和十四年(819 年)和唐懿宗咸通三年(862 年),进士科还把"骐骥长鸣"和"天骥呈才"作为省试试题。杜甫《秦州杂诗》也化用了马为龙种的传说:"闻说真龙种,仍残老骕骦。"这传说当起于神秘思维盛行的汉代。论者曾指出:"'天马',实际上已经成为这一时代中西交通取得历史性进步的一种文化符号。"②可见,汗血宝马故事作为天马系列中的一支,的确是从中亚到中原的一

---

① 金庸:《射雕英雄传》(修订本)第 7 回《比武招亲》,香港明河出版社 1976 年版,第 264 页。
② 王子今:《史记的文化发掘》,湖北人民出版社 1997 年版,第 603 页。

个绵延持久的美丽传说。《汉书·武帝本纪》载:"元鼎四年(公元前113年)六月,得宝鼎后土祠旁。秋,马生渥洼水中。作《宝鼎》《天马》之歌。"太初四年(公元前101年)春"贰师将军广利斩大宛王首,获汗血马来。作《西极天马》之歌。"其实,《史记·大宛列传》已明确记载:"(张)骞身所至者大宛……具为天子言之,曰:'大宛在匈奴西南,在汉正西,去汉可万里。其俗土著,耕田,田稻麦。有蒲陶酒。多善马,马汗血,其先天马子也。'"裴骃《集解》引《汉书音义》释:"大宛国有高山,其上有马,不可得。因取五色母马置其下,与交,生驹汗血,因号曰天马子。"

《汉书·武帝本纪》载元鼎四年(公元前113年)"马生渥洼水中",李斐注曰:"南阳新野有暴利长遭刑,屯田敦煌界,数于此水旁见群野马中有奇者,与凡马异,来饮此水。利长先作土人,持勒绊于水旁。后马玩习,久之,代土人持勒绊收得其马,献之。欲神异此马,云从水中出。"按,这传说体现出的集体记忆,正是因为将宝马与神龙建立联系的神秘思路。《后汉书》卷四十二《光武十王传》写章帝赐东平宪王刘苍书,也提到大宛天马:"……并遗宛马一匹,血从前髆(膊,肩胛)上小孔中出。常闻武帝歌《天马》'沾赤汗',今亲见其然也。"张华《博物志》卷一也称:"和气相感,则生朱草,山出象车,泽出神马,陵出黑丹,阜出土怪。江南大贝,海出明珠,仁主寿昌,民延寿命,天下太平。"泽出神马,被认为是一个瑞兆,因此后代盛世之时,也多有地方官员把此类传闻上报博宠邀功者。

川蜀之地多水,也多有大泽生天马的民间传闻。西晋常璩《华阳国志·蜀志》载:"会无县,……有天马河,马日千里,后死于蜀,葬江原小城,今天马冢是也。县有天马祠。初,民家马牧山下,或产骏驹,云天马子也。今有天马径,厥迹存焉。"该书卷四《南中志》也说:"(汉)章帝时,蜀郡王阜为益州太守,治化尤异,神马四匹出滇池河中,甘露降,白乌见;始兴文学,渐迁其俗。"这一传闻延展到远至西南边陲的云南:"滇池县,郡治。故滇国也。有泽水,周回二百里。所出深广,下流浅狭,如倒流,故曰滇池。长老传言,池中有神马,或交焉,即生骏驹,俗称之曰'滇池驹',日行五百里。"相关异文还见于《水经注·沔水》等。而干宝《搜神记》卷六也称:"魏齐王嘉平初,白马河出妖马,夜过官牧边鸣呼,众马皆应。明日,见其迹大如斛,行数里,还入河。"其传闻本事还见于《宋书·五行志》《晋书·五行志》等。于是,我们也就能对正史载录正确了解:"吐谷浑……有青海者,周八九百里,中有山,须冰合,游牝马其上,明年生驹,号龙种。尝得波斯马,牧于海,生骢驹,日步千里,故世称'青海骢'。西北有流沙数百里,夏有热风,伤行人。风将发,老驼引项鸣,埋鼻沙中,人候之,以氈蔽鼻口乃无恙";"吐火罗,或曰土豁罗,曰睹货逻,元魏谓吐呼罗者。居葱岭西,乌浒河之南,古大夏地。与挹怛杂处。胜兵十万。国土著,少女多男。北有颇黎山,其阳穴中有神马,国人游牧牝于侧,生驹辄汗血。"①

其实,海中或江河湖泊水中生马,也是马的神秘超凡信仰和审美想象之有力的生发点。这一母题是带有世界性的,在中亚至阿拉伯尤其盛行。《一千零一夜》写辛伯达第一次航海,因误上庞巨为岛的大鱼身上,鱼动落海漂至荒岛见一骏马,据说这是当地的养马人有意为之:

每当月明时候,我们选择高大、健壮的牝马,把它拴在海滨,然后躲在这个地窖里,静观动静。过一些时候,海马嗅到牝马的气味,跑出海面来引诱牝马,要带它到海里去。可是牝马被拴着,无法逃跑,于是相对长嘶,既而踢打、交尾。我们闻声跑出去,大声一吼,吓跑海马;从此牝马受孕,杂交生出来的小马,每匹值一库银子,生得美丽无比。②

丝绸之路的彼端亦有《一千零一夜》异文,据说原文载19世纪《阿拉伯文法》一书,那个岛国国王的马夫讲述:"在每年各个季节开始的时候,我们便将国王的牝马牵到这里,并且要拴起来。从海里钻出一匹公种马,与母马交配,但因为在交配之后,公种马就想杀死母马,所以我们必须高声呼喝以迫使它返回大海中去。此后,我们将母马带回去,精心照料,一直到幼驹诞生为止。它们所生的马驹就叫做海马……"③

中国古人也持久地相信海水中跃出骏马奇闻,这很可能是从中亚传来的叙述母题。南宋洪迈注意到:"绍兴八年(1030年),广州西海壖(海边),地名上弓弯,月夜,有海兽状如马,蹄鬣皆丹,入村民家,民聚众杀之。将晓,如万兵行空中,其声汹汹,皆称寻马。客有识者,虑其异,急徙去。次日,海水溢,环村百余家尽溺死。"④同时还应看到,这载录也是与西域野马传闻并行不悖的,周密《癸辛杂识》续集亦称:"鞑靼野地有野马与蛟龙合,所遗精于地,遇春时则勃然如笋出地中。大者如猫儿头,笋上丰下俭,

---

① 欧阳修、宋祁:《新唐书》卷二百二十一上《西域上》,中华书局1975年版,第6224页、第6252页。本事还参见《晋书·五行志》、《宋书·五行志》等。
② 《一千零一夜》第四册《辛伯达航海旅行的故事》,纳训译,人民文学出版社1982年版,第7页。
③ 〔法〕费琅编:《阿拉伯波斯突厥人东方文献辑注》,耿昇、穆根来译,中华书局1989年版,第641页。
④ 洪迈:《夷坚志》甲志卷八"海马"条,中华书局1981年版,第72页。

其形不与,亦有鳞甲筋脉,其名曰'锁阳',即所谓肉苁蓉之类也。"核心也在于马龙交合的生殖神话。如果联系到史书中那些大湖(古代亦称为海,如"青海"、"北海"等)旁野马出没的传说,可知母题的东西跨文化相通性质。

明代也有巨大"海马"的传闻:"永乐十八年(1420年)九月,诸城进龙马。民有牝马牧于海滨,一日云雾晦冥,有物蜿蜒与马接。产驹,具龙文,其色青苍,谓之龙马云。宣德七年五月,忻州民武焕家马生一驹,鹿耳牛尾,玉面琼蹄,肉文被体如鳞。七月,沧州畜官马,一产二驹,州以为祥,献于朝。宣宗曰:'物理之常,何足异也。'成化十七年六月,兴济马生二驹。……嘉靖四十二年四月,海盐有海马万数,岸行二十余里。其一最巨,高如楼。"①这种神秘传闻因民俗记忆的顽强而延续到清初:"康熙间,某郡忽来一马,不知所自。神骏非常,蹄间毛长尺许。往来腾踔,日践田禾无算,乡人苦焉。捕之不得,乃纠合诸村,四面围逐。马径奔海中,履水而行,踏浪蹴潮,宛如平地。久之,入大洋,踪影杳然矣。"②

与产于水中的神马相对应的,则是同样与龙有缘分的神牛。金木散人《鼓掌绝尘》第17回写火睛牛出自于西番某国:"那个所在,专出海犀,海犀若与龙交,就生出这一种来。故虽形状生得狰狞,从来不会伤人。其性最热,皮可御寒,胆最贵,人得了系在身边,能驱诸邪,瘳百病。……只为当初汴京有个曹容参将,出征西番,闻得此兽好处,遂带了雌雄一对回来。那(哪)里晓得雌的不受龙气,生出来的就是水牛。"这里套用的是水中出神马模式。而宝马出入于河中,则不仅是中国自汉代史书就载录盛传的,也是佛教的古远传说。有关专家早就指出:"古人常说良马出于水中","应视为产于近水源的草地"。③

改良马种,是农耕民族以西北游牧民族为参照、为战胜竞争对手所进行的持久不懈的努力。因此往往在理想期盼的支配下重温前代的"宝马龙种"的"惯常思路"。

于是,故事在一种带有定向思维的路径中,向其他地区的相关传说渗透。南宋人周去非《岭外代答》卷九《禽兽门·天马》称:"邕州溪峒七源州有天马山,山上有野马十馀匹,疾迅若飞,人不能迩。熙宁(1068—1077)间,七源知州纵牝马于山,后生驹,骏甚。自后屡纵,迄不可得矣。"④对于龙马野合,朱国祯《涌幢小品》卷二十三也称:

---

① 张廷玉等:《明史》卷二十六《五行一》,中华书局1974年版,第440—441页。
② 王棫:《秋灯丛话》卷三"海马"条,华莹校点,黄河出版社1990年版,第39页。
③ 谢成侠:《中国养马史》(修订版),农业出版社1991年版,第73页。
④ 杨武泉:《岭外代答校注》卷九,中华书局1999年版,第348页。

蒋粹翁,政和人,宋季为太学生,元混一天下,遂归隐于满月山,尝言其先世家九峰山下,畜一牝马,舍侧有龙潭,马入浴其中,龙与之媾而生驹焉,龙首马身,状如负河图者。有父老曰:"昔仲尼笔削六经而麒麟出,今朱晦翁(朱熹)表章四书而龙马生,圣人之谓也。"晦翁闻之,逊不自居,谨视刍秣,后牧于山林,竟失所在。

至清初人还坚信:"元末嵩州明月寺,牝马不媾而产驹,形不类马,每鸣野马皆鸣。见《嵩县志》。必龙种野合,人不知耳。"①可见,这类传说是多么顽强,岂能与汗血马的神异传说无关!

抒情文学中汗血马传说精神气概的扩散

李白《天马歌》曾激情迸涌地吟哦"天马来出月支窟,背为虎文龙翼骨",其腾昆仑、历西极而来,但这天马仍旧流"汗血":"目明长庚臆双凫,尾如流星首渴乌,口喷红光汗沟珠(朱)。"清人王琦注引张率《舞马赋》"露沫喷红,沾汗流赭";《赭白马赋》"应门沫赭,汗沟走血"以诠释,其实这都来自对于汉代以武力引进的西域良马这一文化事象,其中最引人注目、令人想象力为之激活的就是汗血马。

陈寅恪先生曾注意到,《新唐书·兵志略》载:"唐之初起,得突厥马二千匹,又得隋马三千于赤岸泽,徙之陇右,监牧之制始于此。初,用太仆少卿张万岁领群牧。自贞观至麟德四十年间,马七十万六千……"可见唐人养马的规模。这一史料,强调了优良的战马之于古代中原民族战争事业的重要,他进而强调:"骑马之技术本由胡人发明。其在军队中有侦察敌情及冲陷敌阵两种最大功用。实兼今日飞机、坦克二者之效力,不仅骑兵运动迅速灵便,远胜于步卒也。中国马种不如胡马优良。汉武帝之求良马,史乘记载甚详,后世论之者亦多,兹不赘述。即就上引史料观之,则唐代之武功亦与胡地出生之马及汉地杂有胡种之马有密切关系,自无待言。至弓矢之用,若不与骑马配合,则仅能防守,而不能进攻,只可处于被动地位,而无以发挥主动进攻之效用。故言射而不言骑,则止得军事技术之一面。若骑射并论,自必师法胡人,改畜胡种之马,且任胡人血统之人主持牧政。此必然之理,必致之势。"②古代冷兵器作战的基本方式,决定

---

① 周亮工:《书影》(十卷本)卷七,上海古籍出版社1981年版,第199—200页。
② 陈寅恪:《论唐代之蕃将与府兵》,《金明馆丛稿初编》,上海古籍出版社1980年版,第268—269页。

了适合战争、征战的良马马种,是骑兵将领们直到朝廷君臣梦寐以求的。尤其是中国地势所决定的,远征西北沙漠草原地区,路程迢远,非重骑兵不可。于是能负重,具耐久体能的战马,就成为远征军能否获胜、生还的关键。

因此,马与战将相辅相成的紧密关系,凝结为汉魏六朝宝马英雄模式的深层心理和物质构成。西晋王嘉《拾遗记》卷七称:"曹洪,魏武从弟。家盈产业,骏马成群。武帝讨董卓,夜行失马,洪以其所乘马让帝,其马号曰白鹄。此马走时,惟觉耳中风声,足似不践地。至汴水,洪不能渡。帝引洪上马共济,行数百里,瞬息而至,马足毛不湿,时人谓乘风而行,亦一代神骏也。谚曰:凭空虚跃,曹家白鹄。"张华《博物志》卷六也载有名马,持久地活在人们的记忆中:"古骏马有飞兔、腰袅。周穆王有八骏:赤骥、飞黄、白蚁、华骝、騄耳、騧騟、渠黄、盗骊。唐公有骕骦。项羽有骓。"所以,咏叹汗血宝马以抒发豪情侠慨,是古代抒情诗歌的一个"惯常思路"。尤其在唐代,关于汗血宝马风采的描绘和相关意气风发的抒情,实际上往往连带着文人功业之志、豪侠情怀的渲染。例如:

胡直钧《获大宛马赋》咏:"昔孝武寤善马,驾英才,穷二师于海外,获汗血之龙媒。于是宛卒大北,神驹尽来,駔骏奇状,超摅逸材。走,追风于马邑,嘶,逐日于云堆。因行师之勋著,辨前王之业开。"①

杜甫《高督护骢马行》咏:"……五花散作云满身,万里方看汗流血。长安壮士不敢骑,走风掣电倾城知。"

卢照临《紫骝马》咏:"不辞横绝漠,流血几时干。"

万楚《骢马》咏:"汗血每随边地苦,蹄伤不惮陇阴寒。"

李贺《马诗二十三首》其二十二咏:"汗血到王家,随鸾撼玉珂。少君骑海上,人见是青骡。"

卢征《天骥呈材》咏:"应知流赭汗,来自海西偏。"

郑黄《天骥呈材》咏:"喷勒金铃响,追风汗血生。"

杜甫《沙苑行》咏:"龙媒昔长渥洼生,汗血今称献于此。"

乔知之《羸骏篇》咏:"山川关塞十年征,汗血流离赴行营。"

---

① 陈元龙辑:《历代赋汇》卷一三五,江苏古籍出版社、上海书店1987年版,第536页。

如果我们参照神话、仙话思维,结合现实社会中诗人际遇,全方位地看待上述咏叹,才不至于把问题的认识简单化。而其中一个不容忽视的因素是关于汗血马神秘崇拜的深层作用。《神异经·中荒经》还透露有外域异质文化干预马意象风神的传闻:"西南大荒中有马,其大二丈,髦至膝,尾委地,蹄如丹,跪可掘。日行千里,至日中而汗血。乘者当以絮缠头,以辟风病。彼国人不缠。"这是华夏中心主义观念支配下的中原人难得的谦逊,谈论起汗血马有一种无可回避的自卑感。

汗血宝马意味着军功事业与功业宏愿,还可以从一个反面例证中看出。《晋书》卷一百一十三《苻坚载记上》称:"先是,梁熙遣使西域,称扬坚之威德,并以缯彩赐诸国王,于是朝献者十有馀国。大宛献天马千里驹,皆汗血、朱鬛、五色、凤膺、麟身,及诸珍异五百馀种。坚曰:'吾思汉文之返千里马,咨嗟美咏。今所献马,其悉返之,庶克念前王,仿佛古人矣。'乃命群臣作《止马诗》而遣之,示无欲也。其下以为盛德之事,远同汉文,于是献诗者四百馀人。"《晋书》为唐人所修,也体现了唐人的材料选择和价值取向。献诗者众虽并不表明好诗多,却的确表明这一题材被关注的一时之盛。"遣还"、"止供"汗血马,也意味着同西域诸国不起刀兵,和平相处,还显示了一种表现泱泱大国风度的传统。

《一千零一夜》写英雄孔马康遇一濒死的骑士求救,那骑士的战马:"非常雄壮高大,四条腿像云石柱子,显然是为驰骋疆场、日行千里才生得这样粗壮、结实的。它的雄姿俊态,非语言可以形容其万一,令人越看越羡慕,真是百看不厌。孔马康一见那匹战马就愣住了。他羡慕不已,暗自叹赏:'真是好马一匹。这样的骏马是举世无双的。'……"原来这千里马就是称之为"夏突尔(杀伐者)",绰号"疯骓"[①],可见英雄喜爱宝马,也是阿拉伯到中亚一带人们的共同心理。

所以,自先秦以来的马文化观念,原本是以象征性和寓意性为主的,如《战国策》和《楚辞》中的骐骥意象,《史记·外戚世家》也昭明:"褚先生曰:浴不必江海,要之去垢;马不必麒骥,要之善走;士不必贤世,要之知道;女不必贵种,要之贞好。……"此说不时为人旧话重提,如五代时王定保《唐摭言》卷七还在重温:"论曰:马不必麒骥,要之善走;浴不必江海,要之去垢。苟华而不实,以比周鼓誉者,不为君子腹诽,鲜矣!"然而,自汉武帝大举进击匈奴,汉族文人在马文化强盛的西北外族参照下,形成深在自卑情结,唐人及后世的汗血宝马之咏,才纷纷努力进行心理超越,极力以此鸣奏出慷慨豪迈

---

① 《一千零一夜》第二册,纳训译,人民文学出版社1982年版,第138—140页。

的声音来,且愈益趋于实用性。赵翼《廿二史札记》卷二十八"金俗重马"条称:

> 金初以战争开国,故最重马。景祖方为部长时,有黄马,服乘如意。景祖没,辽贵人争欲得之,世祖曰:"难未息也,马不可与人。"遂割其两耳,谓之秃耳马,辽人乃弗取。(《阿疏传赞》)时兵力尚微,桓赧、散达方强,欲得盈哥之大赤马,及辞不失之紫骝马,世祖亦不许,遂战败之。(《桓赧、散达传》)康宗薨,太祖即位,辽使阿息保来吊,阿息保径至殡所,阅赗马,欲取之,太祖大怒,将杀之,宗雄谏而止。(《世纪》)阿离合懑将死,太祖往问疾,问以国家事,对曰:"马者甲兵之用,今四方未平,而国俗多以良马殉葬,当禁止之。"(《阿离合懑传》)观此,可见金源氏之重马也。军旅之事,全恃马力,此固有国家者所当留意耳。"①

而若从整个华夏之邦及周边民族马文化发展演变历史看,可知金代重马习俗亦渊源有自,此并非全是现实写照,也交织了载录者自己的理解。

叙事文学中宝马意象的充实及佛经来源

人类与马的关系可以追溯到远古时代。许多民族的史诗中对马的描写和歌咏都占有重要的位置,几乎英雄的讴歌就离不开讴歌他的宝马。因此马文化具有重要的民俗意义。法国汉学家还指出:"基督教徒与穆斯林教徒们一样,他们的民间故事中绝大部分都是刻画人生四大趣乐的,当时的苍生庶民朝思暮想的似乎也是这四大趣乐:疆场立功、美貌女郎、剽悍骏马和美味佳肴。"②深受中亚西域文化影响的唐人又何尝不然?一匹好马对于具有建功立业志向的唐人该有多么巨大的诱惑力!唐人笔下的汗血马,往往牵连着西北草原文化的迷人风光,这不仅是一种物质层面上的写实,也是精神世界的写照,表现了唐人一种容受外来文化的开阔视野。一位汉学家注意到:"一只西里伯斯的白鹦,一条撒马尔罕的小狗,一本摩揭陀的奇书,一剂占城的烈性药等——每一种东西都可能以不同的方式引发唐朝人的想象力,从而改变唐朝的生活模式,而这些东西归根结底则是通过诗歌或者法令,或者短篇传奇,或者是某一次即位仪式而表现出来。外来物品的生命在这些文字描述的资料中得到了更新和延续,形成了一种

---

① 王树民校证:《廿二史札记校证》(全二册),中华书局1984年版,第634—635页。
② 〔法〕布尔努瓦:《丝绸之路》,耿昇译,山东画报出版社2001年重版,第196—197页。

理想化了的形象，有时甚至当这些物品的物质形体消失之后也同样是如此。体现在文字描述中的外来物品，最终也就成了一种柏拉图式的实体。"① 因而，不能把汗血宝马的咏叹，当做唐人豪侠性情一时诗兴所至，而是一种浸透着注目外域、试图把内心主体意识推展到广阔的人马互助、互相激发的抒情模式，有一种豪气奔涌的博大情怀在外射。显然，从具有神秘色彩的汗血宝马意象中，也可发现隐藏在外表形象下面的神理。

李福清先生也注意到马在古代小说中带有的史诗情味：

还有一个把马的迅跑比做飞翔的传统概念。突厥人的史诗里，俄罗斯的壮士歌里，都存在这样的概念。在俄罗斯，它与古代神话故事中的"飞马"概念有关。中国语言习惯把快速移动比做飞（"走如飞"、"跑如飞"等等），说不定也可以追溯到古代的神话概念。大禹王的马名叫"飞兔"，关羽的马叫"赤兔"。书里介绍赤兔马，像一切勇士的坐骑一样，说它能日行千里。但这个细节不是新创的，《三国演义》里就有。在《战国策》里已经能见到这个说法。②

显然，汗血宝马的一个重要特征就是行走如飞，其与中亚和古代中国对于良马的期待相同。论者罕有注意陶岳《五代史补》卷一的传闻，其状写出宝马之于英雄功业不可缺少："（朱）瑾之奔淮南也，时行密方图霸，其为礼待，加于诸将数等。瑾感行密见知，欲立奇功为报，但恨无入阵马，忽忽不乐。一日昼寝，梦老叟眉发皓然，谓瑾曰：'君常恨无入阵马，今马生矣。'及厩隶报，适退槽马生一驹，见卧未能起。瑾惊曰：'何应之速也！'行往视之，见骨目皆非常马，大喜曰：'事办矣！'其后破杜洪，取钟传，未尝不得力焉。"③ 有人要夺马占为己有，朱瑾竟为此而将其"击杀之"。

古代关于马可救助主人的传闻，其实也难排除西来影响。清代通俗小说《说岳全传》第 20 回，写崔府君神庙泥马驮着后来成为南宋康王的赵构渡江，得以从金国脱身，还有不少小说也镶嵌了这一传说。而这庙中泥马变活马信仰，最初即本于饱受佛经故事影响的六朝志怪。刘敬叔《异苑》载苻坚堕山涧，马垂鞍解难；《南史·梁豫章王综传》写任焕受伤，马跪前脚使其上马。李冗《独异志》卷上也载孙坚堕马，"所爱骏马入营，蹄地悲鸣，人异之，逐马往，得坚于草中"。而较直接的似来自木马化活马故事。干

---

① 〔美〕谢弗：《撒马尔罕的金桃》（《唐代的外来文明》），吴玉贵译，中国社会科学出版社 1995 年版，第 2—5 页。
② 〔俄〕李福清：《三国演义与民间文学传统》，尹锡康、田大畏译，上海古籍出版社 1997 年版，第 303 页。
③ 周勋初主编：《唐人逸事汇编》，上海古籍出版社 1995 年版，第 1850 页。

宝《搜神记》还活灵活现地讲述："吴先主杀武卫兵钱小小,形见大街,顾借赁人吴永,使永送书与街南庙,借木马二匹,以酒噢之,皆成好马,鞍勒俱全。"此为《太平御览》卷八九七引。《艺文类聚》引《世说》也叙述关键时马能通灵救主:"刘备之初奔刘表,屯于樊城,表左右欲因会取备,备觉,如厕便出。所乘的颅马走堕襄阳城西檀溪水中,溺不得出。备急谓的颅曰:'今日厄,何不努力!'的颅达备意,踊三丈得过。"

其实这从叙述思路上说,的确源自中古汉译佛经。三国时康僧会所译《六度集经》,卷六《驱耶马王本生》写马王在海滨救度遇海难者,还飞渡大海,拯救被邪淫女鬼迷惑的商人,商人喜曰:"常闻神马,哀度危难。"故事大同小异的叙事文本,又多发性地见《出曜经·如来品》《佛本行集经》卷四十九,直到唐代玄奘的《大唐西域记》卷十一等。而用巴利文(古印度东部地区的一种方言)讲述的佛本生故事里,有"云马本生"一节也讲述,铜叶岛(今斯里兰卡)的夜叉城里,有幻化成妇女的母夜叉,迷惑航海遇海难的商人们,她们幻化出耕种放牧的景象和牲畜来,是一个警觉的商人头目发现了潜藏的危险,经过劝告,他们一行五百人中的一半想要逃离该岛,就在这危急时刻菩萨化为云马:

全身雪白,头似乌鸦,鬃似蔓阇草,具有神力,能在空中行走。它从喜马拉雅山跃入空中,飞来铜叶岛,吃岛上湖泊池塘天生的稻米。吃完飞走时,它用充满怜悯的人声,连叫三次:"谁想回大陆?……"

将这些面临被夜叉吃掉的人驮在背上送回大陆,于是一半商人获救。①

《杂宝藏经》卷八《月氏国王与三智臣作善亲友缘》讲述,月氏国王平定三方之后,又举兵前来讨伐东方,"先遣诸胡及诸白象于先导者首,王从后引。欲至葱岭,越度关险,先所乘象马,不肯前进。王甚惊怪,而语马言:'我前后乘汝征伐,三方已定,汝今云何不肯进路?'"马和白象,仿佛能通人性,它们以消极怠工方式对穷兵黩武的月氏国王表达不满,于是大臣乘机进言,而国王也醒悟到征伐杀戮过多,应该忏悔而修功德。马和象为代表的动物能以行动和国王对话,也显示了佛教众生平等、人与动物能够互动沟通的生态愿景②。王嘉《拾遗记》卷六载:"宣帝地节二年,含涂国贡其珍怪,其使云:

---

① 《佛本生故事选·云马本生》,郭良鋆、黄宝生译,人民文学出版社2001年版,第117—119页。
② 参见王立:《佛经文学与古代小说母题比较研究》第十章《通达禽兽语母题的佛经文献溯源》,昆仑出版社2006年版,第213—237页。

'去王都七万里,鸟兽皆能言语。……'"佛经这里没有生硬地描写马能讲人语,却写了人对马的对话,显然是以马能听懂人语为前提的。虽然马不算做气候炎热的南亚地区代表性的神奇动物,但因其作为中亚西域的最为重要的家畜类动物,依旧体现了古代印度与周边地区的文化交流及其多中介性。

这一类神化了的马意象作为佛经母题神奇动物观念的显现,很可能还有着相当广远的中亚和欧洲来源。普罗普曾引述,马与水的联系,是欧洲和亚洲的马所共有的——如印度的火神阿格尼和希腊的飞马珀伽索斯。阿法那西耶夫对此进行过专门研究,而马里丹也指出,波塞东一度是陆地之神,随着他转变为海神,他的马也变成了海中的马。而印度也产生过类似的传说,神马阿格尼据说是水的孩子,因此有人推测说,曾经有一种特殊的水中动物,它与阿格尼融合为一了,《梨俱吠陀》就称其具有"海水做的衣服";"是从水里干干净净地走出来的";"湖里的水来帮助它",等等。①

而马作为佛经中的通灵动物,其化入中土,更是因与变化母题等结合而大放光彩。也不应忽视《太平广记》卷四百三十六所引《大唐奇事》故事,说京洛富人王武知有人卖骏马,急令人争购,"其马白色,如一团美玉,其鬃尾赤如朱,皆言千里足也,又疑是龙驹。驰骤之驶,非常马得及",王武拟以此宝马献大将军薛公,可这马忽大嘶一声,化为一泥塑之马。可见母题由晦至显、由间接到直接、简单到繁复的历史衍变过程。虽然义马"救主"的方式最初是杂多的,但这一主题意念不断持续,最后终于借助"泥马"与活马互变的母题框架,以南宋康王赵构"泥马渡江"故事,构成了内容形式的统一,民俗故事和小说中流传很广,因此不排除有部分故事能较为适合在中国文化的土壤气候中生长。

总之,我们寻究古代中国武侠英雄与良驹宝马因缘,还是不应忘记中西方文化传播交流所带来的巨大审美触发效应。

(作者系大连大学语言文学研究所教授,东北师范大学博士生导师)

---

① 〔俄〕弗拉基米尔·雅可夫列维奇·普罗普:《神奇故事的历史根源》,贾放译,中华书局2006年版,第227—229页。

政府的生态角色

尉 峰

政府是代表公共利益,行使公共权利,具有庞大运行体系的行政主体。政府代表国家对所辖范围内的生态环境和资源拥有所有权,对社会生活具有管理权,对生态治理和保护承担着无可替代的责任。政府作为生态文明建设的主导性力量,至少要扮演好五种角色,才能确保国家生态文明建设目标的实现。

生态策略的制定者

生态策略是发展策略的一个组成部分。发展策略是政府对今后发展的目标、方向、途径等所做的全局性、宏观性和整体性的谋划,是对政府所辖区域的未来发展的抉择和定位。政府作为由国家授予职权,执行国家意志,体现国家权威,处理公共事务的国家权力机关,对国家社会的发展担负着不可替代的责任,制定国家的发展策略也是政府的职责所在。发展策略在国家层面上,体现为中央政府所做的国家发展战略,为整个国家的发展提供方向和路径;在地方层面上体现为地方发展规划,是对某一区域发展的综合考虑和总体安排。但无论是国家发展战略,还是地方发展规划,都是由该级政府做出的最高决策和根本决策,它的正确与否决定着国家和社会的未来。政府作为策略的制定者必须保证战略或规划的准确性、可行性和科学性。

生态文明的社会应该至少包括三个方面的内容:社会的生态化,即实现人类生活圈同自然生态圈的和谐交融;经济的生态化,即经济运行中的生产、交换、分配、消费形成循环往复的绿色经济;自然的生态化,即保护自然环境不受污染和破坏,能够维系生态的自我净化和循环。政府制定生态策略就是要实现国家的社会生态化、经济生态化和自然生态化。经济社会与自然生态的交互循环,是人类社会运行的客观规律,违背了这一规律不仅生态文明无法实现,就连基本的生存条件都无法保障。例如,在新中国成立初期,我们为了加快社会主义建设步伐,拉近同发达国家的距离,提出了"赶英超美"的建设目标。而在实践中把"粮食产量"当做农业发展水平的指标,把"钢产量"当做工业发展水平的指标,于是开始了"大跃进"和"大炼钢铁"运动。尽管国家在经济数据上实现了年内"翻番"的目标,但由于不顾经济发展规律和自然生态的承受能力,导致了自然生态遭到严重破坏,不仅没有拉近同欧美发达国家的距离,反而致使国民经济出现了严重的倒退。此后很长一段时期,我们并没有从根本上改变对经济增长的过分依赖的状况,国家发展战略仍然片面强调经济为主。对于地方政府而言,就是比拼政绩工程和经济数据,一些地方甚至不惜以牺牲生态环境为代价来确保经济数量上的增长。这种情况直到上世纪 90 年代后期,可持续发展理念在国家发展战略中逐步得到确立之后才逐步发生改观。"政府一旦明确了环境职能,就必须根据可持续发展的要求,在决策中把环境与发展综合起来;如果他不是从根本上确立可持续发展的战略目标,不在决策系统中增加环境权重,而只是满足于小打小闹,修修补补,就不可能真正做到统筹兼顾,实现改善环境、促进发展的目的。"①因此,政府的策略制定必须要对社会、经济、自然的生态化作通盘的考虑。如今党和国家将生态文明建设纳入社会主义的总体布局之中,纳入国民经济和社会发展规划当中,这为政府改进和完善生态化的发展策略提供了坚实的依据和有利的契机。

生态制度的供给者

在生态文明建设中,提供健全完善的生态制度是政府的重要任务。所谓制度,按照制度经济学代表人物诺斯的观点,是指为决定人们的相互关系而人为设定的一些制约,它构成了人们在政治、社会和经济方面发生交换的激励结构,通过向人们提供日常生活的结构来减少不确定性。诺斯的这一概念并没有涵盖生态的范畴,但对于制度的基本界定同样适用于生态制度,因为生态制度同样影响和制约着人与人之间的相互关系,人们不仅在同"政治、社会和经济方面发生交换",同样也在同"生态"方面发生交换,它们共同构成与人直接相关的"激励结构"。生态制度的这种"制约"与"激励"的属性,使其具有"增进秩序"的功能。"制度的关键功能是增进秩序:它是一套关于行为和事件的模式,它具有系统性、非随机性,因此是可理解的……当秩序占据主导地位是,

---

① 肖巍、钱箭星:《环境治理中的政府行为》,《复旦大学学报》(社会科学版)2003 年第 3 期。

人们就可以预见未来,从而能更好地与他人合作,也能对自己冒险从事创新型试验感到自信。"① 也就是说,良好的生态制度可以使人们能够对自己的行为做出预判和审定,主动采取有利于生态的举措,放弃不利于生态的做法。在社会成员的共同认知和行动下,人们将会对未来的生态文明充满信心,自觉地朝着生态文明的方向前进。

制度也是一种公共产品,属于特殊的管制型公共产品,只有政府才有法定的提供这种公共产品的资格。作为一种专有权力,制度具有一定的法定权威性,对于行政相对人具有外在的强制力。生态制度的设计与执行的水准直接影响到生态文明的建设的水平高低和进程快慢。现实中,有许多生态问题的产生都是由于生态制度的缺失或不健全造成的,对此必须进行调整和改革。我国长期以来采取的粗放型发展模式已经导致了严重的生态危机,"我国已是世界上环境污染最为严重的国家之一,由于人口众多,我国还面临着比其他国家更大的资源和环境压力,许多环境资源承载力已经接近临界值,发展已越来越受到环境和资源的强烈制约。"② 为此,我们必须按照可持续发展战略对传统的发展方式进行改革,制定符合可持续发展原则的制度与政策,建立起生态化的制度体系。例如,建立健全环境影响评价制度、三同时制度③、排污收费制度、环境资源产权制度、生态补偿制度等,并充分利用产业政策、投资政策、金融政策、价格政策等政策体系,实现生态环境与经济发展的统一。制度体系的完善,不仅指政府对于行政相对人的管理约束制度,还包括对政府自身的监督规范制度,为此还需要建立生态责任追究制度、环境信息公开制度、生态绩效考核制度等,从而保障政府制度供给的公平性和有效性。

生态建设的投资者

在市场经济条件下,市场主体进行商品生产和投资的核心目标就是为了获得经济收益,也就是说只有付出的成本小于等于获得回报的情况下,市场参与者才愿意投资

---

① 〔德〕柯武刚、史漫飞:《制度经济学:社会秩序与公共政策》,韩朝华译,商务印书馆 2000 年版,第 30 页。
② 范俊玉:《区域生态治理中的政府与政治》,广东人民出版社 2011 年版,第 83 页。
③ 根据我国《环境保护法》第 26 条规定:"建设项目中防治污染的措施,必须与主体工程同时设计、同时施工、同时投产使用。防治污染的设施必须经原审批环境影响报告书的环保部门验收合格后,该建设项目方可投入生产或者使用。"这一规定在我国环境立法中通称为"三同时"制度。它适用于在中国领域内的新建、改建、扩建项目(含小型建设项目)和技术改造项目,以及其他一切可能对环境造成污染和破坏的工程建设项目和自然开发项目。它与环境影响评价制度相辅相成,是防止新污染和破坏的两大"法宝",是中国预防为主方针的具体化、制度化。

和进行生产。但那些生产一个地区和社会的全部成员共同消费的产品（即公共产品）的行为，由于产品消费的非排斥性，收益的外溢性，对生产者来说是不能够得到直接或短期的效益的，这种"赔本的买卖"就应该由提供公共产品和服务的政府来承担主要的供给任务。建设生态文明社会最重要的物质基础就是大量生态公共产品的供给。公共产品分为两类，一类是纯公共产品，如生态法规制度等，任何人对它的消费都不会影响其他人对它的消费。另一类是准公共产品，生态环境中的绝大部分都属于这一类公共产品，如纯净的水源，清洁的空气，城市的公园、绿地、花园等等。这些公共产品具有一定的公益性——提供这些公共产品是对整体环境的改善，受益者是社会公众，由于回报不明显，投资意愿不高。同时，准公共产品还存在拥挤性，随着消费人数的增多必然会导致维护成本的增加。这和市场机制的运行截然相反，在市场中，消费的人数越多，生产者和投资人的收益越大，但是对公共产品的提供者来说，消费人数越多，付出的成本越高。但是对于一个文明社会来说，又不能离开公共产品，公共产品越丰富、越充足则代表公众福利越好，社会和谐度越高，文明程度也就越高。市场条件下对公共产品的排斥恰恰说明了市场机制的失灵，市场的失灵就需要政府的介入加以弥补。

市场排斥生态公共产品的另外一个原因是由于生态文明建设的"正外部性"特征。所谓"外部性"是指个人或群体的行动和决策使其他个人或群体受损或受益的情况，而且由此带来的损失和利益都不是由实施者承担和获得的。如果实施者给他人带来的是"受益"的影响就是"正外部性"，如果带来的是"受损"的影响则是"负外部性"。生态环境建设正是符合"正外部性"的特征。如政府对大气和水体污染的治理，受益的是所处范围内的所有人群，受益人是不需要缴纳费用的，但实施人对大气和水体污染治理成本的投入却是巨大的。生态环境建设往往是宏大的工程，是投入高、周期长、规模大的建设项目，它带来的是整个地区全体成员的生态福利，从社会效益上看是巨大的，但是却不能得到直接而丰厚的经济效益。因此，这种效益外溢的"正外部性"，导致生态项目的建设和生态产品的提供不可能依赖私人企业和个人来进行投资和生产，而应该由代表公共利益，可以使用公共财政资金的政府来予以投入和建设。

政府作为生态建设最主要的投资主体，应该承担弥补市场调节失灵的责任，将市场不愿介入的生态项目作为公共财政投入的重点。在生态建设中，尤其在当前我国环境污染严重的情况下，应加大对污染防治、生态保护、环境监管等方面的投入力度。中央政府在自然保护区建设和跨行政区域的综合污染治理等项目上，可以安排中央财政专项资金予以支持；地方政府要优先保证环境基础设施的建设，如污水净化系统的建设,生活垃圾处理设施的更新配套等。政府对生态治理的投资,并不是完全放弃市场的调节作用,如果设计出一套切实可行的利益回报机制,就可以充分调动企业和个人参与生态建设的积极性。政府应该积极探索新的生态建设参与机制,鼓励、支持社会资金、国外资金投入到生态建设项目中来,形成多元化的投资主体结构,为生态建设提供更强大的资金支撑和生产动力。

生态意识的培育者

生态意识是建设生态文明的重要思想基础。生态意识包括生态观念的树立、生态知识的学习、生态理论的掌握、生态道德的养成等多个方面,是有关生态的思想、知识、伦理、道德的共同积淀。作为思想层面的生态意识,必须通过教化、传播等方式加以普及和推行。政府掌握着完整的教育、宣传、传播的链条和路径,可以将生态意识培育融入到国民教育、舆论宣传和大众传媒的体系当中,增强全民的生态忧患意识、责任意识和参与意识,使生态文明的价值观、道德观、伦理观在全社会得到广泛树立。

生态意识的树立首先是政府自身生态观的树立。国家环保部副部长潘岳曾表示,中国的生态问题"不是一个专业问题,而是一个政治问题,根源是我们扭曲的发展观。"① 生态文明的实现不能仅仅依靠政府利用技术的、经济的、政治的手段对出现的各种生态问题进行末端治理,这种"头痛医头,脚疼医脚"的做法只能陷入对层出不穷的生态问题疲于应付的境地。只有从根源上转换发展观念,用科学的发展观代替传统的发展观,才能实现生态问题的彻底根治。一直以来,我们出于急于摆脱贫困和落后的需要,形成了一种以经济增长为中心的发展观。这种发展带有明显的物质主义倾向,以物的尺度来衡量社会发展的程度,从而忽略了生态环境对发展的综合优化作用。只有观念正确了,行动才可能正确,只有在科学发展观的指导下,政府才能形成生态化的管理服务理念,制定出符合生态文明建设规律的策略,才能取得生态文明建设的实效。包含有生态观的科学发展观为整个政府行为的生态化提供了最为重要的理论基础和思想前提。

生态意识的形成还需要让全体民众树立生态观。社会中的个体在处理与自然生态的关系时可以有不同的价值选择:一种是个体利益至上的选择,如人类中心主义、个人主义、极端利己主义等等;一种是生态利益至上的选择,如生态至上主义、零增长主

---

① 潘岳:《中国环境问题的根源是我们扭曲的发展观》,《环境保护》2005 年第 6 期。

义、生态复古主义等等；还有一种是和谐平衡的选择，如生态主义、共生主义、整体主义等等。前两种价值取向都是较为极端的，后一种选择才是符合生态文明的价值取向，体现出人与自然的和谐统一。这种生态价值取向对于民众来说不是与生俱来的，特别是在当个人利益与生态利益产生矛盾时，能够舍弃利己主义，追求社会与生态的和谐是生态意识中生态理性和生态道德发挥作用的结果。形成这种生态意识和品格需要对民众进行持续的生态教育和宣传。生态教育和宣传是提高生态意识，塑造生态文明观念的根本途径。为此，掌握着大量教育和宣传资源的政府，需要在公民中树立热爱自然、尊重自然、保护自然的观念，形成节约资源、减少污染、清洁生产、适度消费、合理发展、保护动植物等生态意识，让公众认识到生态环境是社会发展的基础，使生态保护成为公众的自觉行动。因此，生态观念和意识的普及为解决当代生态危机、实现可持续发展提供了强大的精神资源和社会动力。政府开展生态文明观念树立和意识培育过程，也就是在思想层面进行生态文明建设的过程。

生态合作的倡导者

政府并非是生态文明建设的唯一主体，一个全能型的政府，对社会生活的各个方面都涉足干预，并不能保证对社会的有效治理。进行生态文明建设，必须采取上下联动的机制，扩大公众参与，鼓励和支持企业和公众投身到生态文明建设中来。1992年，联合国环境与发展大会通过的《21世纪议程》中指出，"公众的广泛参与和社会团体的真正介入是实现可持续发展的重要条件之一。"生态环境与社会公众有着最为直接的利害关系。公众是生态环境恶化最终的承受者，公众也是生态环境改善直接的受益人。因而，公众对生态环境的变化是感受最直接和反应最强烈的。他们要求通过参与生态决策、进行生态监督、开展环境举报、提起环境诉讼等方式表达自己的生态意愿，维护自己的生态权利，参与生态环境的保护。这些都是政府生态治理的有益补充，可以大大降低政府的生态环境监管和治理压力。同时，公众又是政府生态建设情况的重要监督力量，成为拉升政府生态治理水平的外在推动力。因此，政府对公众参与生态治理的诉求要予以正确的引导，积极地保护，有力地支持。

企业也是生态建设的主体之一，但企业的天然牟利性质决定了政府必须对企业行为进行规范和引导，充分调动企业参与生态建设的积极性和主动性，让企业成为生态的维护者和建设者。例如，近年来我国引入绿色食品认证机制，由政府或独立的认证机构对企业生产进行全过程的检查和监督，审验合格后给予绿色食品的认证，准予上市销售。得到认证的绿色食品尽管价格相对较高,但是销售情况却要好于非绿色食品,企业生产绿色食品获得了更高的收益。这种绿色认证的方式就将企业的盈利需要和绿色环保要求结合到一起,调动了企业开展绿色生产的积极性。如今,绿色产品已经不仅限于食品,已经扩展到包括工业品在内的各类商品。一方面政府通过绿色认证的方式,迫使不环保、高污染的产品在市场上无法立足。同时,通过消费引导,让消费者主动选择环保商品,抵制对生态有害的商品。企业为了遵守政府要求和满足市场需要,自然会改进生产工艺,进行产品升级,实行绿色生产,担负起保护生态的社会责任。

此外,政府还应积极参与国际生态合作,承担国际社会共同的生态职责。在应对气候变化、生物多样性保护、臭氧层保护、荒漠化治理、污染物跨国转移等问题上,需要世界各国的通力合作,采取一致行动才能发挥治理效力。我国作为联合国常任理事国和世界上最大的发展中国家,应该承担与自身责任相当的国际义务,在维护国家利益的前提下,积极投身跨国、跨地区的生态环境保护和治理,参与国际环境公约的协商与谈判,与国际社会一起维护人类共同的生态环境。

(作者系北方工业大学宣传部教师)

评书评人评事

马·谭·张·裘·赵

改革三议

「雷震案」平反运动

Condom中国传播小史

我的早稻田大学

东京之大

为什么我也复译《奥涅金》

……

>>> General Education

马·谭·张·裘·赵

——漫谈他们的演唱艺术

汪曾祺

马(连良)、谭(富英)、张(君秋)、裘(盛戎)、赵(燕侠),是北京京剧团的"五大头牌"。我从1961年底参加北京京剧团工作,和他们有一些接触,但都没有很深的交往。我对京剧始终是个"外行"(京剧界把不是唱戏的都叫做"外行")。看过他们一些戏,但是看看而已,没有做过任何研究。现在所写的,只能是一些片片段段的印象。有些是我所目击的,有些则得之于别人的闲谈,未经核实,未必可靠。好在这不入档案,姑妄言之耳。

描述一个演员的表演是几乎不可能的事。马连良是个雅俗共赏的表演艺术家,很多人都爱看马连良的戏。但是马连良好在哪里,谁也说不清楚。一般都说马连良"潇洒"。马连良曾想写一篇文章:《谈潇洒》,不知写成了没有。我觉得这篇文章是很难写的。"潇洒"是什么?很难捉摸。《辞海》"潇洒"条,注云:"洒脱,不拘束",庶几近之。马连良的"潇洒",和他在台上极端的松弛是有关系的。马连良天赋条件很好:面形端正,眉目清朗——眼睛不大,而善于表情,身材好——高矮胖瘦合适,体格匀称。他的一双脚,照京剧演员的说法,"长得很顺溜"。京剧演员很注意脚。过去唱老生大都包脚,为的是穿上靴子好看。一双脚,膁里咕叽,浑身都不会有精神。他腰腿幼功很好,年轻时唱过《连环套》,唱过《广泰庄》这类的武戏。脚底下干净,清楚。一出台,就给观众一个清爽漂亮的印象,照戏班里的说法:"有人缘儿。"

马连良在做角色准备时是很认真的。一招一式,反复捉摸。他的夫人常说他:"又附了体。"他曾排过一出小型现代戏《年年有余》(与张君秋合演),剧中的老汉是抽旱烟的。他弄了一根旱烟袋,整天在家里摆弄"找感觉"。到了排练场,把在家里捉摸好的身段步位走出来就是,导演不去再提意见,也提不出意见,因为他的设计都挑不出毛病。所以导演排他的戏很省劲。到了演出时,他更是一点负担都没有。《秦香莲》里秦香莲唱了一大段"琵琶词",他扮的王延龄坐在上面听,没有什么"事",本来是很难受的,然而马连良不"空"得慌,他一会捋捋髯口(马连良捋髯口很好看,捋"白满"时用食指和中指轻夹住一绺,缓缓捋到底),一会用眼瞟瞟陈世美,似乎他随时都在戏里,其实他在轻轻给张君秋拍着板!他还有个"毛病",爱在台上跟同台演员小声地聊天。有一次和李多奎聊起来:"二哥,今儿中午吃了什么?包饺子?什么馅儿的?"害得李多奎到该张嘴时忘了词。马连良演戏,可以说是既在戏里,又在戏外。

既在戏里,又在戏外,这是中国戏曲,尤其是京剧表演的一个特点。京剧演员随时要意识到自己的唱念做打,手眼身法步,没法长时间地"进入角色"。《空城计》表现诸葛亮履险退敌,但是只有在司马懿退兵之后,诸葛亮下了城楼,抹了一把汗,说道:"好险呐!"观众才回想起诸葛亮刚才表面上很镇定,但是内心很紧张,如果要演员一直"进入角色",又表演出镇定,又表演出紧张,那"我本是卧龙岗散淡的人"的"慢板"和"我正在城楼观山景"的"二六"怎么唱?

有人说中国戏曲注重形式美。有人说只注重形式美,意思是不重视内容。有人说某些演员的表演是"形式主义",这就不大好听了。马连良就曾被某些戏曲评论家说成是"形式主义"。"形式美"也罢,"形式主义"也罢,然而马连良自是马连良,观众爱看,爱其"潇洒"。

马连良不是不演人物。他很注意人物的性格基调。我曾听他说过:"先得弄准了他的'人性':是绵软随和,还是干梗倔脏。"

马连良很注意表演的预示,在用一种手段(唱、念、做)想对观众传达一个重点内容时,先得使观众有预感,有准备,照他们说法是:"先打闪,后打雷。"

马连良的台步很讲究,几乎一个人物一个步法。我看过他的《一捧雪》"搜杯"场,莫成三次企图藏杯外逃,都为严府家丁校尉所阻,没有一句词,只是三次上场、退下,三次都是"水底鱼",三个"水底鱼"能走下三个满堂好。不但干净利索,自然应节(不为锣鼓点捆住),而且一次比一次遑急,脚底下表现出不同情绪。王延龄和老薛保走的都是"老步",但是王延龄位高望重,生活优裕,老而不衰;花薛保则是穷忙一生,双腿僵硬了。马连良演《三娘教子》,双膝微弯,横跨着走。这样弯腿弯了一整出戏,是要功夫的!

马连良很知道扬长避短。他年轻时调门很高,能唱《龙虎斗》这样的正宫调唢呐二黄。中年后调门降了下来。他高音不好,多在中音区使腔。《赵氏孤儿》鞭打公孙杵臼

一场,他不能像余叔岩一样"白虎大堂奉了命","白虎"直拔而上,就垫了一个字:"在白虎",也能"讨俏"。

对编剧艺术,他主张不要多唱。他的一些戏,唱都不多。《甘露寺》只一段"劝千岁",《群英会》主要只是"借风"一段二黄。《审头刺汤》除了两句散板,只有向戚继光唱的一段四平调;《胭脂宝褶》只有一段流水。在讨论新编剧本时他总是说:"这里不用唱,有几句白就行了。"他说:"不该唱而唱,比该唱而不唱,还要叫人难受。"我以为这是至理名言。现在新编的京剧大都唱得太多,而且每唱必长,作者笔下痛快,演员实在吃不消。

马连良在出台以前从来不在后台"吊"一段,他要喊两嗓子。他喊嗓子不像别人都是"啊——咿",而是:"走哓!"我头一次听到直纳闷:走?走到哪儿去?

马连良知道观众来看戏,不只看他一个人,他要求全团演员都很讲究。他不惜高价,聘请最好的配角。对演员服装要求做到"三白"——白护领、白水袖、白靴底,连龙套都如此(在"私营班社"时,马剧团都发理发费,所有演员上场前必须理发)。他自己的服装都是按身材量制的,面料、绣活都得经他审定。有些盔头是他看了古画,自己捉摸出来的,如《赵氏孤儿》程婴镂金透空的员外巾。他很会配颜色。有一回赵燕侠要做服装,特地拉了他去选料子。现在有些剧装厂专给演员定制马派服装。马派服装的确比官中行头穿上要好看得多。

听谭富英听一个"痛快"。谭富英年轻时嗓音"没挡",当时戏曲报刊都说他是"天赋佳喉"。底气充足。一出《定军山》,"敌营打罢得胜的鼓哇呢",一口气,高亮脆爽,游刃有余,不但剧场里"炸了窝",连剧场外拉洋车也一齐叫好——他的声音一直传到场外。"三次开弓新月样"、"来来来带过爷的马能行",同样是满堂的彩,从来没有"漂"过。——一说京剧唱词不通,都得举出"马能行",然而《定军山》的"马能行"没法改,因为这里有一个很漂亮的花腔,"行"字是"脑后摘音",改了即无此效果。

谭富英什么都快。他走路快。晚年了,我和他一起走,还是赶不上他。台上动作快(动作较小)。《定军山》出场简直是握着刀横窜出来的。开打也快。"鼻子""削头",都快。"四记头"亮相,末锣刚落,他已经抬脚下场了。他的唱,"尺寸"也比别人快。他特别长于唱快板。《战太平》"长街"一场的快板,《斩马谡》见王平的快板都似脱线珍珠一样溅跳而出。快,而字字清晰劲健,没有一个字是"嚼"了的。20世纪50年代,"挖掘传统"那阵,我听过一次他久已不演的《朱砂痣》,赞银子一段,"好宝贝!"一句短白,碰板起唱,张嘴就来,真"脆"。

我曾问过一个经验丰富、给很多名角挎过刀,艺术上很有见解的唱二旦的任志秋:"谭富英有什么好?"志秋说:"他像个老生。"我只能承认这是一句很妙的回答,很有道理。唱老生的的确有很多人不像老生。

谭富英为人恬淡豁达。他出科就红,可以说是一帆风顺,但他不和别人争名位高低,不"吃戏醋"。他和裘盛戎合组太平京剧团时就常让盛戎唱大轴,他知道盛戎正是"好时候",很多观众是来听裘盛戎的。盛戎大轴《姚期》,他就在前面来一出《桑园会》(与梁小鸾合演)。这是一出"歇工戏",他也乐得省劲。马连良曾约他合演《战长沙》,他的黄忠,马的关羽,黄忠是个配角,他同意了(这出戏筹备很久,我曾在后台见过制作得极精美的青龙偃月刀,不知因为什么未能排出,如果演出,那是会很好看的)。他曾在《秦香莲》里演过陈世美,在《赵氏孤儿》里演过赵盾。这本来都是"二路"演员的活。

富英有心脏病,到我参加北京京剧团后,就没怎么见他演出。但有时还到剧团来,和大家见见,聊聊。他没有架子,极可亲近。

他重病住院,用的药很贵重。到他病危时,拒绝再用,他说:"这种药留给别人用吧!"重人之生,轻己之死,如此高格,能有几人?

张君秋得天独厚,他的这条嗓子,一时无两:甜、圆、宽、润。他的发声极其科学,主要靠腹呼吸,所为"丹田之气"。他不使劲地摩擦声带,因此声带不易磨损,耐久,"丁活",长唱不哑。中国音乐学院有一位教师曾经专门研究张君秋的发声方法。这恐怕是很难的,因为发声是身体全方位的运动。他的气很足。我曾在广和剧场后台就近看他吊嗓子,他唱的时候,颈部两边的肌肉都震得颤动,可见其共鸣量有多大。这样的发声真如浓茶酽酒,味道醇厚。一般旦角发声多薄,近听很亮,但是不能"打远","灌不满堂"。有别的旦角和他同台,一张嘴,就比下去了。

君秋在武汉收徒时曾说:"唱我这派,得能吃。"这不是开玩笑的话,君秋食量甚佳,胃口极好。唱戏的都是"饱吹饿唱",君秋是吃饱了唱。演《玉堂春》,已经化好了妆,还来40个饺子。前面崇公道高叫一声:"苏三走动啊!"他一抹嘴:"苦哇!"就上去了,"忽听得唤苏三……"在武汉,住璇宫饭店,每天晚上鳜鱼氽汤,二斤来重一条,一个人吃得干干净净。他和程砚秋一样,都爱吃炖肘子。

唱旦角的比君秋还能吃的,大概只有一个程砚秋。他在上海,到南市的老上海饭馆吃饭,"青鱼托肺"——青鱼的内脏,这道菜非常油腻,他一次要两只。在老正兴吃大闸蟹,八只!搞声乐的要能吃,这大概有点道理。

君秋没有坐过科,是小时候在家里请教师学的戏,从小就有一条好嗓子,搭班就红

(他是马连良发现的),因此不大注意"身上"。他对学生说:"你学我,学我的唱,别学我的'老斗身子'。"他也不大注意表演,但也不尽然。他的台步不考究,简直无所谓台步,在台上走而已,"大步量"。但是着旗装,穿花盆底,那几步走,真是雍容华贵,仪态万方。我还没有见过一个旦角穿花盆底有他走得那样好看的。我曾仔细看过他的《玉堂春》,发现他还是很会"做戏"的。慢板、二六、流水,每一句的表情都非常细腻,眼神、手势,很有分寸,很美,又很含蓄(一般旦角演玉堂春都嫌轻浮,有的简直把一个沦落风尘但不失天真的少女演成一个荡妇)。跪禀既久,站起来,腿脚麻木了,微蹲着,轻揉两膝,实在是楚楚动人。花盆底脚步,是经过苦练练出来的;《玉堂春》我想一定经过名师指点,一点一点"抠"出来的。功夫不负苦心人。君秋是有表演才能的,只是没有发挥出来。

君秋最初宗梅,又受过程砚秋亲传(程很喜欢他,曾主动给他说过戏,好像是《六月雪》,确否,待查)。后来形成了张派。张派是从梅派发展出来的,这大家都知道。张派腔里有程的东西,也许不大为人注意。

君秋的嗓子有一个很大的特点,非常富于弹性,高低收放,运用自如,特别善于运用"擞"。《秦香莲》的二六,低起,到"我叫叫一声杀了人的天"拨到旦角能唱的最高音,那样高,还能用"擞",宛转回环,美听之至。他又极会换气,常在"眼"上偷换,不露痕迹,因此张派腔听起来缠绵不断,不见棱角。中国画讲究"真气内行",君秋得之。

我和裘盛戎只合作过两个戏,一个《杜鹃山》,一个小戏《雪花飘》,都是现代戏。

我和盛戎最初认识是和他(还有几个别的人)到天津去看戏——好像就是《杜鹃山》。演员知道裘盛戎来看戏,都"卯上"了。散了戏,我们到后台给演员道辛苦,盛戎拙于言词,但是他的态度是诚恳的、朴素的,他的谦虚是由衷的谦虚。他是真心实意地向人家学习来了。回到旅馆的路上,他买了几套煎饼馃子摊鸡蛋,有滋有味地吃起来。他咬着煎饼馃子的样子,表现了很喜悦的怀旧之情和一种天真的童心。盛戎睡得很晚,晚上他一个人盘腿坐在床上抽烟,一边好像想着什么事,有点出神,有点迷迷糊糊的,不知是为什么,我以后总觉得盛戎的许多唱腔、唱法、身段,就是在这么盘腿坐着的时候想出来的。

盛戎的身体早就不大好。他曾经跟我说过:"老汪唉,你别看我外面还好,这里面——都瘘啦!(西瓜过熟,瓜瓤败烂,北京话叫做"瘘了"。)搞《雪花飘》的时候,他那几天不舒服,但还是跟着我们一同去体验生活。《雪花飘》是根据浩然同志的小说改编的,写的是一个送公用电话的老人的事。我们去访问了政协礼堂附近的一位送电话的老人。这家只有老两口。老头子六十大几了,一脸的白胡茬,还骑着自行车到处送电话。他的老伴很得意地说:"头两个月他还骑着二八的车哪,这最近才弄了一辆二六的!"盛戎在这间屋里坐了好大一会,还随着老头子送了一个电话。

《雪花飘》排得很快,一个星期左右,戏就出来了。幕一打开,盛戎唱了四句带点马派味儿的〔散板〕:

"打罢了新春六十七哟,

看了五年电话机。

传呼一千八百日,

舒筋活血,强似下棋!"

我和导演刘雪涛一听,都觉得"真是这里的事儿!"

《杜鹃山》搞过两次。一次是 1964 年,一次是 1969 年,1969 年那次我们到湘鄂赣体验了较长期生活。我们和盛戎那时都是"控制使用",他的心情自然不大好。那时强调军事化,大家穿着"价拨"的旧军大衣,背着行李,排着队。盛戎也一样,没有一点特殊。他总是默默地跟着队伍走,不大说话,但倒也不是整天愁眉苦脸的。我很能理解他的心情。虽然是"控制使用",但还能"戴罪立功",可以工作,可以演戏。我觉得从那时起,盛戎发生了一点变化,他变得深沉起来。盛戎平常也是个有说有笑的人,有时也爱逗个乐,但从那以后,我就很少见他有笑影了。他好像总是在想什么心事。用一句老戏词说:"满怀心腹事,尽在不言中。"他的这种神气,一直到他死,还深深地留在我的印象里。

那趟体验生活,是够苦的。南方的冬天比北方更难受。不生火,墙壁屋瓦都很单薄。那年的天气也特别,我们在安源过的春节,旧历大年三十,下大雪,同时却又打雷,下雹子,下大雨,一块儿来!盛戎晚上不再穷聊了,他早早就进了被窝。这老兄!他连毛窝都不脱,就这样连着毛窝睡了。但他还是坚持下来了,没有叫一句苦。

和盛戎合作,是非常愉快的。他很少对剧本提意见。他不是不当一回事,不是没有考虑过,或者提不出意见。盛戎文化不高,他读剧本是有点吃力的。但是他反复地读,盘着腿读。他读着,微微地摇着脑袋。他的目光有时从老花镜上面射出框外。他摇晃着脑袋,有时轻轻地发出一声:"唔。"有时甚至拍着大腿,大声喊叫:"唔!"

盛戎的领悟、理解能力非常之高。他从来不挑"辙口",你写什么他唱什么。写《雪花飘》时,我跟他商量,这个戏准备让他唱"一七",他沉吟着说:"哎呀,花脸唱闭口字……"我知道他这是"放傻",就说:"你那《秦香莲》是什么辙?"他笑了:"'一七',好,唱,

'一七'!"盛戎十三道辙都响。有一出戏里有一个"灭"字,这是"乜斜","乜斜"是很不好唱的,他照样唱得很响,而且很好听。一个演员十三道辙都响,是很难得的。《杜鹃山》有一场"打长工",他看到被他当做地主奴才的长工身上的累累伤痕,唱道:"他遍体伤痕都是豪绅罪证,我怎能在他的旧伤痕上再加新伤痕?"这是一段〔二六〕转〔流水〕,创腔的时候,我在旁边,说:"老兄,这两句你不能就这样'数'了过去!唱到'旧伤痕上',得有个'过程',就像你当真看到,而且想到一样!"盛戎一听,说:"对!您听听,我再给您来来!"他唱到"旧伤痕上"时唱"散"了,下面加了一个弹拨乐器的单音重复的小"垫头","登、登、登……",到"再加新伤痕"再归到原来的"尺寸",而且唱得很强烈。当时参加创腔的唐在炘、熊承旭同志都说:"好极了!"1969年本的《杜鹃山》原来有一大段《烤番薯》,写雷刚被困在山上断了粮,杜小山给他送来两个番薯。他把番薯放在篝火堆里烤着,番薯糊了,烤出了香气,他拾起番薯,唱道:"手握番薯全身暖,勾起我多少往事在心间……"他想起"我从小父母双亡讨米要饭,多亏了街坊邻舍问暖嘘寒",他想起"大革命,造了反,几次探险在深山,每到有急和有难,都是乡亲接济咱。一块番薯掰两半,曾交深恩三十年!……到如今,山上来了毒蛇胆,杀人放火把父老摧残,我稳坐高山不去管,隔岸观火心怎安!……"(这剧本已经写了很多年,我手头无打印的剧本,词句全凭记忆追写,可能不尽准确。)创腔的同志对"一块番薯掰两半"不大理解,怕观众听不懂,盛戎说:"这有什么不好理解的?!'一块番薯掰两半',有他吃的就有我吃的!"他把这两句唱得非常感动人,头一句他"嘘"着一点唱,在想象,"曾受深恩","深恩"用极其深沉浑厚的胸音唱出,"三十年"一泻无余,跌宕不已。盛戎的这两句唱到现在还是绕梁三日,使我一想起就激动。这一段在后台被称为"烤白薯",板式用的是〔反二黄〕。花脸唱〔反二黄〕虽非创举,当时还是很少见。盛戎后来得了病,他并不怎么悲观。他大概已经怀疑或者已经知道是癌症了,跟我说:"甭管它是什么,有病咱们瞧病!"他还想唱戏。有一度他的病好了一些,他还是想和我们把《杜鹃山》再搞出来(《杜鹃山》后来又写了一稿)。他为了清静,一个人搬到厢房里住,好看剧本。他死后,我才听他家里人说,他夜里躺在床上看剧本,曾经两次把床头灯的罩子烤着了。他病得很沉重了,有一次还用手在床头到处摸,他的夫人知道他要剧本。剧本不在手边,他的夫人就用报纸卷了一个筒子放在他手里。他这才平静下来。

他病危时,我到医院去看他。他的学生方荣翔引我到他的病床前,轻轻地叫醒他:"先生,有人来看你。"盛戎半睁开眼,荣翔问他:"您还认得吗?"盛戎在枕上微微点了点头,说了一个字:"汪",随即流下了一大滴眼泪。

赵燕侠的发声部位靠前,有点近于评剧的发声。她的嗓音的特点是:清、干净、明亮、脆生。这样的嗓子可以久唱不败。她演的全本《玉堂春》《白蛇传》都是一人顶到底。唱多少句都不在乎。田汉同志看她的《白蛇传·合钵》一场加写了一大段和孩子哭别的唱词,李慕良设计的汉调二黄,她从从容容就唱完了。《沙家浜》"人一走,茶就凉"的拖腔,十四板,毫不吃力。

赵燕侠的吐字是一绝。她唱戏,可以不打字幕,每个字都很清楚,观众听得明明白白。她的观众多,和这点很有关系。田汉同志曾说:赵燕侠字是字,腔是腔,先把字报出来,再使腔,这有一定道理。都说京剧是"按字行腔",实际情况并非如此。一句大腔,只有头几个音和字的调值是相合或接近的,后面的就不再有什么关系。如果后面的腔还是字音的延长,就会不成腔调。先报字,后行腔,自易清楚。当然"报"字还是唱出来的,不是念出来的。完全念出来的也有。我听谭富英说过,孙菊仙唱《奇冤报》"务农为本颇有家财","务农为本"就完全是用北京话念出来的。这毕竟很少。赵燕侠是先把字唱正了,再运腔,不使腔把字盖了。京剧的吐字还有件很麻烦的事,就是同时存在两个音系:湖广音和北京音。两个音乐随时打架。除了言菊朋纯用湖广音,其余演员都是湖广音、北京音并用。余叔岩钻研了一辈子京剧音韵,他的字音其实是乱的。马连良说他字音是"怎么好听怎么来",我看只能如此。赵燕侠的字音基本上是北京音,所以易为观众接受(也有一些字是湖广音,如《白蛇传》的那段汉调。这段唱腔的设计者李慕良是湖南人,难免把他的乡音带进唱腔)。赵燕侠年轻时爱听曲艺,她大概从曲艺里吸收了不少东西,咬字是其一。北方的曲艺咬字是最清楚的。赵燕侠的吐字清楚,是大家都知道的,但其中奥秘,还有待研究。

赵燕侠的戏是她父亲"打"出来的,功底很扎实,腿功尤其好。《大英节烈》扳起朝天蹬,三起三落。"文化大革命"期间,我和她关在一个牛棚内。我们的"棚"在一座小楼上,只能放下一张长桌,几把凳子,我们只能紧挨着围桌而坐。坐在里面的人要出去,外面的就得站起让路。我坐在赵燕侠里面,要出去,说了声"劳驾",请她让一让,这位赵老板没有站起来,腾地一下把一条腿抬过了头顶:"请!"前几年我遇到她,谈起这回事,问她:"您现在还能把腿抬得那样高吗?"她笑笑说:"不行了!"我想再练练功,她也许还行。

赵燕侠快六十了,还能唱,嗓子还那么好。

(作者系中国现代著名作家)

改革三议

迁瞻慧雪

核心问题、动力问题、系统问题是改革必须直面的三大议题

自今春以来,经济改革的声音不断放大,中国的改革究竟需要解决哪些问题,选择怎样一种模式,预期一种什么样的结果是和每一个公民利益相关的大事。回顾自1978年以来中国大陆所走过的35年历程,我觉得这些历史经验值得注意。这些经验显然对于今天的改革具有重要的借鉴价值和选择价值。

中国大陆35年历程有两次改革和一次开放最为成功,意义也最为重大,可以看成这35年社会发展的三个重要节点。第一个节点是农村联产承包责任制,第二个节点是1992年确定走市场经济之路,这两个属于以内部改革为主的巨大社会变化,第三个节点是加入WTO,这次是以开放为标志的巨大社会变化。这里的讨论以前两个节点为主要例证。

回顾那两次重大的社会变革,它给我们最重要的历史启示是什么?那历史启示是真的改革而不是伪的改革必须面对、必须触动和必须解决三大问题:改革的核心问题、改革的动力主体问题和改革的系统问题。

以第一次重大改革联产承包责任制为例,它意义为什么重大?首先是触动和冲击了社会最核心问题。虽然看起来只是一个土地承包而不是土地分配这样一种生产形式,而实际上它所冲击的却是实行了20多年的计划经济体制。也就是说,它在根本上动摇了计划经济的基础,这样的举动不可能不引起社会的深刻变化。计划经济是什么?就是一切纳入政府的计划之中,让你种什么你就种什么,让你种多少你就种多少。组织形式是集体的,生产成果是集体的,你所得到的是集体按计划分配给你的那一部分。联产承包却从根本上颠覆了这种组织严密、形式巨大的计划体制,它触动的是最核心的问题,使用的是最直接的手段,把土地还给农民了——虽然只是非常有条件的承包责任,从此以后,什么计划不计划,变得一文不值。农民想种什么就种什么,想早下地就早下地,想晚收工就晚收工,他至少在承包责任的这个基点上成为土地的主人,从而释放了巨大的劳动生产力。这也就是说,当改革真正触动和改变了那些核心问题的时候,它才有可能解决第二个问题,就是动力主体问题。要特别说明的是,所谓解放动力主体,不是指的解决少部分人的事或者只赋予少部分人的利益,它所面对是生产第一线,是广大的社会基层群体。通俗地说,就是改革要接地气。这一点,联产承包责任制也真正做到了。

此外,第一次改革看起来解决的只是农业问题,但那也是一个系统工程。我们现在回顾历史,常常说那是安徽小岗村几户农民的伟大创举,这确实不错,这些农民的历史功绩将作为一种特殊的符号永存于中国的历史文明图谱之上。但必须强调的是,联产承包责任制之所以成功,并不仅仅是社会底层人群努力的结果,它和整个社会环境的变化息息相关。比如,和实践是检验真理的唯一标准的讨论密切相关,和当时有效进行的拨乱反正政策密切相关,和当时的政治管理高层的巨大变化密切相关。从这一点上我们也可以得出结论说,改革不可能单打一,别的都不动,就改这一点,把改革弄成了整容,只是把鼻子换一换,人还是那个人,漂亮是漂亮了一点,但和改革这个内涵本质上只是零的关系。

再以1992年的第二次重大改革为例,它之所以取得成功,也是直面、触动和解决了这样三个问题。首先是它触动和解决了社会核心问题。什么核心问题呢?题目大了,就是中国走什么样的道路问题。自1949年以后,虽然有三年过渡时期,但本质上坚持的是斯大林模式,即社会主义经济体制,即以公有制为基础的计划经济体制。1976年特别是1978年三中全会以后,中国经济究竟向哪个方向走,争论一直不断,是计划经济还是商品经济并不是一夜之间就有了结论的。先是说以计划经济为主,以商品经济为辅的经济形式,后来又主张计划经济与商品经济相结合,但实际结果是这两种经济根本就是水火难容,既无法以谁为主,谁为辅,也无法使二者有机结合。一只兔子和一只老虎怎么结合呢?到了1992年,邓小平南方谈话之后,终于,在理论上和改革方向上明确了:中国就要走市场经济之路。虽然在市场经济前面还特特加上了社会主义这样的定语,但其改革的力度、深度和广度显然是前所未有的。

还有第二个问题。就是这一次的改革又在更宽泛的领域上和更深的层次上解放了社会劳动生产力,有效地解决了动力主体问题。这个主体就是人人可以经商。在1992年之前,也有一些个体户,表现在农村,自由度大一些,表现在城里,则主要是一些由社会闲散人员和一些极边缘的人所从事的小商小贩工作。但1992年的改革从根本上扭转了这些局面,人人可以经商,政府官员可以弃官而经商,也可以停薪留职而经商,事业单位人可以直接下海,也可以走停薪留职的道路。人人经商固然只是一个口号,但它所起的作用却是改变了整个的社会风貌,冲破了旧有体制的限制,甚至改变了几千年传统文化对中国人的禁锢和制约。我记得我的朋友胡晓林有一天特别兴奋地跟我说,他的一位好友在深圳办公司,特别邀请他去深圳发展,动员他去深圳的诱惑是——赶紧来吧,我告诉你,这里的钱都快没腰了!那样的一种情绪和那样的一种社会气氛确实给了中国社会前所未有的活力和动力,而造成这种活力和动力的绝不只是哪一个特定的社会阶层,更不是只限于那些有权有势的人,而是整个社会底层发生了巨大的变化。我们看今天的众多民营企业家中,很大一部分都生发于斯,创业于斯,发展于斯。那一次改革比之第一次改革,更接地气,更具社会动员力和社会震撼力。因之,它的建构作用在中国历史上也可以冠以空前二字。

　　同理,那一次改革也不是孤立出现的。孤立改革不可能成功,邓小平南方谈话讲了很多,包括坚持改革、坚持开放,包括要以市场的方式重新配置资源,包括要给人民以更多的商业自由和创业自由,包括反右和反"左",特别是反"左",如果没有这些,那么,人人经商只不过是一个口号罢了,甚而至于会被权力者认为是扰乱社会的一个口号,是反对政府的一个口号,是和社会主义作对的一个口号,后果怎样,难以逆料。

　　联系到今天的改革,我以为,也必须要直面、要触动、要解决这三个问题。首先是要解决核心问题。核心问题是什么?就是政府转型。改变政府主导型这样一种社会管理模式。中国近十年改革声音越来越小,很多人批评为停滞的十年,也有人说,是政治体制改革滞后的结果。那么,这一次改革如果它是真的,就应该有效地改变这种滞后的局面。

　　就经济体制本身而言,核心的问题是要接地气。什么叫接地气呢?我觉得有三个标准。第一,是使民营企业尤其是中小微企业真正受益,让它们取得和国有企业一样的国民待遇而不是在法人意义上就把它们定义为二等公民。第二,是真正能激发一线劳动者尤其是白领阶层和青年创业者的创造活力,这个部分做不到,改革就是悬在空中的气球。第三,是使中国的贫穷人口即草根阶层真正受益。这些年中国社会的贫富差距日益拉大,其危险程度早就超过了所谓恩格尔系数的界限。有人说,社会要在分配制度上给低收入阶层以补偿,在我看来,不仅仅是个分配政策问题,而是要真正通过改革的方式还他们以应有的权利,给他们以新的收益可能和收益动力。

此外,还要特别关注改革的系统性问题。2013年10月27日,李克强主持召开国务院常务会议,亲口宣布推进公司注册资本登记制度改革,放宽注册资本登记条件。这无疑是一个非常利好的消息,也是一个重大的很接地气的改革政策。这十几年来在中国创业越来越难,难到几乎无路可走,一方面是国进民退,垄断势力日益膨胀;一方面是政府部门的各种规定越来越多,门槛越提越高,让基层创业者无力进入这门槛;一方面是权钱勾结,社会腐败日趋严重从而潜规则横行,人们无法以正当的方式进入创业之门。所以,其后果之一就是青年人拼命去考公务员,一些公务员岗位考录比超过1000∶1。每年的公务员考试已经成为如古代科举一样的所谓国考。2013年9月11日,在中国召开的诺贝尔奖北京论坛上,诺奖得主埃德蒙·菲尔普斯在发言中说,"中国很多受教育程度良好的年轻人,都挤着想去做公务员,这是一种严重的浪费。"凡此种种,令人思之心痛。

这一次李克强总理宣布的这种重大改革显然给基层创业者特别是青年人创业打开了方便之门。于是叫好声四起,我听到有新闻评论者说,从此以后,中国也可能要产生比尔·盖茨和乔布斯了,但我要在此强调,改革是一个系统工程,不可能靠单打一的方式来实现。改变注册体制只是其中重要的节点之一,绝对不是唯一。通俗地说,它是解决了你的出生权利问题,过去,以落后的制度和专制的方式取缔了普通人的出生权,现在,你有这个权利了,然而,具有了出生权利不等于具备了良好的成长环境,它需要配套系统,也就是说需要整个社会的结构性变革。比如,管理体制的改变,政府职能的改变,税费状况的改变等等。比尔·盖茨和乔布斯之所以出现,不仅仅是因为美国早在100多年前就实行了企业登记制,更重要的是它具备了相应的社会环境、文化环境、政策环境和经济环境。这环境用一句话来表达,就是创业者和企业应该享有最充分的自由。前两天我看纪录片《习仲勋》,其中有这么一个情节,习仲勋访美,他的一个体会是,政府对社会的管理是管理社会的问题,没有问题,就不要管。这体会太好了,那么一位老人有那样的革命经历,能有这样的体会确实难得,我担心,很多比他年轻许多的人都没有这样的见解和境界。企业没有自由和平等,就不可能产生乔布斯,也不可能产生比尔·盖茨,所以,美国《独立宣言》的最重要起草人以及美国第三任总统杰斐逊有一句名言:最好的政府就是最少管事的政府。人家活得好好的,你凭什么去管?我年轻的时候受教育说,美国政府就是美国企业的看门狗,用语刻薄,但倒也符合实情。现在很少用这样的比方了,看门狗改成守夜人了。但我要说,看门狗也好,守夜人也好,你得约束自己的行为,看门狗的责任就是看门,别四处乱跑,一会儿进厅堂,一会儿进厨房,美食你先吃,美物你先用,那还是看门狗吗?守夜人的职责就是要让主人好好休息,如果守夜人天天把主人弄得烦躁不安,夜不能寐,甚至让他的服务对象转过来为他服务,这样的守夜人还有存在的正当性吗?……

我的想法和愿望是中国的这一轮改革真的可以做到这三点,真的可以解决这三大议题,起码要真的向着这个方向去努力。我以为,这三点正如一块试金石,能经受住考验的就是真改革,如同上面所说的那两次改革一样,否则就是伪改革,伪改革的结果只会加深和加重各种现已存在甚至日益激化的经济矛盾和社会矛盾。

真的改革需要充足的言论气场

又要召开三中全会了,这几天关于改革的声音在媒体中不断放大。自1978年十一届三中全会以来,已经有过7次三中全会了,但影响最大、记忆最深的还是1978年召开的十一届三中全会。那次全会有很多成果,也有很多重大议题,但最重要的是它进行了充分的准备,在中央工作会议上真正做到了各抒己见,包括在当时人们看来的逆耳之言和大逆不道之言。十一届三中全会的理论旗帜就是"实践是检验真理的唯一标准",因为有了这个旗帜,有了这种空前的思想解放,才有了后来的被人们称之为黄金时期的1980年代的改革和开放。那次三中全会并未涉及联产承包责任制等具体改革问题,但它打开了改革的总闸门,所以后来的种种举措和重大历史事件也就成为题中应有之意。

改革需要多种声音,作为执政者的改革还特别需要反思自己、反省自己。"文革"被称为十年动乱,到了十一届三中全会,终于有了一次真正的思想总结和理论反思。十年浩劫,一次反省,站在未来历史的高处回头去看也许这二者并不相称,但毕竟是有了一次真正的反思和反省。召开十一届三中全会那年我27岁,在民间也传着各种各样的声音,例如毛泽东是人不是神,刘少奇是人不是鬼,林彪是鬼不是人,这样的论断对于如我那样的青年人而言当真是见所未见闻所未闻。然而,它的影响无疑是巨大的,它让我们那一代青年人重新去审视自己心中的偶像,重新去审视那些我们跟着高呼打倒的被冤枉的历史人物,也重新去反思那些"文革"中由上层发起的种种不法行为,我相信,这样的影响不仅是对那一代青年的,而是对整个社会的。

站在今天的角度看,这样的反思和反省似乎还很不够,所以还有清华大学某教授公然站出来说"文革"十年不能说是十年浩劫,中国的改革如果连十年动乱都不能否定,相信这只不过是改革的虚名,它不会有坚实的政治基础、社会基础和文化基础。"文革"早该否定,而且中共十一届六中全会一致通过了《关于建国以来党的若干历史问题的决议》,是以历史决议的方式对"文革"做出了否定性的正式意见的,在这样的情况下,公然为"文革"辩护,诚所谓是可忍孰不可忍。但中国的怪状就在于很多事情就是没有逻辑。比如你写个书有否定"文革"的意见,有的责任编辑就会让你改掉,为什么非要改掉呢?你要坚持,那编辑就会说,请理解,别砸了我的饭碗。执政党有决议的事情,作为执政党的宣传工具和出版工具也可以反其道而行之,不知道其根据究竟何在,其逻辑究竟何在。

改革需要充分的言论表达,需要支持的言论,也需要反对的言论。为什么需要反对的言论?因为它可以使我们对改革有更充分的理解。讲一段中国历史公案——王安石变法。王安石变法是惊动了苏联缔造者列宁的,他称王安石为11世纪的改革家,列宁这一说,王安石简直成了半神的人物。但历史地看,王安石的改革并不成功,而且从其后果看,还非常严重,蔡京那一干北宋末年的奸人可以说就是他改革缺陷的直接产物。其中一大原因就是容不得别的声音,既容不得司马光这样的所谓保守派的声音,也容不得如苏轼一样的自由派的声音。你反对,我就处置你,轻则贬谪,重则杀头。当改革只剩下一个声音的时候,这改革就危险了。王安石变法的内容很多,最基础的一项是青苗法,内容是在青黄不接时政府贷款给农民,到粮食收成之后再加上利息还给官府。这办法听起来真的很美丽,在王安石做地方官的时候,也确实因此而收到过明显的生产效果和财政效果,但因为只有一种声音,而且这声音很快就变成专制的声音,到了变法后期,它就蜕变为一种对农民更直接、更巨大的剥削和压榨。那方法是,青黄不接时节,即使你不需要向政府借贷,也要强迫你借贷,不贷不行,因为这是变法,诚所谓以变法之名行掠夺之实。当然,我们不能要求11世纪的王安石站在今天的文明高度上去对待司马光和苏东坡,但可以肯定也必须肯定的是,到了21世纪了,如果王安石活到今天,如果他还要变法的话,他就必须给司马光、苏东坡或者其他任何一个人以充分的表达自由和言论权利,因为,真正的改革必须有充足的言论气场。

从毛泽东著作上看,毛泽东是一贯反对一言堂的,一言堂的政治表达就是专制主义,专制主义不但危害他人,最终还要危害专制者自身。历史的经验是,改革的最重要的对象就是专制型体制,改革就是让它走向民主,开放就是打破它固有的封闭,因而,自由的言论表达不但是改革的必备之物,还应该是保证改革的一个前提性要素。专制

者不理解这一点,即使是最好的、最有才干的专制者,他们不但不能改变自己的专制,还会成为专制的囚徒。曼德拉有这样一段名言:压迫者和被压迫者一样需要获得解放,种族主义者同样也是囚徒,他们"被偏见和短视的铁栅囚禁着"。这段话不但说得无比仁慈,充满大爱,而且,具有极高的智慧,充满着辩证法精神。专制主义其实也是囚徒,因为它不但用专制的方式打击别人,最终也会用专制的方式打击到自己,打击到自己的家人和亲人,而他们本身也就成为了这专制的囚徒。现在的事情不方便说了,历史的经验值得注意。中国最著名的皇上可谓是秦皇汉武,唐宗宋祖,或许还要加上一个康熙,这些都是专制主义者,他们的一个共同点就是骨肉相残。有的是亲手杀死了自己的儿子和孙子,有的是自己刚刚死去就在子女中出现血腥残杀,相煎何急,即使最为贤达的唐太宗也为接班人问题弄得焦头烂额,甚至哭倒在地。宋太祖的情况仿佛好些,但也留下了烛影斧声千古之谜。康熙是被有些人称为康熙大帝的,但表现在皇位继承方面却是一片混乱,太子立而又废,废而又立,当真是一个充满杀戮意味的祸乱之局。这里还要郑重补充一句:站在历史的过程点上,可以认为康熙是一个杰出的皇帝;但站在现代的文明点上,康熙则是一个制造过数起文字大狱,双手布满血腥的文化罪人。且,此类人等,没有一个可以逃过历史的审判。专制作为一种历史现象都会形成这样惨烈的局面,到了今天,它已经没有半点正面价值,而它造成的伤害显然要远远大于任何一个历史时期。

作为一个真的改革者是需要有一点胸怀和胸襟的,当然,胸怀和胸襟还不是严格的政治表达。我记得,胡适先生曾经说过在他个人的龛堂之上供奉着三座大神,并且截取了这三座大神的三段语录,这三位大神分别是孔夫子、王安石和张居正。胡适先生是不折不扣的自由思想家,但他供奉的三座大神竟有两个改革者,而他挑选的这两个改革者的两段语录也真的值得如今的中国人深思,尤其是值得主张改革的权力者们深思和警醒。他引的王安石的语录是:但能一切舍,管教佛欢喜。这就是说改革者应该无私,无私才可以真的去改变现如今几乎为人人所唾骂的特殊利益格局。他引的张居正的那一段语录是:愿以其身为蓐荐,使人寝处其上,溲溺垢秽之,吾无间焉,有欲割取我身鼻者,吾亦欢喜施与。

改革就是改变政府角色与定位

近一阶段,改革的声音日益放大,但我觉得首先应该弄清一个前提,就是改革的方向是向着谁的,改革的核心究竟在哪里。简单地说,改革的对象与核心问题就是改变管理体制和政府职能。

为什么？

第一点，政府应该是服务者而不是领导者，更不是统治者。在很长的时间内政府习惯于以领导者自居，不但领导国家，而且领导人民，这其实不合乎现代文明原则。没有什么力量有资格领导人民，退一万步说，这样的理念也只有在特殊的历史时期才可以成立，例如抗战时期，需要一种政治力量领导国家，抗击外族侵略者；或者是一种造反者的旗号，例如1927年的农民运动；或者是一种起义者的口号，起义者需要追随者，两者的关系从起义者这边看就是领导者和被领导者的关系，是领袖和群众的关系。正常的情况下不是这样的，政府只是一个服务者，它是民选的，用马克思的话讲，就是人民的公仆。因为一贯以领导者自居，表现在经济上就特别容易成为GDP的狂热信徒，因为只有发展才能看出领导者的能力与成就。我们最熟悉的就是中央政府确定一个GDP的指标，然后把它分解给地方政府，于是你追我赶，掀起GDP的巨大社会浪潮，其结果必定造成社会发展的不平衡，环境保护的不平衡，贫富差距的不平衡和文化状态的不平衡。

因为以领导者自居，常常把自己放错位置，我们耳熟能详的一个说法是"利为民所谋，权为民所用"，利为民所谋还说得过去，权为民所用在逻辑上就有问题。权是谁的？这件事首先要弄清楚。中华人民共和国权力属于谁？一切主权应属于人民。政府只是被委托者，但从这个口号看，它已经不是被委托者了，而是自觉不自觉地认定自己是权力拥有者。中国的很多问题出在这个地方，所以服务政府这个概念常常流为一个空洞的口号。

十月份听"大国大时代"讨论，有一位专家讲到城镇化时说了这样一个意思，他说，很多领导者一提到城镇化马上想到GDP，说城镇化1％就可以带动GDP多少多少，他不同意这个观点，他认为决定城镇化的老板是当地的公民，政府只是服务者，快一点城镇化和慢一点城镇化，甚至城镇化不城镇化，决定权从根本上就应该属于当地老百姓。这个问题没有弄清楚，所谓转变作风也罢，改变作风也罢，都不过是以形式主义的方式反对形式主义而已。

第二点，政府应该是保障者，而不是竞争者。政府的职能是为社会提供公共产品的，它所管的钱叫做公共财政，它所做的事叫做公共服务，它所提供的产品自然就是公共产品。但长期以来，政府不是作为保障者而是作为竞争者出现的，它一头就钻进竞争者的队伍中去了，它所用力最多的不是公共产品而是私人产品。很多专业人士批评

政府的职能不像一个政府而更像一个公司,公司就是要利益的最大化,表现就是追求政绩而且要大标志、大排场,只要经济指标能上去,环境算什么!只要政绩表现能上去,老百姓的感受算什么!车要最好的,楼要最高的,设施要最先进的,排场要最大的,这就失去了政府本应负有的责任和职能。所以很多人都在呼吁不管是中央政府还是地方政府都必须从这些竞争领域当中退出来,而专心在公共服务方面让路不再那么堵,让空气不再那么脏,让看病不再那么难,让养老不再那么艰辛,让人不但能够活得好,而且能够死得起。

因为把保障者变成了竞争者,所以对国企特别是央企的垄断不但视而不见而且极尽保护之能事,而且以种种理由证明这种保护是对的,说重要的资源必须掌握在国家手里,说有关国家安危的领域必须给予严格的控制。我早就说过,这样的理念实际上是对于人民的不信任。那逻辑是,歧视民企就是歧视人民。

因为以上两个原因,所以权力和商业很容易产生相互勾结,所谓权力寻租,因为它不是保证者,它是竞争者,它自己就要参与其中,并且用手中的权力把这种竞争畸形放大。我们中国人很熟悉的一句话是让一部分人先富起来,这句话在提出的那个时期有它出现的历史原因和某种合理性,但在今天看来,富与不富,哪些人富哪些人不富不应该用这样的理念来做政策表达。让一部分人先富起来,那"让"字是什么意思?如果作同意讲,恐怕不妥,我同意你本人先富起来,这合乎现代政治逻辑与文明逻辑吗?如果当促使讲,就更不妥了。而现实给人们的印象是,让一部分人先富起来在某种程度上成为了一种权力的表达,就是我让你富你就富,我让谁富谁就富,这就更荒谬了。贫富矛盾一直是人类发展的一个特别难解决的问题,但在中国当前对贫富矛盾的反应特别和权力产生关系,由此衍生出来所谓潜规则,所谓官二代、富二代,都为这社会增加了更多负面因素和负面能量。关键问题在哪儿?关键问题在于政府职能的错位。

第三点,政府是服从者而不是教育者。政府应该服从谁?服从人民。既然一切主权归人民,政府就必须把服从意识放在最高位置。现代文明它的本质属于公民自治,用什么方式自治?用立法的方式自治。这一点中国宪法也是认可的,所以才规定人民代表大会是最高权力机关。政府的执政本质上是服从民意,具体的是依法行政。

但在很多中国的管理者心目中,他们不但是管理者,而且是教育者,或者干脆就是人民的老师,所谓"先做群众的学生,后做群众的先生",这说法其实很没有逻辑,没有政治逻辑和宪法依据。先做群众的学生代表了一种虚伪心态,后做群众的先生更是一种无边的狂妄,没有人可以做群众的先生,既没有这种资格,也没有这样的能力,更不会有这样的智慧。

但中国文化传统向来以吏为师,虽然进入民国,很多官僚的思想并没有改变。例如蒋介石,他曾经搞过新生活运动,骨子里其实也就是以人民的导师自居,而且他最反感的就是别人对领袖的不尊重,凡反对领袖者必欲杀之而后快。

近日看台湾的消息,马英九的威信很低,很多民众积极呛马,国民党为此还特别推迟了中央全会的召开时间,现在把全会地点移到台中,又有五千名台湾民众准备了两万只鞋子准备到开会地点去表示自己的愤怒。我有时候会想,这件事如果出在蒋介石那个时代会怎么样呢?那些抗议的人一定一个都跑不了,最起码所有骨干分子都会被抓起来,而且冠之以种种罪名。老虎凳是躲不过的,辣椒水也躲不过,就是像江姐似的被钉十个手指头也说不定。但是我要问一句,是蒋介石那个时代好还是马英九这个时代好呢?我以为,凡头脑正常的人都会立即找出自己的答案。

政府必须服从民意甚至要屈从民意,要学会和民众妥协,就像古代的孝子孝敬父母一样,那样的政府才算摆对了自己的位置,那样的改革才算找对了自己的航向,那样的管理者才算看见了自己的本质。

第四点,政府应该是守护者而不是打击者。政治权力不可以成为强权,正像政治人物不应该称为强人一样。政府权力是一种刚性权力,它本身就有一种扩张和放大的内在性倾向,所以现代文明的一个重要原则就是对权力的制衡。任何权力都要制衡,即使是民主权力也需要制衡,否则就必然会成为多数人的暴力,更何况如果还没有达到民主权力的层次和高度,那么,就更应该向着这个方向去改革和奋进。

守护者的含义不仅仅是保护这国家的安全,而首先是保护每一个国民的安全,民一定是先于国的,这一点正是区别现代文明和古代文明的一个分水岭,而且我要特别强调的是,所谓保护国民的安全不是保护多数人的安全,而是要保护每一个国民的安全,保护他们的尊严,保护他们的权利,保护他们的财产,守卫他们的幸福。

前一天有一个小插曲,国务院参事陈全生提出房地产政策的十六字方针,那办法我觉得比现行政策好,但他说的一个事实却乌龙了,他说德国人不可以有空房,这房子如果空三年,政府便会让流浪者居住,如果空七年,这房子就会被政府无偿收回。我当时听了觉得很纳闷,西方人的财产权就这么脆弱吗?昨天听广播,听到"老外看点",老外们说了,根本没这回事,其中一位李牧先生说的更干脆,你政府一届只有四年,四年之后选不选你由我们来决定,你怎么能管七年的事呢?由此可见中国人的一种不健康的权力文化是何等根深蒂固。

政府忘记了自己守护者的身份而以打击者即统治者的身份出现,其实是战争思维的一种惯性表现,是以阶级斗争为纲的错误路线的必然结果。阶级斗争为纲的前提就是分清敌我友,最重要的事情也是分清敌我友,从而一切政策都要围绕壮大自己、团结友人、打击敌人这样的方略去执行。然而谁是敌人?这个本来应该由法律来决定的问题在以阶级斗争为纲的年代却演化成一种日常性的政治生活,最恶劣的表现就是最高权力者说谁是敌人,谁就是敌人,说阶级斗争年年讲、月月讲、天天讲就必须年年讲、月月讲、天天讲,说阶级敌人就隐藏在我们身边,马上就得从身边把这敌人硬找出来,不找都不行,找不到更不行。想来这样的年代没有一个正常人会抱以同情的微笑的。

　　政府是守护者,守护者是什么意思?就是要成为人民和社会的忠诚的卫士。卫士不能干扰主人,不能与主人为敌,甚至都不能与主人为友,主人就是主人,你把他作为朋友就错了。不唯如此,守卫者既不能与主人为恶,也不能与主人为善。硬逼着主人做好事,做善事,替主人打主意,也是错的,甚至是罪恶的。你认为主人穿西服不好看,就强迫他穿长袍马褂,这可以吗?你认为主人骑自行车不合适,就强迫他坐汽车,这可以吗?你认为主人练太极拳效果太慢,就强迫他游泳,干脆把他抱起来扔到水池里,或者把他举起来扔到湖水里,或者干脆一脚把他踹到江水里,这可以吗?

　　总而言之,政府如果不转变职能,不改变体制,这改革就会流为空谈。那么,其改革的方向和主旨应该是什么?应该是服从民意,服务民生,守护民安,保障民权!这才是中国的改革所迫切需要和必然需要的。

(作者系北方工业大学素质教育与现代文化研究所所长,研究员,迁瞻慧雪为笔名)

"雷震案"平反运动

范 泓

1979年3月7日,雷震在台北荣民总医院病逝,终年八十三岁。

雷震出狱之后,一直病魔缠身。1976年2月,发现患有前列腺癌。这一年10月,他在给原《自由中国》社同事黄中的一封信中说,"由于在狱中患了前列腺癌……我出狱后不久即割治,系用新法,未割干净。1975年5月27日小便流血,又住院割一次。此次系小手术,是年十月因解小便困难,又动大手术,挖出三十个肉粒……不料1976年1月9日小便又出血,经过四周,于2月8日又出血,于是入院检查,用核子照相,发现为前列腺癌。……我今年已八一初度,现在只是苟延残喘耳"①。

1978年11月7日,雷震因患脑瘤入院,至此再未出院,其间大部分时间昏迷不醒,整整拖了有四个月之久。雷震子女大都在海外,雷震病危时,都赶了回来。雷美琳回忆,"第二次回国,是因为得悉父亲生病,已住荣总,准备接受脑部手术的消息,在他接受手术前夕,我赶到荣总为他打气,开刀结果并不理想,一礼拜后即失去记忆、不能言语、时好时坏,体念到他内心挣扎的痛苦,虽然有特别护士照料,但我们由国外赶回来的兄弟姐妹也都轮班在一旁伺候"②。雷震病情一度有所好转,孩子们因工作关系,又都回海外去了;次女雷德全未走,原留在台北家中侍疾,陪伴老母宋英,就在雷震病逝前一日,突然有事去了香港,"故雷震临终之顷,只有大女儿凤陵,和向筠所出的子女在侧"③。

---

① 《雷震全集》第1册,台湾桂冠图书股份有限公司1989年版,第103页。
② 雷美琳:《我的父亲雷震——雷震逝世十周年追忆文》,参见雷震:《雷震家书》,台湾运流出版公司2003年版,附录,第294页。
③ 李敖、胡虚一等:《雷震研究》,台湾李敖出版社1981年版,第125页。

雷震去世前一天,突然回光返照,虽不能讲话,头脑却清醒。宋英、向筠及所出子女皆守在他的病榻前,宋英将自己的手指放入雷震口中,俯耳说,现在孩子们来看你了,你如果知道的话,就咬一口。雷震有气无力地咬了一口,总算对亲人有了一个最后的交代。雷美琳是雷震生前交代最多的一个孩子,得悉父亲再次病危,与小弟雷天洪立即从美国赶回台北,见到父亲时,"他脸色红润,神态安详",雷美琳一边用手轻轻抚摸父亲的脸颊,一边止不住流泪,一旁的护士小姐突然叫道:雷小姐,你快看,你爸爸知道你回来了!雷美琳看见父亲两行眼泪,"已流得满脸都是",医生走过来对她说:雷小姐,我很钦佩你的父亲,本来上礼拜四就应该过去的,你妈妈一直在他耳边说你要赶回来看他,他老人家能撑到现在,真是奇迹!第二天,上午八时左右,雷震的心脏停止了跳动,至此,走完了自己大起大伏的一生。

雷震的家在木栅,离"荣总"甚远。是日,等宋英赶到之时,"父亲早已咽下了最后一口气"。照荣民总医院医生的说法,雷震去世时应该是在清晨五时,因使用医疗器械,让他的心脏继续跳动到上午八时才完全停止。女儿雷德全一直记得母亲宋英对她说过这样一件事,"3月7日凌晨,父亲走进了她的房间对她说'SOOJOHN,我走了,你好好保重'。母亲惊醒过来,却是南柯一梦,看看时间,正是清晨五时五十五分"。SOOJOHN是宋英的日本名字,雷震一直以此称呼她,但从未告诉过孩子这是什么意思①。

雷震去世当天,《联合报》《中国时报》刊发消息,《联合报》称其"前国民党参政会副秘书长,政治协商会议秘书长,行政院政务委员及国大代表";《中国时报》未提雷震从政经历,仅称"前国民大会代表及自由中国杂志社发行人"。《自立晚报》最早刊发公开悼念雷震的文章,作者司马文武是《中国时报》的一位青年记者。年老不良于行的王世杰,由一位亲属搀扶着来雷家签名行礼,此时已年近九十;成舍我夫妇送来亲笔书写的挽联:忧国如焚,万言何补?赍恨以殁,千古同悲;原《自由中国》社编委夏道平的挽词是:自来政治上的是非功罪,往往晦于当时而彰于后世。谨录此史家名言,奉献于儆公灵前,请安息吧!

雷夫人宋英的挽联由夏道平代拟,高度概括了雷震一生中最不平凡的那个十年:为争取言论自由,为促进政治民主,努力十年,换得十年牢狱;谁是纯正爱国者,谁是彻底□□者,事关历史,任凭历史评衡。

---

① 雷德全:《我的母亲——宋英》,台湾桂冠图书股份有限公司1996年版,第202—204页。

雷震两年前立下遗嘱，寥寥数语，平静坦荡，超然物外，荣辱皆抛，"死时除解剖需用部分割去外，余则送至火葬场火化后下葬，不进殡仪馆、不发讣文、不开吊、不穿长袍马褂，葬事完毕后，在报上登一启事，说某人已走了……"雷夫人宋英、如夫人向筠等人①遵从其遗嘱办理，没有发丧，但由于宋英身为监察院委员，监察院对外发布了一则消息。雷震之丧事，依照监察院"监察委员之配偶丧亡，监察院协助办理"的惯例，由"监察委员"李拂拯②专门负责此事。雷震生前好友陶百川、齐世英等人组成了一个治丧委员会，假荣民总医院礼堂进行小范围的悼唁活动，以尊重雷震生前"不进殡仪馆"的遗愿。尽管如此，"死后荣哀，恐怕不是他自身谦隐可以免除的，在他的丧礼上，各界知交好友，或是仰慕他言行人格的人都到场致哀，黄菊花布满了灵堂"③。

一些该来的朋友却没有来，如《自由中国》社职员陈佐和、王佑祺。陈佐和是接替刘子英做会计的那个人，王佑祺当年在马之骕手下负责发行工作。"雷震案"发生后，《自由中国》被迫停刊，宋英为了社中一些职员的生活出路问题，找到"行政院"副院长王云五，请求协助解决。陈佐和、王佑祺二人分别被安插到国有财产局和台湾银行工作，后都又被转成了正式人员。胡虚一很生气，在雷震灵堂上说："雷公出狱住家时日，他们或存顾虑不敢来，但今雷公死了，为何也不来一下，未免太现实一点了吧！"刘子英没有来，这是意料中的事，"灵堂开吊的亲友中，认得他的老友不少，他就更不好意思到雷家和医院灵堂去吊祭雷公，向雷家表示歉疚了"④。

雷震生前为自己料理好后事。1972年，在木栅家的不远处，即深坑与南港之间的南港墓园买下一座小山。1976年11月开始平山建造墓地，由他本人亲自督工。除雷震本人与宋英的二座墓穴外，另有三座，为安葬亡儿雷德成、移葬早逝的老友罗鸿诏和殷海光而建。雷震墓碑碑文为自题，写于1977年4月：自由中国半月刊发行人/中国

---

① 雷震的婚姻状况较为复杂，娶过三妻两房。第一位夫人刘氏，是一位离过婚的人，生下长子雷昭陵，长女雷凤陵，次子雷祥陵；三子雷德宁，次女雷德全，四子雷德成，系与第二位夫人宋英所出；雷美琳、雷美莉、雷美梅三姐妹，儿子雷天洪、雷天锡，系与第三位夫人向筠所出。有关雷震与第一位夫人的情况报道很少，是离婚或病故，不得而知；宋英和向筠，以国民党官方的说法，即一妻一妾。雷震去世时，在"公祭"问题上，曾引起两房夫人间的名分之争。
② 李拂拯，江西人，为雷震国民参政会时期的老部属。来台之后，与宋英是"监察院"同事，宋英常委托他办理一些公私之事，故与雷家的关系很近。
③ 雷震：《雷震家书》，前言，第XVI页。
④ 李敖、胡虚一等：《雷震研究》，第60页。

民主党筹备委员/雷震先生之墓/生于一八九七年六月十五日/殁于一九七九年三月七日。罗鸿诏、殷海光两人墓碑亦为雷震亲笔所书。之前，殷海光夫人夏君璐女士从美国致函雷震，特别嘱咐殷海光墓碑一定要镌刻上"自由思想者"这几个字。雷震受此启发，将这块墓园命名为"自由墓园"。

3月9日，雷夫人宋英在台北《自立晚报》发表《悼念儆寰》一文，其中写道：

先夫儆寰的去世，我的哀思苦忆太复杂了。在这复杂哀痛的思忆中，最深刻的，最难忘的，就是多年来许多亲友们和许许多多非亲非故的各方人士对儆寰的那么关切，那么同情。我在这里要首先表示我对他们的感谢。其次，我再勉强地从复杂的哀思中提出我认为我应该说出的几点：

第一，在儆寰平时与病后尚能说话时，提及其身后的事，要我一定要节约，切切不可铺张。但有些朋友向我说，儆寰的丧事不应草率了事。关于这一点，我除掉由衷的感激以外，不得不辜负这些朋友的一番盛意了。因为我要遵守儆寰的遗嘱来处理他的后事。

第二，还有朋友们向我提到应为儆寰特制一套讲究的长袍马褂以备大殓。这一点，我也不敢接受。因为儆寰生前的生活衣着方面，从不讲究，而且保有惜物的习惯，小至水电的节约，他都随时随地注意。我为着保持他的这项美德，一切只好从简了。

我讲上面这些话，只是陈述事实，并向有关的朋友们深致谢意和歉意，并不是想颂扬儆寰。儆寰在生前常常批评把去世的亲人说成圣贤的世俗作风。儆寰从政数十年，尽管有他的政治抱负，但我决不应把他粉饰成圣贤。我要坦率地说，在他个人生活起居方面看来，像是个粗线条的人。但是他的为人正直无私，忠诚谋国，不论大小事务负责尽职……

再从某些角度看，他不是没有缺点的，尤其在这世变的复杂环境中未免有时考虑欠周，因此常常遭致不必要的烦恼，同时因他个性坚强，做任何事都不计名利，也从不考虑后果。他既不会巧言令色，更不会文过饰非。如果有错，他也肯诚心诚意地认错。但是，十年的牢狱更是坚定了他一贯的政治主张，自由民主与法治。他出狱后，仍时时刻刻以国事为念，逢人还是大谈其政治见解，一直到死而后已！

雷震是冤枉的，他是那场大悲剧中的主角。以历史的经验看，任何专制时代，一个走在时代前面的先知,不论是宗教上的先知,还是政治上的先知,通常都逃脱不了殉道的命运,雷震也不例外,终未能幸免。

雷震一生枯荣沉浮,他在政治上的遭遇,不仅折射出威权时代的无情与残酷,"台湾自由主义启蒙运动遭遇一大挫折,伴随着言论空间的紧缩,使得自由主义知识分子启蒙活动亦沉寂近二十年。公共论坛为外力所压制,也显示知识分子尚无法形成与政治相抗衡的力量,对雷震个人与自由主义知识分子而言,均为时代悲剧"①。

但从另一角度来讲,雷震主导下的《自由中国》半月刊,对自由民主理念的坚守与传播,以及对现实政治的思考和批判,在当时无不深入人心。《自由中国》由政治论述而起,终于政治实践的特质,包括将论述与实践相结合,言谈与改革同并进,这种"思想者、言谈者与行动者三合一的民主参与模式",深刻启发了新一代的党外民主运动,上世纪70年代末期《美丽岛》杂志及政团并体的雏形,正是从这里找到了一个理论基点,"对解严前成长的青年产生政治启蒙与思想武装的作用,不分左右派皆然",使得无论在何时,对雷震个人遭遇所给予的关切,转换成一种渴求自由民主、社会进步的最具说服力的思想动力。以台湾学者钱永祥的看法:《自由中国》从1949年办到1960年,近十一年,开启了台湾日后的自由主义思潮。一直到今天,我个人主张的一个说法是,从1950年到1985年,是《自由中国》半月刊的时代②。

任何一件重大历史事件,人们在日后总结或反思在所难免。雷震去世三周年之际,当年坚定的追随者、卷入"雷震案"下狱多年的《自由中国》半月刊编辑傅正,在接受一家杂志采访时,不堪回首话当年,发出自己的慨叹之言:

> 雷先生办的《自由中国》,毋庸置疑,是传递了民主的香火,虽然他本人是悲剧收场,但还是值得的。然而,他为了组党救国运动,最后非但"中国民主党"胎死腹中,又连带使《自由中国》陪葬,这是一个失策。换句话说,《自由中国》存在时,很多人相信台湾有言论自由,但《自由中国》关门以后,台湾的言论自由,就不再那么恢宏了。假使当年不是因为组党,这本杂志能延续多久,虽不敢说,但在鼓吹自由民主和争取言论上的影响,恐怕不是我们现在所能想象的。③

---

① 任育德:《雷震与台湾民主宪政的发展》,台湾"国立"政治大学1999年版,第320页。
② 张文中:《"我是谁":台湾自由主义的身份危机——钱永祥访谈》,香港"世纪中国"网站资料库。
③ 参见专访傅正谈话记录,原载1982年3月1日台北出版的《政治家》杂志第24期,转引自李敖、胡虚一等:《雷震研究》,第164页。

傅正的这一段话，并不意味"悔不当初"。只是在比较了其中的得失之后，更加肯定《自由中国》对当年推动台湾民主政治进程的重大意义和作用。不过，傅正对胡适一直持有不同的看法，认为"胡先生的性格中有很容易妥协的一面，尤其喜欢热闹，爱放野火，事情成功了，请他出来，也许会考虑……事情没有成功，而且可能有很大的风险和困难，要请他真的挺身领头来做，似乎不可能。《自由中国》，特别是初期，是靠胡先生的光芒。这也不是说胡先生喜欢这么做，这是雷先生借重胡先生的光芒，把前面的基础打下来了。假使胡先生有贡献，最主要的是这个贡献"[1]。

雷震生前并不认同傅正的这种看法，对胡虚一说过，"近年来傅正对胡先生不满的成见，是不对的，我屡劝而无良效。其实，他对胡先生了解得不够，若干往事，也未全弄清楚，就开口评说胡先生的不对，很不好的。像过去组党一事，在大陆时候，我和胡先生、蒋廷黻等人商谈的情形，他全不知，我也未像对你讲述那样，对他讲过。因此他将来写回忆和组党的文字时，恐会对胡先生出言不利的。这些年来，我对你讲述胡先生的往事较多，你看到我私人的文件资料也多，而你对胡先生的认识了解，也较客观平实。所以你以后要留心一点关于傅正对胡先生的评述才好。"[2]

雷震至死未改变对胡适的尊敬与推崇，出狱之后，每年都要去胡适墓上两次，一次在胡适生日那天，一次在胡适的忌日，可见对胡适的一往情深和怀念。胡适去世时，雷震在狱中给如夫人向筠写信，要她关照孩子今后一定要学胡适的为学和为人，"胡伯伯的修养都是从做学问来的，他可以说是'手不释卷'，希望我的孩子多多读书。胡先生对人，无论是对佣人，从不'疾言厉色'，我自从和他多接触之后，我极力改过，但是没有完全做到，我时常反省，感到惭愧……让美莉把胡伯伯送的书，赶快多读，她如果不读，那就愧对胡伯伯的在天之灵了。"[3]

上世纪七八十年代，自蒋氏父子先后死去，强人政治不复存在。在台湾，一股翻案之风不期而至。小冤者不计其数，虽不为众人瞩目，但有其"冤"，必"申"之；而大冤者，关乎历史的进程和真相，更当强力全民伸张，"不容青史尽成灰"，这是民主社会必备的

---

[1] 傅正：《〈自由中国〉与中国民主党(1949—1960)》讲词和讨论答问全文，原载1982年2月《八十年代》杂志第4卷第1期。
[2] 以上参见李敖、胡虚一等：《雷震研究》，第177页。
[3] 1962年3月2日雷震致向筠函，雷震：《雷震家书》，第51页。

历史道德观。在当时,众所周知的"政治大案"有两件,一件是1958年的"孙立人案",另一件就是1960年的"雷震案"。马之骕回忆说:"'孙案'因其散居在海内外的亲友及部属均为其喊冤,要求监察院公开当年对'孙案'的'调查报告',以期平反'冤案';监察院因受情势所逼,不得不将尘封三十三年的'孙案调查报告'公开。读其报告内容,足可证明孙立人是清白的。孙氏享年九十岁而终,可谓'死也瞑目'了。继之而起的'翻案'事件,即'雷案平反运动'。"①

1988年4月29日,宋英女士和"雷震案"涉案人傅正先生,假台北市台大校友会馆,正式发起"雷震案"平反运动。雷氏家属、亲友及各界关心"雷震案"的人士和团体代表,约二百人参加,随之成立了一个具有重大历史意义的"1960年雷震案平反后援会"。在会上,前《自由中国》半月刊编委夏道平教授发言,认为用"翻案"一词来形容雷震平反似不恰当,因为雷震在所有人的心目中,本来就是清白的,只有在官方的记录中才冤枉了雷震;傅正认为:国民党当局蓄意制造震惊海内外的"雷震案",这是一起最严重的政治冤狱,当局应有勇气公开承认自己的错误;雷震之女雷德全在发言中说:父亲在狱中所写的回忆录和日记,均为个人私产,当局没有扣留的理由,誓死也要追回。

与会者达成共识:"雷震案"的平反,不只是雷震个人清白的问题,它关系到整个台湾民主宪政运动和言论自由问题,同时也是过去大大小小冤狱平反开始的问题。大会由"立法委员"费希平②担任主席,推举"立法委员"康宁祥③任"后援会"执行长,并作出几点决议:设立总务、活动、文宣、联络等四个小组,"将以循序并进方式进行,不达目的决不终止"。预设目标有两个,第一,向警备司令总部索还雷震狱中所写的回忆录和日记;第二,监察院重新审理"雷震案",还雷震当年受冤诬的清白。"1960年雷震案平反后援会"发表一份书面声明,摘要如下:

> 二十八年前的雷震案,原是国民党蓄意制造的政治大冤案。雷震案的制造,不仅轰动海内外,而且也引起了猛烈抨击。尽管执政党当局利用各种不同说辞和手法,企图掩饰自己的罪行,却始终无法取信于天下……为了达到摧毁《自由中国》半月刊和扼

---

① 马之骕:《雷震与蒋介石》,台湾自立晚报社1993年版,第430页。
② 费希平(1916—2003),生于辽宁。毕业于北京大学政治经济学系。1936年加入国民党。赴台后,为立法委员。2003年2月21日在美国逝世。
③ 康宁祥(1938—),台湾桃园县人。1957年入中兴大学法商学院行政系就读,1969年,以无党籍身份当选为台北市议员。1986年当选为"增额立委"。

杀"中国民主党"的双重目的,执政当局还是公然一手遮天,不顾法律、民意、舆论,而为所欲为。乃至借法律之名而实际上玩法、毁法。因此,雷震案的当事人,从逮捕、拘禁,到审问、处罚,都是交由台湾警备总部一手包办。而该部当时根本是一个没有法律根据的非法单位,一切程序,也就无一不是非法的。

……雷震先生虽然含恨以终已有九年,但毕竟还有活见证傅正先生。为了讨还公道,要求作历史的最后裁判,雷震先生的夫人监察委员宋英和同案人傅正共同出面,除向监察院提出调查要求,更向舆论界控诉,终于获得了普遍的关切和重视。我们都是关怀台湾民主、法治、人权、进步的团体和个人,深信团结就是力量,自然不忍坐视,所以都愿挺身而出,组成"后援会",共同为"雷震案"声援。①

在"后援会"正式成立之前,1988年4月14日,宋英以"监察委员"身份在监察院院会上提出报告,要求重新调查1960年的"雷震案",并公布当年"调查报告"的附件。4月22日,监察院司法委员会第四八二次会议决议指派监察委员谢昆山对此展开重新调查,并责令将雷震在狱中被警备总部没收的"回忆录"予以索回。正当谢昆山展开重新调查之际,当年没收雷震回忆录的新店军人监狱突然对外宣布,根据4月29日新店军人监狱监务委员会决议,依"监狱行刑法"第七十一条第二项之规定,"雷震回忆录"已于4月30日予以销毁。

消息一经传出,在台湾社会引起轩然大波。马之骕回忆说:当时"部分省议员表示,要发动省民罢免谢昆山,认为他没有尽到一个监察委员的责任;同时'雷震案后援会'副执行长杨祖君(女)发动群众两三百人,手持苍蝇拍,群集在监察院门前,并贴标语,呼口号,大声喊着'监委只能打苍蝇、不敢打老虎','雷震手稿的焚毁、历史学家的愤怒'等。此次抗议行动,令人重视者系有很多高级知识分子如在野党领袖、立法委员、省市议员等均参加了抗议行列……"②

7月22日,宋英委托谢长廷、陈水扁、周弘宪三位律师,准备针对新店军人监狱雷震回忆录销毁案提出诉讼;傅正当时正回大陆探亲,听闻雷震回忆录遭当局有关部门销毁,在江苏老家高淳只停留了一周(前后共十三天),便终止探亲匆匆赶回台北,协助宋英等人进行申诉。傅正对平反"雷震案"用心之深,用情之重,由此可见一斑。宋英

---

① 转引自马之骕:《雷震与蒋介石》,第433—433页。
② 马之骕:《雷震与蒋介石》,第436页。

称傅正"跟我们像一家人的患难朋友"①。

迫于民众愤激和不满,调查委员谢昆山只好依据有关调查结果,于1988年8月5日对新店军人监狱长王禄生及军法局长吴松长二人提出了"弹劾"报告,大要如是:监察院在4月22日决议对"雷震案"重新调查相关回忆录和文稿,引发舆论热烈讨论,军法局竟在4月26日将雷震回忆录等文稿交付新店监狱依据监狱行刑法规定处理,没有做好"行政指示",致使雷震回忆录被销毁,有"行政疏失"之责,因此弹劾吴、王二人。

这一切,不过是"走过场"而已。"吴松长在军法局长任内退伍,后转任军队退除役官兵辅导委员会法规会参事"②,并没有受到任何处罚。新店军人监狱做出销毁雷震回忆录之决议,与"1960年雷震案平反后援会"成立同在一日(4月29日),第二天,军方就采取了销毁行动,显然存在许多"人为上的疑点"③。在众人的努力之下,"雷震案"平反运动不断朝着理性、正义的方向发展,同时也唤醒了某些人的良知。一个"意外的证人"出现了,他就是当年被国民党当局所利用加害、诬告雷震的刘子英。

1988年8月,一直生活在所谓"安全屋"的刘子英赴大陆定居之前,突然给雷夫人宋英女士写了一封"忏悔信",还有一篇长达万字的"辩诬文"。在当年"雷震案"审判过程中,刘子英为整个案情关键所在。刘子英被判有期徒刑12年,提前释放之后,"一直住在'安全地区',过着被'保护'的生活,尽管受世人唾骂,他都能表现得'无怨无悔',生活尚称安适"④。

台湾各界发起"雷震案"平反运动,当年这位为求自保而不惜出卖"主子"(当年刘子英在狱中,囚犯们对刘的指责语。)的"诬陷者",终于在良心上有所发现,深感自己一生的悲凉。他在给宋英的信中写道:

我实在愧对儆公和您了,所以竟致不敢趋前面领罪责。回想当年为军方威势胁迫,我自私地只顾了自己之安危,居然愚蠢到捏造谎言诬陷儆公,这是我忘恩负义失德之行,被人讥笑怒骂自是应该,所幸社会人士大多明白这是怎样的一桩冤狱,而您对我的为人罪行也似给以宽容,从未表露责怪之意,因而益使我无地自容。现在我要到大

---

① 参见苏瑞锵:《超越党籍、省籍与国籍——傅正与战后台湾民主运动》,台湾前卫出版社2007年版,第233—234页。
② 2001年2月27日台湾《东森新闻报》,记者陈东龙:《雷震案成立项目小组协助家属还原历史》。
③ 同上。
④ 马之骕:《雷震与蒋介石》,第438页。

陆探亲去了,特将写就"辩诬"一文寄呈,以明心迹,如要公诸社会致以动乱不安之情势益形扩大,则非所愿也。今天再谈正义讲公理似乎不合时宜,一切是非曲直留待后人评断,则或可不畏权势直言无隐使真相大白也①。

刘子英在附上的"辩诬文"中对自己当年如何扮演"匪谍"角色交代得一清二楚,"经过二十多小时的对话,虽疲倦已极,但神志尚属清醒,才将紊乱的思绪整理出摆在面前的不利情势。经过长时间的折磨,身体已感不支,如果再不投降,说不定就要昏死当场,看来只有与他们合作且保性命……当年写'自白书'时,在每写一段或一页时,即被'法官'(按:应指侦讯者)取走,拿回来时指出应修正、补充、删除的地方,就提出另一疑问要你写答,所以全篇'自白书'绝大部分是这样写成的"②。1990年,定居大陆的刘子英逝于重庆。

当年被捕的马之骕有着同样的经历,以证实刘子英当年确实是在求自保的情况下写的"自白书","我何以敢作如此肯定呢?因为约在案发前十天左右,雷先生告诉我说,他们(指警总)已做'抓马''咬雷'的决定了,嘱我在心理上有个准备。所以我在受过三昼夜的疲劳审讯后,心力交瘁,实在不想活下去了,只有'求死'吧,但我死也不能'咬雷'!这才开始写'自白书',也就是和刘子英一样地编'剧本',而且自编、自导、自演!还要演得逼真,这是多么惨绝人寰的悲剧啊!我既有如此的经验,所以才敢肯定地说刘子英的'忏悔'信和'辩诬'文,百分之百的真实性"。刘子英当年的"自白书"迭经补充六次,直至警总满意才完成,成为当局"用来诬陷雷震的工具"(聂华苓语)。

宋英、傅正、夏道平、马之骕等人为"雷震案"平反不遗余力,做了大量的难以想象的工作。马之骕曾在寓所接受台湾《自由时报》的一次采访,再次强调"雷先生本来就是清白的,全世界的舆论都说雷先生是冤枉的,只有台湾少数人说他有罪,是没用的"③!每逢9月4日雷震被捕那天,他总要端起酒杯喝到大醉为止。马之骕是当时唯一健在的"雷震案"涉案人,上世纪70年代中期,他出任台湾东华书局总编辑,先后著有《中国的婚俗》《新闻界三老兵》《雷震与蒋介石》等书;另一位涉案人傅正,因患胃癌治疗未果,于1991年5月10日在台北孙逸仙治癌中心医院逝世,傅正在"临终遗言"中写道:生逢战乱,亲历抗战尤其国共大内战悲剧,而坚信和平民主之可贵……四

---

① 1988年8月刘子英致宋英函,转引自〔美〕聂华苓:《三生三世》,百花文艺出版社2004年版,第306—307页。
② 刘子英致宋英的"辩诬函",参见1989年3月8日台北《自立晚报》。
③ 马之骕:《雷震与蒋介石》,第441页。

十年来,我在台湾,甚至不惜以自由为代价乃至生命为代价所追求的,第一是民主,第二是民主,第三还是民主;雷夫人宋英于2001年1月4日在美国加州去世,向筠于2002年3月7日去世,与雷震去世是同一天,雷震子女及社会各方人士由此担负起为"雷震案"平反的历史使命。

2001年3月25日,雷震之女雷美琳,携带雷震生前最后一批未曝光的手稿,在台北市文化局局长龙应台陪同下,前往市府拜会台北市市长马英九。马英九除了对雷震夫人宋英过世表达哀悼之外,允诺对雷震先生遗稿出版、展览、成立基金会等事项予以协助,再次肯定雷震对台湾民主的贡献。马英九说,虽然"余生也晚",只能从文献中去了解当年的历史,但在戒严年代、台海紧张的时刻,有外省人出来筹组新党,这份勇气格外不容易,意义也不一般。又说:国民党执政很多年,有功也有过,一定有许多令人不满意的地方,对于历史应该抱持谦卑的态度,并有认错的勇气,不怕家丑外扬,越是掩饰过错,将来只会犯下更多、更大的错误。

11月17日,台北市文化局在"二·二八纪念馆"举办雷震与《自由中国》文物图片特展。文化局局长、著名作家龙应台特邀陈鼓应等人以座谈会方式畅谈雷震的一生。雷震晚年的这位年轻朋友、台大哲学系教授十分推崇雷震的超强毅力和人格风范,他在会上说:与雷震先生相知相惜的那段时光,是一生中非常有意义的日子,鉴往知来,我深深感受到了五四以来的一种新传统。龙应台在会上宣读了一封雷震女儿雷美琳从美国写给陈鼓应的信,其中说:我父亲的冤屈,世人皆知。全家人特别感谢陈鼓应先生在父亲的最后岁月里,陪伴着他度过那一段受尽屈辱的日子。

李敖在会上作了题为《于无声处听惊雷》的演讲,他说:一直受雷震先生的影响极深,曾在先生入狱时,前往牢中探视;雷震并非受到美国自由主义之风影响,因为他不是受美式教育的人;他所创办的《自由中国》半月刊,积极倡导民主自由及宪政理念,许多轰动一时的文章,都是他"押着"殷海光写出来的;当初蒋介石身边有两派人士,一派生怕国民党政权会丢掉,主张要更极权,雷震则是主张要彻底执行民主制度的另一派人士,甚至想要筹组一个新党,因而在1960年9月出事,引发牢狱之灾,正因为如此,彰显他创办了十年又十个月的《自由中国》半月刊是一个百分百言论自由的刊物;雷震的故事,是一段动人的奋斗故事,它告诉我们,人为了真理,必须跟自己那个专制的党

翻脸……①

在社会各界压力及雷震家人多次陈情和呼吁下，经过12年的不懈努力，2002年9月4日——雷震被捕纪念日这一天，自1949年以来台湾最大的一件"政治冤案"终于获得了平反，至此"雷震案"真相大白，完全是国民党当局一手策划的"政治构陷"，雷震为正义而赴难，付出巨大代价，足以证明这位为台湾民主政治而献身的先驱人物，那种"知其不可而为之"的勇气，无愧于时间的消磨和考验，"那一团火看似熄灭，却已留下无数的火种。有人焚毁史料，有人斩断历史，那全是心劳斩绌的事"②；作为政治受难者家属，在几十年苦难折磨中，一路坎坷走来，有着说不尽的辛酸，但也有莫大的安慰，"一向关心雷案发展的各界人士，在过去的日子里，不管识与不识，皆对父亲及家人表达了尊敬与关切之意"，这是雷震之女雷美琳在2003年9月出版的《雷震家书》序言中写下的一段话，足见台湾民众对当年"雷震案"的同情与正义态度。

雷震未逝世之前，某一天，小儿子雷天洪问父亲：十年牢狱可觉得委屈不平？雷震沉默良久，说了一句话，"总有一天，历史会证明我的清白……"③

（作者系著名学者）

---

① 参见2001年11月17日台湾《东森新闻报》记者陈瀚权《雷震文物展，陈鼓应推崇雷震人格风范》及"中央社"记者杨淑闵《李敖指雷震的〈自由中国〉是百分百言论自由刊物》等报道。
② 张忠栋：《胡适·雷震·殷海光——自由主义人物画像》，台湾自立晚报社1990年版，第186页。
③ 参见2002年9月4日台湾《东森新闻报》记者简余晏、吴育玟的报道。

Condom 中国传播小史

谢 泳

人类原初的智慧，往往体现在与他们日常生活最紧密的器物中，比如锅碗瓢盆，桌椅床凳一类，后世再变化，变化的其实主要是材质、造型和实用意义，一般不出原始智慧，而且这种智慧的显现总是具有凝固性和相对稳定性。也就是说，在相当多的人类活动中，有一种初始即成型的现象。因为简单的智慧其实就是最高的智慧，最切实用和最符合当时条件下所能达到的最佳选择。本文通过避孕套在中国的传播，说明人类智慧显现的某种特点。

避孕套(Condom)，现在一般称为安全套，它的实际意义其实早已超出了避孕作用，而成为人类性生活中的主要器物，特别是艾滋病发现以后，避孕套更成为人类性活动，特别是婚外性活动的主要器物。但关于避孕套起源的具体时间以及它的中国传播情况，目前的研究还极少。有时我们难以想象，在中国节育史上，一个极小的器物中映现出的社会文化内容其实相当丰富，它由私密到公开再到普及的过程中，包含了人类追求美好生活同时也防止疾病传播的一般心理。本文撷拾零散史料（时间限于1949年前的中国文献），以引发更深入的研究。

Condom 的普遍使用

避孕套的普遍使用是相当晚近的事。杨步伟在《杂记赵家》中，回忆她上世纪20年代初在欧洲生活时，多次提到，对于避孕方面的事非常苦恼，当时主要的避孕方法还在女方，至少她在回忆录中，还没有提到当时普遍使用避孕套的事实。她回忆说，在柏林找了好多医生调查生产限制的方法，"他们多数是用铝做的套子，大小尺寸不同，须经过医生的配比方可，医生告诉我们说好多人每次都需医生来给套上子宫口……再问他们还有没有其次的简单方法,他们说可以用海绵蘸了甘油(Glycerine)放入膣内也可以,不过不能百分之百靠得住,并且不是药不灵,而是一班人不当心的缘故。"①

现在一般认为,避孕套的说法,可能是由避孕药转化而来,避孕药这一名称,最早是1951年玛格丽特·桑格(Margaret Sanger)夫人在纽约举办的一次晚宴上确定的。②

1898年,"美国军医局局长办公室的图书目录总编中,关于避孕的引文就列了满满两页。那些引文主要侧重于避孕套的使用、阴道清洗法、栓塞药剂、止血棉塞及子宫帽等方面的内容。"③

把性与怀孕分离的历史,可能是从避孕套的发明开始的。根据1709年英国的一家杂志《塔特勒》的报道,男性用的避孕套是威利斯咖啡屋的一名老主顾首先发明的:"这间房子的一位医生……受到外科医生的妒忌;因为他为爱的历险发明了一种避孕装置,并不客气地以自己的名字命名了这种东西。'然而这家杂志泄露说:'这名英联邦的客人……以其名字命名这种装置后,人们在谈起他时都觉得下流。"一个流行的故事称这位查尔斯二世医生为避孕套先生。1708年,一名英国诗人称赞"避孕套"的命运,将像坎顿的名字一样持久。这首诗提到人们在圣詹姆斯公园、春天花园、普雷宫等地出售避孕套,但只是为了防病,而没有提及避孕用途。18世纪20年代,怀特·肯尼特彼得波拉夫大主教之子(他后来也成为一名教区长)赞扬避孕套使女人从"生儿育女和当小老婆"的地位中解放出来。④

霍普金斯学院妇科专家和控制生育研究领域的先驱阿兰·格特马克博士于20世纪40年代后期进行了一项调查,他调查的对象是2000名育龄妻子(职业妇女)和白领阶层的男性。调查中,格特马克博士发现,有41.7%的人使用隔膜和胶液,43.3%的人用避孕套。⑤

据统计,上世纪50年代,每年用于避孕药具的消费估计约为2亿美元,其中大约一半是避孕套。不过避孕套的使用量还不及冲洗器(洗涤水),尽管它比后者有效得多。在那10年以前,1940年左右,避孕套粗制滥造的很多,至少有一半是无效的。然

---

① 杨步伟:《杂记赵家》,中国文联出版社1999年版,第219页。
② 伯纳德·阿斯贝尔:《避孕药片——一个改变世界的药物传奇》,何雪、晓明译,东方出版社2000年版,第6页。
③ 同上,第30页。
④ 同上,第73页。
⑤ 同上,第81页。

而到 1947 年,5 家大公司便生产 7.2 亿只避孕套,经检测,其质量效能大大提高。一只避孕套的生产成本约为 0.8 美分。

避孕套进入人类日常生活中,基本是上世纪 40 年代后的事。安克强在研究当时上海妓院中性病的传播情况时,特别指出,直到 1945 年还完全缺乏关于使用避孕套的建议,在两份主要的医学杂志上确实没有外国或中国的医生发表文章提到使用避孕套的可能性,即使作者是在讨论与性病传播的有关问题。而在那些并不怎么专业的刊物中,也没有一本《上海指南》甚至是《嫖界指南》建议使用避孕套,尽管他们一直在警告与那些最普通的妓女接触时要预防被感染的严重危险。只有在 1945 年以后,警方才明确要求妓院为妓女购买预防疾病的制剂和设备,并责成嫖客使用避孕套,但这条规定并没有被遵照执行。①

中国人对 Condom 的关注

李零在研究中国方术时,曾提到美国马克梦(Keith McMahon)告诉他,明代色情小说《一片情》中出现使用"角先生"的细节,李零由此认为:"避孕套的设计恐怕正是从这类东西受到启发。"②李零的这个判断,很有洞见,它说明人类在许多事物上的感受和显现的灵感具有同一性。

李零提到的这个细节是:当小说中人物余娘和索娘在一起时,余娘"一把搂住索娘向袖中乱摸出一个东西来。仔细一看,乃尿胞皮儿做的,长五六寸,有一把来大。余娘看了笑道:'做得像!做得像!怎得把它来用?'"③

这个细节同时也提示我们,早期避孕套的起源,可能多数与人类的色情活动相关。观察这个细节,发现它已出现了器物明确的使用目的,虽是同性间的性活动,但已有了防止疾病传染的"卫生"观念,并有了对器物材质、造型及使用的描述。小说中的描述,一般是真实社会生活的投射,真实生活中完全没有出现过的器物,很难在小说中被细致描述。

李零指出:"避孕套是本世纪对人类生活起了巨大革命作用的东西。它的发明,在科技史的研究上是个大问题,西方学者多说,现在欧洲人使用的避孕套是由 16 世纪意大利解剖学家法罗波斯(Fallopius,1523—1562)发明的。据说在 1564 年(即他死后两

---

① 安克强:《上海妓女——19—20 世纪中国的卖淫与性》,袁燮铭、夏俊霞译,上海古籍出版社 2004 年版,第 164 页。
② 李零:《中国方术考》(修订本),东方出版社 2001 年版,第 456 页。
③ 侯忠义主编:《明代小说辑刊》(第一辑),巴蜀书社 1993 年版,第 760 页。

年)出版的一本书中,他宣称自己发明了一种用亚麻布制成,套在龟头上,用以防止梅毒的小套。这种小套就是现代避孕套的雏形。后来到18世纪,人们开始用羊肠或鱼皮代替它,并用以避孕,但使用不广,只限于妓院和少数特殊的商店。只是到19世纪,即1843到1844年,由于橡胶硫化技术的发明,才使人们有可能制造出性能与今日类似的避孕套,并在1870年前后得到普及,大量生产,廉价出售。另外,据说16世纪上半叶,日本也有类似发明。这两个时间,彼此相当接近,大体在我国明代正德(1506—1521)、嘉靖(1522—1566)年间。值得注意的是,这一时间范围正是明代色情小说和春宫版画广泛流行,日本对华贸易兴盛,并从中国进口各种色情制品,以及意大利等国西方传教士开始来华活动和梅毒传入中国的时间。"

李零认为"这些几乎是发生于同一时间范围内的事件,它们之间是否曾有某种联系,避孕套的发明会不会与中国有关? 当然,这一问题还要做进一步的研究。"①

与一般日常生活品不同,作为一种随用随弃的私密器物,早期避孕套的实物,我们见到的可能性极低,所以一般还只能在文献的描述中发现它的存在。

中国较早注意到避孕套史料来源的,可能是钟叔河。他在介绍清代张德彝《航海述奇》《欧美游记》时,曾注意到这两本书中关于避孕套的知识。钟叔河说:"更有典型意义的是张德彝对避孕套的描写和议论。……这种《航海述奇》中所记的'英国衣'、'法国信',都是中国关于西洋避孕工具最早的知识,在科技史上自有其价值。"②

张德彝是清代道光年间出生的,他到欧洲的时间约在19世纪70年代初,他对避孕套知识的注意,很可能在中国文献中是最早较为明确记载此物。后来刘善龄编《西洋风——西洋发明在中国》一书,其中介绍避孕套的史料,即来源于钟叔河的提示。③

张德彝在《航海述奇》中说:"又闻英法国有售肾衣者,不知何物所造。据云:宿妓时将是物冠于龙阳之首,以免染疾。为之设想,牝牡相合,不容一间,虽云却病,总不如赤身之为快也。此物法国名曰'英国衣',英国称为'法国信',彼此推诿,谁执其咎,趣甚。"④

张德彝在日记的另一处还提到:"闻外国人有恐生子女为累者,乃买一种皮套或绸套,贯于阳具之上,虽极倒凤颠鸾而一雏不卵,其法固妙矣,而孔孟子云:'不孝有三,无

---

① 李零:《中国方术考》(修订本),东方出版社2001年版,第456页。
② 钟叔河:《走向世界》,中华书局1985年版,第103页。
③ 刘善龄编:《西洋风——西洋发明在中国》,上海古籍出版社1999年版,第271页。
④ 钟叔河主编:《走向世界》丛书之《航海述奇》,岳麓书社1985年版,第498页。

后为大。'惜此等人未之闻也。要之倡兴此法,使人斩嗣,其人也罪不容诛矣。所谓'始作俑者,其无后乎'。"①

张德彝日记中的记述,应当说是中国人关于这方面所见的较早知识,无论他当时判断如何,这个史料对研究避孕套起源有帮助,其实他已描述出避孕套的两个基本功能和使用场所:"卫生"和"避孕",它在妓院中流行。

人类的许多发明,随时代变迁消失了,那些一发明即永不消失的东西,通常总是与人类生存本身相关,所以这种类型的发明中,不但包含人类的智慧,也包含人类的情感和想象。

中国部分文献中所见 Condom 史料

避孕套的起源,一般认为还是来源于西方,从称为"法国信"还有"英国衣"即可看出,它的成形和普遍使用,最终是依赖于现代化学手段才完成的,这方面西方有明显优势。

避孕套在中国传播初期,由于中国文化中缺乏自觉主动避孕的习惯,它的传播基本是在色情场所,是为防止感染疾病。初期有几个称呼如"阳具袋、如意袋、如意套、风流如意袋"等,由称谓即可判断其用途,稍后才成为明确的避孕工具,具体时间虽然不好判断,但大体是上世纪 30 年代后才普遍用于避孕目的。

上世纪 20 年代中期,王云五等主编《日用百科全书补编》时,在避孕的"器械法"介绍中说:"两性接触时,男性生殖器,用树胶制之薄膜套起,俾精液不直接注入腔内,但用前必须将膜消毒。"②

此类普及日常生活常识的工具书中,虽然已介绍了避孕套的实际使用方法,但还没有给出正式的称谓。本书十年后的修订版在介绍"避妊新法"中,先后介绍了"别居法、洗涤法、器械法、中止法"等,其中介绍"器械法"时,依然用了十年前的旧说。"两性接触时,男性生殖器,用树胶制之薄膜套起,俾精液不直接注入腔内,但用前必须将膜消毒。"③可见关于避孕套名称的流行,当时并没有一个固定的称谓。金浩 1936 年编著的《秘术千种》一书中有"梅毒预防秘诀",但此书中没有提使用"保险套"为防止方

---

① 钟叔河主编:《走向世界》丛书之《欧美环游记》,岳麓书社 1985 年版,第 744 页。
② 王云五等主编:《日用百科全书补编》第 35 卷,商务印书馆 1925 年版,第 1 页。
③ 《重编日用百科全书》(中册),商务印书馆 1934 年版,第 3948 页。

法。① 可见,当时避孕套的普及程度还不高。

姚灵犀《思无邪小记》中曾专门提及此物,他说:

> 今之洋货肆或药房中,尝售有二物,一曰风流如意袋,系以柔薄之皮为之。宿娼时蒙于淫具,以免徽毒,侵入精管,因能防制花柳病也,故亦名保险套,更有一种附有肉刺者,可增女子之欢情,但于用之者终嫌隔靴搔痒耳。囊底有一小圆球,中空,适当马眼,可泄精于内,间有用之避孕者,但往来冲突,破裂堪虞。此袋偶一戏用则可,阴阳不能互达,热度不能射激,殊非卫生之道也。②

可见当时药店中已有此物出售,特别是他提到的第二点"更有一种附有肉刺者",至今还是安全套制造中依然使用的基本方法,由此亦可知中国早期性用品的销售并不仅限于药店,流传并无严格限制,此中也反映社会文化对外来事物的态度。姚灵犀本书中还有一首《调寄水龙吟·咏风流如意袋》词,其中有:"似水蚕带蛹,玉龙包口,蓬瀛客,居奇货。遮莫魂消真个,论欢情卿当胜我。休讥小器,堪藏夹袋,房中术妥。"这类句子,虽属文人恶趣,但作为史料还不无意义,特别是指出了它由外邦传入,所以非常稀奇,由此可判断当时避孕套的流传程度。

陈无我《老上海三十年见闻录》中,也专门叙述过早期避孕套的作用及来历。他说:"此真花柳中保身要物。妓家每多湿毒,兼之常服泻药,染之受罪匪浅,悔之莫及。此衣系外洋机器制造,用之胜常,一切秽毒之气不能渗入。价亦颇廉,每副售洋一元五角,远处信力自给,贵客欲办,至英大马路新衙门西转北逢吉里一衖第三石库门内,至晚不售。"③此书1928年4月由上海大东书局出版,由此时间可判断当时情状,贺萧在《危险的愉悦——20世纪上海的娼妓问题与现代性》中,专门引述了这则广告,同时也特别指出"花柳病被置于非常显著地位"。④

周越然《言言斋性学札记》中曾记:"天下最不平之事,莫如生育。能孕者一触即成,不能者万冲无效;多孕者带佛国帽,以求根治,不孕者用救苦丸,希冀得胎。但每打

---

① 金浩:《秘术千种》,1936年,出版地不详,第317页。
② 姚灵犀:《思无邪小记》,天津书局1947年版。第71页。
③ 陈无我:《老上海三十年见闻录》,上海书店出版社1997年版,第257页。
④ 贺萧:《危险的愉悦——20世纪上海的娼妓问题与现代性》,韩敏中、盛宁译,江苏人民出版社2003年版,第232页。

'佛帽'必有一漏气者,此制帽国家之法律也,用之等于不用。昔农夫某,每年得子,厌之,杜造鳝鱼皮为帽以为阻隔,不料次年其妻一胎两子,求少反而增多,夫妇二人弄得莫名其妙,后来细细一想,知鳝皮之上有眼孔二,用时未曾填补,生命元子进出之路既分为二,胎儿之数量应成双也。此虽笑话之极无根据者,亦足以见帽类之不常有效也。"①

上世纪30年代前后,中国文献中常出现避孕套史料的有几个方向,一是掌故笔记中,一是专门介绍避孕和节育知识的科普类小册中,还有一种是翻译西方节育知识的译著中。我估计药店的销售目录和进口物品统计目录一类史料中,也可能存在相关史料,可惜没有见到,特别是进口统计目录中,如果能有避孕套的年度进口具体数目,可以帮助判断中国人对性病流传和当时妓院梅毒出现的一般情况。这几类文献中的避孕套史料,虽然说法并不完全相同,但归纳起来,大体可看出避孕套如何由一种陌生的色情场所专用品而普及成为一种日常知识。当时这些文献中凡提到避孕套,多数都有记述其来历的文字,可见还是一种陌生器物。但随着相关知识的普及,避孕套在当时文献中出现的频率累积度很高,也反映当时社会对外来事物的接受能力。

1927年,桑格夫人著,宋学安编译的《美乐之家》在上海出版,该书专设一节"橡皮套的功用"。其中说:"因之男子方面,都用一种极薄的柔橡皮所制成的橡皮套,把阳具完全套没。交媾时用之,精液即泄在套中;那么精虫便无侵入子宫的机会,如此即不可致成孕。这种方法,在美国最为通行。这橡皮套也到处可得(译者按:此种橡皮套,就是吾们中国俗称'如意袋'这一类的东西,现在各西药房中,大概都有出售。有日本制及西洋制二种,以西洋制的为可靠)。"②还有更详细的记述:"橡皮套有薄胶质制的,有橡皮制的。其质薄而透明有伸缩力,无眼缝,可以耐摩擦而不破裂。所以精虫在套内,一无机会可以突出而入子宫。不过用时如不留心,或所用的过小,包住生殖器过于紧窄,难免有破裂及裂孔的危险。如果破裂,则节育的目的完全失败了!因为用者并未擦破,而女子已不知不觉得胎了。所以用这种皮套,其容量必须适于生殖器膨胀的极度为要,决不能太小,太紧,以至用如未用。如果用时留心,则于免妊及防毒上,确有一种效验。用橡皮套须留意的一事:就是在抽出生殖器时,不能使皮套脱落;否则精虫仍有侵入阴道、游进子宫的可能。又用过之后,最好随即弃去。如果还要留为下次之用,

---

① 周越然:《言言斋性学札记》,广西师范大学出版社2004年版,第58页。
② 桑格夫人著,宋学安编译:《美乐之家》,出版协社1927年版,第23—24页。

那么必须于消毒杀虫药液中,浸洗干净,等干燥后方可再用。"

这些史料中,对避孕套的来历和制造质量也有说明,从中可见当时避孕套除了西洋进口外,还有日本这个渠道。在人类传播史上,私密物品传播程度越高,数量越大,越能说明交往的普及程度,越能说明文化融合的渗透程度。因为日常生活品,尤其私密用品有一个由高到低的传播过程,早期总是由外交人员或者身份较高的人员承担这个职能,慢慢流传到民间,当它可以成为公开的商品进口时,说明一种文化的融合和认同已基本完成了。

《科学生育法》一书中专门指出:"追迹'阳具袋'的来源与其历史,颇饶兴趣。在中国与日本当妓女者常用油丝纸堵子宫口,此种方法极简陋。欧洲16世纪中叶,意大利初用此法是用亚麻做的宫形帽,适合套在阳具上,Fallopius极赞成此法。工具进步,乃改用羊的盲肠来制,后又用鱼胶。至17、18世纪时,其制造法乃更精良了。是时英国也已采用了。著称'阳具袋'统名为Condom法。"①

这种介绍,可以说已是一个避孕套的小史,其中包含的知识量相当丰富,不但给出了器物起源的基本思路和方式,连名称和发明者也介绍出来,想到当时此类普及性的书流传较广,可以判断中国社会对避孕套接受的广泛程度,当这种知识成为日常知识时,它在很大程度上会影响中国人的生育观念和性生活方式。

中国健康学会编《现代节育法》第五章"男性的节育方法"中介绍,用一种物质套在男性的生殖器上,现在这种东西全是用一种极薄的橡皮制成,叫做阴茎之衣,普通称为"保险套",书中认为,这种方法在避孕的科学中占有相当的位置。"有些医学家,时常认为'保险套'这种东西,并不一定是这样妥当使人满意,橡皮微小的破裂,是失败的原因。不过经制造家的改良,这种情形已不常见,所以如果用一个最高等的,自然很少有破裂的危险。每一次使用以前,要一定试验一下。为使不致有微小的破裂起见,最好先用气把它吹起来,并且在未使用前,就这样的短时间内不必去管它。要知道精虫的形式是这样微小,就是极小的破裂也能穿过去的。"

本书中还特别指出了避孕套流行初期,人们对它的基本认识。书中指出,关于节制生育,在劳动阶级的许多人们中,有一种极普通的谬说,认为使用保险套尚能惹起肺痨的可能性。这固然是错谬的比喻,然而作者对这种见解很表同情。书中同时还提到了避孕套的价格,"保险套的价格,是往往令人可惊的,它是不应当这样的昂贵才对。

---

① Havelock Eliss:《科学生育法》,彭兆良译,民新书局1929年版,第28—29页。

民众们对于节制生育的需要性,有了相当的印象是对的;不过他们认为一种方法,如果它的价格是很可观,一定是可靠,这种理想是错误的。这种奇异的比喻是由于医院商店内一个卖零售药品的人,他对于节制生育运动是很抱着热心、仁慈告诉我的。他时常择出一种极贱而且物质极佳的保险套,每个价值不过几个便士;但是事实上,一个月的工夫很少有人来买这种价廉物美的东西。后来他们把这一种的完全不卖,另把一个价值每个二先令的放在目录上求售,不到两星期的工夫完全售尽,并且还接到各方对这种物质有夸赞的信笺,所以他感觉人民对于物品的优劣,是以价格来做标准的,这种思想很难有使他们更改的可能。同时我在已经很早使用过的人们中得到证实,就是他们耗费很可观的价值来买极优品的保险套,结果十二个之中有十二个是破裂的、失败的。现在经专家的改良,橡皮的原质和可靠性已经增高了;并且可以用一先令的代价,得到三个很好的了。不过应当直接到几家可靠的医学化学师那里去买,万不可到普通卖橡皮的商店里去,因为那里时常以这种东西,作为淫猥招揽顾客的物品。结果,不但使人不满意,而且它的伤害性也很大,价格也可观的不公道。"①

从翻译介绍外国避孕套知识和人们对它的认识理解开始,这是中国避孕套传播过程中的一个必经阶段,社会的接受渠道是先介绍节育知识,同时伴随介绍避孕套的历史和使用方法。

潘公展翻译的司托泼著《儿童爱》一书中认为:"阻止精虫游进子宫,如果不用前面说过的橡皮帽遮没子宫口,那么可以用方法遮蔽男性生殖器,也能完全达到目的,这个方法也许是流行的方法中间最著名的一种,而各种名目不同的'阴茎套'(Sheaths),即'如意袋'之类,用橡皮、胶皮,或丝绸做成的,市上也尽有发售,不过质料和形式自然不止一种,但是在主要点,它们都是相同的,它们都有包裹男性生殖器,阻止精虫漏入阴道。这些阴茎套自然是许多人所认为最是无害的方法,如果一对夫妻使用得很满意,那就不一定要去指责它们,但是,据我的意见,确有许多反对理由,足以说明除了特别情形以外使用阴茎套实在是不适宜的。"②

据说此书 1918 年出版后到 1923 年销售了近 30 万册,当时影响极大。人类对各种知识的接受过程中,依赖流行读物接受的程度,常常要高于专门的知识传授,日常知识和生活经验结合,沉淀为生活习惯后,一种知识的传播事实上就完成了,私密用品的

---

① 中国健康学会编:《现代节育法》(科学博士玛丽司托泼著),健康生活社 1937 年版,第 86—88 页。
② 司托泼:《儿童爱》,潘公展译,光华书局 1926 年版,第 62 页。

传播有一种非公开提倡和个人自觉认同的过程,因为私密生活的非交流性导致相关知识的接受呈封闭状态,这其中普及读物的作用相当重要。

叶群、黄嘉音译,史东医师夫妇著《婚姻生活指导》,也是一本当时流行较广的书,书中对避孕套的介绍是这样的:"再有一种防止精虫进入阴道的男用的方法,就是在性交的时候,用一种套子,把男子的生殖器套住。这套子通常称做男用避孕套,亦称卫生套,据说这是距今约四百年前,费洛毕斯(Fallopoius)设计制造的。实际上这种避孕套具有双重功用,它兜住了精液,可以避孕,同时它遮没阴茎,又可以防止花柳病的传染。避孕套主要可以分为两种,一种所谓'鱼皮'套,是特别选用某种动物的皮膜制成功的;一种就是橡皮套,是用天然橡胶,或是人造橡胶制成功的。鱼皮套用前,必须先将它浸湿,这当然不大方便,不大适用。这种鱼皮套虽然售价比较昂贵,但实在并不比橡皮套好多少。"①

这些介绍中多次提到早期避孕套使用"鱼皮"制造的事例,可能对中国手工业史的研究有启示,比如它的制造应当是相当精密的手艺,而这种手艺的流传可能有私密性,它可能在南方较盛,因为是昂贵的消费品,必有特殊的销售渠道等等。

当翻译介绍性作品累积到一定程度时,中国人自己编纂的相关著作也开始大量出现,而且慢慢会取代翻译作品,这种取代,其实是一种知识的普及和为社会认同的过程,也是一种文化融合现象。

严与宽编著《节育的理论与方法》,已不再以介绍的姿态传播一种新知识,而是直接说明,虽然知识的来源是外国的,但已化为了自己的一种认识。严与宽认为:"避妊袋——俗名如意袋,亦系橡皮制成。大小药房均有出售,价目每打七八角。在性交之前,将避妊袋套在阳具上,待丢精时,精液则完全留存袋内,不致流入阴户。此法本最安全,不过这东西容易使夫妇间发生一种隔膜,减少性交时的乐趣。并且这薄橡皮膜容易破裂,用时应格外注意。常用避妊袋来性交,不但减少兴趣,并且有时夫妇间会发生神经病。不过偶而试用,则固避妊之妙法,而完全无损于人体之健康。"②

郭泉清在《实用避孕法》中认为:"男用长橡皮套——这是用膜制的囊袋,于交媾时套在男子的阴茎上,将阴茎封闭于此袋内,则精泄于袋内,而不汇入阴道。最初所用的是动物的膀胱或肠管所制,也有丝制的,现在则多用橡皮,形如圆筒,分大中小三种。

---

① 史东医师夫妇:《婚姻生活指导》,叶群、黄嘉音译,家杂志社 1948 年版,第 102 页。
② 严与宽编著:《节育的理论与方法》,大东书局 1933 年版,第 116 页。

套太小则将勃起的阴茎紧压,发生痛感,过大则可能在交媾抽动时脱落。选择时应以半勃起的阴茎为准,则可免太小或太大的缺点。其尖端每附一小池,以盛泄出的精液。此套不用时可以卷叠,面积甚小。宜置于通风的暗处,又须保持干燥,则可耐久。用时宜先吹气,使之膨胀,以试其是否漏气。漏气者则可能漏精,不且使用。又须用两手拉它,以试其弹性,失去弹性的也不可。试后再将此套卷叠如故。涂一点水在阴茎上,使橡皮可紧附于阴茎上而不致脱落。然后置套于阴茎头上,将小池内的空气逐出,向上卷套,以至其全长,这样使阴茎密闭于套内,而套亦不易脱落。此法的优点在它的简易,能防止花柳病的传染,因此一般人称之为'卫生袋'或'保险套'。这种方法无需医师的指导,携带方便,购买又易,因此用的人相当多。但是它的缺点也不少:一、不甚保险——据海尔氏调查所得的结论,其保险度仅有百分之五十一,与其他化学药品合用时,其保险度大为增加,所以不宜单独使用。二、大小难以合适——过小则紧压阴茎而有疼痛,过大则于交媾抽动时容易脱落而不觉得,过小可能破裂。三、橡皮套内常有小孔,用时未检查出来,或失去弹性而有小裂孔精虫乃由此小孔流入阴道内。四、减少男女的快感——因两性器官隔以橡皮,不能直接摩擦,以至减少其快感,尤其是男子方面,不过在易泄的男子,有时可以利用此套而延长时间。五、性行为不能连续——用时须阴茎勃起而有性冲动时,因此用此套须将连续的性行为截成两段。有时性行为被截断后,阴茎变软而不再举,致性交不可能。六、女方不能吸收精液——精泄于袋内,女子不能吸收男性的精液,男子精液的内分泌素及其他成分,据说对于女子颇有益处,而用此套时则女子得不到这种享受。"①

书中还认为"男用短橡皮套,此类短橡皮套亦称美式橡皮套,甚短,只能将茎头包套,故在交媾时,茎干仍与阴道直接磨擦。较用长套者有快感。但较易脱落,而且不能防止花柳病的传染。它的利弊也与长套相似。"这个介绍显示了人类在避孕和性快感之间的困境与想象力,是关于早期避孕套形制方面的史料。

许晚成《男女避孕法》中介绍"避孕袋避孕法"时说"以前有如意袋一种,套在阳具之外,射精时可以隔绝精虫,可是大都嫌太厚,而且易裂,交接时候不能畅尽鱼水,次晨往往引起头晕目眩诸患。要是破裂,也许适以成孕。现在有许多新出品,质薄坚韧,交接时如将袋的外层,再敷上 K. Y. Jelly 或妙特灵油膏,可使两性器官增加近密,此两种

---

① 郭泉清:《实用避孕法》,家杂志社 1949 年版,第 47 页。

油膏发生一种幽香,可以增进性欲的强盛。"①

汪企张著《避孕法》,"男子的精虫,不入女子的子宫时,便不能成胎。寻常药房里,有风流如意袋出卖,它的目的原为预防染毒起见,但是也可避孕,因为男子所出的精,仍留袋中,未接女子生殖器的缘故。不过这种皮袋,厚了,好似隔鞋搔痒,减退快感,薄了,极易破裂,仍旧无效,所以也是一种消极的方法,聊胜于无的意思。"②

林俊千编著《新家庭》,"男子的节育方法,普通所谓忍耐,不使精射入女性生殖器,但这是不可靠的方法。只有用保险套,一只极薄橡皮做成的袋,套在男性生殖器上,这样,使精液不会射入女性生殖器。不过,得留心这橡皮套有微小的破裂,要是有一线的破裂,那就等于不用。而且价格相当的贵,恐怕不是一般人所能购用的。"③

孙严予《今日避法与性心理》一书中提到:"男用如意袋系精薄橡皮所制,成一袋形,恰可套上阴茎,袋之顶端有一小袋,为储精所用。该项如意袋,胜利后,在我国各大城市已极普遍,街边小摊均可买到。因为精虫极小,数多,而活泼,故极小之漏洞亦可引起精虫通过之可能,故使用前必需检验是否有小洞。该法避孕之目的颇可靠,但是因为双方之生殖器隔了一层橡皮膜,性交快感大为减少,如隔鞋抓痒。再男女双方之生殖器相互浸润在双方之分泌物内,不论其是否为双方生理上利益,却是性交当时莫大之快感。该方法剥夺了双方这一个重要的享受。有些人在性交中不带上如意袋,而在男人快射精时,再带上去。这方法固然可以免这一缺点,但是性交中无防卫方法,性交中滴出精液少许时,即可受孕。所以这方法在性交之满足是极大之妨碍,现在除预防花柳病者所采用外,健康夫妇正常性交时不采用之。"④

孙严予提到"胜利后,在我国各大城市已极普遍,街边小摊均可买到"一语,大体可以说明上世纪40年代中期后,避孕套的普及程度已相当之高,但当时中国还没有专门制造避孕套的工厂,说明它主要还是依赖进口。

避孕套在中国传播中,我还没有见到过有阻力的例子,这说明中国人的性观念相当开放,接受外来文化的能力极强,同时也说明中国人对人口压力的意识也相当自觉,而且避孕知识的普及程度非常迅速。

---

① 许晚成:《男女避孕法》,1939年版,出版地不详,第38—39页。
② 汪企张:《避孕法》,上海大东书局1923年版,第28页。
③ 林俊千编著:《新家庭》,中国图书编译馆1938年版,第47页。
④ 孙严予:《今日避法与性心理》,中国优生节育促进会1949年版,第26页。

作为高级知识分子的杨步伟,上世纪20年代在欧洲还为避孕所苦,但到了抗战后的40年代中期,避孕套在中国的用途和容易得到,已成为日常生活知识,这个时间非常短暂。而避孕套的名称,从初期的"如意袋"经历"避孕套"到现在人们习以为常的"安全套",它的功用经历"卫生"和"避孕"后,一般又回归到了"如意袋"的原初意义上,这个变迁体现了人类在节育和性活动中的丰富感情和心理,同时也展现了人类在原初生命活动中的智慧和想象力。

(作者系厦门大学文学院教授)

我的早稻田大学

秦 晖

作为"文革"后的第一届研究生,我在 1978 年离开田林县的平宜屯时是以大学本科"同等学力"者的资格考入学术之门的。后来一次接待日本同行,对方问我本科在哪里"出身",我答曰:"'早稻田大学'。不过这个早稻田可不在东京!"人所共知的"早大"是日本排名第一的私立大学。而我的"早稻田大学"就在田林壮乡。在那九年多插队期间,田林各地的许多水利水电交通基础设施工地,就是我的这所"早稻田大学"的重要课堂。

田林县喜欢搞各种工程似乎是一种"小传统",当时在百色地区已有名气。过往这一带的外地司机都有"田林爱水库,隆林爱杉木"的说法。而整个 70 年代田林的大小工程我至今仍能如数家珍,其中很多我都曾经参加过施工:1969－1970 年冬在田西公路驮娘江边的那读段。1970－1971 年冬在该公路的渭密段后又转进高龙煤矿公路。1971－1972 年冬在八桂－那比公路八桂桥工地。1972－1973 年冬在乐里河上的新建水电站工地,新年前后又转进丰厚水库进行"抢险"施工直到农忙前才收兵。1973－1974 年冬再次上丰厚水库。此后还去过潞城－百乐公路、龙车水库,以及一些公社、大队办的小型工程,如俫的公路、烂挡水库、平宜水库南干渠整修等。总之在这九个冬天(以及其他一些时候),北起龙车南至高龙,东起新建西至定安,点状的电站、水库,线状的公路、干渠,那个时期田林县境内的许多大小工地都留下了我们这些知青民工或曰"民兵"的汗水。这九年我从 15 到 24 岁,按年龄正常情况下那时可不就是大学本科的时代,名副其实的青春年华,都献给了我们的田林县,我的"早稻田大学"!

漫话工棚

那时的工地,点状的与线状的有很大区别。水库、电站之类的点状工地,民工居住集中,较大的工程在农闲的施工高峰期往往形成上万人聚集的"工棚城",入夜灯火璀璨一片,颇为壮观。我当时曾写过一首《工地上的星光》为之赞美,成为我初次发表的"作品"。但更为实质的是这种工地在施工前一般已具备基本交通条件,物质供应相对方便,由于人群聚集精神生活也相对丰富。负面的一点则是生活污染极为严重,不仅工地周围"千村霹雳人遗失",而且大片草棚密集还多次导致祝融光顾、"火烧连营"。仅我在丰厚水库就见到过两次火警。

而线状的工地以公路为典型,不仅沿线工棚散处,往往僻无人烟,而且路既待修,何谈交通,有时休说物质供应,连人进入现场都先得披荆斩棘。更由于公路常盘山而行,远离溪沟,不像水库电站俱属近水楼台。为生活计,工棚必须就水近,有时便离工地甚远。像我们在高龙公路,就溪边结草为庐,而工地远在山崖上,上工要爬一小时山,未干活先累个半死。于是只得早出晚归,带饭上山,辛苦自不待言。但好处是这种工棚孤处山野,与自然相融,往往身边流水潺潺,猿啸狐鸣,林涛满耳。当时苦累之躯无暇欣赏,而今怀之,常憾不得复居于是云。

当时施工,有时是先派先遣队前往搭好草寮,大队人马到时便有处栖身。但更经常的是并无此种预备,到达工地只见林莽一片,跋涉之疲人,铺盖一放,先得砍树刈草,自构窟穴。有时到达工地天色已晚,不及结庐,只能幕天席地而眠。当时想起大寨人"先治坡后治窝"之豪语,不禁称羡:有窝而得后治之是何幸也!奈我辈有坡而无窝何。1970年冬在高龙工地,到达当晚全连勉强盖好一寮,女士优先。不料入夜降下冬雨,露天而卧的男子汉们惊醒时铺盖尽湿,唯有颤抖苦挨待晓。当时又想效那杜工部茅屋为秋风所破,作"无屋为冬雨所浇歌",自诩为革命筑路胸怀祖国放眼世界欲救全球三分之二阶级兄弟于水火,胜少陵大庇寒士之志多矣。

比起这种窘境,只要有工棚可住就不错了。回想那时的"民兵"也的确了得,只要一把斧子就能盖起不错的工棚。当时在点状的大工地工具已经比较进步,运土的板车轮轴已是工业品,车身虽为自制,指挥部也有工具齐备的木工房。而在筑路工地,民工们只带斧子砍刀到现场,不仅伐木为寮,而且斩木为板为轮,不施刨锯,只用一斧就可把大木头生生砍成薄板(今天从环保的眼光看不免可惜),做成案板、脚盆、桌凳乃至拖耙、独轮车等用具和工具。那九年我分别在平塘与潞城两处插过队,公路边的潞城还比较"发达",犁耙等物均为购置,而山里的平塘那时还处在两千多年前"盐铁论"的时代,消费品除了盐巴,犁耙除了铧口之类的铁部件,几乎什么都是自制的。工地上更是如此,从碗(那时我们都用竹编小簸箕盛饭)筷之类的用品直到施工用具,全在现场自制。就连开山炸石用的炸药,有时现成的硝铵炸药供应不上,上面也就发下硝酸铵化肥及硫黄等原料让我们自制,那种化肥大多吸潮结成大块,当时以我们的大锤猛砸不已,竟未爆炸,至今想来咋舌。

就是在这种不仅手工劳动,而且连劳动工具也多是手工自制的条件下,那时我们干出的事情实可以自夸于后世。虽然当时科学性可疑的种种近期远期规划几乎从来没有实现过,有始无终工而不效劳民伤财的事也有不少。有些工程即使当时我也狐疑过,例如那座新建水电站,在比降极小的乐里河上用极长(好像不下十公里)的渠道引水,工程浩大而所得水头非常有限,渠首的大坝却又比同容量一般的引水式电站高大得多,几乎是坝后式电站的规模,兼有两种电站之费工而工效比实堪怀疑。

但是,就我们实际达到的成就看,应该说已经相当可观。1969年冬我第一次上工地时,装机仅一百多千瓦的河口电站就算田林电业魁首,而1978年我离开田林时,4800千瓦的那拉电站已经发电。1969年的田林全县12个公社,除了抗战中修建的滇黔桂公路贯通4个公社外,其余8个公社建国20年修通了车的只有浪平、八桂两个(还有八渡与平塘的简易路间或可以进车),而在9年后我离开时,这8个公社已经全部修通——当然,其中仍多是窄得不能错车的"独行侠"公路,而且一下雨就塌方,一年通不了几个月,一月进不去几趟车,往往是马帮用路比车用的机会多,"山间笛鸣车难去,大路铃响马易来"。但不管怎么说,总算是比过去只有"山间铃响马帮来"的时代进步了。虽然历尽辛苦,我们的血汗并没有白流。昔人云国家兴亡匹夫有责,而一县之兴,匹夫如我亦当与有荣焉。

食在工地

工地上的劳动艰苦,生活也极其简单。点状的"工棚城"说是物流较易,实际也很贫乏。记得那年我们在新建过"革命化的元旦",指挥部供应猪板油若干,意思大概是给民工炼油做菜的,但各连无菜可做,且已连月断油,于是竟以板油为肉,白水煮之。果然异香扑鼻,诸人迫不及待,争相啖之,顷刻而尽,众口啧啧,皆称天上人间第一美味。今日川菜馆有所谓水煮肉片之名肴,而味觉难与当年"水煮板油"相比矣。

公路工地则更加艰苦,供应根本谈不上,一般进入之时有的生产队犒劳本队应役者，备些干菜如萝卜叶之类马驮而入，入则全连"共产"，数餐而尽。此后则白饭盐水而已。当时我们胡诌的"菜谱"有所谓"青龙过海"（菜汤），属稀有珍馐，其余则"画龙点睛"（沾盐巴下饭）、"满江红"（辣椒酱打汤）等等。平时工余聊天，话题就是悉数平生曾享种种美食，"精神会餐"，初时以为我们如此，一次开会遇到各连同学，他们聊天的内容也都是关于美食的回忆，与我们居然毫无二致。

不过那时菜其实根本不重要，饭能果腹就行。当时真正的问题是饥饿。按说工地定量每天两顿每顿七两米，今天已觉太多。但是那时年轻能吃，个个是"古代阿拉伯——大食国来客"，工地上每天10小时以上的重活，加上全无半点油水，那几两饭穿肠而过竟无些儿感觉。头两年工地抢饭，堪称一绝。记得1969年我们第一次出民工，第一天上工，中午收工哨响，众民兵转眼无踪，我们三个知青"假积极"，没有兔遁而在工地上扭捏了一会儿，回到炊事棚一看，顿时傻眼：大锅饭早被一抢而光，只剩几块焦煳的锅巴粘锅不下。我们丧气之余，刮而食之。下午空腹出工，那天真是饿得双脚如踩棉，眼前一片黑！以后我们再不敢扭捏，收工时兔遁得比老乡们还快。当时尚未使用"标准制式"的竹编饭具，各人自以茶缸盛饭，我们无经验，只带个小茶缸上工地。而别人或缸大如盆。那个阵势，哪容你再添？后来总结了经验，开始抢先盛上小半缸，饕餮数口而尽，赶紧再盛，则尽量盛满压实。如是方得半饱。那时开工之初，尚有"青龙过海"佐餐，但其实大家看也不看，先将饭抢食一空，然后才来欣赏菜汤美味。彼时彼地，岂容你以菜就饭作斯文状！

后来看到抢食实在不像话而且难免饥饱不均，工地开始提倡分饭。不用各人所带餐具，炊事员砍竹为篾编成簸箕状食具，每人一个，一般大小，饭熟，分盛各簸，布列于案，收工后人取一簸而食。反正无菜无汤也不怕竹簸有漏。大冬天如此事先分饭于下漏上敞之簸，食时或已放凉，但苟能果腹，也就"寰球同此凉热"，无所谓矣。就这样收工时人们仍然争先兔遁，为的是先挑一份稍多一点的。而那时人们吃得也格外干净，食具根本不用洗：反正无菜无油，而又粒米不剩，食毕一放，已自光净如洗矣。

实在吃不饱，有人就设法另外弄点私粮，置个铝锅，晚上煮食，谓之夜宵。一般也是无菜无油，白饭而已。但饭香扑鼻，仍是挡不住的诱惑。于是效尤者众，十居五六。晚上刚吃过饭，营地上又复炊烟四起。我那时以懒做家务爱看书著名，没有趋此时髦，饭后宁愿躲进小寮成一统，就着油灯以书自娱。但是外面的饭香透过草寮袭来，往往使我魂不守舍，看不进书。

我那时甚至很为羡慕病号，倒不是病号有什么特殊照顾或者可以休息，只是因为病号食欲减退,那饭就够吃了。那时似乎对病号(重病就医者除外)也的确没什么照顾。平时受饥饿之苦,病号蒙病痛之"福"不觉饿,甚或那份饭还吃不完,似乎已经是照顾了。当然那是我饿糊涂了,当时就不想想那病痛本身之难受不有甚于饥饿吗?

正是工地上的饥饿,使我发现自己此前犯了个过失:当初从刚插队后到首次出民工前在村里的两个月内,我们尚无住房也没有自己开伙,而是每人一家分别吃住在村民房东家中。政府给我们下乡知青第一年供应的口粮和生活补助也全数交给房东。那时我们的粮食供应定量是每月36斤,在每天两餐制的当地每餐应合6两。这个数字比我们下乡前的饭量已经大得多了——那时我们在食堂打饭,4两都吃不完。因此我从未想到有不够吃的问题。插队后既然自己并未开伙,也不知道6两粮能出多少饭,总觉得按自己的饭量应当只多不少,房东应该还略赚一点。因此平时吃饭并不留意节食。谁知头一个月还好,第二个月与房东全家一起吃饭时,有时就发现他们在议论什么,虽然那时我还听不大懂壮语,但直觉感到是说我吃得多。当时我虽然没有表露什么,心里还是有点不快。到了工地,每顿7两还吃不饱的情况猛地使我想到,插队后我的食量在不知不觉中已经猛增,实际上在我不注意时,大概已经远远吃超了定量,"剥削"了我房东一家!这么一想真是惭愧得无地自容。坝关村当时相当贫困,村民并不能保证温饱。而房东一家在我如此不明事理的"剥削"下仍然热情相待,也真是让人感动。工程收兵回村后我就注意了,但是毕竟饥饿难制,心管不住嘴,就算没再吃超,大概也没能省回过去吃超的。而当时我们无钱无粮(有钱无粮票也不能买粮),只能探亲时从家里带回点东西送给房东。——这被看成是人情,而我私下是当成还债的。不久我们就离开房东另开伙了,也没能再给他什么帮助。我这个房东农卜边是个老实的普通农民,一辈子没在村里有任何"职务",家境也始终穷困。1974年我离开平塘,20多年后我于1996年重访故地,他已经去世多年。老伴尚在,茅屋依旧,也看不出什么改革后新气象,仍家徒四壁,令人心酸。

其实今天想来,我们那时的饿真不能算什么饥饿。毕竟每天还吃了一斤四两!当时的中国农民,有多少人的口粮消费能达到这个水平!更不用说历史上的饥荒时代了。

写了这些关于"抢饭"的文字,可能使人对当时的人际关系产生误解。虽说圣人有言:"衣食足知荣辱",可是他并没有反过来说衣食不足就必定不知荣辱。艰苦的工地生活也凝结着友情。这里只举一例:那年在定安修路,临收兵时我突患恶性疟疾,这时指挥部已撤,大队民工要返回,而我动弹不得。在这人地生疏的荒野工地,没有任何交通手段怎么翻山越岭回到160里外的坝关村？这时我的同学和同队知青黄志先主动提出留下陪我。大家走了，我们靠留下的一点给养独自在工棚里待了几天，待到烧退，我们便打算返回。可是我们这次来时是先到渭密，后来转进高龙公路，现在再从这里返回显然不能走原路。而经定安回去的路我们并不认得。田林县地广人稀，除滇黔桂公路沿线与浪平等地外，多数地区村寨稀疏，定安到平塘所经的田林、隆林、西林三县交界地带更是如此。我们在定安查看了地图，经由那门、经堂北上，山路迷离，几次走岔，我又是病后弱体，一路上全靠志先呵护，经三天跋涉后才回到村里。至今思及，能不感念当时的患难之情？

工地"白领"

大量知青参加各地的基建施工，是那个年代中国南北常见的一道景观。毛泽东时代国家喜欢用政治动员，即所谓群众运动的方式办一切事情，经济建设也不例外。这种近乎无偿地平调农村劳动力，以人海战术的方式进行施工的做法今天看来有不少弊病，但在国力贫乏的当时，用这样的办法进行"原始积累"似乎也是别无选择，而且也的确办成了不少事。那时的许多工程，工交项目无不名之曰"国防工程""战备项目"，水利项目则年年号称"抢险工程"。为此动员的大量农民劳动力，当时不叫民工，而叫"民兵"。这个叫法的好处，一是便于进行高强度的军事化管理：那时工地设指挥部，各公社（如今的乡）的劳动力组成"民兵营"，而每个大队（如今的行政村）则成为"民兵连"。二是以此激励政治士气：按当时的全民皆兵军政合一体制，本来是每公社有民兵团，大队有民兵营的。而到了工地，公社成了营，大队成了连，为什么要回缩一级？因为按政治上的说法上阵的都是精锐，是"基干民兵"，公社民兵团上阵的是该团的基干营，大队民兵营上阵的是该营的基干连，以示光荣之意。后来知道这种做法源自战争年代，而自"大跃进"时在全国范围内成为不成文的制度。因为那时有参军光荣的政治气氛，民兵虽非现役军人，似乎也与有荣焉，"基干民兵"更是被解释为具有政治待遇的色彩。

这种荣誉感当年也许是起作用的，但是从"大跃进"到"文革"后，年年进行雷同的动员，荣誉感早已透支。不过，中国农民自古以来都知道，作为百姓给朝廷当差纳粮是其本分，所以这个制度无论光荣与否，起码被视为正常，因而能够有效运作。公社化时代"皇粮国税"在向农户分配口粮前就已由公家预先扣除，无须再向农户征集，但兴役派差还是要各户出人的。虽然从国家来讲几乎是无偿征调民力，但对于出民工者生产队给记工分，参加村里的分配，所以从集体来讲出去的人是为集体应役，集体给予报酬,与历史上的无偿劳役有所不同。但是一般的农户还是有避役倾向。这一是因为当时工地上的体力劳动一般都比本生产队的农活劳动强度大,尤其是施工高峰期一般都选择在农闲时,这时队里的劳动强度就更不能与工地上的劳动相比了。二是工地上的生活条件比在家里艰苦,无法享受"老婆孩子热炕头"的乐趣。第三,更重要的是,外出者无法照顾家务,料理自留地和家庭副业——这在当时的贫困状态下对于补贴家用还是很重要的。那时我们插队的村寨里生产队基本上没有什么现金分配,靠工分只分得一些粮油等实物,如果没有家庭副业,家里就只能一文不名。因此一般农户还是把出民工视为不小的负担,不像今天的农民为挣工资而主动离土离乡满世界打工,当年的农民不会为挣村里的工分而外出。所谓征调"民兵",其性质与历史上的力役征派没有什么不同。

我国历史上过去有三种派差的方式:轮充、均抽与雇役,公社化时代没有了雇佣劳动,货币在人们生活中的作用也不大,因此以钱代役的雇役制不再存在。然而轮充与均抽之外,那个年代又有了一种新的派差原则,即对身份低贱者进行歧视性乃至惩罚性征派。因此,当时凡有派差,各村总是尽可能"优先照顾"四类分子及其他另册中人,使得这类人员在民工中的比例明显高于其人口比重,尤其在县及县以下工程中更是如此(那时有些国家重点工程,如我们插队期间施工的枝柳铁路等,对民工还是有政治要求的)。于是尽管按当时正式的说法,四类分子不能当民兵,尤其不能当基干民兵。而我们在初次出征这类"国防工程"时,却对这支光荣的基干民兵队伍中如此多的不光荣分子大感吃惊。但是很快我们就习以为常了,知道不是从荣誉感,而是从劳役负担的角度讲这是再正常不过的事。后来从事历史研究,了解到苏联当年斯大林时代许多非常光荣的工程——从远东的共青团城(今天著名的苏霍伊系列战机的生产基地)到列宁格勒附近的白海—波罗的海斯大林运河等等——都是劳改人员集中的"古拉格群岛",而非如宣传所说的那样都是保尔式的理想主义光荣劳动的结果,也就完全能够理解了。

尽管如此,我们当时参与这些建设却完全是出于自愿。如今有些知青文学把"接受再教育"描写为十分屈辱之事,这并不符合我们当时的实际感受。当然插队在当时并不是一种受欢迎的就业方式,也不是多数人的自主选择,多数知青实际上是把它作为一种无奈的"待业方式"来接受的。但这并不意味着知青在那时的乡村社会中地位比农民、比号称教育者的贫下中农低下。实际上,不仅村民们本性善良淳朴,而且在城乡户籍身份壁垒森严的当时,我们这些本人已经失去城市户口的人仅仅由于家庭还在城里,就足以令一般的乡亲们羡慕,他们对我们还是十分尊重的。而且初来的一段时间还十分客气。我们在1969年9月22日到坝关村落户,11月就赶上田西公路上马,我们都报了名。队干部还说你们初来,这次是否就不上了。但是我们"决心很大",队里也就同意了。而到了工地一看,虽然分散在各村的知青们事先并未商量,却不约而同地几乎都作为"民兵"上了这里。从此,年年冬天都出民工就几乎成为许多知青的一种惯例。

村民们视为负担的这种劳役角色有知青来顶,队里当然是乐意的。尤其是初来时很多知青农活不熟练,让他们充抵"民兵"名额在队里看来应当是十分合理的安排。

但是知青为什么也愿意呢?原因是多样的。有些村寨干部是动员知青去的,他们说你们没有家庭拖累,就让你们上吧。但就我自己而言,愿意上工地的原因前后有些变化。应当说前几年的确是政治热情的成分大,总想响应党的号召在最艰苦的环境下锻炼自己。同时对当时宣传的建设规划与工程意义都深信不疑。记得第一次在田西公路参加开工誓师大会,县委书记到场讲了许多雄伟规划,一气列举了一大堆工程,其中讲到今冬要完成4800千瓦的那拉水电站,三年内要建成8万千瓦的弄瓦水电站,彻底征服驮娘江与西洋江,等等,把我听得真是热血沸腾,深为能参加这场"改天换地"的伟大建设而自豪。后来很长一段时间我对县里的许多规划工程各项数据一直记得烂熟,还在自己绘制的田林地图上画满了这些未来的美景。但是以后我就发现这些规划不能太当真:我1969年在这首次誓师大会上听到要今冬建成的那拉电站,后来实际上过了8年才在我离开田林前不久全部投产,而会上宣布三年建成的弄瓦电站,3年后尚未开工,但倒是正式列入了广西壮族自治区的"四五计划"(这是多年后我在广西经济史料上看到的),然而此后便没了下文。直到35年后我在大洋彼岸写这篇回忆录前不久,才在互联网上看到该电站已经改了规划移坝址至洞巴,洞巴电站如今已经动工并将可望于今年内实现截流云云。当然另一方面,我当时在各种规划图上并未看见的那读、福达等几个电站今天倒是有了。

这且不论,反正当年我是深为这些规划所动的。头几年我们在工地上也确实是"为革命"而苦干,那时干的就是挖土方的力气活,以及打眼放炮之类的险活。然而再高的热情在严酷的现实与几乎凝固的生活模式中也会冷却,几年下来除了那些"知青官员"需要职业性的高调激情外,仍在劳作中的知青"革命意志衰退"几乎成为难以避免的现象。

然而我们还是愿意上工地,其原因便有了更多的现实考虑:第一,我们插队的前五年都在深山里的平塘公社,寨子通常很小,因而知青"插"得也很分散,平时难得走动,不免寂寞。在工地(主要是水库、电站之类的点状工地)上则生活虽苦劳动虽重,但人群聚集,比较热闹有趣。第二,在村里收工回来还要自己生火做饭,操心柴米油盐。而工地干活虽重,伙食却有炊事员管,反而省心,还有些时间看书。第三,在当时的乡村,县办基建工程相对而言算是"知识密集型"领域,我们这些其实今天看来并无多少知识的"知识青年"有不少找到了可以"大有作为"的"广阔天地"。两三年后许多人便不再挖土石方而干上了其他工作,俨然成为工地"白领":如指挥部与营部的各级施工员、会计、宣传报道员、卫生员等。因而工地活重这一乡亲们抱怨的问题对于他们已不是问题。

我也成为这些工地"白领"之一。但是当初还有些不习惯,因为作为"蓝领"时对一些人借故"脱产"颇有非议,也害怕弟兄们如此议论自己。先是1972年我在八桂公路工地做了会计,但平时仍在"连"里劳动,只是带人采办给养和月尾结账时不上工。次年在新建水电站工地我因替宣传队写的演唱脚本受到好评,在转进丰厚水库后我就被调到"营部"做宣传报道员。

宣传报道那一行在那个年代是吹牛的代名词,在群众中口碑甚差,大家都把报道员张三李四称为"张大炮""李大炮",我过去也如此议论。现在我自己成了"大炮",就害怕别人也指我的脊梁骨。于是上任后头几天还照样回连劳动,希望以此保持"与群众打成一片"。不料我这种当时有点反常的举动似乎并未赢得赞许,反而感到大家的眼神里有一种"得了便宜还卖乖"的味道。一个老乡就明着说:人家脱产你不脱,不就是想混个先进吗?没用!想当先进,首先得跟领导混好!一句话说得我面红耳赤。平心而论,那时我的确是很希望"进步"的。

但不久,一场"车祸"使我不敢再"卖乖"了。此前我们修水库,都用自制的独轮车运土,人在车后推。这次在丰厚,技术有了进步,改成用充气轮胎的双轮人力板车了。它比独轮车装土多、工效高,但人是在车前拉,对于顺坡下冲的车子来说人一旦滑倒,就有被碾撞受伤的危险。那时丰厚的坝基刚开始填土,位置很低,而取土场为了能够使用稍久,位置又偏高,造成运土车道很陡(大坝筑高后坡度会变得平缓),重载的土车下冲车速极快。而我眼睛不好,一向手脚不是很灵便。加上我的双轮板车后刹板太窄,刹车力不足。一次刹车稍迟,在弯道上倾覆,车把将我打倒在边坡,幸好只是手脚擦破点皮,险些没有甩下谷中。爬起来一看不免心惊肉跳:如果被车撞了下去,我这"早稻田大学"可就永远毕不了业了。后怕之余,我也就随俗不再上工。

但是眼见大家如此辛苦,我"脱产"也觉得过意不去,认为唯有努力尽责以报效这些辛苦的乡亲。于是我整天在各连转悠,寻找弟兄们任何可资表彰报道的表现。稍微有些可说者,我即按当时通行的文体,添枝加叶,上纲上线,频频给工程指挥部广播站供稿。由于我供稿甚勤,全县12个公社12个"民兵营"所在的工地,广播喇叭中"平塘营"的消息一度几乎占了一半。以至于广播只要一开机,音乐前奏过后大家就会接口念道:"现在播送平塘营的一篇来稿……"而那时平塘在12个公社中人口只多于百乐、板桃居倒数第三,平塘营也只是个小营。而且更重要的是,平塘营的施工业绩好像并不比兄弟营更辉煌。一次营负责人(公社副书记)笑道:你还是省点力吧,人家都埋怨说,指挥部广播站怎么变成平塘营广播站了。我有时也自嘲道:看来我也成了"大炮"了!

然而"大炮"有时也不免遇到问题。那时由于前述原因,"民兵营"中"四类分子"偏多,而这些人在当时条件下又特别老实驯服,工地上干活非常卖力。我看到后问别人他姓甚名谁,厚道的乡亲告知名字后也未必会补充说他是四类分子。于是他们便在广播喇叭中成了受表扬的"好人好事"。而这些"贱民"当时是不许被表扬的。我于是几次遇到尴尬。好在只是工地广播站,指挥部与营部对我的工作印象不错,没有为难我。以后我只好有时就不提姓名但说是某连的一位战士,要提就需要核实他是否可以表扬。

"革命化"的节日

冬闲施工,当时遇到的一大问题是过新年和春节。新年还好办,农民不太重视。春节则是农民传统上必须回家团聚的日子。"文革"后尤其是"学大寨"的高潮中,经常号召"移风易俗,在基本建设工地上过一个革命化的春节"。但是号召归号召,到时农民们还是都会跑光,工程也不得不下马。

然而有几次领导真急了。由于那时的水利工程往往计划不周,工期通常都拖后。但是,有些成汛溪河上的水库冬季截流后不留行洪通道,汛期到来大坝没有达到泄洪高度就会毁坝成灾,导致严重后果。这样的事那时在中国也的确一再发生。当时的水利工程几乎年年说是"抢险工程",有些只是进行动员的说辞,但有些的确真的需要抢险。不过由于年年喊"狼来了",临到有险反而不易动员。1973年的丰厚水库工地就处于这种状态。这是当时全县最大的水库,位于县城所在的乐里河之上游。当时有些小库由于不能达到度汛要求年年水毁年年修,不过劳民伤财而已,而丰厚这样的中型水库如果出问题可不是闹着玩的。那年因为眼看工期很紧,新年前就把新建水电站上的人马调到丰厚增援,但是还不行。县领导真急了,到工地来开大会,声言要"发扬五八年的干劲,过革命化的春节,誓夺丰厚会战的胜利"。

什么叫做"五八年的干劲"呢？我后来才知道,田林县1958年"大跃进"时在远离县城两百多里大山中的渭洛(就是现在的平塘乡境内)搞"钢铁野战军",集中全县上万"民兵"封闭在那个山沟里"大炼钢铁",还动武装民兵封锁交通不准人们逃跑。结果后来发生饥荒,粮食供应不上,困在里边的人饿死了不少。我们插队后平时也听到一些老乡们提到"五八年饿死人"的事——耐人寻味的是当地村民说起饿死人都说是"五八年"而不像一些外地资料说的是"六零年"。当时就有点奇怪：以田林这样一个植被覆盖率很高生物生长旺盛的亚热带季风雨林地区,不像西北干旱的黄土高原草木稀少,广西面积最大、人口密度最低、人均生存空间最广的这个县哪怕就是大灾之年颗粒无收,如果人们是自由的,仅靠采集狩猎也不至于饿死人啊。但我们虽然在平塘公社插队五年之久(1974年知青集中并点到潞城),"钢铁野战军"的事,我一直到后来在县文化馆搞民间文艺调查时才听说。

事隔十余年,如今"五八年的干劲"又采用了五八年的办法来落实。大约在进入腊月不久,指挥部下令各营抽调武装民兵封锁了丰厚工地周围所有大小路口,没有指挥部的路条一律只许进,不许出,严防施工"民兵"开小差。于是整个工地俨然成为禁闭所,民工们的自由完全被剥夺。后来读了索尔仁尼琴的小说,我想我们还不至于像斯大林时代的劳改犯,但那种按"五八年"模式管理的工地,差不多也就是临时的"古拉格群岛"了。

但是,毕竟那时已经不是1958年,我们这些外来知青对当年的惨剧不甚了了,当地百姓在这么短的时期还不至于忘记当年。事后想来,也许不提什么"五八年干劲",而是实事求是地面对现实说明险情,动员效果是否会好些。可是那时的领导不愿承认自己好大喜功计划不周,只是一味使用豪言壮语和政治压力。而"五八年"这个语言符号令人想起当年梦魇,更是可能起了反效果。

总之春节前工地上的逃跑现象愈演愈烈,禁而不止。武装民兵也不像"五八年"那样认真,而是抓一漏万,应付而已。到春节前若干天,民工能跑的几乎跑光,大片工棚已是空空如也。最多时上千人的平塘营,也就剩下了几十个吧。最后留在工地过"革命化春节"的,基本上就是我们这些"工地白领"外加一群当时被认为是最"不配革命"的人：四类分子——他们不敢逃跑(其实也有跑的,不过没有贫下中农跑的多罢了)。

春节期间施工其实已经基本停顿。

然而,现在想来颇为可笑的是,那时十分忠于职守的我仍然勤于王事不敢懈怠,天天"笔耕不辍",写了许多充满豪言壮语的表扬稿来鼓舞士气。指挥部的广播站仍然天天对着一大片寥空人去的工棚城开机:"现在播送平塘营的一篇来稿……"只是细心者可以发现其中的被表扬者具名的已经极少,大部分提到的只是"平塘营战士""某某连民兵"。因为在工地剩下的人当中,已经多是不能表扬的四类分子了。

但是朴实的群众对于抢险其实并非漠不关心,当时的动员机制也仍然有效。春节以后各营"民兵"便陆陆续续地"回归建制"。由于法不责众,而且年前许多带"兵"的大队干部也跑回家了,所以对群众只能"既往不咎"。正月十五后,工地又变得热闹起来,施工也恢复正常。然而就在这时,指挥部又碰到新的烦恼:返回的民工纷纷投诉说,他们年前逃跑时遇到把守路口的武装民兵,虽然被截回者少,但却屡有被骚扰者:有的被勒索了买路钱,有的被搜身拿走了东西,还有的妇女被"耍了流氓"。弄得指挥部十分头疼。后来听说查有实据的处理了一两个,多数只能不了了之。毕竟封锁工地把人扣住过"革命化春节"不是什么很拿得上台面的事,其中的那些"违规行为"也就不好大举追究。那年老天爷也比较帮忙,雨季到来后降水并不多,也没有形成洪水,丰厚"抢险工程"终于有惊无险地取得了"伟大胜利"。

与"革命化春节"大都在大逃亡中过得冷冷清清相比,工地上的"革命化元旦"过得就比较热闹。我印象最深的是插队后头一个元旦——1970年元旦,我们是在田西公路工地过的。我们施工的那读路段地处驮娘江上定安与福达两处河谷盆地之间的深峡河段。附近没有村寨,高山激流间只有江涛与林涛互相回荡,是个十分偏僻的地方。年前施工用的炸药雷管告罄,指挥部也没有了,通知我们派人到八渡去挑炸药回来。当时在建的田西公路是不能交通的,筑路工程的后勤基地在70里外的八渡公社(今八渡乡)所在地——那里有条简易公路经由八桂通往县城。当时在深山里待了两个月的我们看来,一个乡镇已经是个如同纽约般热闹的所在,因此明知是辛苦差事还是踊跃报名。1969年12月31日,我们从驻地出发经那读涉过冰冷的驮娘江,走了70里山路,途中野炊,我和志先两人糯米炒饭,在没有任何佐菜之下一顿吃了三斤多,每人干了一斤七两!这是我一生中吃得最多的一顿,算是元旦大餐了。

到八渡街已是掌灯时分,疲惫不堪的我们也无心观赏这座"大都市"的街市夜景,便被安排到八渡小学,睡在课桌并成的"床"上。这时听到街上的高音喇叭,以那个时代特有的高昂语调播出了当时新年惯有的"两报一刊元旦社论",那年的标题为:《迎接

伟大的七十年代》,其中有几句话朗朗上口,我至今犹记:

"新中国蒸蒸日上,旧世界风雨飘摇;一座座火山爆发,一顶顶王冠落地。帝国主义、修正主义和一切反动派的日子不长了!"

今天看来,当时"文革"浩劫未过的中国问题多多,但在信息极度闭塞的那时,我们大概和今天的朝鲜人一样认为"风景这边独好",这篇社论还真让我心潮澎湃,豪情满怀了一番。"一顶顶王冠落地"云云,是指文中列举当年下台的几位外国头头,其中多数其实是任期届满,还有一位是波兰的哥穆尔卡,他因当时爆发"波罗的海三城工潮"而下台。就在那次工潮后逐渐形成了后来的团结工会,最终由波兰开始,所有东欧国家都"一顶顶王冠落地"了。就此而言这篇社论可谓一语成谶,"修正主义"果然"日子不长",至于帝国主义的日子长不长,还有待观察。

"伟大的七十年代"的第一天就这样到来了。晨曦初露,我们就动身乘船过河(当时尚无八渡桥),到驮娘江对岸简易公路终点的仓库领取了炸药雷管,回来在返程前匆匆看了看这令人神往的八渡"城",果然小街一条,繁华了得,竟还有一个米粉摊。我们每人花八分钱干了一碗素粉,对于在工地上吃惯了"画龙点睛"的我们来说,其鲜美已足使我们如"孔子闻韶三月不知肉味"了。接着便又赶路。来时空手,归时负重,辛苦自不必说。回到那"驮娘江边一草棚",吃了倒头就睡,梦中还见到那"火山爆发""王冠落地"的振奋情境。这一天虽然在行色匆匆中过去,但就凭这篇34年后还记忆犹新的元旦社论,这个"革命化的元旦"也算过得够充实的。有道是:

朝饮驮娘江上水,暮食岑岭林中餐。
九载春秋一倏尔,八千里路度关山。
好汉不提当年勇,权臣多夸昔日寒。
千古文章说疑古,"不堪回首"亦何堪。
"青春无悔"休漫论,男儿有泪莫轻弹。
寻常但叙当年事,且把评说待盖棺。

(作者系清华大学人文社会科学学院历史系教授、博士生导师)

东京之大

贺卫方

2012年2月,承蒙日本国际交流基金的邀请,我有机会访问日本40天。主要接待机构兼常住地是早稻田大学,另外也到访仙台的东北大学、京都的立命馆大学以及北海道大学。东京这座城市我已经访问多次,但是每次都是匆匆过客,难以进行深入的考察。这一次时间较长,积累的观感颇多,也有机会与更多人士交流。住地离神保町书店街很近,多次逛书店。书店里看到不少关于这座城市的书籍,不过,语言障碍还是一个问题。从前钱钟书先生到京都大学座谈,开头就夸奖日本汉学成就斐然,不过,他说:"我是日语的文盲,面对着贵国'汉学'或'支那学'的丰富宝库,就像一个既不懂号码锁,又没有开撬工具的穷光棍,瞧着大保险箱,只好眼睁睁地发愣。"其实,跟其他语言不同,日语里夹杂着很多汉字,中国人又不是完全不通;看书名,读书页,大致可以知道一本书的主题,却又难以细致地理解内容。那个保险箱是用半透明材料做成。依稀可以看到里面有些金银财宝,无法打开,不只是"眼睁睁地发愣",用现在网上流行词语,简直要抓狂。

交通与建筑

让我就以一个无知者的身份谈谈粗浅的见解吧。东京是一座庞大的城市,比起北京或上海这样的中国城市更显庞大。因为日本的这类都市基本上都是城连城。例如,东京与横滨是两个城市,不过,乘坐轻轨,看着两侧高楼林立的城市风景,还没有感觉出东京,就已经到达横滨了。这种都市群的格局让人平添一种大得走不出去的感觉。

东京之大,还体现在这座城市高度密集的地上和地下的交通网络。过去,曾有人把东京与北京的地铁图并列贴在微博上,之间巨大的疏密反差令人惊叹。乘坐地铁时，你会看到，这还不仅仅是路网疏密的差异，更主要的是，转车路线以及出口设计都最大限度地便利乘客。每个地铁站几乎都有六七个出口，一些出口直接商场、博物馆、火车站等人群密集流动的场所。还有，地铁站内部店铺多多，可以说构成了地下的又一个东京。在上下班高峰时段，在一些中心车站，人流涌动，摩肩接踵，令人感叹地下东京的超凡活力。

建筑风格上，东京也是大气庄重的。皇居在明治维新前是江户城，现在位居东京市中心。与北京的紫禁城类似，周围环绕着护城河。但与紫禁城的红砖墙不同的是，皇居城墙是用巨大的石块垒起来的，城墙上，可以看到里面参天的古树。城墙外表和城门没有太多的装饰，石则石颜，木则木色，一任其本来面目，却透露出一种对自然的敬畏和独特的审美观。不仅仅在东京，像京都这样的古城，寺庙与世俗建筑都显示出这样的特色。1853年随从美国海军准将佩里（Mathew C. Perry）叩关江户，打开日本国门的传教士卫三畏（S. Wells Williams），此前已经在广州居住20年，登陆日本时，曾比较日本与中国的服饰差异，他说日本的官员服饰"花花绿绿，相当怪诞，显示出他们的品位不高，比起中国的长袍差远了"。但是，日本人在建筑及其配套环境的品位上，比起中国反自然的朱梁画栋、金闪银耀来，或许要更加自然和高明。

当然，东京的现代建筑已经是风格多样，从高处俯瞰一下银座、新宿等商业区，也是高楼林立，多姿多彩。某些明治维新以后建设的楼宇展现了对西方古典风格的追求，尤其在大学里，这类建筑很多，例如东京大学的安田讲堂、一桥大学的主体建筑群、早稻田大学的大隈讲堂等。另外，著名设计师冈田新一设计的日本最高法院，也是独具一格的现代派建筑。

跟那些体量庞大的现代建筑相比，我更感兴趣的是平民的住宅。在一些安静的街区里，一栋栋两层三层楼房，密密麻麻地紧挨在一起。我不知道住在这样自家所有的低层楼房里的人口比例，不过那确实是许多寻常人家的常态住所。一位日本朋友告诉我，这类房子最早都是私人买下土地，邀请专业设计所根据房主的审美爱好设计建造。由于土地所有权得到法律的严格和永久保障，因此房主不仅重视设计上的独具特色，施工上也力求材料坚固，以长久地为子孙后代提供庇荫。

神保町的古书街

让我感受东京之大的，最富于冲击力的也许不是建筑，而是书店。也许有读者会奇怪：书店？哪座城市没有一些书店呢。可是，当你来到神田，或者叫做靖国通里的那条大街的一长段上,鳞次栉比的楼宇中,居然布满了书店,有180余家,其中旧书店——日语称之为"古书店",有160多间。过去我曾经到过这里,但因为行程仓促,只是在最边缘的两家书店匆匆买了几本书。这次时间充裕,一个月里,我去了七八次,但也只是局部。逛书店是个累活,站在书架前,左看看,右翻翻,不知不觉就是半晌。中午找一家小店吃一碗拉面,顺便歇息一下,下午接着看。一天下来,几本收获,满心乐趣。

这里的书店不仅数量多,而且品类丰富,专业齐整,语种多样。不仅有书籍,还有作家和各界名人的手稿、书法以及浮世绘等。我在几家卖"洋书"(专指西文书)的店里看到不少西方18、19世纪出版的老版本,有些在"原产国"恐怕也是稀见品了。我看到格劳修斯的《战争与和平之法》(1631年荷兰文版,价35万日元),看到约1748年出版的孟德斯鸠《论法的精神》法文版(22万日元),看到11卷本的《边沁通信集》,还有我有中文译本的《斯坦因哈佛演讲集》、赫定关于中亚探险的那本名著的斯德哥尔摩初版⋯⋯

在逛这些书店时,我一边感叹,一边也有些不解:为什么东京有如此繁华的古书业?在我到过的所有城市里,无论是欧洲,还是北美,抑或是亚洲其他国家,相比之下,神保町书店街真正是首屈一指。是日本人格外热爱读书?地铁里一卷在手的人确实很多,我甚至看到一个老太太捧着一本桑德尔的《正义》读得津津有味。爱阅读的人多,自然也就会催生书店业的发达。但是,旧书店这么多,还是需要别的原因解释。

在历史上,日本从中国输入了许多典章制度,但是,两国之间,历史的连贯性有着巨大的反差。日本的君主,从来都不是通过征服而登基。虽然天皇在幕府时代曾长期沦为符号,然而却未曾有过改朝换代的情况,所谓万世一系,良非虚言。在中国,改朝换代,乃是周期性发生的故事。朝代的更替不只是"城头变幻大王旗"而已,还伴随着对前朝种种的激烈排斥。对前朝文武的杀戮,前朝遗民的自我放逐,当然也需要消除那些不利于本朝合法性的违碍书籍。从秦始皇的焚书坑儒到清朝初期的文字狱,不知道有多少文脉被专制的斧钺无情斩断。一直到"文革",红卫兵们不是也烧毁了汗牛充栋的"封资修"书籍么?相比之下,日本几乎没有这样代际冤仇,书之祸也得以幸免,也就有了古旧书籍的不断积累和旧书业的蒸蒸日上。这是否是一个重要原因呢?

尊重历史与拥抱世界

在当今世界上,东京毫无疑问是最重要的国际化都市之一。这里的政治制度与西方具有同样的价值基础；贸易连接五洲四海；只要付费，任何电视机都可以收到CNN和BBC；国立西洋美术馆里收藏有鲁本斯、凡·高、莫奈、毕加索等大师的作品；欧洲与南美的足球俱乐部冠军年度对决在毗邻东京的横滨举办；人们对于西方音乐艺术有着近乎狂热的追求，这里走出的小泽征尔是享誉世界的指挥大师……

让我感受强烈的是，对于当年以武力相威胁打开日本国门的西方列强，日本人并没有表现出仇恨的心理，相反还有许多感激的表达。在东京芝公园旁边，我意外地发现矗立着一尊佩里准将的塑像，那正是率领美国海军舰队陈兵江户湾，迫使日本开放三个港口城市的"黑船事件"的主角。不仅在东京，佩里的塑像也竖立在当年登陆的下田和北海道函馆市。不仅有塑像，还有纪念碑以及纪念馆等。

由于对中外交流史的兴趣，我很留意那些显示这种交流的纪念物。但是所到之处，它们大多数都被毁灭了。美国人华尔（Frederick T. Ward）帮助清政府剿杀太平天国，战死疆场。当年清廷隆重表彰，并在松江为他修墓建庙，如今已经毫无踪迹。我的家乡烟台，早期传教士在传播福音的同时，还兴办教育，赈灾济民，引进了大花生及不少水果的种植，可谓贡献卓著。但是，抗美援朝战事肇端，这些跟战争毫无关系的死者却遭到焚尸扬灰、毁墓砸碑的对待。在北京，明清时代耶稣会传教士利玛窦等人的墓地也历经义和团和红卫兵两次劫难，"文革"结束后修复。不过，这未知是否徒具形式的墓地，现在还封闭在北京市委党校的校园里，一般游客难以参观。这种反历史的意识和行为原因何在，的确是值得我们反思的。

当然，尽管日本人对包括西方列强的侵略遗迹都妥善保存，但这个国家的国际化程度究竟如何，似乎也有很不同的看法。2003年7月，在黑船来航150周年之际，英国《经济学家》杂志发表文章，标题居然是："150 years after Commodore Perry, Japanese spirit, western things"。美国著名"和学家"赖肖尔曾经多角度分析过日本的这种既博采众长却又顽固地坚守本位文化的特色，他甚至直率地批评日本人在自卑与傲慢之间周期性地摇摆，在经济和科学上取得令全世界赞美的同时，却仍然与世隔绝，不愿意在国际事务中扮演积极角色。因为赖肖尔教授生于日本，又娶了一个日本夫人，他无论作为哈佛教授，还是美国驻日大使，都表现出对日本的热爱。他的批评或许是日本人乐于接受的。

当然，日本人接受任何事物，都要经过一种审慎的过滤。这也许正是日本之为日本的原因吧。

（作者系北京大学法学院教授）

为什么我也复译《奥涅金》*

顾蕴璞

为什么我也复译《奥涅金》?
莫非我期盼丰厚的酬金,
或者想着拣一点儿"便宜",
改动几个字便名就功成?

为什么我也复译《奥涅金》?
是约稿的抬举令我眩晕,
以致冒费力不讨好的风险,
不怕沾染上"剽窃"的名声?

为什么我也复译《奥涅金》?
是一场接力赛把我吸引,
功不可没啊,吕荧和查良铮,
又有智量、王士燮和冯春!

为什么我也复译《奥涅金》?
我爱这俄诗的太阳普希金,
这"俄国生活的百科全书",
这俄国现实主义的报晓声。

---

* 该文作于 1995 年 12 月,为刘文飞主编:《普希金全集》(河北教育出版社 1999 年版)第 5 卷《叶夫盖尼·奥涅金》的中译序。

为什么我也复译《奥涅金》?
我爱这词海中句山的险峻,
这诗的激情和小说的典型
在十四行诗中铸成的合金①。

为什么我也复译《奥涅金》?
我爱变音步②为汉字的顿,
让人物和画面随汉韵③流动,
用回环的旋律再塑形和神。

为什么我也复译《奥涅金》?
我爱它高过珠穆朗玛峰,
它慨然赐给你攀登的快慰,
却不肯给你自满的轻松。

为什么我也复译《奥涅金》?
世纪末在呼唤推出新译本:
先填平两代译者的代沟,
也许使读者与作者更贴近?

(作者为北京大学外国语学院教授,著名翻译家)

编者按:《大学生 GE 阅读》自创刊以来,以发表学术随笔类文章为主。这首诗是顾蕴璞先生《叶夫盖尼·奥涅金》的译序,反映出他对翻译艺术的不懈追求,以及对大诗人普希金由衷的热爱。我们特此推荐,以飨读者。

---

① 这是指"奥涅金诗节",它是普希金参考了欧洲文艺复兴以来所流行的十四行抒情诗体的各种形式,根据俄语词汇的音节、重音的特点专为这部诗体小说设计、制定的。
② "奥涅金诗节"的每一行都是由四个(阳韵)或四个半(阴韵)音步的抑扬格组成,译者将每一行的音步都移植成汉语的四个"顿"(即"一拍"的节奏)。
③ 译者全部移植"奥涅金诗节"的原韵:四行交叉韵、四行重叠韵、四行环抱韵和两行重叠韵。

个人与国家

——试论《波尔塔瓦》

曾思艺

早在流放时期,普希金就对俄国历史产生了浓厚的兴趣,钻研了卡拉姆津的《俄国史》《俄国编年史》等历史著作,并且创作了悲剧《鲍里斯·戈杜诺夫》,逐渐形成了对文学与历史的一些重要观点。历史学家对国家命运的思考、哲学家对人和人民命运的关注、诗人的悟性与想象的灵活性三者结合,贯穿于普希金的戏剧、叙事诗和小说创作中。车尔尼雪夫斯基指出:"他希望做一个历史诗人。《鲍里斯·戈杜诺夫》《波尔塔瓦》《铜骑士》《彼得大帝的黑人》《上尉的女儿》的创作,不但是由于艺术的要求,而且也是出于想表达自己对俄国历史的一定的观察。"[①]对俄罗斯国家命运及人的命运的思考,是普希金从流放时期开始直到逝世始终不倦地探讨的一个问题。如果说,在《鲍里斯·戈杜诺夫》中他思考的还主要是国家与人民意志的问题,那么到1828年写的叙事诗《波尔塔瓦》,他已开始上升到哲学的高度,探讨个人与国家的关系问题了。

在《波尔塔瓦》中,普希金首先通过家庭生活的日常冲突,刻画了两种个人主义的个人。

一种是马赛帕式极端自私的个人主义的个人。这种极端自私的个人主义把自我利益无限提高,一切都是为了满足一己的私利,完全无视道德的限制和约束,没有任何高尚的思想和正直的行为,毫无人道心和爱国心。诗中写道:

他并不晓得神灵和圣物,
他并不记得慈悲和宽宥,

[①] 冯春编选:《普希金评论集》,上海译文出版社1993年版,第370页。

> 他什么都不爱,他只准备
> 把鲜血当做水一般地流,
> 在他的眼睛里没有祖国,
> 他根本瞧不起什么自由。

在《对批评的反驳》一文中,普希金也公开提出,这是一个令人厌恶的对象,他"没有丝毫温柔敦厚之情！没有丝毫令人宽慰的特点！诱惑、敌视、背叛、狡诈、胆怯、残暴……"①。

这一极端自私的个人主义有三个特点:野心勃勃、睚眦必报、善于伪装。马赛帕野心勃勃,不满足现有的盖特曼身份,一心想做小俄罗斯的君主,他的恋人马利亚曾一语道破天机:

> 啊,我亲爱的,
> 你要做我们国家的沙皇！
> 在你的白发上将要戴上
> 沙皇的冠冕！

大凡极端自私的人必然有一种病态的极度自尊,病态的极度自尊必然导致睚眦必报,马赛帕正是如此:

> 他对于细小的睚眦小怨
> 也怀恨终身永记心头,
> 傲慢的老头子老在盘算,
> 以后报复的罪恶的计谋。

马赛帕更善于伪装,他的心眼越是狠毒、阴险、奸诈,他的外表越是显得坦率、随便、令人相信。他能恳切地:

---

① 《普希金论文学》,张铁夫、黄弗同译,漓江出版社1983年版,第90页。

对老人慨叹逝去的时光，
对爱好自由的赞美自由，
对不满现状的痛骂当局，
对含冤莫诉的淌着眼泪，
对头脑懵懂的尽量吹嘘。

一句话，他善于以变色龙一般的伪装，时时博得别人的好感与同情，以达到自己不可告人的目的。

在总写马赛帕极端自私的个人主义的特征之后，叙事诗从私生活和社会生活两方面对其展开具体生动的描绘，进行揭露和批判。

在私生活中，马赛帕作为柯楚白的好友，作为一个白发苍苍的老头，作为马利亚的教父，为了满足自己占有小俄罗斯第一美女的欲望，竟然践踏友谊，不顾年龄悬殊，无视宗教观念，诱拐了年轻的马利亚。当对他深信不疑的彼得大帝，把一怒之下告发了他叛乱阴谋的柯楚白交由他处理时，他出于睚眦必报的心理，也为了除掉对手，保护自己，不顾在血与火中结下的战斗情谊，而且明知马利亚失去父亲定会痛苦终身，竟残忍地杀死了柯楚白，结果导致马利亚发疯。马利亚的失踪对他谋叛的计划毫无影响，当他最后见到疯了的马利亚时，也全然无动于衷，更入木三分地表现了这种个人主义的冷酷与极端自私！这是对南方叙事诗对自私自利的个人主义进行批判的主题的继承和发展。

在社会生活中，马赛帕为了个人的勃勃野心，出于睚眦必报的心理（他自称，曾经在一次军营饮宴中，因出言无状，被激怒的彼得揪过胡子，因此，他立誓定要复仇），利用彼得对自己的信任，暗中勾结彼得的敌人——波兰、瑞典、土耳其、顿河哥萨克等，准备共同进攻俄国。在历史的关键时刻，他置国家、人民的利益于不顾，叛变投敌，引狼入室，企图借外国的军事胜利取得最高的权力，导致国家遭殃，生灵涂炭，成为民族的败类，国家的罪人！这是对抒情诗《拿破仑》中大人物自私自利的个人主义给国家、民族带来灾难主题的进一步具体化与深化。

瑞典国王查理士十二是马赛帕的陪衬，他那极端自私的个人主义表现为用战争来获得一己荣誉。他认为"战争本身就是目的"，因此，他不惜牺牲本国千百万士兵的性命，不惜公然践踏他国的权益，置各国人民于熊熊战火之中。

另一种是马利亚式个人主义的个人。马利亚号称小俄罗斯第一美人，却有着强有力的个性。她像莎士比亚笔下的苔丝狄蒙娜爱上自己父亲的朋友奥赛罗一样，也爱上了一个白发苍苍的老头——自己的教父。她爱得真诚,爱得深挚,也爱得大胆,爱得彻底——为了爱情,她抛下双亲(她是独生女儿),离家出走;为了爱情,她公然蔑视世俗观念、对抗宗教规范——教女不能与教父结合!就马利亚来说,她的爱情毫无差错。作为一个人,她只要求做人的起码权利——自由地爱,自由地选择。她不仅敢爱,而且能为所爱牺牲一切。这种爱是正当的、伟大的。从离家出走的那一天起,马利亚已成为一个普通人。她只要求普通人的幸福,与自己心爱的人长相厮守,沉醉爱中。她崇拜自己的爱人,把他想象得那样伟大,以致他要发动叛乱,也得到她的衷心赞美。她坚信他会戴上王冠,登上王位。这种爱虽然有其伟大的一面,但在历史的关键时刻置国家利益于不顾,含有较大的自私成分,也属于个人主义范畴。马利亚的悲剧首先在于她所爱非人,怀里抱着的是一条极端自私自利的毒蛇;其次在于她在历史的关键时刻只为个人寻求幸福,并且卷入了政治动乱之中。所以,她的爱情梦被残酷的现实粉碎,她发了疯。然而,她那人性的正当要求,她那勇敢大胆的爱情举动,她那蔑视世俗与宗教的豪放气魄,以及愿为所爱者牺牲一切的爱心,使人尊敬,令人同情。在这里,普希金已初步表现了1830年代在《铜骑士》中深入探索的一个主题:滚滚向前的历史车轮碾碎了个体既狭隘自私又合乎人性的正当要求,国家整体的利益吞灭了个人局部的利益。

与以上两类只为一己私利、缺乏崇高追求的个人主义者相反,彼得大帝是一位体现国家整体利益、代表历史发展的个人英雄。在叙事诗的第一章中,普希金写道:

> 那是个动荡混乱的时代,
> 那年轻的俄罗斯的力量,
> 正在艰苦的战斗中锻炼,
> 英明的彼得刚使它成长。
> ……
> 经历过许多命运的打击,
> 忍受了长期惩罚的磨炼,
> 俄罗斯才日益强大起来。
> 铁锤击碎玻璃,铸成利剑。

这里指明了彼得及其事业跟俄罗斯国家的历史发展与命运密切相关,为后文做了铺垫。于是,在通过家庭生活的日常矛盾展示两类不同的个人主义的个人之后,叙事诗浓墨重彩地通过波尔塔瓦战役，集中刻画了彼得这一从不考虑个人、一心只为国家的个人形象。

波尔塔瓦战役是一场争取整个民族生存、争取俄罗斯国家光明未来的战争。普希金在1835年写的《彼得一世的盛宴》一诗中指出："是他打退了瑞典人，拯救了我们的祖国。"这一战争是由彼得的敌人瑞典国王查理士十二和马赛帕发动的。彼得大帝参加战争，是为了保卫祖国，抵抗外敌，争取独立，改造国家。他是国家利益和民族意志的代表，也是天才的统帅。叙事诗通过三个有连贯性的场景来刻画这一伟大的英雄，三幅简洁的速写以令人难忘的特征勾勒出这一历史人物的全貌。

在厮杀的早晨，叙事诗这样描绘他的形象：

突然好像是从天上发出
彼得动人的、响亮的声音：
"奋勇前进，上帝保佑我们！"
彼得在一群亲信围绕中
从帐幕里走出，目光炯炯。
他的容貌真是威风凛凛，
他步履矫健，他神采奕奕，
他活像一位天上的雷神。

诗人首先采用未见其人，先闻其声的手法，让彼得大帝先声夺人，然后才具体展示其英姿与神采。

决战前的中午，只寥寥几笔，便写活了彼得的雄姿：

他在军队前面飞奔而过，
像战斗一般愉快而威严。

接着，又以坐着肩舆、受了创伤、面色苍白、目光慌张的瑞典国王与之形成对照，更衬托出彼得的雄伟和崇高。

傍晚的庆贺酒宴，进一步刻画了彼得广阔的心胸（与马赛帕的睚眦必报又形成对比），使这一形象从形到神得到升华：

彼得设宴庆祝。他的眼睛
骄傲、明亮，又充满了光荣。
……
他在自己的帐幕里邀请
自己的将领，对方的将领，
他在款待着可敬的俘虏，
并为自己战争中的老师
他也举起了酒杯在祝福。

这首叙事诗既歌颂个人英雄，也歌颂全体人民。诗人不仅写到乌克兰人民不支持马赛帕的叛乱，还描写了俄国人民坚定不移、前仆后继、英勇顽强地捍卫祖国的土地，打退异国的侵略，以此更好地衬托彼得这一国家利益和民族意志体现者的伟大的个人英雄。

普希金以艺术家的敏锐感受力和历史学家的深刻眼光，把握到了一个独特的时代，一位伟大的英雄。别林斯基指出："他注意到俄国历史中一个最伟大的时代——俄国伟大改革家的统治时代，并且利用了这一时代的最伟大的事件——波尔塔瓦战役，这一战役的胜利也就奠定了彼得大帝的一切劳作，一切功绩，总之，他的一切改革的胜利。"[①]的确，这是俄国历史上一次具有重大政治意义和文化意义的胜利，这一胜利使俄国跻身于欧洲的最前列。因此，对彼得大帝个人的歌颂与赞美也就是对俄罗斯国家利益的赞美与歌颂。这是1820年代后半期以来，抒情诗《斯坦司》、未完成的历史小说《彼得大帝的黑人》中对彼得大帝进行歌颂主题的深化。这一主题后来在《铜骑士》一诗中得到进一步的发展。

彼得的陪衬是柯楚白和伊斯克拉，他们忠于祖国，为祖国而受难。

这样，《波尔塔瓦》就以国家与个人的关系为中心，以对国家的态度为分界线，展示了两组对立的人物系列。一组是马赛帕、查理士十二、马利亚，他们以个人利益为重，置国家利益于不顾，甚至不惜背叛、践踏国家利益；一组以彼得大帝为代表，他们代表国家的利益，反映着历史的发展。他们的行为及其结果在波尔塔瓦战役中对比鲜明地

---

① 《别林斯基选集》（第四卷），满涛、辛未艾译，上海译文出版社1991年版，第482页。

表现出来:瑞典国王及其军队没有任何崇高目标的鼓舞,马赛帕的叛乱更是得不到人民的支持,其结果是决战不到两小时即一败涂地。而彼得及其军队为正义而战,为爱国主义精神所鼓舞,对胜利充满信心,在他们后面有整个俄国的支持,结果获得了理所当然的胜利。两相对照,生动、深刻地表现了作家对个人与国家关系的思索。在叙事诗的结尾,诗人进一步以最公正无私的时间对此进行检验,点醒并深化了这一主题:

在北方大国人民的心中,/在它南征北战的命运里,/只有你,波尔塔瓦的英雄,/给自己建立起一座丰碑。

代表国家利益、民族意志的彼得不仅在历史上,而且在人民心里树起了自己的纪念碑。柯楚白等爱国者,他们的坟墓"现在依然完整",他们的故事至今仍被讲述。而那些只为一己私利的个人主义者,却被历史和人民遗忘:

只有破烂的亭台的残迹
和深深陷入地下的三级
长满了层层青苔的石阶
讲说着瑞典国王的事迹。

同查理士十二一样,马利亚也是"没有一点传说"。而马赛帕不仅"早已为人们忘记",他的坟墓无处寻找,而且留下了千古骂名——只有一年一度的宗教大会,"人们还大声地把他诅咒"。

综上所述,《波尔塔瓦》主要表现了普希金对个人与国家关系问题的思考,它批判了极端自私的个人主义,表现了对被历史车轮碾碎的正当个人要求的深切同情,歌颂了这样一种人——他们全心全力为祖国的利益牺牲自己,并在这种牺牲中找到了至高的幸福、高尚的品格和生命的崇高意义。

值得一提的是,包括别林斯基在内的一些批评家、学者都未曾完全理解这首长诗。他们承认本诗几乎每一处单独看来,在诗的表现力量、丰满和华丽上,都超越了以往,达到了相当高的水平,然而,"这首史诗却没有统一,它不是一个整体",因为它是通过波尔塔瓦战役来歌颂彼得大帝,而前两章却写的是马赛帕和马利亚的爱情,只在最后一章才出现波尔塔瓦战役及其英雄——彼得大帝,波尔塔瓦战役反倒似乎成了马赛帕

"恋爱故事中的一段插曲"。①

我们认为这首长诗是统一的,它以个人与国家的关系为中心构成一个整体,而写史诗歌颂彼得只是其中的一个有机组成部分。普希金巧妙地把浪漫主义的新抒情长诗与旧史诗、悲剧与历史小说等等综合起来,由奇艳凄恻的爱情悲剧引出波尔塔瓦战役,展示了长诗的两个基本题材——抒情浪漫主义的悲剧题材和崇高的英雄主义题材,并让它们统一到个人与国家的主题下,由此走上了大胆、独创的新道路——创作历史题材的现实主义长诗。

全诗不仅在整体上是完整、统一的,在局部的个人故事上也是首尾呼应的,而且这种呼应还有着突出、深化主题的作用。其中,尤为精彩的是马赛帕与失踪的马利亚在结尾的再见,堪称点睛之笔。马利亚的再现,既和前面她的失踪与遍寻不得相呼应,使故事变得完整,脉络分明,又揭穿了马赛帕的真面目,深化了主题。在此之前,马赛帕一直是她心目中完美、伟大的英雄,而今,这个为了一己私利而里通外国、遭到惨败的马赛帕却现出了假英雄、真叛徒的丑恶本质。此外,彼得的纪念碑、柯楚白的坟墓以及查理士十二、马赛帕的被遗忘,不仅使故事有头有尾,而且深化了贯穿全诗的主题:只为一己私利而做的一切事,都会毫无痕迹地消逝,只有为国家,为人民所创造的东西才是有意义的、永恒的,只有为祖国的伟大事业献身的英雄,才能给自己建立永垂不朽的丰碑。

正因为全诗表现的是个人与国家关系的主题,而这一主题又是在波尔塔瓦战役中全面展开的,所以,普希金把原定的《马赛帕》标题恰当地改成现在的标题——《波尔塔瓦》。值得一提的是,这一主题在普希金以后一系列的小说中得到了类似的表现。1829年的小说《彼得大帝的黑人》,在个人爱欲和对祖国的社会责任感这一矛盾冲突中,表现了黑人伊卜拉欣对他新的祖国的爱和对做人的神圣职责的认识。在《暴风雪》(1830)和《罗斯拉夫列夫》(1831)中,分别描写了1812年卫国战争时期的两位贵族小姐,在个人爱情依从于爱国感情的平凡举动中,显示出她们高贵的民族气节。《上尉的女儿》(1836)既表现了"尽忠于女皇"的贵族军官格利乌夫少尉面对个人与国家问题时的情感,甚至普加乔夫本人也在个人欲念与历史使命感的冲突中。

《波尔塔瓦》是一部全新的、至今尚未完全为所有读者理解的杰作。

(作者系天津师大文学院教授、博士生导师)

---

① 参见《别林斯基选集》(第四卷),满涛、辛未艾译,上海译文出版社1991年版,第474—482页。

《查泰莱夫人的情人》两种版本的比较

安武林

我手里有三种《查泰莱夫人的情人》版本,一本是湖南人民出版社1986年12月出版的饶述一翻译的版本,首印量9万册。另一本是中央编译出版社2010年6月出版的黑马翻译的版本。还有一本,是一个编译的版本,故不在我的关注之列。

饶述一的版本中,收有著者序(劳伦斯原序),译者序,郁达夫和林语堂各写的一篇书评。这本书,基本上是对1940年代以前国内出版的《查泰莱夫人的情人》情况的一个基本介绍,着重点放在引进的曲折和对劳伦斯的评价上。透过这几个序,我们就知道了《查泰莱夫人的情人》引进中国是何等不易,是诸多大牌作家、翻译家、出版家共同努力的结果。同时,我们也对劳伦斯这位充满争议的作家——尤其是这本书——《查泰莱夫人的情人》在全世界充满争议的坎坷遭遇有了一个基本的了解。

黑马的版本中,开篇是译者写的一篇长序《废墟上生命的抒情诗》。这个序是对劳伦斯创作的一个研究和总结。译者以翻译者和研究者的双重身份,对劳伦斯的创作进行了充满激情的介绍和分析。另附有译者的一篇综述随笔:《霍嘉特:回顾〈查泰莱夫人的情人〉的开禁历程及文化反思》。这篇文章写出了该书在出版之后遭到查禁以及法庭的审判过程,让我们详细地了解到了该书当时出版所遭遇到的强大阻力和那个审判过程。让我感到惊喜的是,译者所做的实际工作:去拜师、去考察、去生活、去感受,真实地体验劳伦斯作品中所描述的场景。与饶述一相比,这点功课做得比较扎实。

特别需要强调的是,黑马在"特注"中有一大段介绍,说明他在翻译这本书过程中的一些感想和心理。他很推崇饶述一,把饶述一放在一个大师的位置上,非常谦恭而又虔诚。从心理上、从治学上、从翻译上,他精神上的师承对象应该是饶述一先生。这种态度,注定了他翻译的版本,是对饶述一版本的继承和发扬。但饶述一究竟是谁?

现在依然是个谜。据黑马的推断,可能是朱光潜先生。究竟是不是,还需要考证,但黑马的态度,是值得赞许的。

至于两本书的开本、装帧、设计等特点,我不想多说,毕竟,这两个时代各有自己的特点,从装帧设计上也能看得出来。而1980年代后期和今天的阅读环境也大大不同了。

其实,说到这两个版本的比较,题目比较大,我真正做的事情是对两个人翻译风格的比较。全文比较也比较难,我做了一个讨巧的事情,就是把该书的第十二章进行一个比较。我选这一章有自己的考虑。因为这一章是劳伦斯的《查泰莱夫人的情人》性描写最多的一章,也是最出彩的一章,同时也是最引争议的一章。

需要提到的是,在1980年代,我正读大学,我们中文系男生女生几乎人手一册饶述一版的《查泰莱夫人的情人》。在大学里,饭桌上,男生女生都侃侃而谈这本书。那是因为作者写得很美,翻译得也很美,没有人把这本书当做淫秽文学或者情色文学来读来谈。大家都觉得这是一部世界文学名著。当然,一个潜在的认识是统一的,那就是:性是美的。这和劳伦斯一贯的主张不谋而合,或者说,是劳伦斯的作品给大家创造了谈论性美的契机。弗洛伊德是不能谈的,毫无美感可言。与此相同的是,黑马也是读了饶述一的版本才留下强烈印象的。所以,我把二者进行一下比较。在比较之前,我最担心的是黑马的文字和感觉如果不美的话,那么很难能把这本书翻译得美不胜收,至少翻不出人家的精髓。令我欣慰的是,黑马本人也是个作家,他的语言应该没有什么大的问题。

第十二章的开头,饶述一是这样翻译的:"午饭过后,康妮马上便到林中去了"。黑马是这样翻译的:"午饭后康妮就上林子里去了"。虽然二者表达的意思一致,但二者还是有区别的。饶述一的翻译,符合中国人的阅读习惯,而且能看出康妮的紧迫感。黑马的翻译,更尊重西方人的阅读习惯,长句子,他比较注重叙述,或者说叙事。但接下来,二者的区别就明显加大了,因为下面是一段精彩的风景描写:

饶述一:那真是可爱的一天,蒲公英开着太阳似的花,新出的雏菊花是这样的白。榛树的茂林,半开的叶子中杂着尘灰颜色的垂直花絮,好像是一幅花边。大开着的黄燕蔬。满地簇拥。像黄金似的在闪耀。这种黄色。是初夏的有力的黄色。莲馨花灰灰地盛开着,花姿招展的莲馨花,再也不畏缩了。绿油油的玉簪。像是个苍海。向上举着一串串的蓓蕾。跑马路上,毋忘我草乱蓬蓬地繁生着。楼斗菜乍开着它们的紫蓝色的花苞。在那矮丛林的下面。还有些蓝色的鸟蛋壳。处处都是蕾芽。处处都是生命的突跃!

饶述一的翻译,自然,很口语化,有深厚的文学底蕴。这种底蕴也反映出了时代的特点,这个特点又反映在语言运用的习惯上。读多了现代文学的人,无论是诗歌,还是小说,都能感受到,如"新出的雏菊花是这样的白。""处处都是生命的突跃!"自然和口语化之中,也有现在看起来的生硬。平实和朴素之中,又有诗意的葱茏。语言简洁,又舒展。可以看得出来,译者得心应手,从容自如,节奏把握得十分精当。译者很自然就达到了"和作者息息相通,心心相印"的境地。

黑马:那真是个好天气(那真是个好天儿),初开的蒲公英形似小太阳,初开的(绽)雏菊白生生的。榛树丛叶子半开半闭,枝子上还挂着残存的染尘柳絮,看上去像(钩了蕾丝边)一幅花边。黄色的白屈菜现在一簇一簇地盛开着,花瓣平展地舒开,花边急切地翻开着,看过去金盏点点(黄色的地黄连已经开得成簇成团,花瓣怒放,看过去片片金盏)。初夏时节,遍地黄蕊,黄得绚烂。报春花开满枝头,不少已经开败退色,那一撮一撮儿的花簇辉煌不再(报春花蓬蓬勃勃,一撮一撮儿的花簇不再羞赧,浅黄的花朵盛开)。风信子墨绿似海,花蕾昂着头如同嫩玉米头。马道上的"勿忘我"开花了(随风摇曳),楼斗菜紫蓝色的褶叶正在绽放(舒展了),灌木下散落着蓝知更鸟(蓝色)的碎(鸟)蛋壳。到处缀满花蕾(都是花蕾),处处生机勃勃!

(说明:文中所加的括号内的内容,是作者在此书出版后的修订。括号外的是原书译文。)

和饶述一的翻译相比的话,黑马的翻译,更舒展,但黑马也努力想保持饶述一口语化的特点,如后修订的"那真是个好天儿",他自己意识到了自己的语言比较书面化,比较抒情,比较舒展,所以他在凝练和口语化上下功夫。其实,这是两种味道,不必刻意。在俄罗斯的擅长描写风景的大家作品里,那风景描写如同江河奔流,浩浩荡荡。如果凝练下,那就显得小气了。但劳伦斯毕竟是英国作家,英国作家的豪放毕竟不在风景描写的张扬上,相对来说还是比较严谨和刻板的,尽管劳伦斯一向讽刺英国人的拘谨和刻板。而且,这一段风景,也仅仅是为了烘托康妮的心情和内心磅礴的激情。所以说,黑马的修订和不修订,是两种味道,各有千秋。但黑马在植物名称的精确上,描写上,都花费了一番功夫。而且,他的语言更具有现代人的表达特点。无论如何,黑马这种修订的做法上,体现出了他精益求精的态度,这是非常值得推崇的。

饶述一翻译:我喜欢你的肉体。
黑马翻译:我喜欢你的身体。

在男性的生殖器的翻译上,饶述一翻译成:阴茎,蒂。黑马翻译成:东西,物件,家伙。在别处,黑马还翻译成"尘柄"。饶述一翻译的"孔",在黑马这里翻译成了"雌儿"。

相比之下,饶述一翻译得更有味道,但我猜测黑马也有迫不得已的原因,比如说出版社的意图。尤其是这个"孔"字,不可能有更好的汉字能替代了。语言都是带有局限性的,尤其是两种不同语言的转换和使用。这在诗歌翻译中更为明显。英语和俄语中诗歌的韵律,在我们汉语中很难能体现出来。

在大段大段的性爱描写中,主体上的感觉层次,二者是基本相同的。也就是说,每个人都有自己的语言习惯,各自按照自己的语言习惯搭建成了自己的语言体系。这种东西是无法相互学习的。饶述一翻译得精彩的东西,放在黑马的译文里面就不精彩了。也就是说,不可以互换的。这书的字号、排版、格式,都会影响阅读的效果和文字表达的效果。

其实,阅读翻译作品,最害怕的是先入为主的观念。而读者一般恰恰都是如此的。除非,你先读一个糟得不能再糟的译本,然后再读一个好版本,这样才能消除先入为主的判断。而如果先读一个好版本,再读其余的——即便是再好的版本——也觉得与第一个翻译的有差别。这和第一次结婚和第二次结婚有相同之处。只有极少数的人才能在第二次婚姻中得到婚姻的幸福感。饶述一的版本,怎么看,都像是一个写言情小说高手翻译的,翻译得很柔软,如果从这个角度说,这是饶述一版本的优势。如果再用个比喻显示二者的区别,那么饶述一更像是诗人在翻译《查泰莱夫人的情人》,黑马更像是散文家在翻译这本书。我毫不怀疑,两位译者的经验中还包含了他们各自在性方面的体验和认识以及感觉。否则,这本书很难能翻译好。

不过,我还是要提下黑马翻译版本的另一个特点,因为他具体考察和体验过英国以及故事的发生地,所以,他的译本在某些方面比较科学、严谨。举个小例子,如十二章中的结尾:

饶述一：当她在昏色里跑着回家去时，世界（1986年湖南人民出版社的版本中，世界写成了世果，一个错别字）好像是个梦。园里的树木，好像下碇的舟帆，膨胀着，高涌着。到大厦去的斜坡，也充溢着生命。

黑马：她在暮色中跑回家，一路上觉得这世界如梦似幻。院子里的树木似乎是停泊在潮水上随波逐澜，通向拉格比府的山坡起伏跌宕，如同生命在喘息。

在我看来，"到大厦去的斜坡"的译文就没有"通向拉格比府的山坡起伏跌宕"好。作为普通读者，在此恐怕已经不知道大厦通向什么地方了。

饶述一更喜欢使用短句子，黑马更喜欢使用长句子。这也是二者的一个区别。

我拿十二章的一个章节来进行全书的比较显然是不科学的，不严谨的，但以此来作为二者比较的一个论据，还是有相对的说服力。我想所谓的比较，比较二者优劣是一个方面，比较二者的异同让读者去判断是另一个方面了。我做的是第二个方面的事。

（作者系著名作家，北京少年儿童出版社副总编辑）

莎士比亚归而不能隐的晚年生活

张云军

　　几乎所有粗通文墨的人都知道,莎士比亚曾经有过几年归隐的生活。叶落归根是自然规律,思恋故土乃人之常情,伟大的莎士比亚同样无法逃避这种宿命。一般而言,归隐之后,应该百事不问,添些闲情,弄点雅趣,采菊东篱,把酒黄昏,过个清朗晚秋,此乃人生之胜境。可是似乎莎士比亚并没有这样的福气,他是归来了,但是家事、钱事、朋友事、官司事常常搅得他极不开心,他没有成为真正的隐士。

　　莎士比亚究竟是在何时告别了伦敦灯红酒绿的城市生活回到幽静闲适鸡鸣狗吠的斯特拉特福乡村,学术界至今尚无定论。依我的猜测,前番租赁了教会的大片地产之后,他回乡的意愿就已经萌生了,反映在行动上就是他回老家的次数逐渐增加,从前是一年才回来一次,可现在,埋头做事的妻子安妮经常不经意地一抬头就瞧见了风尘仆仆从伦敦归来的丈夫。

　　毫无疑问,比莎士比亚大8岁的安妮是个能干的女人,多年来独自在家里操劳,上有老下有小,尽管衣食无忧,但是事必躬亲,任劳任怨,蹉跎岁月都变成了密布在她脸上的皱纹。可是她却未必是个幸福的妻子,谁都明白,莎士比亚回来并不是因为对妻子的思念。这么多年了,如果这种感情真的存在的话,也不必等到两个人都两鬓斑白的时候才良心发现。更让安妮寒心的是近来她常常会听到丈夫的一些传闻,比如私生子达文南特和私生女简等等,当然,对这种事她从来不去过问,都说沉默是金,可是我却以为这种沉默是一种极端的冷漠。

　　其实最先令莎士比亚思归心切的是1608年2月出生的外孙女伊丽莎白·霍尔,小家伙给了莎士比亚回家的理由。对了,我们需要补充一下,莎士比亚喜爱的长女苏珊娜是在1607年6月5日结的婚,父亲对这桩婚姻非常满意,她的丈夫约翰·霍尔医生是个勤勉的清教徒,剑桥大学的毕业生。每一次回来,这个外公都要带着给孙女的礼物急急忙忙地来到她身边,抱起她,咿咿呀呀好一阵子,连孩子的母亲苏珊娜都觉得奇怪,自己小时候从来没见过父亲如此慈祥温和。莎士比亚大妹妹琼的儿子,和伊丽莎白同年出生的迈克尔·哈特,也同样得到了舅舅的喜欢和呵护。

也许从1608年起,莎士比亚在老家的时间超过了在伦敦的时间,我们知道不仅外孙女的洗礼要参加;当年夏天,在斯特拉特福法院控告约翰·阿顿布鲁克欠债6英镑不还的法庭对质似乎他也在场;9月份母亲玛丽的葬礼他必定亲自操办;还有10月份好朋友斯特拉特福市副市长亨利·沃克的儿子——自己的教子威廉·沃克的洗礼,他也同样不能缺席。

在现存的文献中,有一篇斯特拉特福市政府文书托马斯·格林的日记可以帮助我们推测莎士比亚永久性地回到故乡居住的年代。格林是莎士比亚的表兄弟,1609年在小镇谋到差事,租下了"新园"一部分闲置的房子。当年9月,他在日记中写道:"我发现我可以在'新园'再住一年",言外之意可能是一年之后莎士比亚将从伦敦彻底地搬回来,后来,格林果然在1611年5月另置一处房产,6月迁入。也许就是在那之后的一段时间,莎士比亚回来了。可是学术界多半倾向于将这个时间推迟到1613年,认为直接原因是环球剧院的那场大火。我想不然,这可能是一种错觉,因为的确是从那一年开始,人们就很少见到莎士比亚现身伦敦了。

然而,本来想回乡过一段安生日子的莎士比亚,却不仅没有得到隐居的快乐,有时甚至还不免产生心痛的感觉。母亲去世没过几年,1612年2月,仅45岁的大弟弟吉尔伯特就去世了。大弟弟尸骨未寒,1613年2月,二弟理查德也随之而去。母亲和三个弟弟的相继去世让莎士比亚沉浸在悲痛之中,他似乎也听到了上帝的召唤,可是他还没有准备好。

让他糟心的家务事还有不少,比如,1613年,好朋友罗伯特·沃特科特跑来告诉莎士比亚和他的家人,一个叫约翰·莱恩的人在外面大造谣言,说莎士比亚的长女苏珊娜行为不端,作风不正,说"她生花柳病,在约翰·帕默家同拉尔夫·史密斯发生苟且"。在父亲、丈夫和家人的支持下,苏珊娜一气之下将莱恩告上宗教法庭。经过调查,法庭很快维护了她的声誉,将造谣者革出教门。

再比如二女儿朱迪斯的婚事,追求者是莎士比亚的邻居酒商理查德·昆尼的儿子托马斯·昆尼,虽说这家伙在父亲死后继承了家业,还算殷实,但是莎士比亚似乎并不喜欢他。就像自己和妻子安妮一样,朱迪斯也比托马斯大几岁,这倒不是什么大不了

的问题,可是为人轻浮的毛病可就不那么好让人接受了。1616年2月,两人结了婚。婚后不到一个月,托马斯贪色的丑事就败露了。他婚前曾和一个叫玛格丽特·惠勒的女人私通,致使其怀孕,在生产时母子不幸双双死去。教会法庭传唤托马斯,他无法抵赖只好承认,被罚款5先令的同时,被勒令当众悔罪,他必须连续三个星期日身披一条白布单到教区教堂前示众。想想乡绅莎士比亚当时的感觉,仿佛他在斯特拉特福一世的英名都在此时被这个坏小子败坏净尽了,他恨透了托马斯,可是又没什么办法,女儿朱迪斯毕竟已经32岁了。再看看他两个月之后的猝然离世,我们也许能够明白这件事对他的打击有多大。

除了家庭的琐事之外,回乡后莎士比亚并没有斩断自己和伦敦的联系,从早几年的往来穿梭到最后几年的深居浅出,他的那些戏子朋友们也从来都没让他安宁过。

1610年,一本叫《愚笨的祸害》的书出版了。作者约翰·戴维斯在其中写了一首诗《致威廉·莎士比亚先生》,诗中写道:

我们英国的泰伦斯好威廉,
我这里戏吟的是有些人的说法,
倘若你没有在戏里边演一些国王的角色,
你本来可以成为国王的伙伴,
或者成为较低微人们中的国王。
另外有些人进行责骂,骂归他骂,
你可不是贫嘴,你具有无上的机智:
你播种了"诚实",可他们得到收获,
并为了增进资本将果实守护。

在这首诗里我们可以知道莎士比亚在伦敦剧坛的巨大影响,也可以想见此时的伦敦戏剧界已经出现了一股"倒莎"逆流,而这其中的领导者可能就是莎士比亚当初帮助过的、曾经一起并肩战斗的后生小子们。

伯贝奇可不是那种人走茶凉的老板,他是最了解莎士比亚价值的人,他甚至追到斯特拉特福力劝莎士比亚重新出山,再写剧本,发挥余热。莎士比亚说他累了,没有精力和体力了。伯贝奇说,不需要你太劳累,你只要出出主意,我让约翰·弗莱彻来执笔,你只消指导指导他就成,莎士比亚就不好再推脱了。传说两人于1612年先合作出版了剧作《卡迪纽》,可惜的是这部取材于《堂吉诃德》的剧作早已经失传了;同年稍晚他们再次合作,写成了历史剧《亨利八世》;1613 年,他们根据乔叟的《坎特伯雷故事集》中的骑士故事又合作写了《两个高贵的亲戚》。弗莱彻比莎士比亚小 15 岁,是莎士比亚风格的坚定追随者,在美人鱼酒店的论争中,他曾经和莎士比亚立场一致,所以他在执笔写作的过程中能够很好地贯彻莎士比亚老师的意愿。两人的合作很成功,剧本一上演,老板伯贝奇的账面就有了新的进账。

自从莎士比亚归隐,伯贝奇就经常会带着上好的麦酒和莎士比亚爱吃的咸鱼来到斯特拉特福的"新园",他的到来会令莎士比亚笑得很开心。两人开怀畅饮时,他会说起一些发生在伦敦的莎士比亚感兴趣的事情,比如为庆祝公主伊丽莎白订婚,国王供奉剧团受邀到白厅演出了 14 出戏,其中包括莎士比亚的《无事生非》《暴风雨》《冬天的故事》《约翰·福斯塔夫爵士》《威尼斯的摩尔人》《恺撒的悲剧》等等,得了 93 镑 6 先令 8 便士的高额佣金;再比如年仅 18 岁的亨利王子突然逝世,他的死引起了人们的惋惜和悲痛,全国举哀直至圣诞节等等。当然,在莎士比亚出售剧院和剧团的股份之前,伯贝奇还会带来莎士比亚应得的那份不菲的红利。无论是财富还是精神,他都堪称莎士比亚不可多得的知己。

当然,伯贝奇带给莎士比亚的都是好消息,一些同行之间的钩心斗角的事他是不会讲出来惹莎士比亚伤心的。可是事物总是这样,好消息来了坏消息就不远了。最让人心寒的也许是本·琼森,莎士比亚的离开并未使他心平气和,这个渐渐红火起来的剧作家在潜意识里能够感觉到莎士比亚人虽然离开了,可是他的影响还在,而他必须通过不断地打击莎士比亚来树立自己的权威。

1614 年,本·琼森的喜剧《巴托罗缪市场》在"希望剧院"上演。他在序幕里写道:

谁要是赌咒说《杰罗尼莫》(即基德的《西班牙悲剧》)或《安德洛尼克斯》是至今最好的剧本,他在这里将被大家认为他的判断力近 25 到 30 年以来一直停步而没有长进……作者说,如果这个市集上从没有一个妖精仆人,也没有一堆小丑,那有什么办法呢?他不愿在他剧本里使"自然"害怕,像那些"故事"啰,"暴风雨"啰这类滑稽戏的创作者那样,把自己的头和人家的脚后跟混淆不清。让舞台和蹦跳这类俗人的欲念在你们中间风行去吧。

本·琼森这番话的意思再明显不过了,无非是在妒忌莎士比亚早年创作的《泰特斯·安德洛尼克斯》这些年来一直为观众所追捧,而对莎士比亚新近创作的《冬天的故事》和《暴风雨》的成功也有点不服气,尤其不满的是这些戏剧中太多的舞蹈成分。

但是我们不能总是站在莎士比亚的角度考虑问题判断是非,究其根本,我们知道本·琼森是对事不对人的,他代表着进步和发展的新戏剧观念。

话虽这样讲,可是这毕竟会给莎士比亚带来不快,他会怎样地悲观失望呢?细心的读者会发现,也许他是用另外的一些使他高兴的事情来驱赶心头的阴云。

同年,牛津大学莫德林学院的托马斯·弗里曼发表的警句诗《致威·莎士比亚先生》就令他意识到了自己的真正价值:

莎士比亚,你的脑筋像妙手的墨丘利,
使阿格斯巨人的百眼催眠入睡,
你能将一切随心所欲地塑造,
……
爱贞洁生活的可以请《鲁克丽丝》为师,
贪恋情欲的不妨选择《维纳斯与阿都尼》,
……
可你缺乏你的口才给你应得的夸赞。
只能让你自己的作品去说话,
用应得的月桂冠去将你装饰。

1615年,始终追随本·琼森的弗朗西斯·鲍蒙特也反戈一击,给本写了一封诗体信,为莎士比亚正名:

……
这里我要丢开学识(如果我有什么学识的话),
并使这些诗行脱尽学问,
像莎士比亚最好的诗行一样,
后人将听到大众的讲道者据此推理:
凡人仅凭"自然"的微亮照引,
有时就可以达到多高的成就。

写作无主题对我是一种帮助；
我打算像他一样信口说去，
他的格言是：一切全属神造。
……

我们不知道莎士比亚是否看到过这些文字，但是他和伦敦的联系似乎从未间断过，伯贝奇、德雷顿等忠诚的朋友不会放过任何使他高兴的机会。当然，这个时候的莎士比亚可能已经能够真正达观地看待这一切了。

家事嘈杂，朋友事喧嚣，官司事和琐碎杂事则让人烦恼。莎士比亚无法做到真正地隐居，因为在伦敦他已经是一个闻名遐迩的戏剧诗人，声名是一种累赘；回到斯特拉特福他又成了一个远近闻名的商人，财富是一种桎梏。那段时间里，他不仅要尽一个乡绅的责任，而且还不时地卷入产权和债务的纠纷以及投资的诉讼。

我们可以在传记中发现莎士比亚对公益事业的热衷，他对斯特拉特福的深厚感情在这些具体的事件中得到了验证：1611年9月11日，斯特拉特福小镇的71个头面人物联名炮制"改进道路修筑案"上交议会，保存下来的文献中有莎士比亚的名字，但是是后加在页边上的，人们怀疑是他回乡后听说此事主动申请加入的。当然，签名就意味着捐钱，一向"吝啬"的莎士比亚这笔钱却愿意出；1614年7月9日，斯特拉特福市突发大火，民房被毁54家，损失约8千英镑，虽然莎士比亚家侥幸未被波及，但是他还是奔走呼告，倡议捐助，甚至慷慨解囊；12月25日圣诞节，他还在自己的家里替斯特拉特福市政府招待了一位被邀请来的讲道人，很可能是一位清教徒。

当然了，最令莎士比亚不安的要数那些恼人的官司。没有人愿意打官司，那东西耗费的不只是时间和精力，它还会扰乱人的生活、消耗人的精神、摧毁人的意志。这世间的事物总是相辅相成，除了演戏写戏，莎士比亚最关心的就是财富的增值。回到斯特拉特福之后，他几乎是在尽一切努力来保证自己积聚起来的财富继续增值，这差不多是他唯一残余的人生愿望。恰恰因此官司也就来了，不能躲，也躲不过。安东尼·伯吉斯诙谐地说："我们认为他（指莎士比亚）几乎一度达到了专业律师水平。"而这些积累起来的法律知识对他"退休后在诉讼方面大有用武之地"。

增值财富的计划并非局限于斯特拉特福，伦敦也是莎士比亚关注的范围。1613年3月10日，由朋友约翰·海明、约翰·杰克逊和美人鱼酒店的老板威廉·约翰逊作保，莎士比亚斥资140英镑从一个叫亨利·沃克的人那里买下了伦敦市区黑僧剧场附

近一栋宽敞的房子,合同上称他为"沃里克郡埃文河畔斯特拉特福绅士"。事实上,我们并未见到他或他的亲人入住这座房子,这份产业更像是一笔富有远见的投资。

像1608年到1609年之间在斯特拉特福法院控告约翰·阿登布鲁克欠债6英镑不还的小官司我们就不提了,它容易让人对莎士比亚产生锱铢必较的印象。这期间最令他劳心费神的大官司是韦尔孔姆圈地案。

英国的"羊吃人"的圈地运动早在15世纪就开始了,所谓圈地,即用篱笆、栅栏、壕沟把强占的农民份地或公有土地圈占起来,变成私有的大牧场、大农场。这本来是资产阶级和农民阶级之间的一场利益博弈,可是遇到具体问题的时候可能就不那么简单,可能会涉及很多阶层的利益。

大约在1602年,莎士比亚曾经在好友约翰·库姆和他的侄儿威廉·库姆的手里买下过107英亩土地,再加上1605年的那次440英镑的租赁教会土地的大手笔,他实际控制的斯特拉特福土地的数量已经非常可观。

1614年7月威廉·库姆在约翰·库姆去世后继承了他的产业。很快他和阿瑟·曼怀林以及威廉·雷普林罕拟定了一个疯狂的圈公地计划,这个计划一曝光,就招来了斯特拉特福德有头有脸的乡绅们一致反对,莎士比亚和他的表弟托马斯·格林首当其冲,因为如果计划得逞,那将损害他们的地产利益。为了制止这些疯狂的年轻人,大家甚至动用了斯特拉特福的政府权力,可是似乎效果不很明显。莎士比亚于是开始主动找到威廉·库姆,以他和老库姆的朋友感情,动之情晓之以理,终于在1614年10月28日,在威廉·库姆的帮助下,他和威廉·雷普林罕签订了一个协议。协议保证,如果圈地损失了莎士比亚和托马斯·格林的利益,威廉·雷普林罕将给予补偿。

可是这件事却依然令莎士比亚不能安生,因为他不知道圈地之后的形势会怎样变化。所以他从没放松自己的警觉性,密切注视着这些人的动向。即便是到伦敦办事也要和表弟聊一聊这件事,我们在托马斯·格林保留下来的11月17日的日记里还可以见到他们谈话的记录。同年12月23日托马斯·格林又致信莎士比亚,告诉他斯特拉特福的全体市议员集体签名反对圈地。可是在自己的利益得到了保证后,同样作为乡绅的莎士比亚似乎对圈地已经不像从前那样反感了。

可是圈地并没有被真正地阻止,1615年初,库姆等人开始挖壕沟、筑土墙,在韦尔孔姆圈地。市政当局派人阻止,双方甚至发生了械斗。软弱无力的农民最后把自己家的孩子和女人推到了前线,让他们把挖好的壕沟填上,把修好的围墙拆掉,这一次圈地者保持了高度的容忍,他们按照法律将这些妇女儿童逐一登记姓名之后,一纸诉状将其告上法庭,指其扰乱社会治安,可是似乎法庭未予理睬。当年3月28日,莎士比亚的表弟托马斯·格林因为利益被侵害,又将库姆等人以非法圈地的罪名告上法庭,在这次巡回审判中大法官爱德华·柯克支持了他。可是不久之后,库姆等人又花钱买通了更上面的官吏,推荐他做了当地的法官,这一次格林等人傻了眼。可是这件事情还持续发展了好长时间,我们可以在格林留下来的日记里发现,那一年的9月,莎士比亚还在和格林的弟弟约翰·格林亲口说:"我不能容忍圈韦尔孔姆的地"。可见莎士比亚也像格林一样,为圈地事件所扰。

这是我们在传记材料里能够找到的所有关于这件事的记录,想想就知道,这漫长的过程,这错综复杂的局势,会给莎士比亚带来多少烦恼和不安。

把归隐看成是赏心乐事的读者,本来期待着看到一个赋闲乡绅如何与朋友喝茶聊天、如何看儿孙绕膝痴笑不止、如何读书思考、如何沿着埃文河散步的莎士比亚,可是却看到了这些盘枝错节的俗事纠纷。也许有人会因为这些事发生在我们钟爱的莎士比亚身上而对他大失所望,可是这就是事实。我还是那句话,莎士比亚的伟大和平庸是不可切分的,不仅他是这样,所有的伟大人物和平庸人物也都是一样。"归"是一种下决心就可以实现的行动,而"隐"则是一种美好的愿望,能否实现要看这个人对自己欲望的控制力,更要看这个人有无这样的福分。

很遗憾,莎士比亚没有安享晚年的福分。

(作者系北华大学中文系副教授)

与诗有关的弱冠记事三则

黑 马

余石屹

因为《世界文学》杂志里庄兄安排馈赠杂志，每双月都能读到这本经典的杂志，只是发现里面的作者和译者我熟悉的越来越少，因此偶尔遇上个熟悉的便感到他乡遇故知。估计别的读者在这杂志里偶尔见到我的名字也觉得奇怪，似乎这人阔别多年又魅影重现了似的。说起来我跟这杂志特别熟，但多年来也只在上面发表过两篇小作文，直到去年才投去了一篇长的译文，还是头一次当它的译者呢。

眼下这篇小文说的是，在今年第一期上居然又发现一个1980年代只有一次谋面的诗歌翻译者，叫余石屹，很是吃惊：这人居然一下子就占去了杂志的好几十页纸，说明这些年还一直从事这个行当，否则杂志不会一下子给他发这么多页作品译文。看来应该惭愧的是我，说明我这些年不仅不练习写诗译诗，甚至远离诗歌了，毫无诗意了，很无趣了。

记得余老师和李力老师应该都是飞白的学生，1980年代末在飞白主持的那个诗歌中心读了学位来北京某个学院工作，应该和我年纪相仿。恰好我那时在出版社邀飞白给我编辑的外国诗集写评论，他就把工作分给他的几个学生去做，我就这么认识了他的一些学生。某一天余老师和李力老师就来我办公室，送我一本两人翻译的名著《当代英美诗歌鉴赏指南》，四川人民版，定价2元多点。从他们的题签上看是1988年，正是我编辑的现代派诗集发稿校对的时候。

从我的赠书堆里翻出了这本赠书，竟然发现我做了好几处折页，有些地方还用红蓝两色笔画了重点线，还改了一个错字，说明我当时认真读了。如，王尔德说：一代人的偶像往往会变成下一代人的木偶。约翰生说：写作的目的是帮助读者更好地享受人生，或者说是更好地忍耐人生。所以这书没白给我，因为我读了，受了启迪。

我就想，那个年代我真的爱过诗歌吗？说不清了，反正我写了好几十首，尤其在福建时写了一些，那个地方潮热，空气里弥漫着香气，容易让人动情写诗。或许根本我就没有诗意，仅仅是空气里的气味所致，激发了荷尔蒙的分泌，或干脆就是因为学了英国文学，就要附庸风雅。总之那个迷茫中写诗爱诗的阶段总算过去了，也就过去了，但想起来还是感觉到了暗香浮动，诗歌给人的感觉终归是美好。

就在我胡思乱想时，一页纸从书中掉落出来，竟然是中国青年出版社的公用信笺，上面居然有我用钢笔胡乱翻译的德莱顿的诗歌《爱之永诀》，改得稀里哗啦，还沾了一块墨水，还有几道看来是给钢笔试水的蓝印子，看来是用我那个旧办公桌上的蘸水笔写的。这令我立即感伤难耐起来。那张桌子，是文学室一个受排挤的主任怅然离开后传给我的，特别宽大的旧木头桌，上面遍布划痕，我曾经希望那是文学室当年著名的大作家萧也牧用过的桌子，从50年代一直传到我这里。那时我故作老成，总爱用蘸水钢笔写信写文章，那个时代啊，一去不复返了，可太值得回忆了，连空气里都弥漫着蓝色钢笔水味，还有老主任抽的普通香烟味。在那个出版社，我就是这么埋头于自己的这些文学情调里，似乎对周围的一切充耳不闻。所以等人家都把房子分完了，才发现我榜上无名，才想起提着暖壶去砸领导的门，那个暖壶的作用相当于这两天波士顿恐怖分子搞爆炸的高压锅。

德莱顿这首诗的最后几行被我用在我为拙译《恋爱中的女人》所写的序言里了：

爱在吐出最后一丝喘息，
忠诚跪在死榻一隅，
纯真正双目紧闭……

这几行诗很让我觉得与《恋爱中的女人》的氛围相吻合，那是爱情奄奄一息时的意乱情迷，小说主人公们抑郁莫名。

看来这诗是我在1988年某个时候翻译的，因为那时出版社排了清样让我写序言赶紧给他们。肯定是我正好草译了这首诗，启发了我的思路。那序言里还引用了张爱玲的几句话，是因为正好那时读了张爱玲的《传奇》。那篇序言直到今天我基本没改，只是在后面又加了些新的段落，还保持着1988年的那些旧段落，真好啊，我的青春一直延续到现在。

我是在办公室里翻译了这首诗,顺便夹进了这本赠书里。后来再也没看过它们,时光荏苒四分之一个世纪,今天因为见到这个人的名字想起翻旧书,居然就翻到了这些古董,原来它们都随着我搬了五六次家,一直就伴着我在我不同的书柜里,放在赠书格里,可我就是四分之一个世纪没翻看过,直到这个玉兰绽放的春夜。我得感谢老庄送我《世界文学》,否则我的旧诗笺还不定什么时候才掉落出来呢,也许要再等四分之一个世纪,阿门。

彭予

最新一期的《世界文学》,翻开,发现目录上一长串美国桂冠诗人诗选,占了很多页码,估计分量很重,还有导读文章。然后意外地发现,只有一个译者,这个名字是彭予,久违的名字。正好这些天在整理旧书,其中一类就是赠书,想起有他给我的一本,翻腾一阵,果然还在,十分朴素甚至简陋的一本,是1987年河南大学出版社出的《二十世纪英美抒情诗选》,扉页上是字迹稚嫩的赠言"毕冰宾同志留念,彭予"。

我不记得我是怎么认识译者的了。反正那个时候我在出版社似乎表现出了对现代诗的狂热,而且在不自量力地主持欧美现代诗的编译工作。估计编辑的发狂对作者译者们都有感染。有一天一个叫彭予的河南大学老师来到我办公室,掷过这本诗集。我们好像没有交谈太多,办公室永远是乱糟糟的那种地方,不适合谈论高雅的诗歌,而且我和作者译者从来不谈文学,反而爱八卦,真正谈诗一般是写信。印象中他是个瘦弱的青年,估计和我同龄或小点儿。当时我感到这个大学小助教很厉害,竟然如此专注于这类缥缈的诗歌,肯定是有特殊情结的人。

不久后我拉了飞白和郑敏做大旗,让裘小龙扛大旗,玩了一本《欧美现代派诗歌》,弄得我很累,因为正赶上1988年双轨制,出版大滑坡,这种高雅诗歌很难出版。幸亏是我主编的,而且还是责编,所以还能在领导那里摇唇鼓舌,忽悠我那可爱的主任出这部能"创牌子"的精英文学,才得以出版。从此我对诗歌的热乎劲就稍纵即逝了,我们小编伤不起的,高雅不下去了。

后来中国青年出版社的人还真是没眼光,这书居然一直没有再版,多么可惜呀,看来我要找家出版社再出一次这书,飞白和郑敏加裘小龙,加黑马主编,现在上哪里找这样的组合去?反正中青社也没版权了,我努力一下吧。

但别人送我的诗还是要留着的,那上面有人家的亲笔签名。搬了无数次家,赠书

们都随着我走,虽然很多都没时间看。

光阴真的荏苒,白驹真的过隙,24年了。今天发现这个人还在执着地翻译诗歌,真是难得。上网一查,发现是我浅陋,人家早就博士后了,教授了,在北京某大学专当外国诗歌教授了。哈,这就是坚持,就是热爱,就是对理想的执拗,咬定青山。值得感佩。我的同龄人中1980年代狂热于外国文学的不少,大都为生活所迫转移了兴趣和生存方式,彭予同志坚持了下来,而且硕果累累并做成了自己的专业,把爱好和工作完美结合,还教书育人,这种存在方式应该是幸福的。小记一下。

王家新

诗人王家新我是在20多年前的一次漓江出版社组织的会议上认识的。那次会的组织者里有一个是漓江的诗人编辑,所以来的诗人也很多,很让我开了眼。大家都是20多岁的人,自然很闹,喝得半醉,又是朗诵又是大喊大叫的,十分开心。但王家新这位来自《诗刊》的编辑似乎没闹,否则我会有印象,所以他没给大家留下什么印象,估计他是《诗刊》的,是阳春白雪类的。后来偶尔联系一下,好像是他要主编一本外国诗集,给大家发了约稿信,我正好那时玩点诗,翻译了两首寄去,就没了下文,我也不催问,无所谓的事。但后来他给我寄了本他的书,很薄,书名是《人与世界的相遇》,以为是诗集,打开看却是他的诗歌散论,翻了翻,觉得似乎很玄,从此知道我爱的诗歌与他眼里的诗歌不是一回事,我充其量是从诗歌里汲取些灵感并自以为还是有诗意的文化人,但不会从事诗歌事业。这书就一直跟着我的一大堆赠书搬家,直到现在,突然在中德文化网上的《10话实说》里发现他作为有德国背景的人接受了采访,才知道他很多年在欧洲,现在回来在人民大学当教授了。而且从资料里看,他应该是著名的顾彬教授(Wolfgang Kubin)所称中国作家作品大多是垃圾之外的不是垃圾的作者,因为他为顾彬的书写序言,顾彬翻译他的诗集,应该是互为阳春白雪的意思吧。

再看简介,是这样写的"王家新作为'后朦胧诗派'的代表是当今中国最具影响力的诗人之一。在他质朴的语言中蕴含着深厚的感情,其所表现内容既有生活性也有政治性,并总是试图在中国的文化圈之外寻求联系和依据。除此之外王家新还是当代诗歌评论家和翻译家,主要翻译保罗·策兰(Paul Celan)的作品。"

果然不同凡响。就想起翻出他那本1990年的书来,再看看。通读是不可能的,但我发现20多年前我读这书时做的两处折页,估计是受到触动了。那就再读读折页吧。

果然王家新的整本书都是"试图在中国的文化圈之外寻求联系和依据",谈的都是欧美大诗人的诗歌对他的启迪。这一页上他说,海德格尔著名的一句话是:"在这贫乏的时代做一个诗人意味着,在吟咏中去摸索隐去的神的踪迹。"然后谈的是"最美丽的也最容易破碎。"他自己的话是:"一个有力量的诗人和艺术家也必须对现代生活来一次新的进入和包容。如果他创作纯文学作品而同时又不把根更深地植入现实的生存中,那么你迟早会变得贫血乃至萎缩的。"这后一句话我挺喜欢,因为那个时候我正写《混在北京》,感觉自己不贫血。但估计诗人会认为我庸俗化了他的话,他可能指的不是我理解的意思,或者写《混在北京》的作者与"有力量的作家"根本是云泥之别。但我确实感到我的根深深扎在现实生存中了,至于创作的是不是文学作品,另当别论,但反正得扎进去,才能创作,一笑。估计我折了这一页,是受了触动,这一折就是20年,可称老折页。

另一个折页上是他对勃莱的一句话的翻译,原文是 Loving a woman in two worlds,他翻译为"从两个世界爱一个女人",很有诗意,但我可能是对其英文翻译有点疑问,才折了一下。如果翻译成"在两个世界里爱一个女人"似乎直白了点,但中文感觉更好点。不知道他为什么那么翻译。看来诗人和翻译应该是不同的。我也就好奇,查了一下王家新的"学术出身"。中德文化网是刚刚发表的,是这样的:

"诗人和文学研究者王家新1957年生于湖南一个中学教师家庭。学生时期的王家新便开始写诗。在'文革'期间他作为知识青年下乡劳动3年,随后于1977年考上了湖南大学文学系。"这个写法应该是事先得到被访者同意的。我早于王家新一年被该网访问,他们的发布稿事先给了我做一个确认后才发出去。所以我推断这个是王确认过的。

而百度里有个简介则是这样的:

"1957年出生于湖北均县(现丹江口市)。1972年入湖北丹江口市肖川中学。1974年高中毕业后下乡到肖川农化厂劳动。1978年考入武汉大学中文系,在读大学的时候开始发表诗作。1982年毕业分配到湖北郧阳师专任教。1983年参加诗刊组织的青春诗会。1984年写出组诗《中国画》《长江组诗》等,广受关注。1985年借调北京《诗刊》从事编辑工作,出版诗集《告别》《纪念》。"

一个湖南,一个湖北。一个湖南大学,一个武汉大学。差得很远。但不差的是,他念的都是中文系。

但百度那个似乎更真实,因为连中学和工厂都说得很仔细。为什么两个简介差这

么远呢？奇怪。难道是一贯认真的德国人出错就出大错？

这本96页的小册子1990年价格是1.5元。

如果说我的被赠书里有个"国际背景"的中国作家给的书，可能这本就是，当然我基本不认识几个作家。

(作者系著名翻译家、编导、作家)

开卷余韵,尽是缘字

安 俊

　　爱书人喜欢挂在嘴边的拉丁谚语莫过于：Habent sua fata libelli("书也有其命运"),说得有形而上的哲学意味。公元150年前后,拉丁诗人莫鲁斯(Terentianus Maurus)所说的此话现如今来看却有一股形而下的无奈腔调,因为他的话还有一半儿后人很少援引了：Pro captu lectoris habent sua fata libelli("书也有其命运,然赖读者兰心")。没人能够预先知道什么书能得到阅读者的青睐。"爱书人"一词大致涵盖以下三个族群：其一乃旧书商或珍本书商——三教九流、各式各样；其二乃收藏者——视聚书如性命,宁可亏待肉身也不能委屈藏品,甚至翻翻书页都担心它会折寿,哪儿还会把它们看做身外之物？第三类乃严肃的耽读者或者弗吉尼亚·伍尔夫笔下令人生畏的"普通读者"——对书的物质形态和价值持"空观",从文字中汲取纯净精神的"阳光"和"水分"构成了终极的乐趣。只有遇到难缠的文字他们理解力超前的品位才会淋漓尽致地展露无遗。余则似闲云野鹤般常常混迹于三种"爱书人"中间,且在每一族群里都积极历练,可谓嗜书瘾君子,开卷嗅余韵。

　　美国作家霍姆斯在《用晨餐时的诗人》第11章中譬喻说：一本坏书,就像一艘有漏洞的船,在智慧的大海中航行,总会有些智慧从漏洞中流进去的。以训子的书翰为世所称的切斯特菲尔德勋爵也认为看任何书,总比不看书好,是以开卷有益。不过鉴别好书坏书,亦要别具慧眼。好书如同绝代佳人,不能隔着帘子看,否则无从识得动人之处。这也印证了那句拉丁谚语。倘若把书的命运、写书人的命运及读书人的命运连在一起,情况就变得复杂得多。有的人著书为生,有的人述而不作,有的人却一辈子只写一本书——且不说生命聚散本无期,书亦来去无由,倘若风尘历碌,战乱频仍,人已飘零,书何以堪？但冥冥之中仍有缕缕情缘联结彼此！

余有书不多,有书房不大,然吾与书、与同好书人,交情不浅,不乏可写之事,可抒之情,可叙之缘,乃草数段与之：

8年前,我逛至淮阴师范学院(曾是南京师范学院淮安分院)东校区旁小巷里的旧书摊,黄皮面(书脊为咖啡色)、巴掌大的《俄华辞典》映入眼帘,旋即花几元钱将其拿下。细看,内文扉页上写着"锺铭,1965年10月,北京王府井书店",想必是前主人的笔墨;再看封底内页写着"北京轻工业学院 365101",这应该是其就读高校及学号吧。谁曾想它42年后被我收入囊中。实乃上述的那句拉丁文谚语所云。《俄华辞典》成书于1951年,10月刊行初版,由苏联国立外文与民族文辞典出版局出版,共收集俄文辞26000个,辞典以政治、日常用语为主,属文科类,科学、技术等理科类的词汇少。辞典里有编者苏方写的序,序中对陈昌浩的评价颇为肯定："……若没他参加这一工作,本辞典是不会迅速出版问世的。"

编著并校阅者之一的陈昌浩同志是我军历史上一位高级将领。1936年他同徐向前元帅率部分红四方面军西渡黄河,在向新疆进军中兵败祁连山,只身秘密东返。1937年到中央宣传部工作,1939年到苏联养病。在苏联他翻译了大量政治、文艺书籍,最重要的是参与编写了《俄华辞典》。1952年回国,担任过中央马列学院副教育长,中央编译局副局长。

由于此辞典的首要任务是供苏联读者研究中文和从事翻译之用,是以我国时代出版社(当时位于北京复兴门外翠微路,北京市书刊出版业营业许可证出字第45号)在1953年9月刊行的初版中对其做了必要的增补修订(详见1953年6月8日的修订本序言),印数1,233,000册,精装版32开,1.40元,统一书号：9013·3。对翻译工作者来说,它是一本经典的小工具书。哲人虽去,文心永存。

敝人依据上述的淘书经历写了一篇小文,得以发表刊印在译林出版社出品的2013年第1期(总第96期)的《译林书评》杂志上。而《译林书评》的执行主编正是民间读书同人圈中有名的董宁文先生,《译林书评》的报名更由已故大师季羡林先生题写。董先生,笔名"子聪"(取自自己儿子姓名中的后两字),1966年生于江苏省南京市。在20世纪80年代初,其着迷于阅读诸如《十月》《收获》《花城》《清明》《钟山》《芒种》《鸭绿江》等大型文学期刊,也邂逅了主要刊登外国通俗文学作品的《译林》。1996年初,经时在《译林》杂志任职编辑部副主任的王理行先生引荐,董先生担任刚筹备的4开小报《译林书评》的责任编辑。当年的3月15日印行了创刊号,单薄却厚重。一直到2006年3月1日,它已印行了55期,累计约400万份,这一张张《译林书评》小报，为喜爱外国文学的读者提供了获取信息、品评外国文学作品的平台。著名作家、翻译家巴金、冰心、杨宪益、卞之琳、冯亦代、杨绛、严文井、方平、陆谷孙、流沙河、于光远、绿原、屠岸、罗新璋等等前辈学者长期以来对其倾力襄理并惠赐自身的洞见。《译林书评》也始终被我等这样的衷心读者呵护。另外，钱钟书、戈宝权、王佐良、杨周翰、陈原、杨岂琛、李芒、范存忠、周煦良等先生，亦从各个方面关心、支持、呵护《译林》的成长。这期间，《译林》杂志于1997年从季刊变成双月刊。从2006年5月1日开始，《译林书评》改版成32开的精美杂志，戋戋小册，却很耐读，在立足译林版图书的同时，更把眼界放宽，涉猎整个外国文学、社科和人文翻译领域。所刊文章均力求短小精悍，言之有物，读来有趣，启人心智；小开本更利于读者的阅读与收藏；简洁且富书卷气的设计，保留了一如既往的纯正朴素之风。而江苏凤凰台饭店凤凰读书俱乐部的会刊《开卷》也秉持此淡雅风格。其筹办从1999年末就开始了。首倡者是饭店总经理蔡玉洗先生。他是南京大学的文学博士，先后担任江苏文艺出版社总编辑和译林出版社社长，富于浪漫情怀；是以产生"文化凤凰台"的构想，在星级饭店中设置书吧（即五楼的"开有益斋"），组织读书俱乐部，创办内部会刊《开卷》。经过董宁文、蔡玉洗、薛冰、徐雁、张志强、钱军、徐雁平、赵允芳、王振羽、万宇等12人几次磋商后，2000年1月16日在书吧举行了首次正式的筹备会，进入创办《开卷》的实际运作阶段，当日到会8人，还将书吧内的5个小房间命名为知堂（周作人号）、鼎堂（郭沫若号）、三松堂（冯友兰号）、耕堂（孙犁号）、选堂（饶宗颐号）。先辈仪型，后来者无不心向往之，是以金陵凤凰台少长咸集。四月中旬，《开卷》创刊号最终问世。编委成员陆续有所调整，有二人因故不能再参与编务。到第5期，原《书与人》的老主编江树濂加盟其中。《开卷》早期实行编委轮值制：除了主编蔡玉洗和执行主编董宁文，每期由二三位编委参与组稿编辑工作。到了2002年则变成董宁文先生承担主要工作，各位编委协助。2010年6月份的《开卷》主编改为毛利人，其余编委成员是董宁文、马焕新、王格平、朱莉、刘雅萍、殷茵、顾超、钱培华。10月份新增编委为朱学东。有网友传言说，《开卷》将停刊，结果害我虚惊一场。次年元旦，《开卷》改为卧龙湖书院主办，主编是李建平，编委会成员是蔡玉洗、马龙、董宁文。此书院的创建者乃蔡玉洗先生，他在卧龙湖小镇购置了公寓精舍。7月，马龙被换成徐世华，一直延续到2012年6月，在此第六期目录页上还出现了"上海物资集团进出口有限公司"的字样。在2012年4月还推出了《开卷》创刊12周年特刊。

董宁文先生的专栏《开有益斋闲话》以闲话的形式，叙述读书人之间的交往，很见性情，反映了读书界的一个侧面。我是从《开卷闲话第一编》开始读的，读来颇有趣味。

董先生早就成为一位成熟的文化刊物主编，还时常推出专辑与特刊。推出的《开卷闲话六编》收录了2009年6月至2010年12月作者与读者、学者、艺术家、出版家以及编者之间的聚会、谈话、书信文字往来等方面的内容，大量引用书信、电邮，读来亲切感人，且文字优美，可作小品文赏读；同时包含了大量的人文信息、学术动态，与前几编呼应，成为一部内容丰富的读书人、爱书人年鉴。此书序言特邀黄裳、钱伯城、文洁若等名家撰写，字里行间饱含对《开卷》的珍惜与喜爱；还附有杨绛、黄裳、陈子善、扬之水、董桥等为《开卷》十周年纪念所提贺词以及刘春杰为《开卷》所作藏书票、杨靖华为《开卷》所刻印章的照片。徐雁先生在《开卷寻乐处、时还读我书》一文中曾经总结了"闲话"的作用：

它是一卷"宣言书"，宣示了"金陵书友部落"多年来的人文诉求；它是一卷"起居注"，记录了学界、文坛、书林、画苑在跨入新世纪以来的所作所息；它还是一卷"随笔集"，抒写了文人学士们秘藏心田的笔墨掌故、艺林花絮，还有往日的情愫和友情的追思；它更是一部文坛的大日记、学界的备忘录、书林的白皮书、画苑的写真集，它记录着一切客观的事相、主观的感悟，它传播着任何真实的资讯、真诚的心言，它既品评书林的青涩，又尝试画苑的芬芳……

近年来，《开卷》同人在编好《开卷》的同时，将目光转向了系列图书的编辑出版活动。董先生在接受媒体采访时道出了个中缘由：《开卷》是个民间刊物，没有书号来公开发行销售，目前仅仅作为内部资料，供书友品读鉴赏交流，在时间和空间上的影响都有制约，要想拓展它的文化内涵和积累，图书是不二的选择。是以才有了《凤凰台丛书》4种：《南京情调》《笑我贩书》《柯明画选》《一个家庭·两个世界》；《读书台文丛》十种；《六朝松随笔文库》12种；《中国版本文化丛书》14种、《书人文丛》6种、《六朝松艺文笔丛》8种、《松叶文丛》8种、《书林清话文库》2辑共12种。董先生更是以自学成才从普通练习生成为资深出版家的范用先生为榜样，效仿他的"读书文丛"来编辑"开卷文丛"，设想每本书10万字以内，文章精短、配些图片、小开本，给人闲适之感，定价十余元。第一辑10种目录：王辛笛《梦馀随笔》、范用《泥土·脚印》、绿原《再谈幽默》、钟叔河《偶然集》、舒芜《碧空楼书简》、流沙河《书鱼知小》、吴茂华《明窗亮话》、朱正《门外诗话》、朱健《碎红偶拾》、子聪《开卷闲话》(2003年10月由凤凰出版社付梓出版)；第二辑目录：子聪《开卷闲话续编》、李君维《人书俱老》、吕剑《双剑集》、辛丰年与严锋

《和而不同》、谷林《淡墨痕》、龚明德《书生清趣》(读后知其人文笔的诙谐和机智；真实的随感、真实的印象亦可用怪怪的笔墨勾勒渲染)、章品镇《自己的嫁衣》、黄裳《梦雨斋读书记》、彭燕郊《纸墨飘香》、魏荒弩《枥斋余墨》，其中最后一本后来改由南京师范大学出版社 2008 年 1 月出版，收入"鸡鸣读书文丛"(还包括另外三种：止庵的《云集》、王振羽的《江南读书记》、刘汉俊的《千年的桨声》)。第三辑推出湖南教育出版社 2007 年 4 月付梓的子聪《开卷闲话三编》、戈革《渣轩小辑》、叶至善《为了纪念》、刘二刚《午梦斋随笔》、吕剑《燕石集》、许觉民《雨天的谈话》、陈子善《探幽途中》、范泉《斯缘难忘》、施康强《牛首鸡尾集》、彭国梁《书虫日记》等 10 本。这是继凤凰出版社、岳麓书社推出第一、二辑《开卷文丛》20 本之后的第三辑，属严肃的原创随笔，颇有品位，细心的读者总能在这些生活经历、读书趣味各不相同的长者们娓娓笔谈中，获得文字以外的揣摩和思考。开卷有益，开卷不易，开卷并非一概得益。历代都有因开卷升官发财的，也有因开卷厄运连绵的。有"遇人不淑"之说，以为更有"遇书不淑"之说。"淑"与"不淑"又因时代的变换而转换。有人年轻的时候读一些书，奔着一个理想，一个希望而去，老来不得不反思人生。是书的错，还是读书人的错，谁也说不清。一个原本丰富的人生，变得碌碌无为。无论归为个人的命运，还是归为民族的命运又都能说得通。叹息也罢，感慨也罢，人生是一个不可更改、不能重来的过程。秋水的境界便是激越奔流之后的明净与淡泊。

2008 年，由董先生和南京大学信息管理系的徐雁教授共同主编的"开卷读书文丛"，经金陵书衣坊朱赢椿先生设计淡雅书装，收入 6 册：白桦《不再重现的图画》、子聪《开卷闲话四编》、瞿光辉《美丽的旧书》、韩沪麟《朋友家的屋顶》、章品镇《书缘未了》、徐雁《雁斋书事录》。2009 年 8 月，二人再次主编"凤凰读书文丛"，收入 6 本：谷林《谷林书简》、朱健《野坡散记》、吕剑《吕剑诗文别集》、赵萝蕤《读书生活散札》、子聪编著《开卷闲话五编》、徐雁《秋禾行旅记》。每本书中都附有刘二刚先生封面同题藏书票，六幅藏书票见个性，见精神，深得我心。董先生与蔡玉洗先生 2011 年 7 月策划"开卷书坊"丛书，这套"书文化随笔丛书"作者既有有一定知名度的老学者，又有中年专栏作家或书界文坛名人。第一辑汇聚了国内知名的老中青三代学人读书随笔佳作，分别为子聪《开卷闲话六编》、宋词《我的歌台文坛》、张国功《纸醉书迷》、沈津《书林物语》、严晓星《条畅小集》、彭国梁《书虫日记二集》、躲斋《劫后书忆》、鲲西《寻我旧梦》。丛书的整体设计依旧出自著名的书籍装帧家朱赢椿之手。虽都是硬皮小精装，一水儿的土黄色，倒不难与上海书店出版社、三联书店、中华书局、花城出版社、三晋出版社、海豚出版社等多家出版社先后出版的小精装家族区分。它朴素安静，几乎本本书名都离不开一个"书"字，看到只想赶紧找个安静的地方，静静地读下去，得到了读者和媒体的广泛认可。第二辑推出12种，书目如下：来新夏《遯谷序评》、沈胜衣《笔记》、吕恩《龙套集》、桑农《读书抽茧录》、韦泱《旧书的底蕴》、徐雁《旧书陈香》、扬之水《楮柿楼杂稿》、许宏泉《听雪集》、范笑我《我来晴好》、子聪《开卷闲话七编》、彭国梁《书虫日记三集》《书虫日记四集》，仍然开本精巧，别具一格，以现代人文读物爱好者、藏书读书人、素质教育接受者为主体读者群。

《开卷》也呵护了中国几千年民间读书的种子，正如邵燕祥先生所说"读书人在民间"。其实，一直以来民间读书是有传统的。晚清文人喻同模在《〈万家堡略〉序》中说："远乡村落，非县治之区，其民力最弱，而情常涣，然有一二诗书之家、才略出群之士，就其民而鼓舞之，则弱者可使之强，涣者可使之聚。"这生动形象地说明了"一二诗书之家、才略出群之士"的重要性。现今文化、教育普及，不应只是"一二诗书之家"，而应是家家提倡读书，于每家每户之中都能听到读书声。如今提倡学习型社会、书香社会，更需要这样的美好留存，让后来者看到一个时代的光芒，哪怕是星星点点的微光。

董宁文先生还主编了"我的"系列丛书：《我的书房》《我的书缘》《我的笔名》《我的闲章》。还有和蔡玉洗先生共同主编的两大本《我的开卷》和《凤凰台上》，后者是百期《开卷》的一个选本，供同好珍藏，录有百多大家的墨笔宏文，对我来说，仅仅看着那些开卷的名字，都莫名其妙地激动。《我的开卷》是一大批像我这样热爱、支持《开卷》的书友讲述自己这些年来与《开卷》之间的情缘，平实的字里行间，都饱含着大家对这本"小刊物"怀有的温馨情愫。

"红豆啄余鹦鹉粒，碧梧栖老凤凰枝。"在《译林书评》和《开卷》的旗帜下，"金陵书友部落"外延为"中国书香族群"。在我看来，对于建造中国的书香社会和养育中国的读书人口，其贡献无法估量。

从《俄华辞典》到《译林书评》《开卷》，从陈昌浩先生到董宁文先生，这就是书缘、人缘、情缘的所在，请允许我讴歌：

"Versiam a tazza piena

generoso umor..."

（意大利语：斟满一杯酒，豪情满怀……）

（作者系江苏省淮网科技有限公司网络编辑）

陈可辛:商业与艺术的共赢

赵晓辉

近日,香港导演陈可辛执导的电影《中国合伙人》备受瞩目,颇获佳评。在当前国产电影持续打造中国梦想与怀旧风潮的情势下,这部"心灵鸡汤"式的励志电影成功地唤起了本土观众的情感共鸣,取得了良好的票房业绩。该剧引发了人们对于青春、梦想与成功的热议,同时,也让我们再次将目光聚焦于该片的导演陈可辛——这位华语影坛极具影响力的电影人,以及一系列电影票房奇迹的创造者。每当他长发银丝、侃侃而谈的形象出现在镜头前,我们都会不由自主地想要探寻这名头响亮的"陈氏制造"背后的成长轨迹和心灵秘密。

不断转变创新

毫无疑问,香港电影是华语电影的先驱者,香港是世界上最重要的电影工业基地之一,而陈可辛则是其中不可或缺的电影人之一。更重要的是,陈可辛真正让人欣羡之处在于,他是为数不多的,能让电影的商业票房与艺术效果实现互赢的导演之一。初见他在媒体上的形象,似给人以其貌不扬、平和淡泊之感,但他执导的电影作品,却像是不间断变化翻新的风景,或者是多声部复调回旋的乐曲,始终保持了一种不断寻求转变与创新的可贵激情。

陈可辛电影生涯的开始,或许源自家庭的影响。他的父亲是一名电影编剧,葆有始终不渝的导演梦,但世事无常,父亲的梦想终于落空,而这个家庭的儿子就在这一地破碎的梦想中出发,赓续父亲当年未竟之梦。这个过程充满了不为人知的艰辛,也需要百折不挠的毅力。这个勤奋的小个头,他的奋斗史突显了一个劳苦不息的西西弗斯形象。1980年,18岁的陈可辛赴美留学,21岁返港后协助吴宇森拍摄《英雄无泪》。

其后，他一边监制电影，一边寻找更好的导演机会。上世纪 90 年代，陈可辛迎来了自身电影事业的高潮时期，他凭借导演处女作《双城故事》(1991)给当时影坛一个令人惊艳的亮相，其后又有《风尘三侠》(1993)、《新难兄难弟》(1993)、《金枝玉叶Ⅰ》(1994)相继问世。1996 年的《甜蜜蜜》让陈可辛收获了更多闪光的荣誉和奖杯，该片获得了 9 项香港电影金像奖，并被《时代》杂志誉为当年十佳电影之一。

然而陈可辛的魅力即在于一种不断寻求变化的宽广视域，以及富有前瞻性的跨界思维。这或许和他不断漂泊的身世相关——在香港出生长大，后来迁居泰国，远赴美国念书，重返香港，如今北上京城。所以，我们看到陈可辛虽然强调自己的"香港导演"身份，但其工作方式和电影作品却始终倡导一种跨文化的多向度思维。1998 年，陈可辛为斯皮尔伯格的梦工厂执导了自己首部好莱坞电影《情书》，2000 年他成立了 Applause Pictures，其旗下《晚娘》(2001)、《春逝》(2001)、《见鬼》系列(2002、2004、2005)、《三更Ⅰ》(2002)、《三更Ⅱ》(2004)、《金鸡Ⅰ》(2002)、《金鸡Ⅱ》(2003)以及《春田花花同学会》(2006)等知名作品都表现出一种亚洲化甚至国际化的合作模式与影响力。

其后，这个商业嗅觉灵敏、脚步永远比别人快半拍的电影人，他将新鲜的歌舞元素融入原本已经驾轻就熟的爱情时装片里，在 2005 年携《如果爱》进军内地电影市场，该片是"陈氏制造"本土化的标志性作品，全部取景于内地，成功营造出北京冬日凄迷溟濛的诗意氛围。其后或执导或监制的数部大片在内容情意和艺术表现上都各有突破，如《投名状》(2007)中之兄弟情义、酷烈战争，《十月围城》(2009)中之乱世儿女、流血革命，以及新近的《中国合伙人》(2013)之青春梦想、创业奋斗。这些电影也许并非完美，但每一部都有可圈可点之处，亦取得了令人惊艳的票房成绩。至此，"陈氏制造"成了口碑与票房的保障，陈可辛本人亦取得了令人咋舌的奖杯和荣誉，同时被誉为"最有价值的电影人"之一。

陈氏情感故事

不可否认，陈可辛虽然不断寻求电影类型上的突破和转变，但情感主题是他一以贯之，也最为得心应手的题材。在他所执导的十余部电影中，爱与被爱、漂泊与驻留、别离与重逢、选择与被选择、背叛与忠贞……这些表现丰富人性、或喜或悲的情感故事，都折射出细腻动人的质地。

《双城故事》(1991)用清新质朴的手法讲述了二男一女志伟、阿伦和 Olive 三人的友谊与爱情,时光荏苒,真情永驻,剧中的张曼玉眼角眉梢、一颦一笑都是戏,这年少爱过的容颜,经过时光的洗礼变成了优雅。《风尘三侠》(1993)则讲述了一个合租公寓中三个男人各自的爱情故事,浪漫幽默,颇具巧思。《金枝玉叶》系列故事中,令人叹惋的模糊性别与三角关系营造出别具特色的戏剧效果。好莱坞拍摄的《情书》(1999),则讲述一封匿名情书如何扰乱了小镇的宁静,电影突显了一种细碎平淡中的美好与温馨。此外,甚至在恐怖片《三更:回家》(2002)、历史战争片《投名状》(2007)中都穿插了男女情爱的元素。

尤值得一提的是深受国人喜爱的电影《甜蜜蜜》,该影片讲述了一对从内地来港的青年男女之间跨度十年的爱情故事。这个故事依然采用了陈可辛擅长的开放式三角结构,除了黎小军和李翘这固定的两端,另外一端则随着剧情的需要加入了黎小军的未婚妻、豹哥,然而他们都如流水一般或隐或逝,岁月最终成全了黎李情缘。影片成功地将时代之感和儿女之情融合在一起,营造出一种如同邓丽君歌声般婉转飘忽、如梦似幻的诗意氛围。观看之时,真有"运命唯所遇,循环不可寻"(张九龄《感遇》)之叹。说起来,也许这部电影是陈可辛作品里瑕疵最少、最流畅完整的一部,它带着一种驾轻就熟的圆融之感,就像影片的最后,镜头重新回到了十年前黎小军赴港的火车上——那似乎象征着命运循环的起点。相较之下,《如果爱》则带有更多滞重苍凉的悲情色彩。影片讲述的明星孙纳、林见东以及导演聂文之间的爱情纠葛,仍是典型的陈氏三角恋故事,但在形式上却颇费了一番巧思,增添了许多吸引人的元素:戏中戏、音乐剧,以及典型百老汇风格的歌舞。电影的镜头不断在旧日北京三里屯和上海片场之间逆挽闪回,很巧妙的是,中间又隔着十年时空,十年之间,人事倥偬,爱恨茫茫。电影突显了爱情之痛,戏里戏外,全是爱而不得的无奈、挣扎与决绝。虽然该片有形式大于内涵之訾议,但那华丽诡谲、细腻伤感的影像语言仍给人留下了深刻的印象。

中国式合伙人

当然,"三人行"故事在国外电影中不胜枚举,如弗朗索瓦·特吕弗的名作《祖与占》(1962)、诺夫·舒贝尔的《布达佩斯之恋》(1999)、伍迪·艾伦的《午夜巴塞罗那》(2008)等。陈可辛之所以喜欢用这样的三角结构表现男女情爱纠葛与戏剧张力,实在是渊源有自。除此之外,在表现兄弟情谊时,依然有如定律一般存在的陈氏三角结构。如新近上映的电影《中国合伙人》,与以往的男女三角故事不同的是,这次表现的是以梦想创业为基调的男人铁三角:成东青、孟晓骏和王阳的奋斗历程。这令人想到

《投名状》这个故事里的两个三角结构：一个是庞青云、赵二虎和姜武阳，另外一个是庞青云、赵二虎和莲生，也许姜武阳竟像是另外一个女人？不得不说，《投名状》虽然硬伤颇多，里面有些阴森诡谲的场面也因用力过猛而显得矫揉造作，但在酷烈战争背景下表现生灵尽遭涂炭、人性极端扭曲等方面，毫无疑问，这部电影在思想上仍有它闪光而独到的一面。

但这次的《中国合伙人》则在某种程度上意味着向中国式世俗理想价值的全面拥抱。这是一部有关青春、梦想与创业的电影，且不论它带给我们的那种岁月如歌的温馨感动——这本来就是陈氏一贯擅长表现的。单单这部电影中有关成功的价值观念就令人怀疑，所谓家国之梦、个人尊严，难道就是用财富的积累和金钱的获取来衡量的吗？不可否认，金钱与物质是当代成功学的重要标准之一，但如果它越来越成为一种单向度的准绳，那将是可怕的。电影的前半部分表现了在"美国梦"激励之下的三个年轻人的努力奋斗史，但后半部分明显没有建立起一个能与之相抗衡的"中国梦"，因而这个由成麻袋人民币构筑起来的成功梦境，因为没有相应令人信服的价值观的支撑，而显得苍白疲软。反观那些真正优秀的电影如《公民凯恩》(1941)、《了不起的盖茨比》(2013)等，它们对于世俗意义上成功人士的塑造，都有一种更接近复杂深广人性的揭示：任何成功都是相对的，你可以无限获取财富，但无法获得真正圆满的心灵慰藉。诚如里尔克的诗一样："有何胜利可言？停住意味着一切。"

当然，尽管如此，这部电影里的旧日情怀还是感动了我。当我坐在影院里，听着熟悉的罗大佑老歌，看着屏幕上滑过的熟悉面孔，才惊觉："流水它带走光阴的故事改变了一个人，就在那多愁善感而初次等待的青春。"祝福那些在岁月风声里逐渐静默的面孔，也期望导演能带给我们更多令人感动的电影作品。

(作者系北方工业大学文法学院中文系副教授)

图书在版编目(CIP)数据

大学生GE阅读.第12辑/王晓纯,吴晚云主编.—北京:中国传媒大学出版社,2014.4
(通识教育丛书)
ISBN 978-7-5657-0936-4

Ⅰ.①大… Ⅱ.①王… Ⅲ.①社会科学—青年读物 Ⅳ.①C49

中国版本图书馆CIP数据核字(2014)第046250号

大学生GE阅读(第12辑)

主　　编	王晓纯　吴晚云
责任编辑	赵丽华
封面设计	大鹏工作室
责任印制	阳金洲
出版人	蔡翔
出版发行	中国传媒大学出版社
社　　址	北京市朝阳区定福庄东街1号　　邮编:100024
电　　话	86-10-65450532 或 65450528　　传真:010-65779405
网　　址	http://www.cucp.com.cn
经　　销	全国新华书店
印　　刷	北京中科印刷有限公司
开　　本	730×988 mm　　1/16
印　　张	21.5
版　　次	2014年6月第1版　2014年6月第1次印刷
ISBN 978-7-5657-0936-4/C·0936	定　价　42.00元

版权所有　　翻印必究　　印装错误　　负责调换